Knaur.

Knaur.

Über den Autor:

Der Philologe Georg Büchmann (1822–1884) lehrte in Brandenburg/Havel und Berlin. Angeregt durch ähnliche englische und französische Werke veröffentlichte er 1864 seine Zitatensammlung »Geflügelte Worte«. Sie wurde in der Folgezeit richtungweisend für den Standardkanon eines jeden Zitatenschatzes.

Georg Büchmann

Der Große Büchmann

Geflügelte Worte
von Aristoteles bis Zappa

Bearbeitet und aktualisiert
von Jürgen Bolz und Claudia Krader

Knaur Taschenbuch Verlag

Besuchen Sie uns im Internet:
www.knaur.de

Vollständige Taschenbuchausgabe Dezember 2007

Ein Unternehmen der Droemerschen Verlagsanstalt
Th. Knaur Nachf. GmbH & Co. KG, München

Umschlaggestaltung: ZERO Werbeagentur, München
Umschlagfoto: FinePic, München
Satz: Pinkuin Satz und Datentechnik, Berlin
Druck und Bindung: Clausen & Bosse, Leck
Printed in Germany
ISBN 978-3-426-78060-2

2 4 5 3 1

Inhalt

Vorwort

Das »geflügelte Wort« hat seinen Siegeszug dem Berliner Philologen August Methusalem Georg Büchmann (1822–1884) zu verdanken, der über eine ausgeprägte Sprachbegabung verfügte und großes Interesse für Sprachen und Sprachstrukturen entwickelte. Er studierte Theologie, Philologie und Archäologie und promovierte 1845 in Erlangen über »Die charakteristischen Differenzen zwischen den germanischen und slawischen Sprachstämmen«. Neben den klassischen Sprachen Hebräisch, Latein und Griechisch beherrschte er das Englische, Französische, Spanische, Italienische, Polnische, Dänische und Schwedische und las alle Klassiker der Weltliteratur im Original.
Diese Belesenheit und sein sprachkundliches Wissen regten ihn zur literarischen Beschäftigung mit dem europäischen Zitatenschatz an. 1863 hielt Büchmann einen Vortrag über »Gefälschte Zitate«, und 1864 referierte er im Berliner Schauspielhaus über »Landläufige Zitate«. In der Folge des letztgenannten Vortrages sprach ihn der Verlagsbuchhändler Friedrich Weidling an und schlug ihm vor, den Vortrag zu erweitern und in Form eines Buches einem größeren Publikum zur Kenntnis zu bringen. So erschien noch im selben Jahr »Geflügelte Worte. Der Zitatenschatz des deutschen Volkes«.
Georg Büchmann wählte diesen Titel eher willkürlich. Die Formulierung »geflügeltes Wort« geht auf den griechischen Autor Homer zurück, der sie als festen Ausdruck verwendete und damit Sätze und Worte bezeichnete, die vom Mund des Redners zum Ohr des Angesprochenen »fliegen«. Im Deutschen tauchte der Begriff erstmals bei Heinrich von Meißen auf, der im 13. Jahrhundert ein Sprichwort als »flügges« Wort kennzeichnete.

Büchmann bemühte sich nach Erscheinen seines Werkes um eine exakte Definition dessen, was ein »geflügeltes Wort« ausmacht. In den letzten von ihm betreuten Auflagen seines Zitatenschatzes sprach er dem Begriff folgende Merkmale zu: »Geflügelte Worte« sind einem Urheber zuzurechnen, sie sind allgemein bekannt und werden wie Sprichwörter benutzt. Doch damit war noch nicht alles abgedeckt, was Büchmann in seine Sammlung aufgenommen hatte.

Wir sprechen heute von einem geflügelten Wort, wenn

- es sich um ein Zitat handelt; das heißt: Der Anwender ist sich der Tatsache bewusst, dass er eine von einem anderen geprägte Formulierung benutzt;
- das »geflügelte Wort« eine weite Verbreitung gefunden hat und im Sprachbewusstsein gegenwärtig ist;
- sich ein Urheber oder ein Ursprung angeben lässt.

Auch wenn ein Wort oder Zitat in einem übertragenen Sinne gebraucht wird, so ist dies ein Anhaltspunkt, um von einem »geflügelten Wort« zu sprechen.
Diese Definition birgt jedoch bei aller vordergründiger Exaktheit einige Probleme. Was zum Beispiel heißt »... im Sprachbewusstsein gegenwärtig«? Wer verwendet im Alltag noch lateinische oder gar altgriechische Zitate im Original? Und wem ist noch der Sprachschatz der Bibel geläufig? Oder wer kennt die Herkunft des heute weit verbreiteten Satzes »Nichts ist unmöglich«? Unsere Definition kann jeweils nur Teile einer unterschiedlich gebildeten Bevölkerung erfassen. »Wer vieles bringt, wird manchem etwas bringen« – das galt zu Büchmanns Zeiten und gilt noch heute.

Büchmanns »geflügelte Worte« sind in unterschiedlichen Erscheinungsformen anzutreffen. Sie treten als grammatikalisch vollständige Sätze auf, die wir zitieren, wie zum Beispiel »Mars regiert die Stunde«, »Grau, teurer Freund, ist alle Theorie« oder »Recht muss Recht bleiben«.
Weiterhin gelten feststehende Wendungen, die als Versatzstücke eine Aussage begleiten, als »geflügelte Worte«. Denken Sie nur an »in medias res«, »last not least« oder »der Tanz auf dem Vulkan«.
Und schließlich sind es einzelne Begriffe, die wir als »geflügelte Worte« verwenden, wie zum Beispiel »Judas«, »Mäzen« oder »Danaergeschenk« – dabei wurden im Laufe der Zeit die Grenzen der ursprünglichen Definition überschritten und Wörter berücksichtigt, die eine etymologisch interessante Anknüpfung bieten, jedoch weder als Zitat noch in einem übertragenen Sinne Eingang in unsere Alltagssprache gefunden haben, zum Beispiel Jean Pauls »Weltschmerz« oder Michail Gorbatschows »Perestrojka«.

Was nun war das Neue an Büchmanns Zitatensammlung? Sprichwörter werden gesammelt, seit es das geschriebene Wort gibt. Denken wir nur an das »Buch der Sprüche Salomos« oder die Sammlung von Jesus Sirach in der Bibel. Auch in der griechisch-römischen Antike kursierten bereits verschiedene Sprichwortsammlungen. Und aus dem Mittelalter kennen wir ebenfalls Autoren, die sich mit der Aufzeichnung von Redewendungen befassten. Am bekanntesten wurde die Sammlung des Humanisten Erasmus von Rotterdam.

Büchmann allerdings war der Erste, der seine Zitate einem bestimmten Autor und einer bestimmten Quelle zuordnete. Das unterscheidet sein Werk bis heute von den zahllosen Sammlungen, die mehr oder weniger beliebig ein Zitat an das andere reihen, ohne eine Einordnung in den sachlich-historischen Hintergrund vorzunehmen und kontroverse Deutungen zu nennen.

Stimmt man der Aussage zu, wonach Bildung strukturiertes Wissen ist, dann hat Büchmann mit seiner Arbeit zweifellos zur Verfestigung und Tradierung von Wissen beigetragen. Seit der ersten Auflage erfreut sich das Werk beim gebildeten Bürgertum höchster Beliebtheit. Es ist nach wie vor eine Quelle treffsicheren Formulierens und dient seit eh und je als Schiedsrichter für das richtige Zitieren. Und mit jeder Auflage gewann Büchmanns Zitatenschatz an Umfang. Im Herbst 1882 erschien die 13. Auflage, die Büchmann vor seinem Tod selbst betreute.

Der Anlass und die Form des Zitierens erfuhren im 20. Jahrhundert einen grundlegenden Wandel. Das Bildungsbürgertum des 19. Jahrhunderts benutzte Zitate noch als Ausweis umfassender Bildung und Weltläufigkeit. Es wurde nicht nur deutsch, sondern auch lateinisch, griechisch, englisch und französisch zitiert. Und das Zitieren hatte wortwörtlich zu erfolgen – wehe dem, der seinen Vergil nicht beherrschte!

Das Bildungsprestige des Zitats war bis zum Zweiten Weltkrieg unangefochten. Doch mit dem Aufbrechen der Sozialstrukturen in der Nachkriegszeit und dem wachsenden Zugang breiter Schichten zur sogenannten höheren Bildung verlor das wortgenaue Zitieren seine Bedeutung als Privileg der »gebildeten« Schichten.

Seit dem Zweiten Weltkrieg gehen die Vorstellungen darüber, was »Literatur« ist, auseinander. Auch aus diesem Grund kommt es beim Zitieren häufig nicht mehr allein auf die wortgetreue Wiedergabe klassischen Bildungsgutes an, sondern ebenso auf die Demonstration sprachlicher

Kunstfertigkeit, die »geflügelte Worte« auf eine möglichst originelle Weise abwandelt oder verfremdet. So wurde aus dem klassischen »suum cuique – Jedem das Seine« ein lockeres »Jedem sein Schwein«.

Doch nicht nur unser Umgang mit Zitaten, auch die Quellenlage hat sich in den vergangenen Jahrzehnten verändert. Gegenwartsliteratur dient heute allenfalls noch mit griffigen Titeln als Lieferant für »geflügelte Worte«. Seit den zwanziger und dreißiger Jahren des vergangenen Jahrhunderts haben sich neue Quellen aufgetan. War es zunächst der Tonfilm (mit seinen musikalischen Evergreens), so traten nach dem Zweiten Weltkrieg das Fernsehen und die Sprache der Werbung an die Stelle der belletristischen Literatur.
Wir sprechen heute mehr denn je in Slogans, entleihen Formulierungen aus Politik, Werbung, Fernsehen und Film und schaffen mit der Verwendung von Buch- und Filmtiteln gedankliche Assoziationen.

Dieser gewandelte Umgang mit dem Zitat zeigt sich nicht zuletzt in der vorliegenden Bearbeitung. Der Grundsatz des Herkunftsbezuges blieb zwar ebenso unangetastet wie Büchmanns Einteilung nach Sprachräumen, doch mit der Vermehrung der Quellen stellte sich die Frage nach einem Gerüst, das es ermöglicht, die unterschiedlichen Quellen zu kategorisieren.
So finden Sie nunmehr nicht nur die bekannten Oberbegriffe »Aus der Literatur« und »Aus der Geschichte« im Inhaltsverzeichnis, sondern es wurde eine inhaltliche Gliederung vorgenommen, die der Büchmann'schen Forderung nach Quellenbezug Rechnung trägt und zugleich dem Benutzer die Orientierung erleichtert.
Das erste Kapitel umfasst die »geflügelten Worte« aus der Bibel und behält deren Einteilung bei. Die übrigen Kapitel sind in folgende Kategorien unterteilt, wobei aufgrund der Quellenlage nicht in jedem Kapitel alle genannten Kategorien besetzt sind:

- Literatur
- Musik
- Philosophie
- Geschichte und Politik
- Wissenschaft
- Kunst
- Gesellschaft und Zeitgeschehen

Innerhalb dieser Kategorien sind die Zitate nach dem Geburtsdatum der Autoren bzw. nach dem Zeitpunkt der Ereignisse geordnet. Vor dem »geflügelten Wort« sind der Autor, seine Lebensdaten und gegebenenfalls auch das betreffende Werk genannt, wenn viele Zitate auf einen Titel verweisen. Zusätzlich erleichtern die Register im Anhang (Autoren, Geflügelte Worte und Zitatanfänge) die Suche und gewähren einen raschen Überblick über den aktuellen Bestand.
Das »geflügelte Wort« ist jeweils durch Fettdruck hervorgehoben. Handelt es sich um ein fremdsprachliches Zitat und sind sowohl das Original (im Ursprungsland oder bei uns) als auch die Übersetzung geläufig, ist beides hervorgehoben. Reine Übersetzungen stehen unter der hervorgehobenen Sentenz in Klammern. Die Quellen sind durch Kursivdruck kenntlich gemacht.
Aus historischen und bisweilen auch nostalgischen Gründen wurde der Bestand der in der letzten Überarbeitung aufgeführten Zitate möglichst wenig angetastet. Entfernt wurden nur Zitate diskriminierenden und rassistischen Inhalts und Zitate, die in den letzten Jahrzehnten ihren Bedeutungszusammenhang völlig verloren haben. Andererseits wurden Zitate und Begriffe neu in die Sammlung aufgenommen – Kriterium war ihre Aussicht, als »geflügeltes Wort« zu überdauern. Diese Neuaufnahmen stammen hauptsächlich aus den Kategorien Geschichte und Politik, Kunst (Film) sowie Gesellschaft und Zeitgeschehen (Werbung, neue Medien). Aber auch bei den klassischen Sentenzen kam einiges hinzu, was bisher vermisst wurde.
Ob diese Auswahl angemessen ist oder nicht, wird die Zeit erweisen. Auch mag es willkürlich erscheinen, was entfernt und belassen wurde. Letztlich mussten die Bearbeiter in Zweifelsfällen ihrem eigenen Urteil vertrauen. Leser, die mit der vorliegenden Auswahl nicht immer einverstanden sind, mögen aus diesem Grund Nachsicht üben.

Nicht nur die Lust an pointierter Sprache und griffiger Formulierung macht die Beschäftigung mit »geflügelten Worten«, ob alter oder neuer Prägung, zum kurzweiligen Vergnügen, sondern ebenso die Freude, beim Lesen immer wieder Neues zu entdecken. Wenn es uns gelingt, diese Lust und Freude für die Zukunft zu erhalten, hat die vorliegende Bearbeitung ihr Ziel erreicht.

Aus der Bibel

Die Sprachen aller Völker, die das Christentum angenommen haben, sind mit volkstümlichen Ausdrücken aus der Bibel durchsetzt, und viele Personen und Orte der biblischen Geschichten sind aus Eigennamen zu Gattungsnamen geworden.

So wird im Deutschen der Mensch nackt geboren wie Adam. Er ist keusch wie Josef, weise wie Salomo, stark wie Simson, ein gewaltiger Nimrod, der wahre Jakob, ein ungläubiger Thomas. Er ist ein langer Laban, ein Riese Goliath, ein Enakskind. Wir leben wie im Paradiese, dienen dem Mammon und haben Mose und die Propheten, oder wir stimmen – arm wie Lazarus oder ein blinder Tobias – Jeremiaden an. Jeder von uns sehnt sich zurück nach den Fleischtöpfen Ägyptens, bekommt eine Hiobsbotschaft nach der anderen und muss von Pontius zu Pilatus laufen, um etwas zu erreichen. Vielleicht ist unser Nachbar ein Saul unter den Propheten, ein barmherziger Samariter oder ein Pharisäer, der Judasküsse gibt. Noch schlimmer, wenn er ein Kainszeichen auf der Stirn trägt, dann muss man ihn zur Rotte Korah zählen! Aber möglicherweise gehört er zu dem harmlosen Geschlecht der Krethi und Plethi, oder er ist nichts als ein gewöhnlicher Philister. Jedenfalls müssen ihm die Leviten gelesen werden, damit er den alten Adam ausziehe und nicht länger wie in Sodom und Gomorrha lebe, in ägyptischer Finsternis und babylonischer Verwirrung. Doch wie dem auch sei, er sehnt sich danach, alt zu werden wie Methusalem, und wenn es mit ihm Matthäi am Letzten ist, wird er aufgenommen in Abrahams Schoß.

Neben solchen der Bibel entnommenen Ausdrücken, Namen und Redensarten ist eine Menge biblischer Sprüche, häufig zu bequemerem Gebrauch umgestaltet, Gemeingut geworden. Vieles ist davon schon im Laufe des Mittelalters in die deutsche Sprache gekommen, die meisten Ausdrücke gehen jedoch auf Luthers Bibelübersetzung zurück.

Auch unsere Bearbeitung richtet sich nach der Lutherbibel. Alle Zitate, soweit nicht anders kenntlich gemacht, sind aus der revidierten Fassung der Standardausgabe von 1984. Das Abkürzungsverzeichnis für die einzelnen Bücher der Bibel finden Sie im Anhang.

Das Alte Testament

Aus dem Hebräischen und Aramäischen

Erstes Buch Mose – Genesis

Tohuwabohu
ist der hebräische Ausdruck für »wüst und wirr«. Wir finden diese Formulierung in *1. Mos. 1, 2*: »Und die Erde war wüst und leer, und es war finster auf der Tiefe.«

Es werde Licht
spricht Gott in *1. Mos. 1, 3*.

Und Gott sah, dass es gut war
heißt es jeweils am Abschluss der Schöpfungstage bei *1. Mos. 1, 10ff.* Die Ausnahme bildet der zweite Schöpfungstag, was einige Rabbiner vermuten ließ, Gott habe am zweiten Tag auch die Hölle erschaffen.

Gottes Ebenbild.
So bezeichnen wir den Menschen nach *1. Mos. 1, 26*: »Lasset uns Menschen machen, ein Bild, das uns gleich sei ...« Und in *1. Mos. 1, 27* heißt es: »Und Gott schuf den Menschen zu seinem Bilde.«

Seid fruchtbar und mehret euch!
befiehlt Gott Adam und Eva nach *1. Mos. 1, 28*.

Garten Eden
ist die Bezeichnung für das Paradies nach *1. Mos. 2, 8*. Dort steht: »Und Gott, der Herr, pflanzte einen Garten in Eden ...«

Vom Baum der Erkenntnis essen

und

Die verbotene Frucht
gehen auf *1. Mos. 2, 9* und *2, 17* zurück. Dort ist von dem »Baum der Erkenntnis von Gut und Böse« die Rede, dessen Früchte der Herr dem ersten Menschenpaar verbietet.

Es ist nicht gut, dass der Mensch allein sei
zitieren wir nach *1. Mos. 2, 18*.

Fleisch von meinem Fleisch
lesen wir in *1. Mos. 2, 23*. Dort sagt Adam: »Das ist doch Bein von meinem Bein und Fleisch von meinem Fleisch ...«

Mann und Frau sind eins
sagen wir nach *1. Mos. 2, 24*: »Darum wird ein Mann seinen Vater und seine Mutter verlassen und an seinem Weibe hangen, und sie werden sein ein Fleisch.« (→ *Matth. 19, 5*)

Eritis sicut Deus, scientes bonum et malum
pflegen wir mit Goethe aus der Schülerszene des *Faust* den Vers *1. Mos. 3, 5* lateinisch zu zitieren. Die Schlange verspricht dort den Menschen, wenn sie vom Baum der Erkenntnis äßen: »... und ihr werdet sein wie Gott und wissen, was gut und böse ist.«

Adamsapfel.
Die verbotene Frucht wird in der Bibel nicht mit Namen genannt, aber bereits in der altchristlichen Kunst als Apfel dargestellt. Als Adam davon aß *(1. Mos. 3, 6)*, blieb ihm nach einem alten Volksglauben ein Stück im Halse stecken. Danach heißt der vorstehende Kehlkopf des Mannes Adamsapfel.

Feigenblatt
als bildlicher Ausdruck für eine schamhafte Verhüllung stammt aus *1. Mos. 3, 7*. Adam und Eva wurden nach dem Sündenfall gewahr, »dass sie nackt waren, und flochten Feigenblätter zusammen und machten sich Schurze«.

Adam, wo bist du?
In *1. Mos. 3, 9* lesen wir: »Und Gott, der Herr, rief Adam und sprach: Wo bist du?«
Der Titel eines bekannten Nachkriegsromans lehnt sich an diese Bibelstelle an: *Wo warst du, Adam?* von Heinrich Böll aus dem Jahr 1951.

Auf dem Bauche sollst du kriechen
hat seinen Ursprung bei *1. Mos. 3, 14:* »Auf deinem Bauche sollst du kriechen und Erde fressen dein Leben lang.«

Im Schweiße deines Angesichts sollst du dein Brot essen

und

Denn du bist Erde und sollst zu Erde werden
spricht Gott zum Menschen in *1. Mos. 3, 19* (→ *1. Mos. 2, 7*)
Ähnliches lesen wir bei *Pred. 12, 7*: »Denn der Staub muss wieder zu der Erde kommen, wie er gewesen ist.«
Die Bestattungsformeln der christlichen Konfessionen haben sich aus diesen beiden Bibelstellen entwickelt:

Erde zu Erde, Asche zu Asche, Staub zu Staub

und

Bedenke, Mensch: Staub bist du, und zum Staube kehrst du wieder zurück.
Die evangelische Bestattungsliturgie verwendet auch *Ps. 90, 12.*

Wo ist dein Bruder Abel?
fragt Gott den Kain in *1. Mos. 4, 9.* Kains trotzige Antwort im selben Vers:

Soll ich meines Bruders Hüter sein?

Das schreit zum Himmel

oder

himmelschreiend

und

himmelschreiende Sünde
gehen zurück auf *1. Mos. 4, 10,* wo Gott zu Kain spricht: »Was hast du getan? Die Stimme des Blutes deines Bruders schreit zu mir von der Erde.« Nach dieser Stelle sprechen wir auch von der

Stimme des Blutes

Kainszeichen

und

Von Gott gezeichnet
gebrauchen wir nach *1. Mos. 4, 15*: »Der Herr machte ein Zeichen an Kain, dass ihn niemand erschlüge, der ihn fände.« Das Kainszeichen verrät einen Schuldigen, gelegentlich wird darin aber auch eine Strafe Gottes gesehen. Zuweilen soll das Zeichen auch andeuten, dass sich Gott selbst die Bestrafung des Schuldigen vorbehält.

Und ward nicht mehr gesehen.
In *1. Mos. 5, 24* heißt es von Henoch: »Und weil er mit Gott wandelte, nahm ihn Gott hinweg, und er ward nicht mehr gesehen.«
Wir finden diese Wendung auch am Schluss von Goethes Ballade »Der Fischer« und in Schillers *Braut von Messina 1, 7.*

Methusalem
starb nach *1. Mos. 5, 27* im Alter von 969 Jahren. Er gab damit den Namen für Menschen, die ein sehr hohes Alter erreichen.

Den Weg alles Fleisches gehen
für »sterben« kann aus *1. Mos. 6, 12–13* hergeleitet werden, wo Gott spricht: »Das Ende alles Fleisches ist bei mir beschlossen, denn die Erde ist voller Frevel von ihnen; und siehe, ich will sie verderben mit der Erde.« Damit verbinden sich die Worte des sterbenden David in *1. Kön. 2, 2*: »Ich gehe hin den Weg aller Welt.«

Sintflut

oder

Sündflut
bezeichnet den großen Regen, der den Bau der Arche Noah notwendig machte, um das Menschengeschlecht zu retten. Sie begegnet uns in *1. Mos. 6, 17*: »Denn siehe, ich will eine Sintflut kommen lassen auf Erden, zu verderben alles Fleisch, darin Odem des Lebens ist, unter dem Himmel. Alles, was auf Erden ist, soll untergehen.«

Arche Noah
ist das Schiff, mit dem Noah die Seinen und eine große Anzahl von Tieren vor der Sintflut rettete. Nach *1. Mos. 6, 18* befahl Gott Noah: »... und du sollst in die Arche gehen mit deinen Söhnen, deiner Frau und den Frauen deiner Söhne.«

Ölzweig

und

Friedenstaube
gelten uns als Sinnbilder von Frieden oder friedlicher Gesinnung nach *1. Mos. 8, 11*. Dort bringt die zweite von Noah ausgesandte Taube ein Ölblatt zur Arche zurück, und Noah erkennt daran, dass die Sintflut vorüber ist und wieder Friede zwischen Gott und den Menschen herrscht: »Die kam zu ihm um die Abendzeit, und siehe, ein Ölblatt hatte sie abgebrochen und trug's in ihrem Schnabel.«

Dichten und Trachten
sagen wir nach *1. Mos. 8, 21*: »... denn das Dichten und Trachten des menschlichen Herzens ist böse von Jugend auf.«

Nimrod
nennt man gern einen leidenschaftlichen Jäger nach *1. Mos. 10, 8*.

Ein gewaltiger Jäger vor dem Herrn
wird Nimrod in *1. Mos. 10, 9* genannt. Schon an dieser Stelle wird der Ausdruck als sprichwörtlich bezeichnet.

Turmbau zu Babel
kennen wir als Überschrift von *1. Mos. 11*.

Sich einen Namen machen
wollten sich die Erbauer des Turms von Babel, heißt es in *1. Mos. 11, 4*.

Babylonisches Sprachengewirr
sagen wir nach *1. Mos. 11, 7*: »... lasst uns herniederfahren und dort ihre Sprache verwirren, dass keiner des anderen Sprache verstehe!« Und in *1. Mos. 11, 9* steht: »Daher heißt ihr Name Babel, weil der Herr daselbst verwirrt hat aller Länder Sprache und sie von dort zerstreut hat in alle Länder.«
Danach sagen wir auch:

Babylonische Verwirrung

und

Babylonische Sprachenverwirrung

Das Gelobte Land
bedeutet eigentlich das von Gott versprochene Land (»gelobt« also nicht von »loben«, sondern von »geloben«). In *1. Mos. 12, 7* verkündet Gott dem Abraham: »Deinen Nachkommen will ich dies Land geben.« Auf diese Stelle bezieht sich *5. Mos. 34, 4*: »Dies ist das Land, von dem ich Abraham, Isaak und Jakob geschworen habe: Ich will es deinen Nachkommen geben.« (→ *Jos. 21, 43*)

Gnade finden vor jemandes Augen
sagen wir nach *1. Mos. 18, 3*. Dort spricht Abraham zu Gott: »Herr, habe ich Gnade gefunden vor deinen Augen, so geh nicht an deinem Knecht vorüber.« Auch bei *1. Mos. 19, 19* und *2. Mos. 33, 12–17*.

Bei Gott ist kein Ding unmöglich
heißt es bei *Luk. 1, 37*. Diese Worte spricht der Erzengel Gabriel zu Maria, als diese nicht glaubt, ein Kind zu empfangen. Schon in *1. Mos. 18, 14* steht, dass Sara daran zweifelt, in ihrem Alter noch einen Sohn bekommen zu können. Aber: »Sollte dem Herrn etwas unmöglich sein?«

Sodom und Gomorrha
als Bezeichnung für lasterhafte Stätten geht auf *1. Mos. 18f.* zurück. In *1. Mos. 18, 20* steht: »Es ist ein großes Geschrei über Sodom und Gomorrha, dass ihre Sünden sehr schwer sind.«

Mit Blindheit geschlagen
stammt aus *1. Mos. 19, 11*: »Und sie schlugen die Leute vor dem Tor des Hauses, klein und groß, mit Blindheit, so dass sie es aufgaben, die Tür zu finden.«

Zur Salzsäule werden

oder

Zur Salzsäule erstarren
sagen wir für »vor Entsetzen oder Staunen erstarren« nach *1. Mos. 19, 26*, wo sich Lots Weib noch einmal nach dem untergehenden Sodom umsieht und dabei zur Salzsäule wird.

Wie Sand am Meer
sagen wir nach *1. Mos. 22, 17.* Dort spricht der Engel des Herrn zu Abraham: »... will ich dein Geschlecht segnen und mehren wie die Sterne am Himmel und wie den Sand am Ufer des Meeres ...« Und in *1. Mos. 41, 49* heißt es: »So schüttete Josef das Getreide auf, über die Maßen viel, wie Sand am Meer ...« Wir finden die Formulierung noch an vielen anderen Stellen in der Bibel.

Für ein Linsengericht
verkaufte Esau seinem jüngeren Bruder Jakob das Erstgeburtsrecht nach *1. Mos. 25, 29–34.* Wir benutzen den Ausdruck für Fälle, in denen Wertvolles gegen beinahe Wertloses hingegeben wird.

Der wahre Jakob
leitet sich ab vom Ausspruch des Esau über seinen Bruder in *1. Mos. 27, 36*: »Er heißt mit Recht Jakob, denn er hat mich nun zwei Mal überlistet!«

Himmelsleiter

und

Jakobsleiter
kennen wir als Sinnbild für den Weg zu Gott, als Pflanzenname oder auch als Bezeichnung für eine Strickleiter. Die Begriffe gehen zurück auf *1. Mos. 28, 12*, wo es von Jakob heißt: »Und ihm träumte, und siehe, eine Leiter stand auf Erden, die rührte mit der Spitze an den Himmel.«

Gotteshaus
als Bezeichnung für eine Kirche oder einen Tempel hat seinen Ursprung bei *1. Mos. 28, 22*: »Und dieser Stein, den ich aufgerichtet habe zu einem Steinmal, soll ein Gotteshaus werden ...«

Ein schwarzes Schaf
als Bezeichnung für jemanden, der »aus der Art« geschlagen ist, ist uns seit *1. Mos. 30, 32* ein Begriff: »Ich will heute durch alle deine Herden gehen und aussondern alle gefleckten und bunten Schafe und alle schwarzen Schafe ...«

Die Kinder Israels
als die Bezeichnung für das Volk Gottes im Alten Testament finden wir unter anderem bei *1. Mos. 32, 33*: »Darum essen die Kinder Israels bis zum heutigen Tag ...«

Behalte, was du hast
sagen wir nach *1. Mos. 33, 9*. Die Sentenz wird wiederholt in *Apk. 3, 11* in der Form: »Halte, was du hast«, und *Apk. 2, 25*: »Was ihr habt, das haltet.«

Ausgehen, die Töchter des Landes zu sehen
sagt man von Männern auf Freiersfüßen. Nach *1. Mos. 34, 1* ging allerdings Jakobs Tochter Dina aus, »die Töchter des Landes zu sehen«.

Benjamin
nennen wir nach *1. Mos. 35, 18–24* und *1. Mos. 42–43* den jüngsten Sohn oder überhaupt den Jüngsten in einer Gemeinschaft.

Unser Fleisch und Blut
sind unsere nächsten Anverwandten nach *1. Mos. 37, 27*, wo Josef nach Ägypten verkauft wird: »Kommt, lasst ihn uns den Ismaelitern verkaufen, damit sich unsere Hände nicht an ihm vergreifen; denn er ist unser Bruder, unser Fleisch und Blut.«

In die Grube fahren
für »sterben« sagt man nach *1. Mos. 37, 35* in der Übersetzung Luthers. Der Ausdruck kehrt in der Bibel oft wieder. »Grube« hatte früher bei uns auch die Bedeutung »Grab«.
Heute heißt es in der revidierten Fassung: »Ich werde mit Leid hinunterfahren zu den Toten, zu meinem Sohn.«

Onanie
hat ihren Namen von Onan, der die Frau seines Bruders heiraten sollte. In *1. Mos. 38, 9* steht zu dessen Problemen mit dieser Eheschließung: »Aber da Onan wusste, dass die Kinder nicht sein Eigen sein sollten, ließ er's auf die Erde fallen und verderben, wenn er einging zu seines Bruders Frau, auf dass er seinem Bruder nicht Nachkommen schaffe.«

Keusch wie Josef
sagen wir nach *1. Mos. 39*, wo Josef den Verlockungen von Potifars Weib – der Frau seines ägyptischen Herrn – beharrlich widersteht.

Frau Potifar
nennen wir eine Verführerin nach der Frau des ägyptischen Kämmerers Potifar, die es auf den jungen und ansehnlichen Josef abgesehen hatte. In *1. Mos. 39, 7* heißt es dazu: »Und es begab sich danach, dass seines Herrn Frau ihre Augen auf Josef warf und sprach: Lege dich zu mir!«

Fette Jahre und magere Jahre
gebrauchen wir nach *1. Mos. 41*. Dort deutet Josef den Traum des Pharao von »sieben schönen fetten Kühen«, die von »sieben hässlichen und mageren Kühen« gefressen werden, auf »sieben reiche Jahre« und »sieben Jahre des Hungers«, die Ägypten bevorstünden.

Landesvater
geht wahrscheinlich zurück auf *1. Mos. 41, 43*, wo steht, was der Pharao von Josef verkünden ließ: »... und ließ vor ihm her ausrufen: Der ist des Landes Vater! Und setzte ihn über ganz Ägyptenland.«
Es ist aber auch möglich, dass der römische Einfluss seine Spuren hinterlassen hat. So wurde Cicero nach der Aufdeckung der catilinarischen Verschwörung der Titel »pater patriae (Vater des Vaterlandes)« verliehen.

Gutes mit Bösem vergelten
wir nach *1. Mos. 44, 4*: »Warum habt ihr Gutes mit Bösem vergolten?«

Das liegt mir fern
geht zurück auf *1. Mos. 44, 17*. Dort sagt Josef von sich: »Das sei ferne von mir, solches zu tun!«

Zweites Buch Mose – Exodus

Exodus
geht zurück auf den *Titel des 2. Buches Moses* nach der ältesten griechischen Bibelübersetzung, der Septuaginta. Wir bezeichnen damit heute allgemein das Verlassen eines geografischen Raumes durch die Bevölkerung. »Exodus« bedeutet »Auszug« und meint in der Bibel den Auszug des Volkes Israel aus Ägypten.
Exodus ist auch der Titel eines viel gelesenen Nachkriegsromans über die Irrfahrten aus Deutschland geflohener Juden, die nach Palästina wollten, aus der Feder von Leon Uris.

Einem das Leben sauer machen
sagen wir nach *2. Mos. 1, 14*: »... und machten ihnen das Leben sauer mit schwerer Arbeit ...«

Sich zum Richter über jemanden machen
gebrauchen wir nach *2. Mos. 2, 14*. Dort fragt Moses einen Landsmann: »Wer hat dich zum Aufseher oder Richter über uns gesetzt?«

Wo Milch und Honig fließen
ist ein gesegnetes Land nach *2. Mos. 3, 8*: »Und ich bin herniedergefahren, dass ich sie errette aus der Ägypter Hand und sie herausführe aus diesem Land in ein gutes und weites Land, in ein Land, darin Milch und Honig fließt ...« Der Ausdruck kommt in der Bibel häufig vor. Das Land, wo Milch und Honig fließen, war für viele Europäer Ende des 19. Jahrhunderts die Vereinigten Staaten von Amerika.

Lass mein Volk ziehen
heißt es in *2. Mos. 5, 1*. Bedeutung hat dieses Zitat im Kampf der Afroamerikaner um ihre Gleichberechtigung gewonnen (»Let my people go«).

Jemanden in Verruf bringen
sagen wir nach *2. Mos. 5, 21*: »Der Herr richte seine Augen wider euch und strafe es, dass ihr uns in Verruf gebracht habt vor dem Pharao ...«

Sein Herz verhärten

und

Zeichen und Wunder
sagen wir nach *2. Mos. 7, 3*: »Aber ich will das Herz des Pharao verhärten und viele Zeichen und Wunder tun in Ägyptenland.«

Ein verstocktes Herz
gebrauchen wir nach *2. Mos. 7, 13*, wo es heißt, »das Herz des Pharao wurde verstockt«.

Gottes Finger
In *2. Mos. 8, 15* heißt es: »Das ist Gottes Finger.« Und in *Luk. 11, 20* spricht Jesus vom Teufelaustreiben »durch Gottes Finger«.

Ägyptische Finsternis
geht auf *2. Mos. 10, 22* zurück. Dort »ward eine so dicke Finsternis« als neunte von den zehn Plagen, dass niemand mehr etwas sehen konnte. Durch die Plagen zwang Gott den Pharao, Moses und die Kinder Israels aus Ägypten fortziehen zu lassen.

Ehre einlegen
sagen wir nach *2. Mos. 14, 17-18* sowie *Ps. 46, 11* der Übersetzung Luthers.

Sein Mütchen an jemand kühlen
gebrauchen wir nach *2. Mos. 15, 9*: »Der Feind gedachte: Ich will nachjagen und ergreifen und den Raub austeilen und meinen Mut an ihnen kühlen.«
Der Ausdruck findet sich auch im *Nibelungenlied 1327*.

Die Fleischtöpfe Ägyptens
nach denen man sich zurücksehnt, werden in *2. Mos. 16, 3* und anderen Stellen angeführt: »Wollte Gott, wir wären in Ägypten gestorben durch des Herrn Hand, als wir bei den Fleischtöpfen saßen und hatten Brot die Fülle zu essen.«

Manna in der Wüste
beruht auf *2. Mos. 16, 15* und *33-35*: »Und Mose sprach zu Aaron: Nimm ein Gefäß und tu Manna hinein ...« (→ *Ps. 78, 24* und *Joh. 6, 31; 49-58*)

Du sollst keine anderen Götter haben neben mir
lautet das erste der zehn Gebote Gottes bei *2. Mos. 20, 3*.

Auge um Auge, Zahn um Zahn
wird als Vergeltung gefordert in *2. Mos. 21, 24* und an vielen anderen Stellen.

Rechtsbeugung
geht zurück auf *2. Mos. 23, 6*. Dort steht über die Unbestechlichkeit des Richters: »Du sollst das Recht des Armen nicht beugen in seiner Sache.« Und in *5. Mos. 27, 19* lesen wir: »Verflucht sei, wer das Recht des Fremdlings, der Waise und der Witwe beugt!«

Das Allerheiligste
das wir häufig übertragen gebrauchen, bezeichnet nach den Büchern Mose den innersten und heiligsten Raum der Stiftshütte. So steht in *2. Mos. 26, 34*: »Du sollst den Gnadenthron auf die Lade mit dem Gesetz tun, die im Allerheiligsten steht.«

Die Anbetung des goldenen Kalbes

oder

Der Tanz ums goldene Kalb
drücken Verehrung von Reichtum und hemmungsloses Streben danach aus. Wir gebrauchen es in Abwandlung von *2. Mos. 32*, wo die Israeliten ein aus Gold gegossenes Kalb verehren. Dort heißt es von Aaron, dass er den Schmuck der Israeliten nahm und »... bildete das Gold in einer Form und machte ein gegossenes Kalb. Und sie sprachen: Das ist dein Gott, Israel, der dich aus Ägyptenland geführt hat.«

Seine Lenden gürten
sagen wir nach *2. Mos. 32, 27*: »Ein jeder gürte sein Schwert um die Lenden ...«
Und bei *Luk. 12, 35* steht: »Lasst eure Lenden umgürtet sein und eure Lichter brennen.«

Von Angesicht zu Angesicht
redete der Herr mit Mose nach *2. Mos. 33, 11*.

Kinder und Kindeskinder
geht ebenfalls zurück auf das Alte Testament. Zuerst finden wir es bei *2. Mos. 34, 7*: »... aber ungestraft lässt er niemand, sondern sucht die Missetat der Väter heim an Kindern und Kindeskindern bis ins dritte und vierte Glied.«

Drittes Buch Mose – Levitikus

Jemandem die Leviten lesen
hat seinen Ursprung im *Titel des 3. Buches Mose*. Dieses Buch enthält religiöse Gesetze und Vorschriften und spart nicht mit Ermahnungen.
Der Ausdruck selbst geht zurück auf eine Kirchensitte im 8. Jahrhundert: Um 750 n. Chr. erließ Bischof Chrodegang von Metz eine Anordnung an seine Priester, sich regelmäßig nach der Morgenandacht zu versammeln. Er selbst oder sein Stellvertreter trugen dann einen

Text aus der Bibel, vorzugsweise aus dem 3. Buch Mose, vor, um sie zu einem heiligmäßigen Leben anzuhalten.

Sündenbock.
Der Ausdruck beruht auf *3. Mos. 16, 20–22*. Aaron sollte seine Hände einem Bock auf das Haupt legen »und über ihm bekennen alle Missetat der Israeliten ... und ihn durch einen Mann ... in die Wüste bringen lassen, dass also der Bock alle ihre Missetat auf sich nehme und in die Wüste trage; und man lasse ihn in der Wüste.«

Jemanden in die Wüste schicken
sagen wir ebenfalls nach dieser Stelle, wenn wir jemanden aus unserer Gemeinschaft auschließen.

Moloch

und

Einem Moloch opfern
geht auf Moloch, den Gott der Kanaaniter, zurück, von dem *3. Mos. 18, 21* und andere Stellen sprechen: »Du sollst nicht eines deiner Kinder geben, dass es dem Moloch geweiht werde ...«

Liebe deinen Nächsten wie dich selbst
sagen wir nach *3. Mos. 19, 18*: »Du sollst deinen Nächsten lieben wie dich selbst.«

Das Alter ehren
wir nach *3. Mos. 19, 32*: »Vor einem grauen Haupt sollst du aufstehen und die Alten ehren ...«

Mit gleicher Elle messen
hat seinen Ursprung bei *3. Mos. 19, 35*: »Ihr sollt nicht unrecht handeln im Gericht, mit der Elle, mit Gewicht, mit Maß.«

Durch die Finger sehen
für »nachsichtig sein« gebrauchen wir nach *3. Mos. 20, 4*: »Und wenn das Volk des Landes bei dem Menschen durch die Finger sehen würde ...«

Alle Jubeljahre einmal
ist nach *3. Mos. 25, 10* selten. Nach dieser Stelle feierten die Israeliten alle fünfzig Jahre ein heiliges Jahr, in dem unter anderem alte Schulden erlassen wurden. In der revidierten Bibelübersetzung finden wir deswegen auch das Wort »Erlassjahr«. Im unrevidierten Text heißt es: »Ihr sollt das fünfzigste Jahr weihen und sollt Freilassung im Land für all seine Bewohner verkünden! Es soll euch das Jobeljahr sein!«
Das »Jobeljahr« wurde durch das Blasen von Posaunen oder Widderhörnern angekündigt, deren hebräische Bezeichnung »jobel« im Wort erhalten blieb.
Im Mittelalter griff die katholische Kirche auf das »annus iubilaeus« als Bezeichnung für ein besonderes Ablassjahr zurück, das zunächst alle hundert, dann alle fünfzig Jahre und ab dem Jahr 1500 in regelmäßigem Rythmus alle fünfundzwanzig Jahre gefeiert wurde.

Viertes Buch Mose – Numeri

Vom Stamme Nimm
ist eine Verballhornung des Begriffes »vom Stamme Benjamin«, den wir bei *4. Mos. 13, 9* finden.

Seine Hand von jemandem abziehen
sagen wir nach *4. Mos. 14, 34*: »... sollt ihr vierzig Jahre eure Schuld tragen, auf dass ihr inne werdet, was es sei, wenn ich die Hand abziehe.« Und in *1. Chron. 28, 20* heißt es: »Gott der Herr, mein Gott, wird mit dir sein und wird die Hand nicht abziehen und dich nicht verlassen ...«

Land und Leute
findet sich erstmals bei *4. Mos. 21, 34*: »Und der Herr sprach zu Mose: Fürchte dich nicht vor ihm, denn ich habe ihn in deine Hand gegeben mit Land und Leuten ...« Und bei *Jes. Sir. 10* steht: »Ein König, der selber nicht Zucht gelernt hat, verderbet Land und Leute.«

Einen Dorn im Auge.
Für eine Sache, die uns missfällt, finden wir an der Bibelstelle *4. Mos. 33, 55*. Dort steht: »Wenn ihr aber die Bewohner des Landes nicht vor euch her vertreibt, so werden euch die, die ihr übrig lasst, zu Dornen

in euren Augen werden und zu Stacheln in euren Seiten, und werden euch bedrängen in dem Lande, in dem ihr wohnt.«

Fünftes Buch Mose – Deuteronomium

Ohne Ansehen der Person
geht auf *5. Mos. 1, 17* zurück: »Bei Gericht sollt ihr die Person nicht ansehen, sondern sollt den Kleinen hören wie den Großen.« Dieser Gedanke kommt im Alten und im Neuen Testament oft zum Ausdruck. In *1. Petr. 1, 17* heißt es wörtlich, Gott richte »ohne Ansehen der Person einen jeden nach seinem Werk«.

Himmel und Erde zu Zeugen anrufen
gebrauchen wir nach *5. Mos. 4, 26*: »So rufe ich heute Himmel und Erde zu Zeugen über euch ...«

Von ganzem Herzen
findet sich erstmals bei *5. Mos. 4, 29*, wo es heißt: »Wenn du aber Gott, deinen Herrn, suchen wirst, so wirst du ihn finden, wenn du ihn von ganzem Herzen und von ganzer Seele suchen wirst.«

Der Mensch lebt nicht vom Brot allein
ist das Wort, das Jesus dem Versucher in der Wüste entgegenhält. Es stammt aus *5. Mos. 8, 3*: »... dass der Mensch nicht lebt vom Brot allein, sondern von allem, was aus dem Mund des Herrn geht.« Bei *Matth. 4, 4* heißt es: »Der Mensch lebt nicht vom Brot allein, sondern von einem jeden Wort, das aus dem Munde Gottes geht.« (→ *Luk. 4, 4*)

Seine milde Hand auftun
sagen wir nach *5. Mos. 15, 11*: »Es werden allezeit Arme sein im Lande; darum gebiete ich dir und sage, dass du deine Hand auftust deinem Bruder, der bedrängt und arm ist in deinem Lande.« (→ *Ps. 104, 28* und *145, 16*)

Todsünde
gebrauchen wir nach *5. Mos. 22, 26*: »... denn sie hat keine Sünde getan, die des Todes wert ist.« Und nach *1. Joh. 5, 16*, wo steht: »Wenn

jemand seinen Bruder sündigen sieht, eine Sünde nicht zum Tode, so mag er bitten, und Gott wird ihm das Leben geben.«

Scheidebrief
kennen wir aus *5. Mos. 24, 1*: »Wenn jemand eine Frau zur Ehe nimmt und sie nicht Gnade findet vor seinen Augen, weil er etwas Schändliches an ihr gefunden hat, und er einen Scheidebrief schreibt und ihr in die Hand gibt und sie aus seinem Hause entlässt.« Der Begriff ist uns für Trennungen aller Art geläufig.

Du sollst dem Ochsen, der da drischt, nicht das Maul verbinden
steht in *5. Mos. 25, 4*. Paulus (→ *1. Kor. 9, 9* und *1. Tim. 5, 18*) wendet es auf jeden an, der arbeitet.

Ja und Amen sagen
entstand aus dem hebräischen »Amen« (Ja, es geschehe so), mit dem die Gemeinde eine feierliche Zustimmung zu geben pflegte. Wir finden beispielsweise in *5. Mos. 27, 15-26* zwölfmal: »Alles Volk soll sagen: Amen.«

Das Recht verdrehen

und

Rechtsverdreher
ist über das Lateinische zu uns gekommen. Im Vulgatatext von *5. Mos. 27, 19* heißt es: »... maledictus, qui pervertit iudicium (verflucht, wer das Recht verdreht)«. (→ Rechtsbeugung, *2. Mos. 23, 6*)

Im Dunkeln tappen
gebrauchen wir heute eher im übertragenen Sinne nach *5. Mos. 28, 29*, wo dem, der nicht auf des Herrn Stimme hört, prophezeit wird: »Und wirst tappen am Mittag, wie ein Blinder tappt im Dunkeln ...«

Vom Scheitel bis zur Sohle
geht zurück auf *5. Mos. 28, 35*: »Der Herr wird dich schlagen mit bösen Geschwüren an den Knien und Waden, dass du nicht geheilt werden kannst, von den Fußsohlen bis zum Scheitel.«

Zum Sprichwort werden
steht bei *5. Mos. 28, 37* und an mehreren anderen Stellen: »Und du wirst zum Entsetzen, zum Sprichwort und zum Spott werden unter allen Völkern ...«

Wie seinen Augapfel hüten
sagen wir nach *5. Mos. 32, 10* und *Ps. 17, 18*: »Er behütete ihn wie seinen Augapfel.«

Die Rache ist mein
steht in *5. Mos. 32, 35* (→ *Ps. 94, 1*) und wird von Paulus in *Röm. 12, 19* und *Hebr. 10, 30* mit dem Zusatz »spricht der Herr« zitiert.

Schandfleck
kennen wir aus *5. Mos. 32, 5*. Dort heißt es von bösen und sündigen Menschen: »... sie sind Schandflecken und nicht seine Kinder.« Bei *Jes. Sir. 20, 24* steht: »Ein schlimmer Schandfleck ist die Lüge, im Munde eines Toren findet sie sich dauernd.«

Gift und Galle spucken
ist hergeleitet von *5. Mos. 32, 33*: »Ihr Wein ist Drachengift und verderbliches Gift der Ottern.« In der unrevidierten Fassung heißt es an dieser Stelle: »... und wütiger Ottern Galle.«

Buch Josua

Streitbare Männer
gehen unter anderem zurück auf *Jos. 1, 14*: »Ihr aber sollt, so viele von euch streitbare Männer sind, vor euren Brüdern gerüstet hinüberziehen und ihnen helfen ...«

Ich aber und mein Haus wollen dem Herrn dienen
steht bei *Jos. 24, 15*. Dieser rief auf der Versammlung der Stämme Israels in Sidiem sein Volk dazu auf, sich zu Gott zu bekennen.

Zu seinen Vätern versammelt werden
sagt schon *Richter 2, 10* zum Sterben: »Als auch alle, die zu der Zeit gelebt hatten, zu ihren Vätern versammelt waren, kam nach ihnen ein anderes Geschlecht ...«

Krumme Wege gehen
ist abgeleitet von *Richter 5, 6*: »... und die da auf Straßen gehen sollten, die wanderten auf ungebahnten Wegen«, und in *Ps. 125, 5* können wir lesen: »Die aber abweichen auf ihre krummen Wege ...«

Schibboleth
als Bezeichnung des Losungswortes einer Partei gebrauchen wir nach *Richter 12, 5–6*. Danach hatten sich die Gileaditer, die mit den Ephraimitern in Streit geraten waren, an einer Furt des Jordan aufgestellt und richteten an jeden, der über den Fluss wollte, die Frage: »Bist du ein Ephraimiter?« Wenn er mit Nein antwortete, ließen sie ihn das Wort »Schibboleth« aussprechen. Ein Ephraimiter war daran zu erkennen, dass er das »Sch« nicht sprechen konnte, sondern »Sibboleth« sagte. Er wurde erschlagen.

Wie ein Mann
erhebt sich ein Volk nach *Richter 20, 11* und vielen anderen Stellen: »So versammelten sich gegen die Stadt alle Männer Israels, geschlossen wie ein Mann.«

Philister
begegnen uns an vielen Stellen der Bibel. So in *Richter 10, 7*: »Da entbrannte der Zorn des Herrn über Israel, und er verkaufte sie unter die Hand der Philister.« Zur Zeit der Richter, Sauls und Davids, wird als der ärgste Feind des »auserwählten Volkes« das Volk der Philister genannt. Zum geflügelten Wort wurde der Ausdruck im 17. Jahrhundert, als es in Universitätsstädten viele Händel zwischen Studenten und Bürgern gab. Die Studenten fühlten sich als »auserwähltes Volk« und nannten ihre »Feinde« – das waren zunächst die Stadtsoldaten – »Philister«. Das ist zuerst 1687 aus Jena bezeugt. Der Begriff wurde später auf alle Nichtstudenten ausgedehnt.

Bei Goethe finden wir damit verbunden den Begriff eines amusischen und beschränkten Menschen. Und seit Nietzsches erster *Unzeitgemäßer Betrachtung* ist der von dem Historiker Heinrich Leo geprägte Ausdruck »Bildungsphilister« geflügelt geworden.

Buch Rut

Wo du hingehst, da will auch ich hingehen

steht im *Buch Rut 1, 16*, wo es heißt: »Wo du hingehst, will auch ich hingehen, wo du bleibst, da bleibe ich auch. Dein Volk ist mein Volk, und dein Gott ist mein Gott.«
In Bert Brechts *Dreigroschenoper* sagt Polly zu Macheath: »Wenn du wohin gehst, will ich auch wohin gehen.«

Erstes Buch Samuel

Sein Herz ausschütten

entstammt *1. Sam. 1, 15*, wo die kinderlose Hanna ihren Kummer Gott anvertraut und von ihm getröstet wird: »... Wein und starkes Getränk habe ich nicht getrunken, sondern mein Herz vor dem Herrn ausgeschüttet.« (→ *Ps. 42, 5* und *62, 9*)

In den Ohren gellen

geht zurück auf *1. Sam. 3, 11*: »Da sprach der Herr zu Samuel: Siehe, ich werde etwas tun in Israel, wovon jedem, der es hören wird, beide Ohren gellen werden.«

Bis hierher hat mich Gott gebracht

ist der Titel eines Kirchenliedes von Ämilie Juliane Gräfin von Schwarzburg-Rudolstadt (1637–1706), der auf *1. Sam. 7, 12* fußt: »Da nahm Samuel einen Stein ... und sprach: Bis hierher hat uns der Herr geholfen.«

Du kommst mir vor wie Saul, der Sohn Kis', der ausging, seines Vaters Eselinnen zu suchen, und ein Königreich fand.

So lässt Goethe am Ende von *Wilhelm Meisters Lehrjahre* Lothario zu Wilhelm sagen. Den Satz erklärt *1. Sam. 9–10*, wo erzählt wird, wie Saul zu Samuel kam, der ihn zum König über Israel salbte.

Wie kommt Saul unter die Propheten?
war schon bei den Israeliten ein Sprichwort. Es wird in der Form »Ist Saul auch unter den Propheten?« in *1. Sam. 10, 11–12* erwähnt und erklärt.

Alt und grau werden
wird hergeleitet von *1. Sam. 12, 2*. Dort heißt es: »Ich aber bin alt und grau geworden.«

Ein Mann nach jemandes Herzen
beruht auf *1. Sam. 13, 14*: »Der Herr hatte sich einen Mann gesucht nach seinem Herzen ...«, und *Apg. 13, 22*: »Ich habe David gefunden, den Sohn Isais, einen Mann nach meinem Herzen ...«

Das sei mir fern
gebrauchen wir nach *1. Sam. 14, 45*, wo steht: »Das sei ferne!« Wir finden die Wendung auch in *2. Sam. 20, 20, Röm. 3, 4–6* und öfter in den *Briefen des Paulus*.

Gott sieht aufs Herz
geht auf *1. Sam. 16, 7* zurück: »Ein Mensch sieht, was vor Augen ist; der Herr aber sieht das Herz an.«

Goliath

oder

Riese Goliath
für einen hochgewachsenen oder körperlich überlegenen Mann finden wir in *1. Sam. 17*.

Ein heilloser Mensch
lesen wir in *1. Sam. 25, 17*: »Er aber ist ein heilloser Mensch, dem niemand etwas zu sagen wagt.«

Es ist mir leid um dich, mein Bruder Jonathan
klagt David in *2. Sam. 1, 26* nach Jonathans Tod in der Schlacht.

Krethi und Plethi
nennen wir allerlei »gemischtes Volk«. Nach *2. Sam. 8, 18* bildeten Söldner die Leibwache des Königs David. Es heißt dort: »Benaja, der Sohn Jojadas, war über die Kreter und Pleter gesetzt ...«, wobei die Kreter aus Kreta stammen und es sich bei den Pletern um Philister handelt.

Uriasbrief
ist nach *2. Sam. 11, 14–15* ein Brief, der dem Überbringer den Tod bringt.

Ein Kind des Todes
sagen wir nach *2. Sam. 12, 5*: »So wahr der Herr lebt, der Mann ist ein Kind des Todes, der das getan hat!«

Sich eine Sache zu Herzen nehmen
geht zurück auf *2. Sam. 13, 20,* wo Absalom zu seiner Schwester Tamar spricht: »Nimm die Sache nicht so zu Herzen.«

Das Herz stehlen

und

Herzensdieb
gehen auf *2. Sam. 15, 6* zurück: »So stahl Absalom das Herz der Männer Israels.«

Kein Entrinnen
kennen wir aus *2. Sam. 15, 14*. Dort sagt David zu seinem Gefolge: »Auf, lasst uns fliehen! Denn hier wird kein Entrinnen sein vor Absalom.«

Zwischen Himmel und Erde.
In *2. Sam. 18, 9* wird von Absalom berichtet, der im Kampf auf einem Maultier ritt: »Und als das Maultier unter eine große Eiche mit dichten

Zweigen kam, blieb sein Haupt an der Eiche hängen, und er schwebte zwischen Himmel und Erde; denn sein Maultier lief unter ihm weg.«

O mein Sohn Absalom!
klagt David in *2. Sam. 19, 1–4* um seinen Sohn, der sich gegen ihn erhoben hatte und dabei getötet worden war.

Erstes Buch der Könige

Sei ein Mann
sagt der sterbende David zu seinem Sohn Salomo in *1. Kön. 2, 2.*

Nicht ein noch aus wissen
lässt sich zurückführen auf *1. Kön. 3, 7.* Dort spricht Salomo: »Und nun, Herr, mein Gott, du hast deinen Knecht zum König gemacht an meines Vaters statt. Ich aber bin noch jung, weiß weder aus noch ein.«

Salomonisches Urteil
beruht auf *1. Kön. 3, 16–28.* Salomo entschied dort den Streit zweier Frauen um ein Kind, indem er das Kind zu teilen befahl. Er sprach es derjenigen als der wahren Mutter zu, die lieber auf das Kind verzichtete, als es teilen zu lassen.

Weise wie Salomo

und

Die Weisheit Salomos

oder

Salomonische Weisheit.
An vielen Stellen in *1. Kön.* und *2. Chron.*, auch in *Luk. 11, 31* ist von der Weisheit Salomos die Rede. So lesen wir bei *1. Kön. 5, 14*: »Und aus allen Völkern kam man, zu hören die Weisheit Salomos, und von allen Königen auf Erden, die von seiner Weisheit gehört hatten.«

Mit Skorpionen züchtigen.
»Skorpion« bedeutet hier »Stachelpeitsche«. In *1. Kön. 12, 11* sprechen »die Jüngeren, die mit ihm aufgewachsen waren«, zu Rehabeam, Salomos Sohn, er möge dem Erleichterung fordernden Volk antworten: »Mein Vater hat euch mit Peitschen gezüchtigt, ich will euch mit Skorpionen züchtigen.«

Auf beiden Seiten hinken
gebrauchen wir nach *1. Kön. 18, 21*. Dort heißt es: »Wie lange hinket ihr auf beiden Seiten? Ist der Herr Gott, so wandelt ihm nach, ist's aber Baal, so wandelt ihm nach.«

Falsche Propheten

und

Lügenpropheten.
Vor ihnen warnen schon die echten Propheten Jesaja, Jeremia und Hesekiel, vor ihnen warnt auch Jesus (*Matth. 7, 15*). Aber bereits in *1. Kön. 22, 23* lesen wir: »Nun siehe, der Herr hat einen Lügengeist gegeben in den Mund aller deiner Propheten; und der Herr hat Unheil gegen dich geredet.«

Zweites Buch der Könige

Beelzebub.
Diese Bezeichnung für den Teufel leitet sich ab von Baal-Sebub. Diese Gottheit wird erwähnt in *2. Kön. 1, 2*: »Geht hin und befragt Baal-Sebub, den Gott von Ekron, ob ich von dieser Krankheit genesen werde.«

Der Ausdruck
Herr der Fliegen
geht ebenfalls auf den Anfang des zweiten Buches der Könige zurück. Das hebräische Baal-Sebub bedeutet »Herr der Fliegen« und ist eine Verballhornung des Titels Baal Zebul, was bedeutet »erhabener Herr«.

Als Umschreibung für den Teufel finden wir den Ausdruck später bei Goethes *Faust*, wo sich Mephisto selbst so bezeichnet. Weitere Verbreitung fand die Bezeichnung im 20. Jahrhundert durch einen Roman von William Golding aus dem Jahr 1954 *(Lord of the Flies – Herr der Fliegen)*.

Erstes Buch der Chronik

Friede sei mit dir!

und

Friede sei mit euch!
finden wir erstmals in *1. Chron. 12, 19*: »Dein sind wir, David, und mit dir halten wir's, du Sohn Isais! Friede, Friede sei mit dir!« Die Sentenz wurde später vor allem durch *Luk. 24, 36* und *Joh. 20, 19* als christlicher Segensgruß verbreitet.

Es kostet den Hals
stammt aus *1. Chron. 12, 20*: »Wenn er wieder zu Saul, seinem Herrn, überginge, so könnte es uns den Hals kosten.«

Danket dem Herrn, denn er ist freundlich, und seine Güte währet ewiglich
finden wir in *1. Chron. 16, 34*. Später auch in *Ps. 106, 1*, in *2. Chron. 7, 3* und *Esra 3, 11*.

Buch Esra

Sich etwas über den Kopf wachsen lassen
geht zurück auf *Esra 9, 6*: »... denn unsere Missetat ist über unser Haupt gewachsen, und unsere Schuld ist groß bis an den Himmel.«

Buch Ester

Ahasver
finden wir in *Ester 1, 1,* wo es heißt: »Zu Zeiten des Ahasveros, der König war von Indus bis zum Nil über hundertsiebenundzwanzig Länder ...« Ahasveros ist hier der Name für den Perserkönig Xerxes I. (486–465 v. Chr.).
Uns begegnet dieser Name in der Sage vom

Ewigen Juden
wieder, nach der der jüdische Schuhmacher Ahasverus, der Jesus auf seinem Kreuzweg nicht vor seinem Hause rasten ließ, von Gott dazu verdammt wurde, umherzuwandern bis zum Jüngsten Gericht. Ahasver wurde zum Sinnbild des ruhelosen und heimatlosen Menschen.
In deutscher Sprache erschien im Jahre 1602 erstmals die *Kurtze Beschreibung und Erzehlung von einem Juden Ahasverus.* Das Motiv wurde in den folgenden Jahrhunderten immer wieder von Dichtern aufgegriffen. Von Goethe ist das Fragment eines Epos mit dem Titel *Der ewige Jude* erhalten (1774), und 1981 erschien ein Roman von Stefan Heym mit dem Titel *Ahasver.*

In Sack und Asche gehen
wir, wenn wir trauern oder Buße tun. Das geht zurück auf die Stelle im Buch *Ester 4, 1,* wo es heißt: »Als Mordechai alles erfuhr, was geschehen war, zerriss er seine Kleider und legte den Sack an und tat Asche aufs Haupt und ging hinaus in die Stadt und schrie laut klagend.« (→ *Jes. 58, 5, Jer. 6, 26, Jona 3, 6, Matth. 11, 21* und *Luk. 10, 13*)

Buch Hiob – Ijob

Hiobsbotschaft
nennen wir eine Unglücksbotschaft nach den schlimmen Ereignissen, von denen *Hiob 1, 14–18* berichtet.

Der Herr hat's gegeben, der Herr hat's genommen; der Name des Herrn sei gelobt!
steht bei *Hiob 1, 21.*

Leviathan
ein Seeungeheuer, begegnet uns erstmals bei *Hiob 3, 8*: »Es sollen sie verfluchen, die einen Tag verfluchen können, und die da kundig sind, den Leviathan zu wecken!« Wir gebrauchen den Begriff heute häufig als Sinnbild für ein nicht kontrollierbares (Staats-)Gebilde oder Gemeinwesen. Das geht zurück auf ein Werk gleichen Namens des englischen Philosophen Thomas Hobbes aus dem Jahr 1651 über das Wesen des Staates.

Die Haare zu Berge stehen
uns nach *Hiob 4, 15*: »Und ein Hauch fuhr an mir vorüber; es standen mir die Haare zu Berge an meinem Leibe.«

Von den Würmern gefressen werden
findet sich in der unrevidierten Fassung von *Hiob 4, 19* und in *Apg. 12, 23*: »Und von Würmern zerfressen, gab er den Geist auf.«

Das Leben ein Kampf
Dieser Ausspruch hat eine lange Entwicklungsgeschichte. Bereits bei *Hiob 7, 1* heißt es nach der Vulgata: »Militia est vita hominis. (Kriegsdienst ist das Leben des Menschen.)« Luther übersetzte: »Muss nicht der Mensch immer im Streit sein auf Erden?« In der revidierten Fassung lesen wir: »Muss nicht der Mensch immer im Dienst stehen auf Erden ...«
Schon Euripides sagte in den *Schutzflehenden*: »Ein steter Kampf ist unser Leben«. Und der Philosoph Seneca schreibt in seinem *96. Brief an Lucilius*: »Vivere, Lucili, militare est. (Leben, Lucilius, heißt kämpfen.)«
Gegen Ende seines Lebens schreibt Paulus an Timotheus (*2. Tim. 4, 7*) über sein Leben: »Ich habe einen guten Kampf gekämpft.«
Und in seinem Drama *Mahomet 2, 4* lässt Voltaire Mahomet sagen: »Ma vie est un combat. (Mein Leben ist ein Kampf.)«
Schließlich lesen wir bei Goethe im »Buch des Paradieses« des *West-östlichen Diwans* (1819): »... denn ich bin ein Mensch gewesen, und das heißt ein Kämpfer sein.«

Von gestern sein
gebrauchen wir nach *Hiob 8, 9*: »Denn wir sind von gestern her und wissen nichts.« Wir sagen danach:

Du bist wohl von gestern?

und

Jemand ist nicht von gestern.

Auf keinen grünen Zweig kommen
wir, weil es bei *Hiob 15, 32* heißt: »Er wird ihm voll ausgezahlt werden noch vor der Zeit, und sein Zweig wird nicht mehr grünen.«

Mit etwas schwanger gehen
hat seinen Ursprung bei *Hiob 15, 35*: »Sie gehen schwanger mit Mühsal und gebären Unglück, und ihr Schoß bringt Trug zur Welt.«

Den Weg gehen, den man nicht wiederkommt
für »sterben« stammt aus *Hiob 16, 22*: »Denn nur wenige Jahre noch, und ich gehe den Weg, den ich nicht wiederkommen werde.«

Arm wie Hiob
stützt sich auf das ganze Buch Hiob. In *Hiob 17, 6* sagt Hiob sogar: »Er hat mich zum Sprichwort unter den Leuten gemacht.«

Wie Spreu im Wind
sagen wir von etwas Haltlosem, Vergänglichem nach *Hiob 21, 18*: »... dass sie werden Stroh vor dem Winde und wie Spreu, die der Sturmwind wegführt.« Das gleiche Bild findet sich in *Ps. 1, 4* und *35, 5*.

Es geht mir ein Licht auf
sagen wir nach *Hiob 25, 3*: »Und über wem geht sein Licht nicht auf?« Ähnliches finden wir in *Ps. 97, 11* und *112, 4* und bei *Matth. 4, 16*.

So wahr Gott lebt
als Schwur steht bei *Hiob 27, 2*.

Gewissensbisse haben
wir wegen *Hiob 27, 6*: »An meiner Gerechtigkeit halte ich fest und lasse sie nicht; mein Gewissen beißt mich nicht wegen eines meiner Tage.«

Der große Unbekannte
geht zurück auf *Hiob 36, 26*, wo es in der unrevidierten Fassung heißt: »Siehe, Gott ist groß und unbekannt.« In der revidierten Fassung heißt es »groß und unbegreiflich«.
Ein Kritiker gebrauchte den Ausdruck für den ursprünglich anonymen Verfasser des Romans *Waverley* von Walter Scott aus dem Jahr 1814. Jetzt bezeichnet man damit ironisch eine unbekannte, meist nicht existierende Person, auf die ein Übeltäter zu seiner Entlastung verweisen will.

Bis hierher und nicht weiter!
Nach *Hiob 38, 11* richtete Gott bei der Schöpfung an das Meer die Worte: »Bis hierher sollst du kommen und nicht weiter; hier sollen sich legen deine stolzen Wellen!«
Gebräuchlich ist bei uns auch die lateinische Form

Non plus ultra.
Das »und nicht weiter« wird in Frankreich und England in der lateinischen Form »nec plus ultra« verwandt. Allerdings finden wir hier eine Verschiebung im Sinn: Ein »Nonplusultra« ist für uns das Höchste, Beste oder Äußerste, über das es nicht hinausgehen kann.
Diese Deutung hat ihre Wurzeln in der griechischen Mythologie, als die Berge an der Meerenge von Gibraltar das Ende der Welt markierten. Die Sage berichtet, Herakles habe diese nach ihm benannten »Säulen« mit der Inschrift »Non plus ultra« versehen.

Rabeneltern
kümmern sich nicht um ihre Kinder und haben ihren Ursprung bei *Hiob 38, 41*: »Wer bereitet dem Raben seine Speise, wenn seine Jungen zu Gott rufen und irre fliegen, weil sie nichts zu essen haben?«

Das ist mir zu hoch.
Bei *Hiob 42, 3* heißt es: »Darum hab ich unweise geredet, was mir zu hoch ist und ich nicht verstehe.« In *Ps. 139, 6* finden wir: »Diese Erkenntnis ist mir zu wunderbar und zu hoch, ich kann sie nicht begreifen.« Und in *Spr. 24, 7*: »Weisheit ist dem Narren zu hoch.«

Auf der Bank der Spötter sitzen
sagen wir nach *Ps. 1, 1–2*. Dort heißt es: »Wohl dem, der nicht wandelt im Rat der Gottlosen noch tritt auf den Weg der Sünder noch sitzt, wo die Spötter sitzen, sondern hat Lust am Gesetz des Herrn und sinnt über seinem Gesetz Tag und Nacht.«

Heidenlärm
geht auf die Frage in *Ps. 2, 1* zurück: »Warum toben die Heiden und murren die Völker vergeblich?« Der Ausdruck

Heidengeld
entwickelte sich aus »Heidenlärm«.

Das Zepter schwingen

oder

Mit eisernem Zepter regieren
wir nach *Ps. 2, 9*, wo es heißt: »Du sollst sie mit eisernem Zepter zerschlagen, wie Töpfe sollst du sie zerschmeißen.«

Der Schlaf des Gerechten
kann von *Ps. 3, 6* abgeleitet werden: »Ich liege und schlafe und erwache; denn der Herr hält mich.« Oder auch von *Ps. 4, 9*: »Ich liege und schlafe ganz mit Frieden; denn allein du, Herr, hilfst mir, dass ich sicher wohne.«

Wunderlicher Heiliger
stammt aus *Ps. 4, 4*, wo es in der unrevidierten Fassung heißt: »Erkennet doch, dass der Herr seine Heiligen wunderlich führet.«
»Wunderlich« hatte bei Luther noch die Bedeutung »wunderbar«. So steht heute auch in der revidierten Fassung: »... dass der Herr seine Heiligen wunderbar führt.«
Nach dieser Bibelstelle zitieren wir auch gerne:

Gott führt seine Heiligen wunderliche Wege.

Requiescat in pace – Ruhe in Frieden!
geht zurück auf den Vulgatatext von *Ps. 4, 9*. In der revidierten Fassung heißt es dort: »Ich liege und schlafe ganz mit Frieden; denn allein du, Herr, hilfst mir, dass ich sicher wohne.«

Auf Herz und Nieren prüfen
sagen wir nach *Ps. 7, 10*: »Lass der Gottlosen Bosheit ein Ende nehmen, aber die Gerechten lass bestehen; denn du, gerechter Gott, prüfest Herzen und Nieren.« (→ *Ps. 26, 2; Jer. 11, 20* und *17,10* und *Apk. 2, 23*)

Wer andern eine Grube gräbt, fällt selbst hinein.
Dieses Sprichwort hat seinen Ursprung bei *Ps. 7, 16*: »Er hat eine Grube gegraben und ausgehöhlt – und ist in die Grube gefallen, die er gemacht hat.« Das Bild finden wir noch an anderen Bibelstellen, zum Beispiel bei *Spr. 26, 27*: »Wer eine Grube macht, der wird hineinfallen ...« (→ *Ps. 9, 16; 57, 7* und *Pred. 10, 8*)

Reden ist Silber
leitet sich von *Ps. 12, 7* her: »Die Worte des Herrn sind lauter wie Silber, im Tiegel geschmolzen, geläutert sieben Mal.«

Darüber, wie der Zusammenhang
Reden ist Silber, Schweigen ist Gold
hergestellt wurde, gibt es nur Mutmaßungen. Schriftlich niedergelegt wurde diese Sentenz in lateinischer Sprache in *Handschriften aus dem 16. Jahrhundert*, deren Ursprung jedoch in den arabischen Raum zurückreicht. Dort heißt es: »Narratio argentea, silentium vero aureum est.«

Du hast mich heimgesucht bei Nacht
war der *Titel eines Buches* mit Abschiedsbriefen und Aufzeichnungen der Widerstandsbewegung gegen den Nationalsozialismus von 1933 bis 1945, das 1954 von Helmut Gollwitzer, Käthe Kuhn und Reinhold Schneider herausgegeben wurde. Der Titel geht zurück auf *Ps. 17, 3*: »Du prüfst mein Herz und suchst es heim bei Nacht; du läuterst mich und findest nichts.«

Von Gott verlassen sein
ist aus der Anrufung Jesu am Kreuz in *Ps. 22, 2* entstanden: »Mein Gott, mein Gott, warum hast du mich verlassen? Ich schreie, aber meine Hilfe ist ferne.« Wir finden die Sentenz ähnlich auch bei *Matth. 27, 46* und *Mark. 15, 34.*

Zum Gespött der Leute werden
wir nach *Ps. 22, 7*: »Ich aber bin ein Wurm und kein Mensch, ein Spott der Leute und verachtet vom Volke.«

Jugendsünden
entstand aus *Ps. 25, 7*: »Gedenke nicht der Sünden meiner Jugend und meiner Übertretungen.«

Seinen Kopf über jemanden oder etwas schütteln
steht in *Ps. 22, 8*: »Alle, die mich sehen, verspotten mich, sperren das Maul auf und schütteln den Kopf ...«

Die Hände in Unschuld waschen
ist der Ausdruck, bei dem wir an Pilatus zu denken pflegen, der damit die Verantwortung am Tode Jesu von sich schob (→ *Matth. 27, 24*). Er findet sich zum ersten Mal in *Ps. 26, 6–7*: »Ich wasche meine Hände in Unschuld und halte mich Herr zu deinem Altar, dir zu danken mit lauter Stimme und zu verkünden alle deine Wunder.«
Der Vers geht dem Sinn nach zurück auf *5. Mos. 21, 1–9.*

Der Gerechte muss viel (er)leiden
heißt es in *Ps. 34, 20.*

Die Stillen im Lande
finden wir in *Ps. 35, 20*: »Denn sie reden nicht, was zum Frieden dient, und ersinnen falsche Anklagen wider die Stillen im Lande.« Der Begriff wurde ab dem 18. Jahrhundert als Bezeichnung für Pietisten, Herrnhuter und andere fromme Gemeinschaften verwendet.

Bleibe im Lande und nähre dich redlich
heißt es in *Ps. 37, 3.*

Sein Leid in sich (hinein)fressen
sagen wir nach *Ps. 39, 3*: »Ich bin verstummt und still und schweige fern der Freude und muss mein Leid in mich fressen.«

Die Zähne zusammenbeißen

oder

Etwas mit knirschenden Zähnen tun
geht zurück auf *Ps. 37, 12*. Dort steht: »Der Gottlose droht dem Gerechten und knirscht mit seinen Zähnen wider ihn.«

Mehr Schulden als Haare auf dem Kopfe haben
ist eine Abwandlung von *Ps. 40, 13*: »Meine Sünden haben mich ereilt; ich kann sie nicht überblicken. Ihrer sind mehr als Haare auf meinem Haupt, und mein Herz ist verzagt.«

Jemanden oder etwas mit Füßen treten
findet sich zum ersten Mal bei *Ps. 41, 10*: »Auch mein Freund, dem ich vertraute, der mein Brot aß, tritt mich mit Füßen.« (→ *Jes. 10, 24*)

Wie der Hirsch schreit nach frischem Wasser
leiten wir her von *Ps. 42, 2*: »Wie der Hirsch lechzt nach frischem Wasser, so schreit meine Seele, Gott, zu dir.«

Am Boden liegen
wir nach *Ps. 44, 26*: »Denn unsre Seele ist gebeugt zum Staube, unser Leib liegt am Boden.«

Mit falscher Zunge
reden wir nach *Ps. 52, 6*: »Du redest gern alles, was zum Verderben dient, mit falscher Zunge.« Wir finden den Ausdruck noch an einigen anderen Stellen wieder, so zum Beispiel in *Ps. 120, 2*.

Jemanden unter seine Fittiche nehmen
kann man nach *Ps. 61, 5*: »Lass mich wohnen in deinem Zelte ewiglich und Zuflucht haben unter deinen Fittichen.«

Ein Ende mit Schrecken nehmen
wir mit *Ps. 73, 19*: »Sie gehen unter und nehmen ein Ende mit Schrecken.«
Diesen Psalm griff *Ferdinand von Schill* im Mai 1809 auf, als er sagte: »Lieber ein Ende mit Schrecken als ein Schrecken ohne Ende.« (→ S. 425)

Der Rest ist für die Gottlosen.
Diese Sentenz wird heute meist scherzhaft und in vielen Abwandlungen gebraucht und hat ihren Ursprung bei *Ps. 75, 9*: »Denn der Herr hat einen Becher in der Hand, mit starkem Wein voll eingeschenkt. Er schenkt daraus ein, und die Gottlosen auf Erden müssen alle trinken und sogar die Hefe schlürfen.«

Jammertal

oder

Tal der Tränen
geht zurück auf *Ps. 84, 7*: »Wenn sie durchs dürre Tal ziehen, wird es ihnen zum Quellgrund, und Frühregen hüllt es in Segen.«
In der unrevidierten Fassung steht an dieser Stelle Luthers Ausdruck »Jammertal«, in der Vulgata »vallis lacrimarum (Tal der Tränen)«.

Von Ewigkeit zu Ewigkeit
finden wir erstmals in *Ps. 90, 2*: »Ehe denn die Berge wurden und die Erde und die Welt geschaffen wurden, bist du, Gott, von Ewigkeit zu Ewigkeit.«

Tausend Jahre wie ein Tag
sagen wir nach *Ps. 90, 4*: »Denn tausend Jahre sind vor dir wie der Tag, der gestern vergangen ist, und wie eine Nachtwache.«

Unser Leben währet siebzig Jahre, und wenn's hoch kommt, so sind's achtzig Jahre, und wenn's köstlich gewesen ist, so ist es Mühe und Arbeit gewesen.
So zitieren wir die unrevidierte Übersetzung Luther von *Ps. 90, 10*. Für uns heute verständlicher heißt es in der revidierten Fassung:

»... und was daran köstlich erscheint, ist doch nur vergebliche Mühe.«
Wir sprechen danach auch vom

Psalmistenalter

oder wollen

das Alter des Psalmisten erreichen.

Auf den Händen tragen
nach *Ps. 91, 12* die Engel den, dessen Zuversicht der Herr ist: »... dass sie dich auf Händen tragen und du deinen Fuß nicht an einen Stein stoßest.«
In *Matth. 4, 6* bezieht sich der Versucher Jesu in der Wüste auf diesen Psalm.

Grünen und blühen
lassen wir es nach *Ps. 92, 8*: »Die Gottlosen grünen wie das Gras, und die Übeltäter blühen alle – nur um vertilgt zu werden für immer!«

Recht muss Recht bleiben
sagen wir nach *Ps. 94, 15*: »Denn Recht muss doch Recht bleiben, und ihm werden alle frommen Herzen zufallen.«

Und

Recht muss doch Recht bleiben
heißt der viel zitierte Schluss aus Christian Fürchtegott Gellerts Erzählung *Der Prozess*, den der Autor wohl dem obigen Psalm entnommen hat.

Der Wein erfreut des Menschen Herz
So beginnt ein Trinklied von Gleim (1719–1803), und in Goethes *Götz von Berlichingen* spricht diesen Satz der Bruder Martin.
Die Sentenz geht zurück auf *Ps. 104, 15*: »... dass der Wein erfreue des Menschen Herz und sein Antlitz schön werde vom Öl und das Brot des Menschen Herz stärke.«

Das auserwählte Volk
werden die Israeliten in *Ps. 105, 43* genannt: »So führte er sein Volk in Freuden heraus und seine Auserwählten mit Jubel.«

Eine durstige Seele
ist ein Ausdruck aus *Ps. 107, 9*. Dort steht: »... dass er sättigt die durstige Seele und die Hungrigen füllt mit Gutem.« Wir verwenden die Sentenz meist, um jemand zu bezeichnen, der dem Alkohol zuspricht.

Einem das Maul stopfen
wir nach *Ps. 107, 42*: »Das werden die Frommen sehen und sich freuen, und aller Bosheit wird das Maul gestopft werden.«

Augen haben und nicht sehen und Ohren haben und nicht hören
beruht auf *Ps. 115, 5-6*: »Sie haben Mäuler und reden nicht, sie haben Augen und sehen nicht, sie haben Ohren und hören nicht, sie haben Nasen und riechen nicht.« Ähnliches finden wir auch in *Ps. 135, 16-17, Jer. 5, 21* sowie in *Hes. 12, 2*.

Alle Menschen sind Lügner
steht in *Ps. 116, 11*. Manchmal zitieren wir lateinisch:

Omnis homo mendax

Ich bin ein Gast auf Erden
sagen wir nach *Ps. 119, 19*: »Ich bin ein Gast auf Erden, verbirg deine Gebote nicht vor mir.«
Paul Gerhardt (1607–1667) hat diesen Psalm zum Anfang eines bekannten Kirchenliedes gemacht. Und *Goethe* griff die Sentenz auf in dem Gedicht »Selige Sehnsucht« (→ S. 291).

Ein verlorenes Schaf
finden wir erstmals in *Ps. 119, 176*. Dort steht: »Ich bin wie ein verirrtes und verlorenes Schaf; suche deinen Knecht, denn ich vergesse deine Gebote nicht.«

Die mit Tränen säen, werden mit Freuden ernten.
So steht es in *Ps. 126, 5*.

Den Seinen gibt's der Herr im Schlaf
beruht auf *Ps. 127, 2*: »Es ist umsonst, dass ihr früh aufsteht und hernach lange sitzet und esset euer Brot mit Sorgen; denn seinen Freunden gibt er es im Schlaf.«

De profundis clamavi ad te, Domine –
Aus der Tiefe rufe ich, Herr, zu dir
So lautet der 6. Bußpsalm, *Ps. 130, 1*. Aus diesem Vers entstand auch Luthers Kirchenlied »Aus tiefer Not schrei ich zu dir«. Das »De profundis« ist Bestandteil des katholischen Trauergottesdienstes.
Oscar Wilde (1854–1900) verwendete »De profundis« im Sinne von »Klagegesang« als Titel seines letzten Prosawerkes, das im Zuchthaus von Reading entstand.

Mit jemandem ins Gericht gehen
wir nach *Ps. 143, 2*: »Gehe nicht ins Gericht mit deinem Knecht; denn vor dir ist kein Lebendiger gerecht.«

Aller Augen warten auf dich
sagen wir nach *Ps. 145, 15*, wenn jemand zu spät kommt. Der ganze Psalm wird auch als Tischgebet gesprochen: »Aller Augen warten auf dich, und du gibst ihnen ihre Speise zur rechten Zeit.«

Sprüche Salomos – Sprichwörter

Wenn dich die bösen Buben locken, so folge nicht!
heißt es bereits in *Spr. 1, 10*. Diese Mahnung folgt dem Gebot in *Spr. 1, 8*. Dort steht: » Mein Sohn, gehorche der Zucht deines Vaters und verlass nicht das Gebot deiner Mutter.«

Weisheit auf der Gasse
leiten wir ab von *Spr. 1, 20*: »Die Weisheit ruft laut auf der Straße und lässt ihre Stimme hören auf den Plätzen.« In der unrevidierten Fassung gebraucht Luther das Wort »Gasse«.

Glatte Worte
nach *Spr. 2, 16*: »... dass du nicht geratest an die Frau eines andern, an eine Fremde, die glatte Worte gibt.«

Wen der Herr lieb hat, den züchtigt er
heißt es in *Hebr. 12, 6* (→ *Apk. 3, 19*). Wir finden den Gedanken zuerst bei *Spr. 3, 12*: »... denn wen der Herr liebt, den weist er zurecht, und hat doch Wohlgefallen an ihm, wie ein Vater am Sohn.«

Lästermaul
begegnet uns erstmals bei *Spr. 4, 24*: »Tu von dir die Falschheit des Mundes und sei kein Lästermaul.«

Ein zweischneidiges Schwert
finden wir in *Spr. 5, 4*, wo von verführerischer Sprache die Rede ist: »... hernach aber ist sie bitter wie Wermut und scharf wie ein zweischneidiges Schwert.« Ähnliches finden wir in *Hebr. 4, 12* und *Apk. 1, 16* und *2, 12*. Wir bezeichnen damit eine Tat oder eine Sache, bei der man mit unerwünschten Folgen rechnen muss.

Mit Rat und Tat
finden wir an mehreren Bibelstellen. Zuerst bei *Spr. 8, 14*. Dort steht: »Mein ist beides, Rat und Tat, ich habe Verstand und Macht.«

Unrecht Gut gedeihet nicht
sagen wir in Abwandlung von *Spr. 10, 2*: »Unrecht Gut hilft nicht; aber Gerechtigkeit errettet vom Tode.«
Ähnlich drückt sich auch Sophokles im *Ödipus auf Kolonos 1026–1027* aus: »Was der Ungerechte mit List erworben, bleibt nicht.«

Der Gerechte erbarmt sich seines Viehs
heißt es wörtlich in *Spr. 12, 10*.

Gerechtigkeit erhöht ein Volk, aber die Sünde ist der Leute Verderben.
So lesen wir in *Spr. 14, 34*.

Der Mensch denkt, Gott lenkt – Homo proponit, sed Deus disponit

Der Vulgatatext von *Spr. 16, 9* lautet: »Cor hominis disponit viam suam, sed Domini est dirigere gressus eius.« Wir lesen heute in der revidierten Fassung: »Des Menschen Herz erdenkt sich seinen Weg; aber der Herr allein lenkt seinen Schritt.«

Hochmut kommt vor dem Fall

finden wir an der Bibelstelle in *Spr. 16, 18*: »Wer zugrunde gehen soll, der wird zuvor stolz; und Hochmut kommt vor dem Fall.«

Wer sich des Armen erbarmt, der leiht dem Herrn

heißt es in *Spr. 19, 17*.

Wie du mir, so ich dir

stammt verkürzt aus *Spr. 24, 29*: »Wie einer mir tut, so will ich ihm auch tun und einem jeglichen sein Tun vergelten.«

Goldene Äpfel auf silbernen Schalen

finden wir in *Spr. 25, 11*: »Ein Wort, geredet zur rechten Zeit, ist wie goldene Äpfel auf silbernen Schalen.«

Prediger Salomo – Kohelet

Alles ist eitel

sagen wir nach *Pred. 1, 2*: »Es ist alles ganz eitel.« Gern wird auch der Text der Vulgata zitiert: »Vanitas vanitatum, et omnia vanitas. (Eitelkeit der Eitelkeit, und alles ist Eitelkeit.)«
Mit dieser Sentenz wird die Nichtigkeit alles menschlichen Strebens betont; eine Weltsicht, die besonders im Barock verbreitet war.
So gibt es aus dieser Zeit ein Gedicht von Andreas Gryphius (1616 bis 1664) mit dem Titel *»Vanitas! Vanitatum vanitas!«*
Aber auch später wurde der Predigertext künstlerisch bearbeitet. Wir kennen die *Vier ernsten Gesänge* von Johannes Brahms aus dem Jahr 1896, die auf diese Bibelstelle Bezug nehmen.

Alle Wasser laufen ins Meer
steht bei *Pred. 1, 7*.

Nimmersatt
hat seinen Ursprung in *Pred. 1, 8*: »Das Auge sieht sich niemals satt, und das Ohr hört sich niemals satt.«

Nichts Neues unter der Sonne
stammt aus *Pred. 1, 9*: »Was geschehen ist, eben das wird hernach sein. Was man getan hat, eben das tut man hernach wieder, und es geschieht nichts Neues unter der Sonne.«

Alles zu seiner Zeit
sagen wir nach *Pred. 3, 1*: »Ein jegliches hat seine Zeit, und alles Vorhaben unter dem Himmel hat seine Stunde.« Und in *Pred. 3, 11* heißt es: »Er hat alles schön gemacht zu seiner Zeit.«

Sich gütlich tun
rührt her von *Pred. 3, 12*: »Da merkte ich, dass es nichts Besseres dabei gibt als fröhlich sein und sich gütlich tun in seinem Leben.«

Eine Gabe Gottes

oder

Gottesgabe
gehen beide zurück auf Stellen bei *Prediger Salomo*. So heißt es in *Pred. 3, 13*: »Denn ein Mensch, der da isst und trinkt und hat guten Mut bei allen seinen Mühen, das ist eine Gabe Gottes.« Und bei *Pred. 5, 18* steht: »Denn wenn Gott einem Menschen Reichtum und Güter gibt und lässt ihn davon essen und trinken und sein Teil nehmen und fröhlich sein bei seinen Mühen, so ist das eine Gottesgabe.«

Ein lebendiger Hund ist besser als ein toter Löwe
sagen wir nach *Pred. 9, 4*: »Denn wer noch bei den Lebenden weilt, der hat Hoffnung; denn ein lebender Hund ist besser als ein toter Löwe.«

Wehe dir, Land, dessen König ein Kind ist
zitieren wir aus *Pred. 10, 16.*

Tage, von denen wir sagen, sie gefallen uns nicht
bilden wir nach *Pred. 12, 1*: »Denk an deinen Schöpfer in deiner Jugend, ehe die bösen Tage kommen und die Jahre sich nahen, da du wirst sagen: Sie gefallen mir nicht.«

Viel Büchermachens ist kein Ende
hat seinen Ursprung in *Pred. 12, 12*: »Und über allem, mein Sohn, lass dich warnen; denn des vielen Büchermachens ist kein Ende, und viel Studieren macht den Leib müde.«

Hohes Lied Salomos

Eine Rose unter Dornen
sagen wir nach *Hohes Lied 2, 2*: »Wie eine Lilie unter den Dornen, so ist meine Freundin unter den Mädchen.« In der unrevidierten Fassung steht hier »Rose« und »Töchtern«.

Liebe ist stark wie der Tod
finden wir in *Hohes Lied 8, 6*: »Denn Liebe ist stark wie der Tod und Leidenschaft unwiderstehlich wie das Totenreich. Ihre Glut ist feurig und eine Flamme des Herrn.«

Jesaja

Schwerter zu Pflugscharen.
Der Leitspruch der christlichen Bürgerbewegung der damaligen DDR in den 80er Jahren des 20. Jahrhunderts kommt aus dem Buch *Jes. 2, 4*: »Da werden sie ihre Schwerter zu Pflugscharen und ihre Spieße zu Sicheln machen. Denn es wird kein Volk wider das andere das Schwert erheben, und sie werden hinfort nicht mehr lernen, Krieg zu führen.« Auch bei *Micha 4, 3* heißt es: »Sie werden ihre Schwerter zu Pflugscharen und ihre Spieße zu Sicheln machen.«

Weinberg des Herrn
zitieren wir nach *Jes. 5, 7:* »Des Herrn Zebaoth Weinberg aber ist das Haus Israel und die Männer Judas seine Pflanzung, an der sein Herz hing.«

Tauben Ohren predigen
geht wohl auf *Jes. 6, 9* zurück, wo Gott zu Jesaja spricht: »Geh hin und sprich zu diesem Volk: Höret und verstehet's nicht; sehet und merket's nicht.« Und bei *Jes. 42, 20* steht: »Du sahst wohl viel, aber du hast's nicht beachtet; deine Ohren waren offen, aber du hast nicht gehört.« (→ *Matth. 13, 13 ff.*)
Aber bereits im Lateinischen ist bei Ovid sprichwörtlich: »Ad surdas aures canere (tauben Ohren singen).« Und bei Horaz finden wir: »Surdo asello narrare fabulam (einem tauben Esel eine Geschichte erzählen).« Bei *Livius 3, 70, 7* finden wir die lateinische Redensart »surdis auribus dicere«.

Der Stein des Anstoßes
stammt aus Jes. 8, 14: »Er wird ein Fallstrick sein und ein Stein des Anstoßes und ein Fels des Ärgernisses für die beiden Häuser Israel, ein Fallstrick und eine Schlinge für die Bürger Jerusalems.« (→ Röm. 9, 32–33 und 1. Petr. 2, 8)
Hier finden wir auch den Ausdruck

Fallstrick
der uns nochmals bei *Luk. 21, 34* begegnet. Dort spricht Jesus: »Hütet euch aber, dass eure Herzen nicht beschwert werden mit Fressen und Saufen und täglichen Sorgen und dieser Tag nicht plötzlich über euch kommt wie ein Fallstrick.«

Luzifer
als Bezeichnung für den Teufel kennen wir aus *Jes. 14, 12*: »Wie bist du vom Himmel gefallen, du schöner Morgenstern!« Dabei ist »Morgenstern« die Übersetzung des lateinischen »lucifer«. Bei *Luk. 10, 18* heißt es dazu: »Ich sah den Satan vom Himmel fallen wie einen Blitz.« Ursprünglich war mit diesen Worten jedoch nicht der Teufel, sondern der entmachtete König von Babylon gemeint.

Aus allen Wolken fallen
leiten wir vom selben Vers ab, ebenso:

Vom Himmel fallen.

Treu und Glauben
sagen wir nach *Jes. 33, 8*: »Die Wege sind verödet, es geht niemand mehr auf der Straße. Man hält nicht Treu und Glauben, man verwirft die Zeugen und achtet der Leute nicht.«

Der Tag der Rache
ist uns aus *Jes. 34, 8* ein Begriff: »Denn es kommt der Tag der Rache des Herrn und das Jahr der Vergeltung, um Zion zu rächen.«

Sein Haus bestellen
für »sein Testament machen« sagen wir nach *Jes. 38, 1*: »Bestelle dein Haus, denn du wirst sterben und nicht am Leben bleiben.«

Prediger in der Wüste
nennen wir einen Mahner, der kein Gehör findet, nach *Jes. 40, 3*: »Es ruft eine Stimme: In der Wüste bereitet dem Herrn den Weg, macht in der Steppe eine ebene Bahn unserm Gott.«

Wie ein Lamm, das zur Schlachtbank geführt wird
gebrauchen wir nach *Jes. 53, 7*: »Als er gemartert ward, litt er doch willig und tat seinen Mund nicht auf wie ein Lamm, das zur Schlachtbank geführt wird; und wie ein Schaf, das verstummt vor seinem Scherer, tat er seinen Mund nicht auf.«
Nach dieser Stelle bilden wir auch den Ausspruch:

Geduldig wie ein Lamm sein.

Buch Jeremia

Lockvogel
kennen wir aus *Jer. 5, 27:* »Ihre Häuser sind voller Tücke, wie ein Vogelbauer voller Lockvögel ist.«

Mohrenwäsche

und

Einen Mohren weiß waschen wollen
beruht vielleicht auf *Jer. 13, 23*: »Kann etwa ein Mohr seine Haut wandeln oder ein Panther seine Flecken?«
Und bereits die Griechen gebrauchten die Wendung »einen Äthiopier abreiben«, so zum Beispiel Aesop in *Fabel 13*.

Ohne Gnade und Barmherzigkeit
sagen wir wahrscheinlich nach *Jer. 16, 5*: »... denn ich habe meinen Frieden von diesem Volk weggenommen, die Gnade und die Barmherzigkeit ...« Ähnliche Stellen gibt es in der Bibel noch viele.

Vergeben und vergessen
ist eine Redewendung Luthers aus seinem Brief *Wider die Sabbathaner* aus dem Jahr 1538, die ihren Ursprung in *Jer. 31, 34* hat: »Ich will ihnen ihre Missetaten vergeben und ihrer Sünden nimmermehr gedenken.«

Versiegelt und verbrieft
wird etwas nach *Jer. 32, 44*: »Man wird Äcker um Geld kaufen und verbriefen, versiegeln und Zeugen dazu nehmen im Lande Benjamin ...«

Angst und bange
wird es uns bei *Jer. 50, 43*: »Ihm wird so angst und bange werden wie einer Frau in Kindsnöten.«

(Sünden-)Babel
nennt man nach *Jer. 50* und *51* große Städte, wenn man ihre Sittenlosigkeit betonen will. Der Ausdruck geht jedoch weniger auf die Erzählung vom Turmbau zu Babel zurück als auf die »große Hure Babylon« im *17. Kapitel* der *Offenbarung* des Johannes.

Den ewigen Schlaf
als Metapher für den Tod finden wir bei *Jer. 51, 39*: »Wenn sie vor Gier brennen, will ich ihnen ein Mahl zurichten und will sie trunken ma-

chen, dass sie matt werden und zum ewigen Schlaf einschlafen, von dem sie nimmermehr aufwachen sollen ...«

Klagelieder Jeremias

Jeremiade

als Ausdruck für endloses Klagen geht zurück auf das Buch *Die Klagelieder Jeremias.*

Sich die Augen ausweinen

finden wir in den *Klagel. 2, 11*: »Ich habe mir fast die Augen ausgeweint, mein Leib tut mir weh, mein Herz ist auf die Erde ausgeschüttet über dem Jammer der Tochter meines Volks, weil die Säuglinge und Unmündigen auf den Gassen in der Stadt verschmachten.«

Den Geist aufgeben

stammt aus *Klagel. 2, 12*: »Zu ihren Müttern sprechen sie: Wo ist Brot und Wein?, da sie auf den Gassen in der Stadt verschmachten wie die tödlich Verwundeten und in den Armen ihrer Mütter den Geist aufgeben.« (→ *Apg. 5, 5* und *10* sowie *12, 23*)

Hesekiel – Ezechiel

Dixi et salvavi animam meam

(Ich habe gesprochen und meine Seele gerettet)
heißt es in der lateinischen Form von *Hes. 3, 19.*
In der revidierten Luther-Übersetzung lesen wir: »Wenn du aber den Gottlosen warnst und er sich nicht bekehrt von seinem gottlosen Wesen und Wege, so wird er um seiner Sünde willen sterben, aber du hast dein Leben errettet.«

Ein Unglück kommt selten allein

leiten wir ab von *Hes. 7, 5*: »Siehe, es kommt ein Unglück über das andere.«

In alle Winde zerstreut
finden wir bei *Hes. 17, 21*: »Und alle Auserlesenen von seiner ganzen Streitmacht sollen durchs Schwert fallen, und alle, die übrig geblieben sind, sollen in alle Winde zerstreut werden, und ihr sollt erfahren, dass ich, der Herr, es geredet habe.«

Tun, was recht und gut ist
steht in *Hes. 33, 14–15* und an anderen Stellen in diesem Buch: »Und wenn ich zum Gottlosen spreche: Du sollst sterben!, und er bekehrt sich von seiner Sünde und tut, was gut und recht ist, só ... soll er am Leben bleiben und nicht sterben.«

Ex oriente lux! – Aus dem Osten kommt das Licht!
Diese Sentenz gebrauchen wir im übertragenen Sinne für Christentum und Kultur, die aus dem Osten zu uns gekommen sind. Wir finden bereits bei *Hes. 43, 2* die Stelle, an der es heißt: „»Und siehe, die Herrlichkeit des Gottes Israel kam von Osten und brauste, wie ein großes Wasser braust, und es ward sehr licht auf der Erde von seiner Herrlichkeit.«
Manchmal wird der Satz in

Ex oriente lux, ex occidente luxus
(Aus dem Osten kommt das Licht, aus dem Westen der Luxus) verballhornt.

Daniel

Auf tönernen Füßen stehen
sagen wir wahrscheinlich nach dem Traum Daniels von einem riesigen Bildnis in *Dan. 2, 34*: »Das sahst du, bis ein Stein herunterkam, ohne Zutun von Menschenhänden; der traf das Bild an seinen Füßen, die von Eisen und Ton waren, und zermalmte sie.«
Um 1840 wurde das instabile zaristische Russland in Anlehnung daran als

Koloss auf tönernen Füßen
bezeichnet.

Menetekel

als Ausdruck für eine Warnung kommt von den Worten, die eine unsichtbare Hand an eine Wand des Palastes von König Belsazer geschrieben hatte. Keiner der Weisen des Königs konnte sie deuten, bis Daniel kam. So berichtet *Dan. 5, 25–28:* »So aber lautet die Schrift, die dort geschrieben steht: Mene tekel u-par-sin. Und sie bedeutet dies: Mene, das ist, Gott hat dein Königtum gezählt und beendet. Tekel, das ist, man hat dich auf der Waage gewogen und zu leicht befunden. Peres, das ist, dein Reich ist zerteilt und den Medern und Persern gegeben.«

Diese Überlieferung der Bibel wurde mehrfach literarisch verarbeitet: Heinrich Heine (1797–1856) schrieb ein Gedicht mit Namen »Belsazar«, Friedrich Wolf (1888–1953) nannte eine Erzählung *Menetekel*, und die Worte »mene tekel u-par-sin« erscheinen im Vierzeiler »Zwei Schweinekarbonaden« – das sind Schweinekoteletts – von Joachim Ringelnatz (1883–1934): »Es waren zwei Schweinekarbonaden, die kehrten zurück in den Fleischerladen, und sagten, so ganz von oben hin: Menèh tékel ûpharsin.«

Auf dieselbe Bibelstelle geht zurück

Gewogen und für zu leicht befunden.

Daniel in der Löwengrube

ist die Überschrift des Kapitels 6 des Buches *Daniel.* Dort wird uns berichtet, wie Daniel vom König zur Strafe den Löwen in einer Grube zum Fraß vorgeworfen wurde und ihn die Löwen verschmähten, weil Gott David vor ihnen beschützt hatte.

Hosea

Wer Wind sät, wird Sturm ernten

beruht auf *Hos. 8, 7*: »Denn sie säen Wind und werden Sturm ernten ...«

Joel

Herzzerreißend
geht zurück auf die Bibelstelle *Joel 2, 13*. Dort heißt es: »Zerreißet eure Herzen und nicht eure Kleider und bekehret euch zu dem Herrn, eurem Gott.«

Jona

Nicht wissen, was rechts oder links ist
kann man zurückführen auf *Jona 4, 11*. Dort spricht Gott zu Jona, wo es heißt: »Und mich sollte nicht jammern Ninive, eine so große Stadt, in der mehr als hundertundzwanzigtausend Menschen sind, die nicht wissen, was rechts und links ist, dazu auch viele Tiere?«

Micha

Eine Sache drehen und wenden, wie man will
hat seinen Ursprung u. a. bei *Micha 7, 3*: »Die Gewaltigen reden nach ihrem Mutwillen, um Schaden zu tun, und drehen's, wie sie wollen.«

Habakuk

Gewalt geht vor Recht
sagen wir nach *Habak. 1, 3*: »Raub und Frevel sind vor mir; es geht Gewalt vor Recht.«

Zefanja

Krämervolk
heißt es in *Zef. 1, 11*: »... denn das ganze Krämervolk ist dahin, und alle, die Geld wechseln, sind ausgerottet.«
Auf diesen Ausspruch bezog sich wohl *Adam Smith* in *An Inquiry into the Nature and Causes of the Wealth of Nations*, als er von einer »na-

tion of shopkeepers« sprach. Folgerichtig heißt es in einer *deutschen Übersetzung von 1791*: »Ein großes Reich zu gründen zu dem einzigen Zweck, ein Volk von Verbrauchern aufzuziehen, mag auf den ersten Blick als ein nur für ein Krämervolk geeigneter Plan erscheinen.«

Haggai

Himmel und Erde in Bewegung setzen
hat seinen Ursprung bei *Hagg. 2, 6*: »Denn so spricht der Herr Zebaoth: Es ist nur noch eine kleine Weile, so werde ich Himmel und Erde, das Meer und das Trockene erschüttern.« (→ *Hebr. 12, 26*)
Meist sagen wir jedoch:

Himmel und Hölle in Bewegung setzen.

Die Apokryphen des Alten Testaments

Die apokryphen (verborgenen) Bücher des Alten Testaments sind nach Martin Luther »Bücher, so der Heiligen Schrift nicht gleich gehalten und doch nützlich und gut zu lesen sind«. Sie waren bereits in der lateinischen und griechischen Übersetzung der Bibel enthalten, nicht jedoch im hebräischen Urtext. Der Grund dafür ist, dass beim Abschluss der hebräischen Textsammlung um 100 n. Chr. im griechischen Judentum und bei den jungen Christengemeinden weitere Bücher als heilige Schriften in Gebrauch waren, die in die offizielle Schriftensammlung keinen Eingang fanden.
Von den reformierten Kirchen werden sie nicht als grundständig biblisch anerkannt und gesondert aufgeführt. Die katholische Kirche hat sie nach dem Konzil von Trient 1546 als vollwertige Bücher in die Heilige Schrift integriert.

Weisheit Salomos

Guter Hoffnung
ist man nach *Weisheit 12, 19* über Gottes Nachsicht bei der Bestrafung der Kanaaiter: »Du ... erfüllest deine Söhne mit guter Zuversicht, dass du nach Sünde Buße anbietest.«

Jahrmarkt des Lebens
stammt aus *Weisheit 15, 12*, wo Salomo über Tyrannen spricht: »Er hält vielmehr unser menschliches Leben für ein Spiel und unser menschliches Treiben für einen Jahrmarkt.«

Buch Tobias

Was du nicht willst, das man dir tut,
das füg auch keinem andern zu
ist seit dem 18. Jh. als »Goldene Regel« bekannt. Bei Tob. 4, 16 heißt es: »Was du nicht willst, das man dir tu, das füg auch keinem andern zu.« Jesus sagt von diesem Gedanken (→ *Matth. 7, 12*), er sei »das Gesetz und die Propheten«. Er findet sich in seiner Grundaussage in allen Weltreligionen wieder.
Von Kaiser Alexander Severus, der 235 n. Chr. starb, berichtet *Lampridius 51*: »Er rief öfter aus, was er von einigen Juden oder Christen gehört und behalten hatte: Quod tibi fieri non vis, alteri non feceris, und liebte diesen Spruch so, dass er ihn sowohl an seinen Palast wie auch an öffentliche Gebäude anschreiben ließ.«
Und schon im 4. Jahrhundert v. Chr. sagte der griechische Redner Isokrates Ähnliches: »Worüber ihr zürnt, wenn ihr es von andern erleidet, das tut den andern nicht.«

Der gute Engel

oder

Schutzengel

und

Als guter Engel zur Seite stehen.
Den Engel als beschützenden Begleiter des Menschen finden wir erstmals im *fünften Kapitel des Buches Tobias* (*Tob. 5, 6*), wo es beispielsweise heißt: »Und er wusste nicht, dass es ein Engel Gottes war, grüßte ihn und fragte: Woher bist du, guter Freund?« (→ *2. Makk. 15, 23*)
In der Kunst taucht der Schutzengel zuerst in der Malerei des 15. Jahrhunderts in Italien auf: der Engel Raphael als Begleiter des Tobias, mit Stab und Tasche.

Trost des Alters
nennen wir die Kinder nach *Tob. 5, 25,* wo eine Mutter klagt: »Den Trost unsres Alters hast du uns genommen und weggeschickt.«

O Herr, er will mich fressen!
rufen wir, wenn jemand offen gähnt. Das Zitat stammt aus *Tob. 6, 3.* Deshalb sagen wir auch

Tobias sechs, Vers drei!
und meinen dasselbe.

Buch Jesus Sirach

Des Vaters Segen bauet den Kindern Häuser
übersetzte Luther *Jes. Sir. 3, 11*. Dort steht: »Denn der Segen des Vaters baut den Kindern Häuser, aber der Fluch der Mutter reißt sie nieder.«

Was deines Amtes nicht ist, da lass deinen Vorwitz
steht in der ursprünglichen Luther-Übersetzung von *Jes. Sir. 3, 24*. Heute heißt es dort: »Mit dem, was dich nichts angeht, gib dich nicht ab.«

Wer sich in Gefahr begibt, kommt darin um
finden wir bei *Jes. Sir. 3, 27.*

Gegen den Strom schwimmen
stammt aus *Jes. Sir. 4, 31*: »Strebe nicht wider den Strom.«

Nicht viele Worte machen
wir nach *Jes. Sir. 7, 15*: »Wenn du betest, so mache nicht viele Worte.«

Was du tust, bedenke das Ende
steht bei *Jes. Sir. 7, 40*: »Was immer du tust, so bedenke das Ende; so wirst du nimmermehr Übles tun.« Mit dem Ende ist der Tod gemeint und der Spruch als Mahnung, sich immer der Folgen eigenen Handelns bewusst zu sein.
Dahin gehend können wir auch den lateinischen Spruch »Quidquid agis, prudenter agas et respice finem (Was du auch tust, tue vorsichtig und denke an das Ende)« in der mittelalterlichen Legendensammlung *Gesta Romanorum* interpretieren.
Danach wird häufig verkürzt zitiert:

Respice finem – Bedenke das Ende.
Auch in der *45. Fabel* des Aesop findet sich Vergleichbares: »Kluge Leute müssen zuerst den Ausgang eines Unternehmens ins Auge fassen und erst dann danach handeln.«
Und Hans Sachs erzählt in dem 1557 geschriebenen *Mensch, was du tust, bedenk das End, das wird die größte Weisheit genennt*, dass ein Philosoph aus Athen diese Weisheit dem Kaiser Domitianus in Rom für tausend Goldstücke verkauft habe.

Man soll keinen vor seinem Ende rühmen.
Dieser Ausspruch beruht auf *Jes. Sir. 11, 29*: »Darum rühme niemand vor seinem Ende; denn was einer für ein Mensch gewesen ist, das zeigt sich in seiner Todesstunde.« (→ *Herodot 1, 32*)

Nichts Gutes im Sinn haben
wir nach *Jes. Sir. 11, 34*.

Wer Pech angreift, besudelt sich
zitieren wir nach *Jes. Sir. 13, 1*.

Worte auf die Goldwaage legen
wir nach *Jes. Sir. 21, 27*: »Die Schwätzer reden, wovon sie nichts verstehen, die Weisen aber wägen ihre Worte mit der Goldwaage.«

Jemanden sitzen lassen
bezieht sich auf *Jes. Sir. 22, 4*: »... aber eine ungeratene Tochter lässt man sitzen, und sie bekümmert ihren Vater.«

Bluthund
nennen wir einen Menschen nach *Jes. Sir. 34, 27*: »Wer dem Arbeiter seinen Lohn nicht gibt, der ist ein Bluthund.«

Ein ehrliches Begräbnis
kennen wir aus *Jes. Sir. 38, 16*: »... und bestatte ihn ehrlich zum Grabe.« Ähnliches findet sich in *2. Makk. 4, 49*: »... und ließen sie ehrlich zur Erde bestatten.«

Alles, was aus der Erde kommt, muss wieder zur Erde werden
steht bei *Jes. Sir. 40, 11*.
Der griechische Philosoph Anaximander sagte im 6. Jahrhundert v. Chr. allgemeiner: »Woraus aber das Werden ist den seienden Dingen, in das hinein geschieht auch ihr Vergehen.«

Nichts Besseres zu hoffen noch zu erwarten haben
zitieren wir aus *Jes. Sir. 41, 3–4*: »O Tod, wie wohl tust du dem Armen, der schwach und alt ist, der in allen Sorgen steckt und nichts Besseres zu hoffen noch zu erwarten hat!«

Nun danket alle Gott
ist der Anfang eines 1644 verfassten Kirchenliedes von Martin Rinckart (1586–1649) und der Beginn des Verses *Jes. Sir. 50, 24*: »Nun danket alle Gott, der große Dinge tut an allen Enden, der uns von Mutterleib an lebendig erhält und uns alles Gute tut.«

Stücke zum Buch Daniel

Ein Auge auf jemanden werfen
finden wir bereits in der Geschichte von Susanna und Daniel, die in den Stücken zum Buch Daniel erzählt wird. In *Stücke Dan. 1, 8–9* heißt es von Susanna im Garten ihres Mannes: »Und als die beiden Ältesten sie täglich darin umhergehen sahen, entbrannten sie in Begierde nach

ihr und wurden darüber zu Narren und warfen die Augen so sehr auf sie, dass sie nicht mehr zum Himmel aufsehen konnten und nicht mehr an gerechte Urteile dachten.«

Das Neue Testament

Aus dem Griechischen

Evangelium nach Matthäus

Gott mit uns.
Dieses kriegerische Motto, dem sowohl Gustav Adolf von Schweden als auch die Wehrmachtssoldaten im Zweiten Weltkrieg anhingen, geht zurück auf *Matth. 1, 23*: »Siehe, eine Jungfrau wird schwanger werden und einen Sohn gebären, und sie werden ihm den Namen Immanuel geben, das heißt übersetzt: Gott mit uns.«

Die Axt an die Wurzel legen
sagen wir nach *Matth. 3, 10*: »Es ist schon die Axt den Bäumen an die Wurzel gelegt. Darum: jeder Baum, der nicht gute Frucht bringt, wird abgehauen und ins Feuer geworfen.«

Feuertaufe
stammt aus *Matth. 3, 11*, wo Johannes der Täufer spricht: »Ich taufe euch mit Wasser zur Buße; der aber nach mir kommt ... der wird euch mit Feuer taufen.«

Die Spreu vom Weizen trennen
sagen wir nach *Matth. 3, 12*: »Er hat seine Worfschaufel in der Hand; er wird seine Tenne fegen und seinen Weizen in die Scheune sammeln; aber die Spreu wird er verbrennen mit unauslöschlichem Feuer.«

Dies ist mein lieber Sohn, an dem ich Wohlgefallen habe
ist ein Zitat aus *Matth. 3, 17*. (→ *Jes. 42, 1, Matth. 17, 5, Mark. 1, 11, Luk. 3, 22, 2. Petr. 1, 17*)

Hebe dich weg von mir, Satan!
So steht es in der unrevidierten Fassung in *Matth. 4, 10*. Heute heißt es dort: »Weg mit dir, Satan!« Aus dem griechischen Urtext dieser Stelle kommt das Zitat

Apage Satana!

Menschenfischer
begegnen uns in *Matth. 4, 19*: »Und er sprach zu ihnen: Folgt mir nach; ich will euch zu Menschenfischern machen!«

Selig sind die Armen im Geiste
ist eine der Seligpreisungen der Bergpredigt in der unrevidierten Fassung von *Matth. 5, 3*.
Als Zitat gebrauchen wir die Sentenz meist ironisch als Kommentar zu Äußerungen, die uns wenig intelligent erscheinen.

Ihr seid das Salz der Erde
spricht Jesus zu seinen Jüngern in *Matth. 5, 13*.

Licht der Welt
nennt Jesus seine Jünger in *Matth. 5, 14*.
Auch im Lateinischen nennt man einen ausgezeichneten Mann ein »Licht (lumen)«. Wir sprechen danach von einer »Leuchte«, einer

Leuchte der Weisheit

Die Wittenberger Theologen wurden »Kirchenlichter« genannt, und wir sagen manchmal von einem beschränkten Verstand:

Er ist kein großes Kirchenlicht.

Sein Licht nicht unter den Scheffel stellen
sagen wir nach *Matth. 5, 15*: »Man zündet auch nicht ein Licht an und setzt es unter einen Scheffel, sondern auf einen Leuchter; so leuchtet es allen, die im Hause sind.« Ähnliches finden wir bei *Mark. 4, 21* und *Luk. 8, 16* und *11, 33*.

Sein Licht leuchten lassen
geht zurück auf *Matth. 5, 16*: »So lasst euer Licht leuchten vor den Leuten, damit sie eure guten Werke sehen und euren Vater im Himmel preisen.«

Kein Jota

oder

Nicht ein Jota
beruht auf dem griechischen Urtext von *Matth. 5, 18*: »Bis Himmel und Erde vergehen, wird nicht vergehen der kleinste Buchstabe (so übersetzte Luther das griechische »Jota«) noch ein Tüpfelchen vom Gesetz.«

Nicht aus einer Sache herauskommen
steht *Matth. 5, 26*: »Du wirst nicht dort herauskommen, bis du nicht den letzten Pfennig bezahlt hast.«

Ärgert dich aber dein rechtes Auge, so reiß es aus
ist ein Zitat aus *Matth. 5, 29*: »Wenn dich aber dein rechtes Auge zum Abfall verführt, so reiß es aus und wirf's von dir.«

Eure Rede aber sei: Ja, ja; nein, nein. Was darüber ist, das ist vom Übel
ist aus *Matth. 5, 37*.

Schlägt dich einer auf die rechte Wange, so halte ihm auch die andere hin
gebrauchen wir nach *Matth. 5, 39*: »Wenn dich jemand auf deine rechte Backe schlägt, dem biete die andere auch dar.«

Gott lässt seine Sonne scheinen über Gerechte und Ungerechte
ist entstanden aus *Matth. 5, 45*: »Denn er lässt seine Sonne aufgehen über Böse und Gute und lässt regnen über Gerechte und Ungerechte.«

Die linke Hand weiß nicht, was die rechte tut
heißt es nach *Matth. 6, 3*: »Wenn du aber Almosen gibst, so lass deine linke Hand nicht wissen, was die rechte tut.«

Etwas auszuposaunen
ist uns seit *Matth. 6, 2* geläufig. Dort steht: »Wenn du nun Almosen gibst, sollst du nicht vor dir ausposaunen lassen, wie die Heuchler tun ...« In biblischer Zeit meldeten häufig Posaunenbläser wichtige Personen oder Ankündigungen an.

Unser tägliches Brot
ist ein Begriff aus dem »Vaterunser«, wie wir bei *Matth. 6, 11* lesen: »Unser tägliches Brot gib uns heute.«

Schätze sammeln, die weder Motten noch Rost fressen
stammt aus *Matth. 6, 20*: »Sammelt euch aber Schätze im Himmel, wo sie weder Motten noch Rost fressen und wo die Diebe nicht einbrechen und stehlen.«

Denn wo dein Schatz ist, da ist auch dein Herz
steht in *Matth. 6, 21*. (→ *Luk. 12, 34*)

Niemand kann zwei Herren dienen
steht in *Matth. 6, 24*: »Niemand kann zwei Herren dienen: entweder wird er den einen hassen und den andern lieben, oder er wird an dem einen hängen und den andern verachten. Ihr könnt nicht Gott dienen und dem Mammon.«

Aus diesem Zitat entnehmen wir auch die Begriffe

Mammon

und

Mammonsdiener.
Die Deutung des hebräischen Wortes »mamon« ist nicht eindeutig, es kann »irdischer Gewinn« oder »Hinterlegtes« bedeuten. Bei *Luk. 16, 9–11* und *13* ist von »ungerechtem Mammon« die Rede.

Sie säen nicht, sie ernten nicht
ist aus *Matth. 6, 26*: »Seht die Vögel unter dem Himmel an: sie säen nicht, sie ernten nicht, sie sammeln nicht in Scheunen; und euer himmlischer Vater ernährt sie doch.« (→ *Luk. 19, 21*)

Die Lilien auf dem Felde
kennen wir aus *Matth. 6, 28*: »Und warum sorgt ihr euch um Kleidung? Schaut die Lilien auf dem Felde an, wie sie wachsen: sie arbeiten nicht, auch spinnen sie nicht.«

Auch Salomo in aller seiner Herrlichkeit
zitieren wir nach *Matth. 6, 29*. Dort heißt es: »Ich sage euch, dass auch Salomo in aller seiner Herrlichkeit nicht gekleidet gewesen ist wie eine von ihnen.« (Vergleiche dazu das vorangehende Zitat.)

Was werden wir essen?
Was werden wir trinken?
Diese Sätze finden wir in *Matth. 6, 31*: »Darum sollt ihr nicht sorgen und sagen: Was werden wir essen? Was werden wir trinken? Womit werden wir uns kleiden?«

Sorget nicht für den andern Morgen

und

Jeder Tag hat seine Plage
stammen beide aus *Matth. 6, 34*: »Darum sorgt nicht für morgen, denn der morgige Tag wird für das Seine sorgen. Es ist genug, dass jeder Tag seine eigene Plage hat.«
Im 18. Jahrhundert bezeichnete Lessing »Ein jeder Tag hat seine Plag« als alte deutsche Spruchweisheit.

Richtet nicht, damit ihr nicht gerichtet werdet
zitieren wir nach *Matth. 7, 1*.

Der Balken im eigenen Auge
sagen wir nach *Matth. 7, 3*: »Was siehst du aber den Splitter in deines Bruders Auge und nimmst nicht wahr den Balken in deinem Auge?«
Der Ausdruck

Splitterrichter
ist entstanden aus dieser und der vorigen Bibelstelle (*Matth. 7, 1*).

Perlen vor die Säue werfen
hat seinen Ursprung bei *Matth. 7, 6*: »Ihr sollt das Heilige nicht den Hunden geben, und eure Perlen sollt ihr nicht vor die Säue werfen, damit die sie nicht zertreten mit ihren Füßen und sich umwenden und euch zerreißen.« Die Wendung rührt wahrscheinlich von einer fehlerhaften Übertragung des Wortes für das »heilige Brot« her, das im Neugriechischen sowohl Brotkrume als auch Perle bedeutet.

Suchet, so werdet ihr finden
sagen wir nach *Matth. 7, 7* und *Luk. 11, 9*.

Steine statt Brot geben
finden wir bei *Matth. 7, 9*: »Wer ist unter euch Menschen, der seinem Sohn, wenn er ihn bittet um Brot, einen Stein bietet?«

Wolf im Schafspelz
hat seinen Ursprung bei *Matth. 7, 15*: »Seht euch vor vor den falschen Propheten, die in Schafskleidern zu euch kommen, inwendig aber sind sie reißende Wölfe.«

An ihren Früchten sollt ihr sie erkennen
lesen wir bei *Matth. 7, 16* und *20*.

Sein Haus auf Sand bauen
bilden wir nach dem Gleichnis vom »törichten Mann«. Dazu heißt es in *Matth. 7, 26*: »Und wer diese meine Rede hört und tut sie nicht, der gleicht einem törichten Mann, der sein Haus auf Sand baute.«

Heulen und Zähneklappern
finden wir zum ersten Mal bei *Matth. 8, 12* und an vielen weiteren Stellen: »Aber die Kinder des Reichs werden hinuntergestoßen in die Finsternis, da wird sein Heulen und Zähneklappern.«

Nichts haben, wo man sein Haupt hinlege
zitieren wir nach *Matth. 8, 20* und *Luk. 9, 58*. Dort sagt Jesus: »Die Füchse haben Gruben, und die Vögel unter dem Himmel haben Nester; aber des Menschen Sohn hat nichts, wo er sein Haupt hinlege.«

Lass die Toten ihre Toten begraben
lesen wir bei *Matth. 8, 22* und *Luk. 9, 60*.

Stehe auf und wandle!
Das finden wir bei *Matth. 9, 5*. Dort spricht Jesus: »Was ist denn leichter, zu sagen: Dir sind deine Sünden vergeben, oder zu sagen: Steh auf und geh umher?«

Die Starken bedürfen des Arztes nicht, sondern die Kranken
spricht Jesus in *Matth. 9, 12*. (→ *Mark. 2, 17* und *Luk. 5, 31*)

Junger Wein in alten Schläuchen
geht zurück auf *Matth. 9, 17*: »Man füllt auch nicht neuen Wein in alte Schläuche; sonst zerreißen die Schläuche, der Wein wird verschüttet, und die Schläuche verderben.«

Den Staub von den Füßen schütteln
hat seinen Ursprung bei *Matth. 10, 14*: »Und wenn euch jemand nicht aufnehmen und eure Rede nicht hören wird, so geht heraus aus diesem Hause oder dieser Stadt und schüttelt den Staub von euren Füßen.« (→ *Mark. 6, 11, Luk. 9, 5* und *Apg. 13, 51*)

Seid klug wie die Schlangen und ohne Falsch wie die Tauben
steht bei *Matth. 10, 16*.

Von den Dächern predigen
gebrauchen wir nach *Matth. 10, 27* und *Luk. 12, 3*: »Was ich euch sage in der Finsternis, das redet im Licht; und was euch gesagt wird in das Ohr, das predigt auf den Dächern.«
Bei *Luk. 12, 3* lesen wir Folgendes: »Was ihr ins Ohr flüstert in der Kammer, das wird man auf den Dächern predigen.«

Sein Kreuz auf sich nehmen
zitieren wir nach *Matth. 10, 38*: »Und wer nicht sein Kreuz auf sich nimmt und folgt mir nach, der ist meiner nicht wert.« (→ *Matth. 16, 24, Mark. 8, 34; 10, 21; Luk. 9, 23; 14, 27* und *Joh. 19, 17*)

Wer Ohren hat zu hören
geht zurück auf *Matth. 11, 15*: »Wer Ohren hat, der höre!«

Mühselig und beladen
hat seinen Ursprung bei *Matth. 11, 28*: »Kommet her zu mir, alle, die ihr mühselig und beladen seid, ich will euch erquicken.«

Ein sanftes Joch
bilden wir nach *Matth. 11, 30*: »Denn mein Joch ist sanft und meine Last ist leicht.«

Den Teufel durch (den) Beelzebub austreiben
sagt man nach *Matth. 12, 24*: »Aber als die Pharisäer das hörten, sprachen sie: Er treibt die bösen Geister nicht anders aus als durch Beelzebub, ihren Obersten.« (→ *Luk. 11, 15–19, Matth. 9, 34* und *Mark. 3, 22*)

Wer nicht für mich ist, der ist gegen mich
sagen wir nach *Matth. 12, 30*: »Wer nicht mit mir ist, der ist gegen mich; und wer nicht mit mir sammelt, der zerstreut.« (→ *Luk. 11, 23*) In *Luk. 9, 50* heißt es auch: »Denn wer nicht gegen euch ist, der ist für euch.«

Sünde wider den heiligen Geist
sagen wir nach *Matth. 12, 31*: »Alle Sünde und Lästerung wird den Menschen vergeben; aber die Lästerung gegen den Geist wird nicht vergeben.« Bei *Mark. 3, 29* steht dazu: »Wer aber den heiligen Geist lästert, der hat keine Vergebung in Ewigkeit, sondern ist ewiger Sünde schuldig.« (→ *Luk. 12, 10*)

Wes das Herz voll ist, des geht der Mund über
steht in *Matth. 12, 34*.

Auf fruchtbaren Boden fallen
hat seinen Ursprung bei *Matth. 13, 8*. Dort heißt es: »Einiges fiel auf gutes Land und trug Frucht ...«

Wer da hat, dem wird gegeben
sagen wir nach *Matth. 13, 12*: »Denn wer da hat, dem wird gegeben, dass

er die Fülle habe; wer aber nicht hat, dem wird auch das genommen, was er hat.« (→ *Matth. 25, 29, Mark. 4, 25, Luk. 8, 18* und *19, 26*).

Unkraut zwischen den Weizen säen
gebrauchen wir nach *Matth. 13, 25*: »Als aber die Leute schliefen, kam sein Feind und säte Unkraut zwischen den Weizen und ging davon.«

Mit sehenden Augen nicht sehen

oder

Sehenden Auges
sagen wir nach *Matth. 13, 13*: »Denn mit sehenden Augen sehen sie nicht und mit hörenden Ohren hören sie nicht; und sie verstehen es nicht.«

Wetterwendisch
stammt aus Luthers Übersetzung des Gleichnisses vom Sämann in *Matth. 13, 21*: »... aber er hat keine Wurzel in sich, sondern er ist wetterwendisch; wenn sich Bedrängnis oder Verfolgung erhebt um des Wortes willen, so fällt er gleich ab.«
Der Begriff taucht zuerst 1520 auf, als Luther von »wetterwendischen Worten« seines Gegners Eck spricht (Weimarer Ausgabe 7, 8, 16). Er benutzte ihn dann auch in der Übersetzung von *Matth. 13, 21* und *Mark. 4, 17*.

Der Prophet gilt nichts in seinem Vaterlande
bilden wir nach *Matth. 13, 57*: »Jesus aber sprach zu ihnen: Ein Prophet gilt nirgends weniger als in seinem Vaterland und in seinem Hause.« (→ *Mark. 6, 4* und *Luk. 4, 24*)

Was zum Munde eingeht, das verunreinigt den Menschen nicht
zitieren wir nach *Matth. 15, 11* in der unrevidierten Fassung. In der revidierten heißt es dort: »Was zum Munde hineingeht, das macht den Menschen nicht unrein; sondern was aus dem Munde herauskommt, das macht den Menschen unrein.« (→ *Mark. 7, 15*)

Brosamen, die vom Tisch des Herrn fallen
geht zurück auf *Matth. 15, 27*: »... doch fressen die Hunden von den Brosamen, die vom Tisch ihrer Herren fallen.« (→ *Luk. 16, 21*)

Die Zeichen der Zeit erkennen
wir nach *Matth. 16, 3*: »Und des Morgens sprecht ihr: Es wird heute ein Unwetter kommen, denn der Himmel ist rot und trübe. Über das Aussehen des Himmels könnt ihr urteilen; könnt ihr dann nicht auch über die Zeichen der Zeit urteilen?«

Sich selbst verleugnen

und

Selbstverleugnung
geht zurück auf *Matth. 16, 24*: »Will mir jemand nachfolgen, der verleugne sich selbst und nehme sein Kreuz auf sich und folge mir.«

Was hülfe es dem Menschen, wenn er die ganze Welt gewönne und nähme doch Schaden an seiner Seele?
Dieser Satz steht bei *Matth. 16, 26*.

Hier ist gut sein, hier lasst uns Hütten bauen
entstand aus *Matth. 17, 4*: »Petrus aber fing an und sprach zu Jesus: Herr, hier ist gut sein! Willst du, so will ich hier drei Hütten bauen, dir eine, Mose eine und Elia eine.« (→ *Mark. 9, 5* und *Luk. 9, 33*)

Wenn ihr nicht werdet wie die Kinder, so werdet ihr nicht ins Himmelreich kommen.
Dieses Zitat nach *Matth. 18, 3* unterschlägt ein paar Worte. Vollständig lautet der Satz: »Wenn ihr nicht umkehrt und werdet wie die Kinder ...«

Wer es fassen kann, fasse es!
So steht es bei *Matth. 19, 12*. Daraus haben sich vermutlich auch

Es ist nicht zu fassen!

und

Unfassbar!
entwickelt.

Es ist leichter, dass ein Kamel durch ein Nadelöhr gehe, als dass ein Reicher in das Reich Gottes komme.
Dieser Jesus zugeschriebene Satz steht bei *Matth. 19, 24*.
Um seine Übersetzung gab es Auseinandersetzungen, weil die griechischen Wörter für Kamel und Schiffstau gleich sind.

Was Gott zusammengefügt hat, soll der Mensch nicht scheiden
sagen wir nach *Matth. 19, 6*: »So sind sie nun nicht mehr zwei, sondern ein Fleisch. Was nun Gott zusammengefügt hat, das soll der Mensch nicht scheiden!« Ähnliches finden wir bei *Mark. 10, 9*.

Arbeiter im Weinberg des Herrn

oder

Arbeiten im Weinberg des Herrn
ist ein Ausdruck für Priester und ihr Wirken nach dem Gleichnis bei *Matth. 20*.
Der Ausdruck »Weinberg des Herrn« findet sich allerdings schon bei *Jes. 5, 7*.

Des Tages Last
gebrauchen wir nach *Matth. 20, 12*: »Diese letzten haben nur eine Stunde gearbeitet, doch du hast sie uns gleichgestellt, die wir des Tages Last und Hitze getragen haben.« Wir sagen auch:

Des Tages Last und Mühe

Die Letzten werden die Ersten und die Ersten die Letzten sein
bilden wir nach *Matth. 20, 16*: »So werden die Letzten die Ersten und die Ersten die Letzten sein.« (→ *Matth. 19, 3*, *Mark. 10, 31* und *Luk. 13, 30*)

Zum Tempel hinaustreiben

und

Jemanden zum Tempel hinauswerfen
entstand aus den Berichten bei *Matth. 21, 12, Mark. 11, 15, Luk. 19, 45* und *Joh. 2, 15*, wo beschrieben wird, wie Jesus die Händler und Geldwechsler aus dem Tempel hinaustrieb.
Bei *Matth. 12, 15* heißt es: »Und Jesus ging in den Tempel hinein und trieb heraus alle Verkäufer und Käufer im Tempel und stieß die Tische der Geldwechsler um und die Stände der Taubenhändler.«
Bei *Joh. 2, 15* steht dazu: »Und er machte eine Geißel aus Stricken und trieb sie alle zum Tempel hinaus samt den Schafen und Rindern und schüttete den Wechslern das Geld aus und stieß die Tische um.«

Aus seinem Herzen keine Mördergrube machen
geht zurück auf die unrevidierte Fassung von *Matth. 21, 13*: »Es steht geschrieben: Mein Haus soll ein Bethaus heißen; ihr aber habt eine Mördergrube daraus gemacht.« Heute lesen wir an dieser Stelle »Räuberhöhle«.

Viele sind berufen, aber wenige sind auserwählt
zitieren wir nach *Matth. 22, 14*.

Gebt dem Kaiser, was des Kaisers ist,
und Gott, was Gottes ist
steht bei *Matth. 22, 21*. (→ *Mark. 12, 17* und *Luk. 20, 25*)

Haltet euch an meine Worte und nicht an meine Werke!
geht auf *Matth. 23, 3* zurück: »Alles nun, was sie euch sagen, das tut und haltet; aber nach ihren Werken sollt ihr nicht handeln; denn sie sagen's zwar, tun's aber nicht.«
Nach Livius' *Römische Geschichte 7, 32* sprach Konsul Valerius (343 v. Chr.) im entgegengesetzten Sinne: »Facta mea, non dicta vos, milites, sequi volo. (Soldaten, ich will, dass ihr meinen Taten, nicht meinen Worten folgt.)«

Wer sich selbst erhöht, der wird erniedrigt;
und wer sich selbst erniedrigt, wird erhöht
zitieren wir nach *Matth. 23, 12*. Der Gedanke findet sich allerdings schon bei *Hes. 17, 24* (→ *21, 31*): »Und alle Bäume auf dem Felde sollen erkennen, dass ich der Herr bin: Ich erniedrige den hohen Baum und

erhöhe den niedrigen; ich lasse den grünen Baum verdorren, und den dürren Baum lasse ich grünen.«

Das eine tun und das andere nicht lassen
beruht auf *Matth. 23, 23*: »Doch dies sollte man tun und jenes nicht lassen.« (→ *Luk. 11, 42*)

Mücken seihen und Kamele verschlucken
sagen wir nach der unrevidierten Fassung von *Matth. 23, 24*. In der revidierten Fassung sagt Jesus zu den Schriftgelehrten: »Ihr verblendeten Führer, die ihr Mücken aussiebt, aber Kamele verschluckt!« Luther erklärte die Stelle folgendermaßen: »Sie haben ein enges Gewissen in kleinen Stücken und ein weites in großen.«

Übertünchte Gräber
»die von außen hübsch aussehen, aber innen sind sie voller Totengebeine und lauter Unrat«, werden die Schriftgelehrten und Pharisäer bei *Matth. 23, 27* genannt.

Es wird nicht ein Stein auf dem andern bleiben
prophezeien wir nach *Matth. 24, 2*: »Seht ihr nicht das alles? Wahrlich, ich sage euch: Es wird hier nicht ein Stein auf dem andern bleiben, der nicht zerbrochen werde.«

Wo das Aas ist, da sammeln sich die Geier
lesen wir bei *Matth. 24, 28*. (→ *Luk. 17, 37*; ähnlich bereits bei *Hiob 39, 30* und *Habak. 1, 8*)

Sein Pfund vergraben
beruht auf der unrevidierten Fassung von *Matth. 25, 18*. Heute heißt es an dieser Stelle: »Der aber einen empfangen hatte, ging hin, grub ein Loch in die Erde und verbarg das Geld seines Herrn.« (→ Gleichnis bei *Luk. 19, 12ff.*)

Die Schafe von den Böcken trennen

und

Schafe zur Rechten, Böcke zur Linken
sagen wir nach *Matth. 25, 32–33*: »Und er wird sie voneinander scheiden, wie ein Hirt Schafe von den Böcken scheidet, und er wird die Schafe zu seiner Rechten stellen und die Böcke zur Linken.«

Sie hat ein gutes Werk an mir getan
heißt es bei Matth. 26, 10. Wir sagen auch:

Jemandem etwas Gutes tun

Judas

oder

Judaskuss

und

Judaslohn
für den Verräter und das verräterische Tun gehen zurück auf die Schilderung vom Verrat des Judas bei *Matth. 26, 14–16* und *46–49*, *Mark. 14, 43–45*, *Luk. 22, 3–6* und *47–48* sowie *Joh. 18, 2–3*.

Der Verräter schläft nicht
Dieser Ausdruck entstand aus *Matth. 26, 14–16* – dort verrät Judas den Herrn – und aus *Matth. 26, 36–40*, wo der Schlaf der Jünger auf dem Ölberg beschrieben wird.

Möge dieser Kelch an mir vorübergehen!
gebrauchen wir in Anlehnung an *Matth. 26, 39*: »Mein Vater, ist's möglich, so gehe dieser Kelch an mir vorüber; doch nicht wie ich will, sondern wie du willst.« (→ *Mark. 14, 36* und *Luk. 22, 42*)

Der Geist ist willig, aber das Fleisch ist schwach
sagen wir nach *Matth. 26, 41*: »Wachet und betet, dass ihr nicht in Anfechtung fallt! Der Geist ist willig; aber das Fleisch ist schwach.« (→ *Mark. 14, 38*)

Auch einer von denen
geht zurück auf *Matth. 26, 73*. Dort wird Petrus im Palast des Hohen Priesters als Jünger Jesu entlarvt: »Wahrhaftig, du bist auch einer von denen, denn deine Sprache verrät dich.«
Auf diese Bibelstelle bezieht sich auch Friedrich Theodor Vischer (1807–1887) mit dem Titel seiner Autobiographie *Auch einer*.
Umgangssprachlich sagen wir auch:

Das ist (mir) auch so einer.

Da sieh du zu!
Dieses lesen wir in *Matth. 27, 4*, wo Judas seinen Verrat bereut und seine dreißig Silberlinge an den Hohen Rat zurückgeben will: »... Ich habe Unrecht getan, dass ich unschuldiges Blut verraten habe. Sie aber sprachen: Was geht uns das an? Da sieh du zu!«

Matthäi am Letzten
sagen wir für »am Ende« oder für »Schluss!«
Luther verwies in seinem *Katechismus* mit diesen Worten auf den letzten Vers des Matthäusevangeliums: »Und siehe, ich bin bei euch alle Tage bis an der Welt Ende.«

Evangelium nach Markus

Es nicht wert sein, einem die Schuhriemen aufzulösen
sagen wir nach *Mark. 1, 7*, wo Johannes der Täufer sagt: »Es kommt einer nach mir, der ist stärker als ich; und ich bin nicht wert, dass ich mich vor ihm bücke und die Riemen seiner Schuhe löse.« (Vergleiche dazu auch die Stellen *Luk. 3, 16*, *Joh. 1, 27* und *Apg. 13, 25*.)

Wer hat, dem wird gegeben.
Diese Sentenz finden wir bei *Mark. 4, 25*: »Denn wer da hat, dem wird gegeben; und wer nicht hat, dem wird man auch das nehmen, was er hat.«

Geh hin in Frieden.

Diesen Segensgruß gebrauchen wir nach *Mark. 5, 34*: »... geh hin in Frieden und sei gesund von deiner Plage.«

Ihre Zahl ist Legion

sagen wir nach Mark. 5, 9, wo ein Teufel auf die Frage nach seinem Namen antwortet: »Legion heiße ich; denn wir sind viele.« Ähnliches finden wir bei Luk. 8, 30.

Lasset die Kindlein zu mir kommen

steht bei *Mark. 10, 14*: »Als es aber Jesus sah, wurde er unwillig und sprach zu ihnen: Lasst die Kinder zu mir kommen und wehret ihnen nicht; denn solchen gehört das Reich Gottes.«

Das Scherflein der Witwe

und

Sein Scherflein beitragen

hat seinen Ursprung wohl in der Stelle des Markus-Evangeliums, wo es bei *Mark. 12, 42–44* heißt: »Und es kam eine arme Witwe und legte zwei Scherflein ein; das macht zusammen einen Pfennig.« Jesus achtet das Opfer der Witwe höher als die Spenden der Reichen, denn »diese ... hat von ihrer Armut ihre ganze Habe eingelegt, alles, was sie zum Leben hatte«. (→ *Luk. 21, 2*)

Der Glaube macht selig

und

Wer's glaubt, wird selig

geht zurück auf *Mark. 16, 16*: »Wer da glaubt und getauft wird, der wird selig werden; wer aber nicht glaubt, der wird verdammt werden.«

Was wird aus dem Kindlein werden?
fragen wir nach *Luk. 1, 66*: »Und alle, die es hörten, nahmen's zu Herzen und sprachen: Was meinst du, will aus diesem Kindlein werden? Denn die Hand des Herrn war mit ihm.«

Die himmlischen Heerscharen
begegnen uns bei *Luk. 2, 13–14*: »Und alsbald war da bei dem Engel die Menge der himmlischen Heerscharen, die lobten Gott und sprachen: Ehre sei Gott in der Höhe und Friede auf Erden bei den Menschen seines Wohlgefallens.«
Nach derselben Stelle sagen wir auch:

Ehre sei Gott in der Höhe und
Friede auf Erden und
den Menschen ein Wohlgefallen.
So hatte Luther den Vers übersetzt.

Etwas in seinem Herzen bewegen
ist abgeleitet von *Luk. 2, 19*. Dort heißt es: »Maria aber behielt alle diese Worte und bewegte sie in ihrem Herzen.«

Zunehmen an Alter und Weisheit
geht zurück auf *Luk. 2, 52*: »Und Jesus nahm zu an Weisheit, Alter und Gnade bei Gott und den Menschen.«

Arzt, hilf dir selber!
wird bereits bei *Luk. 4, 23* ein »Sprichwort« genannt: »Und er sprach zu ihnen: Ihr werdet mir freilich dieses Sprichwort sagen: Arzt, hilf dir selber! Denn wie große Dinge haben wir gehört, die in Kapernaum geschehen sind! Tu so auch hier in deiner Vaterstadt!«

Gebt, so wird euch gegeben
heißt es bei Luk. 6, 38. Nach demselben Vers zitieren wir:

Mit dem Maß, mit dem ihr messt, wird man euch wieder messen.
(→ *Matth. 7, 2* und *Mark. 4, 24*)

Wie ein Rohr im Wind (schwanken)

oder

Wie ein schwankendes Rohr
hat seinen Ursprung bei *Luk. 7, 24*. Dort sagt Jesus über Johannes den Täufer: »Was seid ihr hinausgegangen in der Wüste zu sehen? Wolltet ihr ein Rohr sehen, das vom Wind bewegt wird?«

Wes Geistes Kind
sagen wir nach einer Stelle aus *Luk. 9, 55,* die sich erst in späteren Überlieferungen findet. Dort heißt es, dass Jesus in einem samaritanischen Ort nicht aufgenommen wurde und Jakobus und Johannes deshalb Feuer vom Himmel herabrufen wollten. Aber Jesus wies sie zurecht: »Wisst ihr nicht, wes Geistes Kinder ihr seid? Der Menschensohn ist nicht gekommen, das Leben der Menschen zu vernichten, sondern zu erhalten.«

Ein Arbeiter ist seines Lohnes wert

oder

Jede Arbeit ist ihres Lohnes wert
sagen wir nach *Luk. 10, 7*: »In demselben Haus aber bleibt, esst und trinkt, was man euch gibt; denn ein Arbeiter ist seines Lohnes wert.« (→ *1. Tim. 5, 18*)

Etwas oder jemanden bis in den Himmel loben
sagen wir nach *Luk. 10, 15*: »Und du, Kapernaum, wirst du bis zum Himmel erhoben werden?«

Barmherziger Samariter

und

Samariterdienst
bilden wir nach *Luk. 10, 25–37*, wo das Gleichnis vom barmherzigen Samariter geschildert wird.

Unter die Räuber fallen
wir nach den Worten Jesu bei *Luk. 10, 30*: »Es war ein Mann, der ging von Jerusalem hinab nach Jericho und fiel unter die Räuber ...«

Öl in die Wunden gießen
sagen wir in Abwandlung von *Luk. 10, 34*: Ein Samariter »ging zu ihm, goss Öl und Wein auf seine Wunden und verband sie ihm«.

Gehe hin und tue desgleichen
sind die Schlussworte Jesu zum Gleichnis vom barmherzigen Samariter *(Luk. 10, 37)*.

Eins aber ist not
»Maria hat das gute Teil erwählt; das soll nicht von ihr genommen werden«, sagt Jesus zu Martha in *Luk. 10, 42*, als diese sich beschwert, dass Maria ihr nicht hilft, sondern zu den Füßen des Herrn sitzt und ihm zuhört.
Auf diesem Bibelzitat fußt der Anfang des Kirchenliedes »Eins ist not, ach Herr, dies eine« von Johann Heinrich Schröder (1666–1699).
Nach derselben Stelle sagen wir auch:

Den besseren Teil erwählt haben

Nun hat die liebe Seele Ruh
ist eine Ableitung aus der Bibelstelle *Luk. 12, 19*: »Liebe Seele, du hast einen großen Vorrat für viele Jahre; habe nun Ruhe, iss, trink und habe guten Mut.«

Auf dass mein Haus voll werde
lädt der Herr auch Arme und Krüppel ein. Wir sagen so nach *Luk. 14, 23*: »Und der Herr sprach zu dem Knecht: Geh hinaus auf die Landstraßen und an die Zäune und nötige sie hereinzukommen, dass mein Haus voll werde.«

Der verlorene Sohn
sagen wir nach dem Gleichnis bei *Luk. 15, 11–32*.

Pater, peccavi –
Vater, ich habe gesündigt
bekennt der verlorene Sohn reumütig bei seiner Rückkehr nach *Luk. 15, 21*.

Ein fettes Kalb schlachten
lässt der Vater für den verlorenen Sohn bei dessen Rückkehr. In der revidierten Fassung von *Luk. 15, 23* heißt es: »... und bringt das gemästete Kalb und schlachtet's; lasst uns essen und fröhlich sein.«

Die Kinder dieser Welt
gebrauchen wir nach *Luk. 16, 8*: »Denn die Kinder dieser Welt sind unter ihresgleichen klüger als die Kinder des Lichts.«
Danach formen wir auch die Ausdrücke

Weltkinder

und

Weltklugheit

Treue im Kleinen

oder

Im Kleinen treu sein
hat seinen Ursprung in *Luk. 16, 10*: »Wer im Geringsten treu ist, der ist auch im Großen treu; und wer im Geringsten ungerecht ist, der ist auch im Großen ungerecht.«

Herrlich und in Freuden leben
sagen wir nach *Luk. 16, 19*: »Es war aber ein reicher Mann, der kleidete sich in Purpur und kostbares Leinen und lebte alle Tage herrlich und in Freuden.« Dieser Vers ist der Beginn des Gleichnisses vom reichen Mann und vom armen Lazarus.
Darauf geht auch der Ausdruck

Arm wie Lazarus
zurück, von dem es in *Luk. 16, 20* heißt: »Es war aber ein Armer mit Namen Lazarus, der lag vor seiner Tür voll von Geschwüren.«

In Abrahams Schoß

oder

Sicher wie in Abrahams Schoß
sagen wir nach *Luk. 16, 22*: »Es begab sich aber, dass der Arme starb, und er wurde von Engeln getragen in Abrahams Schoß.«

Eine große Kluft
finden wir bei *Luk. 16, 26*. Dort spricht Abraham zu den Reichen: »Und überdies besteht zwischen uns und euch eine große Kluft, dass niemand, der von hier zu euch hinüber will, dorthin kommen kann und auch niemand von dort zu uns herüber.«

Moses und die Propheten haben
gebrauchen wir scherzhaft für »Geld besitzen« in Anlehnung an *Luk. 16, 29*: »Sie haben Mose und die Propheten; die sollen sie hören.«
»Moos« sagten die Studenten im neunzehnten Jahrhundert für Geld und erweiterten die Wendung in Bezug auf diesen Bibelvers in

Moos haben
für »Geld haben«.

Pharisäer
als Typus des selbstgerechten Menschen kennen wir aus *Luk. 18, 10–11*: »Ich danke dir, Gott, dass ich nicht bin wie die andern Leute, Räuber, Betrüger, Ehebrecher oder auch wie dieser Zöllner.«

Sich an die Brust schlagen
gebrauchen wir nach *Luk. 18, 13*: »Der Zöllner aber stand ferne, wollte auch die Augen nicht aufheben zum Himmel, sondern schlug an seine Brust und sprach: Gott sei mir Sünder gnädig!«

Zachäus auf allen Kirchweihen
nennt man einen Menschen, der überall dabei sein muss. Bei *Luk. 19, 1–10* lesen wir von dem Zöllner Zachäus, der klein war und, um Jesus sehen zu können, auf einen Maulbeerbaum stieg. Diese Stelle wird häufig als Bibeltext am Kirchweihsonntag verlesen.

Das anvertraute Pfund
ist dem Gleichnis entnommen, von dem wir bei *Luk. 19, 12–23* lesen. Mit »Pfund« sind dabei die Dinge oder auch Eigenschaften gemeint, die einem gegeben sind. Danach sagen wir auch:

Mit seinem Pfund wuchern.

Ernten, was man nicht gesät hat
geht zurück auf *Luk. 19, 21*: »Du nimmst, was du nicht angelegt hast, und erntest, was du nicht gesät hast.« (→ *Matth. 6, 26*)
»Ut sementem feceris, ita metes (Wie du gesät hast, so wirst du ernten)« wird auch von Cicero in der Schrift *Vom Redner 2, 65, 261* angeführt.

Wo diese schweigen, werden die Steine schreien.
Damit meint Jesus seine Jünger in *Luk. 19, 40*.
Die *Legenda aurea* des Jacobus a Voragine (um 1230–1298) erzählt von Beda Venerabilis. Dieser sei, im hohen Alter erblindet, von seinem Führer veranlasst worden, vor einem steinigen Tal zu predigen, als sei da eine große Menschenmenge. Am Schluss der Predigt aber hätten die Steine »Amen« gerufen. Kosegarten erzählt diese Geschichte in einer seiner *Legenden* (1804) unter dem Titel »Das Amen der Steine«. Dort heißt es zum Schluss: »Wenn Menschen schweigen, werden Steine schreien.«

Der Dinge harren, die da kommen sollen
sagen wir nach *Luk. 21, 26*: »Und die Menschen werden vergehen vor Furcht und in Erwartung der Dinge, die kommen sollen über die ganze Erde; denn die Kräfte des Himmels werden ins Wanken kommen.«

Der Teufel ist in ihn gefahren
sagen wir nach *Luk. 22, 3*: »Es fuhr aber Satan in Judas, genannt Iskariot, der zur Zahl der Zwölf gehörte.« (→ *Joh. 13, 27*)

Mit dem Tode ringen
finden wir bei *Luk. 22, 44*. Dort heißt es von Jesus: »Und er rang mit dem Tode und betete heftiger.«

Blut und Wasser schwitzen
wir nach *Luk. 22, 44*: »Und sein Schweiß wurde wie Blutstropfen, die auf die Erde fielen.«

Die Macht der Finsternis
kennen wir aus *Luk. 22, 53*. Dort spricht Jesus zu den Hohen Priestern: »Aber dies ist eure Stunde und die Macht der Finsternis.«

Von Pontius zu Pilatus
laufen oder schicken wir jemanden nach *Luk. 23, 6–12*. Eigentlich müsste es richtig heißen »von Herodes zu Pontius Pilatus«.

Wenn das schon am grünen Holz geschieht!
sagen wir in Anlehnung an *Luk. 23, 31*: »Denn wenn man das tut am grünen Holz, was wird am dürren werden?«

Vater, vergib ihnen, denn sie wissen nicht, was sie tun!
sind Jesu Worte am Kreuz, die wir *Luk. 23, 34* entnehmen.

Bleibe bei uns; denn es will Abend werden, und der Tag hat sich geneigt
zitieren wir ausführlich die Bibelstelle *Luk. 24, 29*.

Evangelium nach Johannes

Im Anfang war das Wort
steht bei *Joh. 1, 1*: »Im Anfang war das Wort, und das Wort war bei Gott, und Gott war das Wort.«

Lamm Gottes
kennen wir aus *Joh. 1, 29*: »Siehe, das ist Gottes Lamm, das der Welt Sünde trägt!«

Was kann von Nazareth Gutes kommen?
fragt Nathanael, als er zum ersten Mal von Jesus hört, nach *Joh. 1, 46*. Aus Nathanael wurde später der Jünger Bartholomäus.

Den Himmel offen sehen
wir nach *Joh. 1, 51*: »Ihr werdet den Himmel offen sehen und die Engel Gottes hinauf- und hinabfahren über dem Menschensohn.« (→ *Hes. 1,1* und *Apg. 7, 55* und *10, 11*)
Schiller greift die Wendung im »Lied von der Glocke« auf (→ S. 319f.).

Herr, sie haben keinen Wein mehr
sagen wir nach *Joh. 2, 3,* wo von der Hochzeit zu Kana berichtet wird: »Und als der Wein ausging, spricht die Mutter Jesu zu ihm: Sie haben keinen Wein mehr.«

Meine Stunde ist noch nicht gekommen
sagt Jesus bei der Hochzeit zu Kana bei *Joh. 2, 4*.

Jedermann gibt zuerst den guten Wein
heißt es in *Joh. 2, 10*.

Wie Nikodemus in der Nacht
sagen wir nach *Joh. 3, 2,* wo es vom Pharisäer Nikodemus heißt: »Der kam zu Jesus bei Nacht und sprach zu ihm: Meister, wir wissen, du bist ein Lehrer, von Gott gekommen; denn niemand kann die Zeichen tun, die du tust, es sei denn Gott mit ihm.«

Spiritus flat, ubi vult –
Der Geist weht, wo er will.
So sagen wir nach der Vulgatafassung von *Joh. 3, 8*. Luther übersetzte diese Stelle: »Der Wind bläst, wo er will.« Das hebräische und griechische Wort für »Wind« und »Geist« ist gleich – daher die unterschiedliche Übersetzung.

Bist du ein Meister in Israel und weißt das nicht?
fragt Jesus den Pharisäer Nikodemus in der unrevidierten Fassung von *Joh. 3, 10*. In der revidierten lesen wir: »Bist du Israels Lehrer und weißt das nicht?«

Der werfe den ersten Stein
»Wer unter euch ohne Sünde ist, der werfe den ersten Stein auf sie«, spricht Jesus in *Joh. 8, 7* zu denen, die eine Ehebrecherin steinigen wollen und sich dabei auf ein Gebot Mose berufen.

Nicht von dieser Welt sein
gebrauchen wir nach *Joh. 8, 23*: »Ihr seid von unten her, ich bin von oben her; ihr seid von dieser Welt, ich bin nicht von dieser Welt.«

Es kommt die Nacht, da niemand wirken kann
heißt es bei *Joh. 9, 4*. Ähnliches finden wir in Goethes *Gedichten* (→ S. 289).

In Sünden geboren sein
finden wir bei *Joh. 9, 34*: »Du bist ganz in Sünden geboren und lehrst uns?«

Der gute Hirte
begegnet uns erstmals in der Überschrift von *Joh. 10*.

Jemandem gehen die Augen über
sagen wir nach *Joh. 11, 35*. Dort steht: »Und Jesus gingen die Augen über.«

Der Fürst dieser Welt
finden wir bei *Joh. 12, 31*: »Jetzt ergeht das Gericht über diese Welt; nun wird der Fürst dieser Welt ausgestoßen werden.« (→ *Joh. 14, 30*)

Was du tust, das tue bald!
spricht Jesus zu Judas beim letzten Abendmahl in *Joh. 13, 27*.

Quo vadis?
finden wir in *Joh. 13, 36*: »Herr, wo gehst du hin? (Domine quo vadis?)«, fragte Petrus Jesus beim letzten Abendmahl.
Die Legende berichtet, dass Petrus zunächst vor der Christenverfolgung Neros aus Rom floh. Auf der Via Appia sei ihm Christus erschienen und habe auf die Frage »Domine, quo vadis?« geantwortet: »Nach Rom, um

mich nochmals kreuzigen zu lassen.« Daraufhin sei Petrus nach Rom zurückgekehrt, wo er den Martertod am Kreuz erlitt. (→ Berühmter Roman von Henryk Sienkiewicz aus dem Jahr 1895, S. 564)

Was ist Wahrheit?
fragt Pilatus zweifelnd in *Joh. 18, 38*. Wir bezeichnen diese Frage auch als

Pilatusfrage

Ecce homo!
»Seht, welch ein Mensch!«, ruft Pilatus angesichts des dornengekrönten Christus in *Joh. 19, 5* aus.
Der Ausruf ist auch zu einer Bezeichnung für Darstellungen von Christus mit der Dornenkrone geworden.

So bist du des Kaisers Freund nicht
sagen wir nach *Joh. 19, 12:* »Von da an trachtete Pilatus danach, ihn freizulassen. Die Juden aber schrien: Lässt du diesen frei, so bist du des Kaisers Freund nicht; denn wer sich zum König macht, der ist gegen den Kaiser.«

Was ich geschrieben habe, das habe ich geschrieben
sagt Pilatus in *Joh. 19, 22* zu den Hohen Priestern, als sie die Inschrift auf dem Kreuz, die Jesus als König der Juden bezeichnet, geändert haben wollen.

Es ist vollbracht!
sind Jesu letzte Worte am Kreuz. Wir finden sie bei *Joh. 19, 30*.

Noli me tangere! –
Rühre mich nicht an!
sagt der auferstandene Jesus zu Maria. So steht es bei *Joh. 20, 17*.
In der Malerei des 14. bis 17. Jahrhunderts versteht man unter einem »Nolimetangere« die Darstellung von Christus mit Maria Magdalena vor dem leeren Grab, einem geläufigen Motiv der damaligen Zeit.

Ungläubiger Thomas
nennen wir einen Zweifler nach *Joh. 20, 24–29*. Dort wird berichtet, dass Thomas erst an den auferstandenen Jesus glaubte, nachdem er dessen Wunden betastet hatte.

Selig sind, die nicht sehen und doch glauben.
So sprach Jesus in *Joh. 20, 29* zu seinem Jünger Thomas.

Apostelgeschichte des Lukas

Voll süßen Weines
stammt aus *Apg. 2, 13*: »Andere aber hatten ihren Spott und sprachen: Sie sind voll von süßem Wein.« Gemeint waren damit die Jünger nach dem Pfingstwunder.

Ein Herz und eine Seele
lesen wir in *Apg. 4, 32*: »Die Menge der Gläubigen aber war ein Herz und eine Seele; auch nicht einer von ihnen sagte von seinen Gütern, dass sie sein wären, sondern es war ihnen alles gemeinsam.«

Man muss Gott mehr gehorchen als den Menschen
heißt es in *Apg. 5, 29*.

Seinen Tag von Damaskus erleben

oder

Sein Damaskus erleben
rührt vom Anfang des 9. Kapitels der Apostelgeschichte her, der die Bekehrung des Christenverfolgers Saulus auf dem Weg nach Damaskus schildert.

Aus einem Saulus einen Paulus machen

und

Von einem Saulus zu einem Paulus werden
gehen auch auf diese Bibelstelle zurück. Wir bezeichnen damit eine Bekehrung, obwohl der Apostel seinen Namen weder zum Zeitpunkt seiner Bekehrung noch aus diesem Grunde änderte. Wahrscheinlich benutzte er den zweiten Namen auf seinen Missionsreisen in Griechisch und Lateinisch sprechende Ländern.

Wie Schuppen von den Augen fallen
finden wir in *Apg. 9, 18*: »Und sogleich fiel es von seinen Augen wie Schuppen, und er wurde wieder sehend; und er stand auf und ließ sich taufen und nahm Speise zu sich und stärkte sich.«

Geben ist seliger als nehmen
zitieren wir nach *Apg. 20, 35*. Und bereits Plutarch soll zu Artaxerxes gesagt haben: »Geben ist königlicher als nehmen.«

Wider den Stachel löcken
finden wir in der Bibelstelle *Apg. 26, 14*: »Als wir aber alle zu Boden stürzten, hörte ich eine Stimme zu mir reden, die sprach auf Hebräisch: Saul, Saul, was verfolgst du mich? Es wird dir schwer sein, wider den Stachel zu löcken.«
»Löcken« oder »lecken« ist ein altes Wort für »mit den Beinen ausschlagen«. Das Bild des Tieres, das gegen den Stachelstock des Treibers ausschlägt, finden wir auch bei Aeschylus und Euripides, Plautus und Terenz.

Paulus, du rasest

und

Die große Kunst macht dich rasen
das heißt, deine Gelehrsamkeit und Redekunst bringen dich um den Verstand, sagen wir nach der unrevidierten Fassung der Lutherübersetzung von *Apg. 26, 24*.
In der revidierten Fassung ruft der Landpfleger Festus nach einer Rede des Paulus aus: »Paulus, du bist von Sinnen! Das große Wissen macht dich wahnsinnig.«

Wir sind allesamt Sünder
sagen wir in Anlehnung an *Röm. 3, 22–23*: »Denn es ist hier kein Unterschied: sie sind allesamt Sünder und ermangeln des Ruhmes, den sie bei Gott haben sollten.«

Hoffnung lässt nicht zuschanden werden
gebrauchen wir nach *Röm. 5, 5*: »Hoffnung aber lässt nicht zuschanden werden; denn die Liebe Gottes ist ausgegossen in unsere Herzen durch den Heiligen Geist, der uns gegeben ist.«

Der inwendige Mensch
finden wir bei *Röm. 7, 22*: »Denn ich habe Lust an Gottes Gesetz nach dem inwendigen Menschen.« (→ *Eph. 3, 16*)

Ist Gott für uns, wer kann wider uns sein?
steht bei *Röm. 8, 31*. So steht es bereits in *Ps. 56, 5* und *118, 6*.

Eifern mit Unverstand
gebrauchen wir nach der unrevidierten Fassung von *Röm. 10, 2*: »Ich gebe ihnen das Zeugnis, dass sie eifern um Gott, aber mit Unverstand.« Heute heißt es dort: »Denn ich bezeuge ihnen, dass sie Eifer für Gott haben, aber ohne Einsicht.«

Schicket euch in die Zeit
sagen wir nach der unrevidierten Fassung von *Röm. 12, 11*.

Freut euch mit den Fröhlichen und weint mit den Weinenden
finden wir bei *Röm. 12, 15*.

Feurige Kohlen auf sein Haupt sammeln
sagen wir nach *Röm. 12, 20*: »Wenn du das tust, so wirst du feurige Kohlen auf sein Haupt sammeln.«
Wir finden diese Stelle bereits bei *Spr. 25, 22*: »... denn du wirst feurige Kohlen auf sein Haupt häufen.« Verbreitung fand die Sentenz aber durch den Brief des Paulus.

Jedermann sei untertan der Obrigkeit, die Gewalt über ihn hat. Denn es ist keine Obrigkeit außer von Gott; wo aber Obrigkeit ist, die ist von Gott angeordnet
wird in Röm. 13, 1 zur staatlichen Gewalt gesagt.

Ehre, wem Ehre gebührt!
heißt es in *Röm. 13, 7*: »So gebt nun jedem, was ihr schuldig seid: Steuer, dem die Steuer gebührt; Zoll, dem der Zoll gebührt; Furcht, dem die Furcht gebührt; Ehre, dem die Ehre gebührt.«

Sich kein Gewissen aus etwas machen
zitieren wir nach der unrevidierten Fassung von *Röm. 14, 22*.

Erster Brief des Paulus an die Korinther

Der Verstand der Verständigen
hat seinen Ursprung bei *1. Kor. 1, 19*. Dort wird ein Vers aus *Jes. 29, 14* zitiert: »Ich will zunichte machen die Weisheit der Weisen, und den Verstand der Verständigen will ich verwerfen.« Schiller gebrauchte den Ausdruck später in dem Gedicht »Die Worte des Glaubens«.

Den Juden ein Ärgernis und den Griechen eine Torheit
nennt Paulus in *1. Kor. 1, 23* die Verkündigung des gekreuzigten Christus.

Einer wie der andere
können wir zurückführen auf *1. Kor. 3, 8*. Dort steht: »Der aber pflanzt und der begießt, sind einer wie der andere. Jeder aber wird seinen Lohn empfangen nach seiner Arbeit.«
Wir gebrauchen die Sentenz heute meist negativ im Sinne von »es taugt keiner etwas«.

Von Gottes Gnaden.
Diesen Zusatz zu Titeln weltlicher und geistlicher Herrscher finden wir erstmals bei *1. Kor. 3, 10*, wo es heißt: »Ich nach Gottes Gnade, die mir gegeben ist ...« In *1. Kor. 15, 10* schreibt Paulus dann: »Aber durch Gottes Gnade bin ich, was ich bin.«

Die Sentenz ist ein Ausdruck der Bescheidenheit, und so meinten ihn auch die Geistlichen, die ihn seit dem frühen Mittelalter ihren Titeln beifügten (lateinisch: »Dei gratia«).
In der Karolingerzeit übernahmen ihn die weltlichen Herrscher, und in der Zeit des Absolutismus wurde die Formel zum Ausdruck der Unabhängigkeit fürstlicher Macht von jeder irdischen Gewalt.

Abschaum der Menschheit
geht zurück auf *1. Kor. 4, 13*: »Wir sind geworden wie der Abschaum der Menschheit, jedermanns Kehricht, bis heute.«

Heiraten ist gut, nicht heiraten ist besser
sagen wir in Abwandlung von *1. Kor. 7, 38*: »Also, wer seine Jungfrau heiratet, der handelt gut; wer sie aber nicht heiratet, der handelt besser.«

Mit Engelszungen reden
wir nach *1. Kor. 13, 1*: »Wenn ich mit Menschen- und mit Engelzungen redete und hätte die Liebe nicht, so wäre ich ein tönendes Herz oder eine klingende Schelle.«
Nach derselben Stelle sagen wir

Ein tönend Herz oder eine klingende Schelle

Der Glaube versetzt Berge
finden wir bei *1. Kor. 13, 2*: »Und wenn ich prophetisch reden könnte und wüsste alle Geheimnisse und alle Erkenntnis und hätte allen Glauben, so dass ich Berge versetzen könnte, und hätte die Liebe nicht, so wäre ich nichts.« (→ *Matth. 17, 20* und *21, 21* sowie *Mark. 11, 23*)

Unser Wissen ist Stückwerk
schreibt Paulus in *1. Kor. 13, 9*.

Sunt pueri pueri, pueri puerilia tractant.
(Knaben sind Kinder, als Kinder treiben sie Kindisches.)
Dieser alte Schulvers entstand aus *1. Kor. 13, 11*: »Als ich ein Kind war, redete ich wie ein Kind und dachte wie ein Kind und war klug wie ein Kind; als ich aber ein Mann wurde, tat ich ab, was kindlich war.«

Nun aber bleibt Glaube, Hoffnung, Liebe, diese drei; aber die Liebe ist die größte unter ihnen
zitieren wir nach *1. Kor. 13, 13*. (→ *1. Thess. 1, 3*)

In den Wind reden
sagen wir nach *1. Kor. 14, 9*: »So auch ihr: wenn ihr in Zungen redet, nicht in deutlichen Worten, wie kann man wissen, was gemeint ist? Ihr werdet in den Wind reden.«

Böse Beispiele verderben gute Sitten.
1. Kor. 15, 33 übersetzte Luther mit »Böse Geschwätze verderben gute Sitten«. Heute heißt es an dieser Stelle: »Schlechter Umgang verdirbt gute Sitten.« Der Gedanke findet sich auch bei Menander in *Thais*. Und in der *Weisheit Salomos* lesen wir: »Denn die bösen Exempel verführen und verderben einem das Gute.«

Tod, wo ist dein Stachel?
Hölle, wo ist dein Sieg?
sagen wir nach der Luther-Übersetzung von *1. Kor. 15, 55*. In der revidierten Fassung steht: »Tod, wo ist dein Sieg? Tod, wo ist dein Stachel?« Dem Tod ist der Stachel genommen durch das Opfer Christi für die Sünden der Menschen.

Anathema sit
zitieren wir *1. Kor. 16, 22* nach der Vulgata. Luther übersetzte: »Der sei anathema.« Heute steht dort: »Der sei verflucht.«
Das griechische Wort bezeichnete ursprünglich etwas oder jemanden, das oder der einem Gott geweiht ist. Dazu können auch Übeltäter und schlechte Menschen gehören. Mit der Zeit kam das Wort zu der Bedeutung »Fluch« oder »Verfluchter«.

Viel gebraucht wurde früher der Ausdruck:

Das Anathema sprechen über jemanden.

Der Buchstabe tötet, aber der Geist macht lebendig
steht in *2. Kor. 3, 6*. Mit dem Buchstaben ist hier das mosaische Gesetz gemeint. Paulus aber begreift sich als Diener des neuen, christlichen Geistes, der nicht mehr am Buchstaben des alten Gesetzes hängt, sondern an den Lehren Christi.
Aus dieser Stelle haben sich viele Wendungen entwickelt:

Tote Buchstaben,

Sich an den Buchstaben klammern,

Am Buchstaben kleben,

Buchstaben mit Geist erfüllen.

Mit Furcht und Zittern
finden wir in *2. Kor. 7, 15*: »Und er ist überaus herzlich gegen euch gesinnt, wenn er an den Gehorsam von euch allen denkt, wie ihr ihn mit Furcht und Zittern aufgenommen habt.«

Einen fröhlichen Geber hat Gott lieb
zitieren wir aus *2. Kor. 9, 7*: »Ein jeder, wie er sich's im Herzen vorgenommen hat, nicht mit Unwillen oder aus Zwang; denn einen fröhlichen Geber hat Gott lieb.«

Gott weiß es
steht in *2. Kor. 11, 11* und *12, 2–3*. »Gott weiß, ich lüge nicht« steht in *Gal. 1, 20*. Meistens sagen wir:

Weiß Gott!

Falsche Brüder
finden wir in *2. Kor. 11, 26*. Dort zählt Paulus unter den vielen Gefahren, die ihm auf seinen Missionsreisen begegneten, an letzter Stelle auch »falsche Brüder« auf.

Im siebten Himmel schweben
als Zustand höchster Verzückung geht unter anderem zurück auf *2. Kor. 12, 2*: »... da wurde derselbe entrückt bis in den dritten Himmel.« Nach dieser Stelle sagte man noch bis ins 19. Jahrhundert »im dritten Himmel schweben«. Der »siebte Himmel« hat sich erst später durchgesetzt und kam wohl über Judentum und Islam zu uns.
Den »höchsten« Himmel als siebenten benennt ein *Traktat des Talmud (Chagiga)*. Dort werden sieben Himmel aufgezählt. Im siebten und obersten ist der Sitz von Recht und Gerechtigkeit, von Leben und Frieden und auch von den Engeln und Gott selbst. Auch im Koran finden wir die Lehre von den sieben Himmeln wieder.

Der Pfahl im Fleisch
ist uns bekannt aus *2. Kor. 12, 7*: »Und damit ich mich wegen der hohen Offenbarungen nicht überhabe, ist mir gegeben ein Pfahl ins Fleisch.« Paulus meinte damit vermutlich ein körperliches Leiden.

Brief des Paulus an die Galater

Einer trage des anderen Last
finden wir in *Gal. 6, 2*: »Einer trage des andern Last, so werdet ihr das Gesetz Christi erfüllen.«

Gott lässt sich nicht spotten
lesen wir in *Gal. 6, 7.*

Nicht müde werden, Gutes zu tun
sagen wir mit dem Apostel Paulus nach *Gal. 6, 9*: »Lasst uns aber Gutes tun und nicht müde werden; denn zu seiner Zeit werden wir auch ernten, wenn wir nicht nachlassen.« (→ *2. Thess. 3, 13*)

Brief des Paulus an die Epheser

Das ist der Lauf der Welt
sagen wir nach *Eph. 2, 1-2*. Dort steht in der unrevidierten Fassung: »... da ihr tot waret durch Übertretungen und Sünden, in welchen ihr

weiland gewandelt nach dem Lauf dieser Welt ...« In der revidierten Fassung heißt es »nach der Art dieser Welt«.

Der alte Adam
hat seinen Ursprung bei *Eph. 4, 22* und *Kol. 3, 9*. Dort spricht Paulus vom »alten Menschen«, den wir »ablegen« sollen.
Das hebräische Wort »Adam« bedeutet »Mensch«. Paulus stellte dem »ersten Menschen«, durch den die Sünde in die Welt kam, Christus als »zweiten Menschen« gegenüber, der die Welt von dieser Sünde erlöste. Die wörtliche Wendung vom alten Adam finden wir erstmals beim lateinischen Schriftsteller Sidonius Apollinaris (430–486).

Nach diesem Vers bilden wir auch:

Ein neuer Mensch werden

Kaufet die Zeit aus
gebrauchen wir nach *Eph. 5, 15–16*: »So seht nun sorgfältig darauf, wie ihr euer Leben führt, nicht als Unweise, sondern als Weise, und kauft die Zeit aus; denn es ist böse Zeit.« (→ *Kol. 4, 5*)

Schild des Glaubens

und

Schwert des Geistes
finden wir in *Eph. 6, 16–17*: »Vor allen Dingen aber ergreift den Schild des Glaubens, mit dem ihr auslöschen könnt alle feurigen Pfeile des Bösen, und nehmt den Helm des Heils und das Schwert des Geistes, welches ist das Wort Gottes.«

Brief des Paulus an die Philipper

Etwas ohne Murren tun
wir nach Paulus, der den Philippern geraten hat (*Phil. 2, 14*): »Tut alles ohne Murren und ohne Zweifel ...«

Das Buch des Lebens
begegnet uns in *Phil. 4, 3.* Dort berichtet Paulus von seinen Gehilfen, »deren Namen im Buch des Lebens stehen«. Damit ist das bei *2. Mos. 32, 32* erwähnte »Buch« gemeint, in das der Herr die Gerechten einschreibt und aus dem er die Sünder tilgt.
Dieses »Buch« wird an vielen weiteren Stellen der Bibel erwähnt (→ *Apk. 3, 5; Ps. 69, 29*).

Erster Brief des Paulus an die Thessalonicher

Wie ein Dieb in der Nacht kommen
wir nach *1. Thess. 5, 2*: »Denn ihr selbst wisst genau, dass der Tag des Herrn kommen wird wie ein Dieb in der Nacht.« (→ *2. Petr. 3, 10* und *Luk. 12, 39*)

Prüfet alles und behaltet das Beste
hat seinen Ursprung im ersten Brief des Paulus an die Thessalonicher. Bei *1. Thess. 5, 21* steht als Ermahnung an die Gemeinde: »Prüft aber alles, und das Gute behaltet.«

Zweiter Brief des Paulus an die Thessalonicher

Wer nicht arbeiten will, der soll auch nicht essen
lesen wir bei *2. Thess. 3, 10.*

Erster Brief des Paulus an Timotheus

Schiffbruch erleiden
hat seinen Ursprung bei *1. Tim. 1, 19.* Paulus schreibt an Timotheus über den Kampf um den Glauben: »Das haben einige von sich gestoßen und am Glauben Schiffbruch erlitten.«

Geiz ist die Wurzel allen Übels
hat seinen Ursprung bei *1. Tim. 6, 10*: »Denn Geldgier ist die Wurzel alles Übels; danach hat einige gelüstet, und sie sind vom Glauben abgeirrt und machen sich selbst viel Schmerzen.«

Einen guten Kampf kämpfen

oder

Einen guten Kampf gekämpft haben
sagen wir nach *1. Tim. 6, 12*: »Kämpfe den guten Kampf des Glaubens; ergreife das ewige Leben, wozu du berufen bist und bekannt hast das gute Bekenntnis vor vielen Zeugen.« Bei *2. Tim. 4, 7* steht: »Ich habe den guten Kampf gekämpft.«

Zweiter Brief des Paulus an Timotheus

Betrogene Betrüger.
Diesen Ausdruck finden wir in Lessings *Nathan der Weise 3, 7* und auch bei Cervantes' *Don Quijote*, im *Heptameron* der Margarete von Navarra, in den *Bekenntnissen* des Augustinus und in der *Lebensbeschreibung Plotins* von Porphyrius.
Der Gedanke hat seinen Ursprung letzten Endes wohl in der Stelle bei *2. Tim. 3, 12f.*, wo es heißt: »Und alle, die fromm leben wollen in Christus Jesus, müssen Verfolgung erleiden. Mit den bösen Menschen aber und Betrügern wird's je länger, desto ärger: sie verführen und werden verführt.«

Brief des Paulus an Titus

Dem Reinen ist alles rein
ist ein nicht ganz korrektes Zitat aus *Tit. 1, 15*: »Den Reinen ist alles rein.«
Friedrich Nietzsche machte daraus in *Zarathustra 3, 14* die Wendung: »Den Schweinen ist alles Schwein.«

Erster Brief des Petrus

Ehrt jedermann,
habt die Brüder lieb,
fürchtet Gott, ehrt den König!

So lautet die Bibelstelle aus *1. Petr. 2, 17* wörtlich. Petrus fügt darin die Stellen *Spr. 24, 12* und *Röm 12, 10* zu einer Ermahnung zusammen.

In jemandes Fuß(s)tapfen treten

wir nach *1. Petr. 2, 21*: »Denn dazu seid ihr berufen, da auch Christus gelitten hat für euch und euch ein Vorbild hinterlassen, dass ihr sollt nachfolgen seinen Fußtapfen.«

Bis ans Ende aller Dinge

geht zurück auf *1. Petr. 4, 7*: »Es ist aber nahe gekommen das Ende aller Dinge. So seid nun besonnen und nüchtern zum Gebet.« Bei *Jes. Sir. 40, 25* finden wir: »Bis ans Ende der Welt«, und in *Apg. 13, 47*: »Bis ans Ende der Erde«.

Mit dem Mantel der (christlichen Nächsten-)Liebe zudecken

hat seinen Ursprung bei *1. Petr. 4, 8*. Dort heißt es: »Von allen Dingen habt untereinander beständig Liebe; denn die Liebe deckt auch der Sünden Menge.« Die Stelle nimmt Bezug auf *Spr. 10, 12*: »Liebe deckt zu alle Übertretungen.« In Logaus *Sinngedichten* aus dem 17. Jahrhundert finden wir: »Nenne mir den weiten Mantel, drunter alles sich verstecket; Liebe tut's, die alle Mängel gerne hüllt und fleißig decket.«

Der Teufel geht umher wie ein brüllender Löwe

»und sucht, wen er verschlinge«, so lesen wir bei *1. Petr. 5, 8*.

Zweiter Brief des Petrus

Es steckt nichts dahinter

geht wohl zurück auf *2. Petr. 2, 18*: »Denn sie reden stolze Worte, hinter denen nichts ist ...«

Erster Brief des Johannes

Die Welt vergeht mit ihrer Lust
finden wir bei *1. Joh. 2, 17*: »Und die Welt vergeht mit ihrer Lust; wer aber den Willen Gottes tut, der bleibt in Ewigkeit.«

Antichrist
als Begriff finden wir in *1. Joh. 2, 18*: »Und wenn ihr gehört habt, dass der Antichrist kommt, so sind nun schon viele Antichristen gekommen; daran erkennen wir, dass es die letzte Stunde ist.«
Das Wort dient uns ebenso zur Bezeichnung des Teufels wie auch von Menschen, deren Tun Teuflisches anhaftet. So wurden zum Beispiel Nero und Hitler mit diesem Titel bedacht.

Sie sind von uns ausgegangen, aber sie waren nicht von uns
steht in *1. Joh. 2, 19* über den Antichrist und seine Verführungen.

Die Welt liegt im Argen
zitieren wir *1. Joh. 5, 19*. Dort heißt es: »Wir wissen, dass wir von Gott sind, und die ganze Welt liegt im Argen.« In *Gal. 1, 4* ist von der »gegenwärtigen argen Welt« die Rede.

Brief an die Hebräer

Dienstbare Geister
kennen wir aus *Hebr. 1, 14*: »Sind sie nicht allesamt dienstbare Geister, ausgesandt zum Dienst um derer willen, die das Heil ererben sollen?«

Durch Mark und Bein
geht auf *Hebr. 4, 12* zurück: »Denn das Wort Gottes ist lebendig und kräftig und schärfer als jedes zweischneidige Schwert, und dringt durch, bis es scheidet Seele und Geist, auch Mark und Bein, und ist ein Richter der Gedanken und Sinne des Herzens.«

Tote Werke
werden in *Hebr. 6, 1* und *9, 14* solche Werke genannt, von denen »das Blut Christi ... unser Gewissen reinigen« wird.

Feuereifer
sagen wir nach *Hebr. 10, 26–27*, wo es in der revidierten Fassung heißt: »Denn wenn wir mutwillig sündigen ... haben wir hinfort kein anderes Opfer mehr für die Sünden, sondern nichts als ein schreckliches Warten auf das Gericht und das gierige Feuer, das die Widersacher verzehren wird.«
Luther übersetzte: »Denn so wir mutwillig sündigen ... haben wir ... ein schrecklich Warten des Gerichts und des Feuereifers, der die Widerwärtigen verzehren wird.«

Jemanden bis aufs Blut quälen
kommt in seinem Hauptteil von *Hebr. 12, 4*: »Ihr habt noch nicht bis aufs Blut widerstanden im Kampf wider die Sünde.«

Keine bleibende Stätte haben
ist abgeleitet von *Hebr. 13, 14*: »Denn wir haben hier keine bleibende Stadt, sondern die zukünftige suchen wir.«

Wohl zu tun und mitzuteilen vergesset nicht
geht zurück auf *Hebr. 13, 16*: »Gutes zu tun und mit andern zu teilen, vergesst nicht; denn solche Opfer gefallen Gott.« Wir sagen heute auch:

Tu Gutes und sprich darüber.

Brief des Jakobus

Die Zunge im Zaum halten
wir nach *Jak. 1, 26*: »Wenn jemand meint, er diene Gott, und hält seine Zunge nicht im Zaum, sondern betrügt sein Herz, so ist sein Gottesdienst nichtig.«

Sub reservatione Jacobea
(Unter dem Vorbehalt, wie ihn Jacobus macht)
beruht auf *Jak. 4, 15*: »Wenn der Herr will, werden wir leben und dies oder das tun.«

Getreu bis in den Tod
geht zurück auf *Apk. 2, 10*: »Sei getreu bis in den Tod, so will ich dir die Krone des Lebens geben.«

Ein Buch mit sieben Siegeln
ist etwas vollkommen Unverständliches.
Der Ausdruck geht zurück auf *Apk. 5, 1*, wo es heißt: »Ein Buch, beschrieben innen und außen, versiegelt mit sieben Siegeln.«
Goethe gebraucht später die Wendung in *Faust I*, »Nacht« in dem uns heute geläufigen Sinn: »Mein Freund, die Zeiten der Vergangenheit sind uns ein Buch mit sieben Siegeln ...«

Apokalyptische Reiter
Die Beschreibung der Wesen, die die Endzeit ankündigen, finden wir in *Apk. 6*. Sie sitzen auf Pferden verschiedener Farbe und bringen Unheil.

Die Schale des Zorns ausgießen
sagen wir nach *Apk. 15, 7*: »sieben goldene Schalen voll vom Zorn Gottes«, und *Apk. 16, 1*: »gießt aus die Schalen des Zornes Gottes«.

Das tausendjährige Reich
haben sich die Nationalsozialisten aus der Überschrift der Offenbarung des Johannes »geborgt« (*Apk. 20*).
Auf das tausendjährige Reich Christi auf Erden hofften die Menschen im Mittelalter, die Nationalsozialisten knüpften wohl mit ihrer Namensgebung an diese Tradition an.

Das A und O
geht in dieser Form zurück auf *Apk. 22, 13*: »Ich bin das A und O, der Erste und der Letzte, der Anfang und das Ende.« A(lpha) und O(mega) sind der erste und der letzte Buchstabe des griechischen Alphabets.

Antikes Griechenland

Da heute das Griechische, vor allem die griechische Schrift, in Deutschland wenig bekannt ist, haben wir auf die Wiedergabe der griechischen Zitate im Originaltext verzichtet und nur die Übersetzungen angeführt. Viele ursprünglich griechische Aussprüche sind uns in ihrer lateinischen Form geläufig. Sie werden in Latein zitiert und ins Deutsche übersetzt.

Literatur

Homer – um 700 v. Chr.
Ilias

Geflügelte Worte
gebrauchte schon Homer als formelhafte Einführung in einer Rede: »... und sprach die geflügelten Worte.« Also Worte, die wie auf Flügeln vom Mund des Sprechers zum Ohr des Hörers eilen.
Georg Büchmann, dessen Buch zum ersten Mal 1864 erschien, gab dem Ausdruck seine heutige Bedeutung. Nach ihm sind geflügelte Worte landläufige Zitate und Redewendungen, die sich auf ihren Ursprung zurückführen lassen. Über Büchmann gelangte die Bezeichnung auch ins Holländische, Dänische, Schwedische und Französische.
Im Übrigen nannte schon Heinrich von Meißen (um 1250–1278) das Sprichwort ein »flügges«, das heißt ein »fliegendes« Wort.

Das schwarze Herz
entnehmen wir der *Ilias 1, 103*. Dort sagt Homer über Agamemnon: »Von gewaltigem Zorn wurde sein schwarzes Herz erfüllt.«

Myrmidonen
finden wir in *Ilias 1, 180* und an anderen Stellen. So hießen die Angehörigen des Volkes, dessen Krieger die Gefolgschaft des Achilles im Trojanischen Krieg bilden. Der Gebrauch des Namens für eine mit dem Schwert, der Feder oder der Zunge kämpfende Gefolgschaft ist freilich selten geworden.

Honigsüße Rede
sagen wir nach der *Ilias 1, 249*. Dort wird von Nestor gesagt: »Dem von der Zunge die Rede noch süßer als Honig daherfloss.« Heute bezeichnen wir so übertriebene Schmeicheleien und Lobhudeleien.

Nestor
ist eine der eindrucksvollsten Gestalten der *Ilias* und der *Odyssee*. Der Greis hat schon zwei Menschenalter gesehen, wie wir in *Ilias 1, 250* erfahren. Er zeichnet sich durch Erfahrung, Weisheit und Beredsamkeit aus. Leider ist er auch der Erste, von dem wir in *Ilias 1, 262ff.* lesen müssen, dass die gute alte Zeit besser gewesen sei.

Homerisches Gelächter
sagen wir nach dem »unauslöschlichen Gelächter« Homers in *Ilias 1, 599* oder *Odyssee 8, 326* und anderen Stellen.
Als »rire homérique« ist es im Französischen ab dem Ende des 18. Jahrhunderts bezeugt. Es gilt als gehobener Ausdruck für nicht enden wollendes, schallendes Gelächter.

Einer sei Herrscher!
sagen wir nach der *Ilias 2, 204–205*. Dort heißt es: »Niemals frommt Vielherrschaft im Volk; nur einer sei Herrscher.«

Thersites
ist das Urbild eines boshaften, ewig scheltenden Nörglers nach *Ilias 2, 212–224*.

Rufer im Streit
übersetzt J. H. Voß das in der *Ilias 2, 408* und an vielen anderen Stellen vorkommende Beiwort eines Helden, er sei »tüchtig im Schlachtruf«.

Ins Gras beißen
für »im Kampf fallen« und für »sterben« überhaupt geht zurück auf die Beobachtung, dass der sterbende Krieger in die Erde beißt, um »die Schmerzen zu verbeißen«. Schon in der *Ilias 2, 416ff.* heißt es von Gefallenen, dass sie »mit Geknirsch in die Erde gebissen«, und in *Ilias 19, 61*, dass »so viel Achäer den Staub mit den Zähnen gebissen« hätten.

Ähnliches finden wir in Vergils *Aeneis 11, 118* und Ovids *Metamorphosen 9, 60*.
Übrigens gibt es im Französischen fast die gleiche Redensart: »mordre la poussière (den Staub beißen)«.

Amazonen
nennen wir streitbare Frauen, die für gleichberechtigtes Handeln eintreten. Sie gehörten zu den matriarchalisch organisierten Stämmen und waren kriegerisch. Homer erwähnt sie in *Ilias 2, 814* und an anderen Stellen, wo sie kämpfend in den Trojanischen Krieg eingriffen. Auch bei anderen griechischen Schriftstellern finden wir sie aufgeführt.

Pygmäen.
Mit diesem Begriff bezeichnen wir heute einen kleinwüchsigen Volksstamm in den Regenwäldern Äquatorialafrikas. Wir finden ihn erstmals bei *Ilias 3, 6*. Dort berichtet Homer von Kranichen, »welche Tod und Verderben bereiten pygmäischen Männern«.
Das griechische »pygmaios« bedeutet eigentlich »eine Faust lang« oder »zwergenhaft«.

Hebe
nennt man gelegentlich eine Kellnerin. Nach *Ilias 4, 2* schenkte die Göttin Hebe den Göttern Nektar ein.

Einst wird kommen der Tag
sagen wir nach *Ilias 4, 164* und *6, 448*. Voß übersetzte: »Einst wird kommen der Tag, da die heilige Ilios hinsinkt.« »Ilios« ist die Stadt Troja.

Immer der Erste zu sein
finden wir in der *Ilias 4, 208*. Hippolochos ermahnt seinen Sohn Glaukos: »Immer der Erste zu sein und vorzustreben den andern«.
Unsicher ist, ob auch der Ausdruck

Streber
hier seinen Ursprung hat.

Gehege der Zähne
sagen wir nach *Ilias 4, 350* und *Odyssee 1, 64*: »Was für ein Wort ist dem Zaun deiner Zähne entronnen?«

Stentorstimme
nennen wir eine dröhnende männliche Stimme. In der *Ilias 5, 785* wird berichtet, dass der Grieche Stentor eine »eherne Stimme« besaß und dass er »so laut schreien konnte wie fünfzig andere«.

Unter Tränen lächelnd
nimmt Andromache in *Ilias 6, 484* dem scheidenden Hektor ihr Söhnchen vom Arm.

Und sie erhoben die Hände zum lecker bereiteten Mahle
ist nach der Übersetzung von Voß eine stehende Redewendung in den homerischen Epen, wenn es ans Essen geht. Wir finden sie beispielsweise bei *Ilias 9, 91*.

Auf des Messers Schneide
gebrauchen wir nach *Ilias 10, 173–174*: »Denn nun steht es allen fürwahr auf der Schärfe des Messers: Schmählicher Untergang den Achäern oder auch Leben!«
Das Wort »Schärfe« ist älter und war früher für »Schneide« üblich.

Das wissen (allein) die Götter
sagen wir nach dem Ausspruch: »Das liegt im Schoße der Götter.« So steht es in *Ilias 17, 514* und *20, 435* und an vielen anderen Stellen von Ereignissen, die noch in der Zukunft liegen.

Ganymed
wurde nach *Ilias 20, 232* wegen seiner Schönheit in den Olymp erhoben, um Zeus dort täglich den Becher zu füllen. Der Name wird heute nur noch selten für einen Kellner gebraucht.

Auch Patroklus ist gestorben,
und war mehr als du.
Diese Formulierung Schillers in *Fiesco 3, 5* geht auf *Ilias 21, 106* und *107* zurück, wo Achill einem um sein Leben flehenden Gegner zuruft:

»Stirb denn, Lieber, auch du! Warum wehklagst du vergebens? Starb doch auch Patroklos, der weit an Kraft dir voranging.«

Urteil des Paris.
Über diese Geschichte erfahren wir in *Ilias 24, 28 ff.* nur andeutungsweise. Wie wir in Lukians *Göttergespräche 20, 7* lesen, warf Eris, die Göttin der Zwietracht, bei der Hochzeit des Peleus und der Thetis einen Apfel mit der Aufschrift »Der Schönsten« unter die Gäste, um dessen Besitz sich die Göttinnen Hera, Athene und Aphrodite zankten. Das Urteil, wem der Apfel zustehe, wurde schließlich Paris übertragen, der ihn der Liebesgöttin Aphrodite zusprach.

Der Ausdruck

Zankapfel
geht auch auf die obige Sage zurück.

Seltener gebrauchen wir

Apfel der Eris

oder

Erisapfel

oder

Apfel der Zwietracht.
Der Begriff ist zum ersten Mal als »malum discordiae« beim Geschichtsschreiber Justinus im 3. Jahrhundert n. Chr. belegt. Das Wort »Zankapfel« selbst ist im Deutschen seit 1570 gebräuchlich.

Homer – Odyssee

Penelope
ist die Gattin des Odysseus und das Muster der Gemahlin, die in unerschütterlicher Treue auf die Heimkehr ihres in den Krieg gezogenen Mannes wartet. Wir kennen sie aus der *Odyssee 11, 181–183* und von anderen Stellen.

Mentor
heißt ein alter Freund des Odysseus aus *Odyssee 2, 226–228,* dessen Gestalt die Göttin Athene gern annimmt, um Odysseus oder seinem Sohn Telemach mit Rat und Tat beizustehen.
Fénelons Erziehungsroman *Les aventures de Télémaque* aus dem Jahr 1699 trug viel dazu bei, aus Mentor die Gestalt eines weisen Erziehers und Beraters zu machen.

Proteus
ist ein Meergreis, ein ägyptischer Gott, von dem *Odyssee 4, 384 ff.* erzählt, dass er sich in alles verwandeln kann, »was auf der Erde lebt«, auch »in Wasser und loderndes Feuer«.

Elysium

oder

elysische oder elysäische Gefilde
sagen wir für eine paradiesische Gegend nach *Odyssee 4, 563 ff.* Es soll sich dabei um eine Ebene am Westrand der Erde handeln, ein »Gefilde der Seligen«. (→ Hesiod, S. 119)

Nektar und Ambrosia
sind die Nahrung der Götter. Die Namen bedeuten beide das Gleiche: Nektar heißt »Sieg über den Tod«, Ambrosia steht für »Unsterblichkeit«. Sie wurden ursprünglich nicht voneinander unterschieden (*Ilias 19, 347*).
Später, in der *Odyssee 5, 93,* galt Nektar als Göttertrank, Ambrosia als Götterspeise. Das Hauptmerkmal von Ambrosia ist der gute Duft, daher »ambrosisch« für »wohlriechend«.

Olymp.
Der bei Homer an vielen Stellen erwähnte und in *Odyssee 6, 42–46* beschriebene Berg, liegt in Thessalien und war der Sitz der Götter. Später wurde auch der Himmel als »Olymp« bezeichnet.
Die obersten Ränge im Theater nennt man ebenfalls so. Nicht nur, weil sie am höchsten Punkt liegen, sondern auch oft nahe einer mit Wolken und Göttern bemalten Decke und man von ihnen, wie die Götter

vom Olymp, auf die »Kämpfe der andern« (*Ilias 20, 22*) hinuntersehen kann.

Olympische Ruhe
herrschte auf dem Olymp nach *Odyssee 6, 42–46*, womit wir allerdings nicht den Zustand eines Ortes, sondern den eines Gemütes zu bezeichnen pflegen.

Kirke

oder

Circe
die Zauberin, kennen wir aus der *Odyssee 10, 233 ff.* Sie lockt des Odysseus Gefährten zu sich (daher das Wort »bezirzen«!) und verwandelt sie in Schweine.

Den Pelion auf den Ossa türmen wollen
also etwas Großes noch zu überbieten trachten, stammt aus *Odyssee 11, 315*. Dort türmen zwei Riesen die Berge Pelion und Ossa übereinander, um den Himmel zu stürmen.
Kleist sagt in *Penthesilea 9*: »Den Ida will ich auf den Ossa wälzen.«

Tantalusqual(en).
Die Qual, etwas Unerreichbares beständig nahe vor sich zu sehen, gebrauchen wir nach *Odyssee 11, 582–592*. Dort wird erzählt, dass Tantalus, der gegen die Götter gefrevelt hatte, zur Strafe von Hunger und Durst gequält bis ans Kinn in einem Gewässer stehen musste, während über ihm die herrlichsten Früchte hingen. Wollte er trinken, wich das Wasser vor ihm zurück; griff er nach den Früchten, wehte ein Wind diese außer Reichweite.

Sisyphusarbeit
nennen wir eine mühevolle und doch ergebnislose Arbeit. *Odyssee 11, 593–600* schildert, wie Sisyphos ewig einen Felsblock bergauf wälzen muss, der jedes Mal kurz vor der Höhe wieder hinabrollt: »Wieder rollte hinunter zu Tal der tückische Felsblock.«
Dieses Hinabrollen des Felsblocks wollte Voß in seiner Übersetzung

besonders anschaulich darstellen: »Hurtig mit Donnergepolter entrollte der tückische Marmor.«

Sirenen

oder

Sirenengesang

und

Sirenenstimme
gehen auf *Odyssee 12, 39–54* und *153–200* zurück. Durch ihren Gesang lockten die Sirenen jeden vorüberfahrenden Seemann auf ihre Insel, von der es keine Rückkehr gab.

Zwischen Scylla und Charybdis
sagen wir nach *Odyssee 12, 74–110* und *201–259*. Zu den gefährlichsten Seeabenteuern des Odysseus gehörte die Durchfahrt zwischen zwei gefährlichen Klippen. Auf der einen thronte Scylla, ein sechsköpfiges Ungeheuer, das sich mit jedem Kopf einen Mann vom Schiff holte und ihn auffraß. An der anderen Klippe saugte Charybdis das Wasser ein und verschlang damit alles.
Wer sich zwischen zwei Gefahren befindet und, indem er die eine meidet, der anderen erliegt oder höchstens unter Opfern entgeht, befindet sich demnach zwischen Scylla und Charybdis.

Gleich und gleich gesellt sich gern.
In *Odyssee 17, 218* steht: »Ein Halunke führt da den andern, wie eben stets ein Gott den Gleichen zum Gleichen gesellt.«
In *Gastmahl 195 B* überliefert auch Platon, was er im *Staat 329 A* ein altes Sprichwort nennt: »Dem Gleichen nähert sich stets der Gleiche.«
Und in römischer Zeit meint Cicero in *Cato maior 3, 7*: »Pares cum paribus vetere proverbio facillime congregantur. (Nach einem alten Sprichwort tun sich Gleiche mit Gleichen sehr gern zusammen.)«

Schon Schlimmeres hast du erduldet.
Damit mahnt sich in *Odyssee 20, 18* Odysseus zur Geduld.
Aus einer solchen Erinnerung Mut zu schöpfen lieben auch die lateinischen Dichter. Wir finden Ähnliches bei Horaz (*Oden 1, 7, 30*), Vergil (*Aeneis 1, 195*) oder Ovid (*Tristia 5, 11, 17*).

Homer – Hymnus auf Apollon

Parnass
Der Gebirgszug in Mittelgriechenland, war den Göttern Apollon und Dionysos sowie den Musen heilig. Nach dem homerischen *Hymnus auf Apollon* baute sich Apollon an seinem Fuß einen Tempel.
Spätere Dichter bezeichneten den Parnass als »Nabel der Erde«, so Pindar in seinen *Pythischen Oden 4, 74* und *6, 3*.
»Les Parnassiens« nannte sich im 19. Jahrhundert ein französischer Dichterkreis um Théophile Gautier, zu dem Baudelaire und Leconte de Lisle gehörten.

Hesiod – um 700 v. Chr.

Werke und Tage

Die Hälfte ist mehr als das Ganze
sagt Hesiod in der Dichtung *Werke und Tage 40*. Er hatte nach einem Erbstreit seinem Bruder die Hälfte seines eigenen Anteils abtreten müssen, den ihm verbleibenden Rest aber so gut verwaltet, dass er genauso viel hatte wie sein Bruder, der durch Trägheit sein Vermögen mehr und mehr verringerte.

Büchse der Pandora
gebrauchen wir nach *Werke und Tage 47ff.* Dort erzählt Hesiod, dass die Menschen vor dem Erscheinen der Pandora mit ihrer Unheil bringenden Büchse ohne Krankheit und Leid lebten. Als Strafe für den Feuerraub des Prometheus sandte Zeus Pandora zur Erde, die dort ihre Büchse öffnete. Sie »hob den Deckel des Gefäßes und ließ alles heraus, den Menschen zu stiften Not, Jammer und Plage«.

Das goldene Zeitalter
verdanken wir dem Dichter Hesiod. In *Werke und Tage 109ff.* überlieferte er uns die verschiedenen Zeit- oder Weltalter, die einander, immer schlechter werdend, ablösen sollten.

Das erste und glücklichste ist das goldene Zeitalter, ihm folgen das silberne, das eherne, das heroische und endlich das eiserne, in dem leben zu müssen sich Hesiod beklagt. Denn es ist, wie es am kürzesten Fichte kennzeichnet, das »Zeitalter der vollendeten Sündhaftigkeit«.

Die Gefilde der Seligen
sind nach Hesiods *Werke und Tage 159* die Entsprechung der Antike zum Paradies, in denen ein Leben ohne Mühsal und Plage winkt. (→ Homer, S. 115)

Vor die Tugend haben die Götter den Schweiß gesetzt
sagen wir nach *Werke und Tage 289.*

Der steile Pfad der Tugend
ist uns ein Begriff nach *Werke und Tage 290,* wo von der Tugend gesagt wird: »Lang und steil ist der Pfad zu ihr.«

Arbeit schändet nicht
geht zurück auf *Werke und Tage 309.* Dort steht: »Arbeit ist keine Schande.«

Vox populi, vox Dei –
Volkes Stimme, Gottes Stimme.
Dieser später geprägte Ausspruch hat seinen Ursprung ebenfalls bei Hesiod. In *Werke und Tage 763–764* steht. »Nie wird ganz ein Gerücht sich verlieren, das vielerlei Volkes häufig im Munde geführt; denn ein Gott ist auch das Gerücht selbst.«
Die erste Formulierung der griffigen lateinischen Form finden wir bei dem Gelehrten Alkuin (735–804 n. Chr.). Er wirkte am Hof Karls des Großen und schrieb um 800 in einer Ermahnung an den Kaiser: »Auf diejenigen muss man nicht hören, die zu sagen pflegen ›Volkes Stimme, Gottes Stimme‹, da die Lärmsucht des Pöbels immer dem Wahnsinn sehr nahe kommt.«

Hesiod – Theogonie

Hippokrene
die »Pferdequelle«, finden wir zuerst in der *Theogonie 1 ff.*, dem Werk, in dem Hesiod versucht, die mannigfaltigen Sagen von den Göttern

und der Entstehung der Welt zu einem System zusammenzufassen. Die Quelle befindet sich nach *Pausanias 9, 29–31* im Helikongebirge in Böotien und entstand aus einem Hufschlag des Pegasus. In ihr badeten die Musen, und wer aus ihr trank, wurde ein Dichter. (→ Pegasus)

Lethe (Vergessenheit)
ist in Hesiods *Theogonie 227* eine Tochter der Göttin Eris. Nach dieser heißt ein Fluss in der Unterwelt, aus ihm trinken die abgeschiedenen Seelen Vergessen (Vergil, *Aeneis 6, 714–715*).
Daher auch unsere Redewendung

Aus dem Strom des Vergessens trinken.

Pegasus
war ursprünglich das geflügelte Ross des Zeus, dem es Blitz und Donner trug. So lesen wir in Hesiods *Theogonie 278 ff.* und bei Ovid in *Metamorphosen 4, 784*. Pegasus hielt den Berg Helikon, der sich beim Gesang der Musen vor Entzücken von der Erde hob, durch einen Hufschlag vom Emporsteigen ab.
Dieser Hufschlag öffnete auch den Musenquell Hippokrene. Das war in späterer Zeit der Anlass, Pegasus zum Dichterross zu machen, auf dem sich die Dichter in Begeisterung emporschwingen.
So sagt man auch, allerdings etwas spöttisch, für »dichten«

Den Pegasus besteigen.

Cerberus
den Höllenhund, kennen wir aus *Theogonie 311*. Dort heißt es über ihn: »... der Höllenhund mit der ehernen Stimme, der fünfzigköpfige, freche und starke.«
Sein Wächteramt vor den Toren der Unterwelt, des Hades, schildert Vergil in der *Aeneis 6, 417ff.* Für uns ist er das Sinnbild des »grimmigen Türhüters« geworden.

Hydra
die vielköpfige Schlange aus dem Sumpf von Lerna, finden wir zuerst in der *Theogonie 313*. Es war die zweite dem Herakles von Eurystheus aufgetragene Arbeit, diese »lernäische Schlange« zu töten. Diese Auf-

gabe war deshalb so schwierig, weil aus jedem der abgeschlagenen Köpfe zwei neue wuchsen.
Als Hydra bezeichnete man schon im Altertum ein wucherndes Übel, das kaum auszurotten ist.

Atlas.
Den Riesen, der von Zeus dazu verdammt wurde, am Ende der Welt die Säulen der Erde, »die Himmel und Erde auseinanderhalten«, auf seinen Schultern zu tragen, finden wir in der *Theogonie 517* und an anderen Stellen.
Homer lokalisierte das Ende der Welt bei den Hesperiden. Die sich aus Homers Erzählung entwickelnde Sage vermutete den Schauplatz im nordafrikanischen Atlasgebirge, das seinen Namen von dieser mythischen Gestalt hat.
Als Bezeichnung für ein gebundenes, systematisches Kartenwerk verwendet wurde der Begriff erstmals von *Mercator* im Jahr 1585. Er veröffentlichte eine Sammlung von Landkarten – *Atlas, sive cosmographicae meditationes de fabrica mundi et fabricati figura* –, die auf dem Titelblatt ein Bild des sagenhaften Atlas zeigte.

Die drei Grazien (griechisch: Chariten)
waren nach der griechischen Sage Töchter des Zeus oder des Sonnengottes Helios, Göttinnen der Anmut, eines heiteren, geselligen Lebens.
Hesiod benennt in der *Theogonie 907* drei Chariten: Euphrosyne (festliche Freude), Aglaia (festlicher Glanz) und Thalia (blühendes Glück).
In Homers *Ilias 18, 382* ist Charis die Gemahlin des Künstlers Hephaistos: Die Werke der Kunst dürfen nicht ohne Anmut sein.

Solon – um 640 bis 559 v. Chr.

Niemals auslernen
werden wir nach den *Elegien* des Solon. Dort können wir lesen: »Älter werde ich stets, nimmer doch lerne ich aus.«

Ungeschriebenes Gesetz
wird Solon zugeschrieben. Die Urquelle kennen wir nicht, die Zuordnung des Begriffs zu Solon erfolgt erstmals in Andokides' *De mysteriis.*

Alkaios – um 600 v. Chr.

Ex ungue leonem (pingere) –
Aus der Klaue den Löwen (malen)
sagen wir, wenn wir an einer Einzelheit das Ganze erkennen wollen. Plutarch schreibt den Ausdruck dem griechischen Dichter Alkaios zu, Lukian führt ihn auf den Bildhauer Phidias (um 500 v. Chr.) zurück.

In vino veritas – Im Wein liegt Wahrheit.
Bereits der antike Lyriker führte diesen Ausspruch als Sprichwort an. Wir finden ihn auch bei vielen anderen Autoren, so bei Theognis, Aeschylus, Platon, Theokrit, Plinius und Plutarch.

Alkman – um 600 v. Chr.

Ab Iove principium. (Mit Jupiter lasst uns beginnen.)
Die Sentenz findet sich ähnlich bei vielen Autoren der Antike, geht aber auf den Lyriker Alkman zurück, der ein Lied mit den Worten einleitet: »Ich werde singen, mit Zeus beginnend.«
Den Wortlaut »ab Iove principium musae (Jupiter sei des Liedes Beginn)« finden wir in Vergils *Eklogen 3, 60.*
Auch im Lehrgedicht *Sternerscheinungen und Wetterzeichen* des Aratus (um 270 v. Chr.) finden wir die Worte: »Mit Zeus lasst uns beginnen.«

Aesop – um 550 v. Chr.

Die Trauben sind ihm zu sauer

oder

Die Trauben hängen ihm zu hoch
sagen wir nach Aesops Fabel vom *Fuchs und den Trauben.*
Unter dem Namen des Aesop, der ein Zeitgenosse der »Sieben Weisen« gewesen sein soll, ist aus der Spätantike eine Sammlung von Fabeln überliefert, die das ganze Mittelalter und die Neuzeit hindurch als Stoff für den Schulunterricht gedient hat.

Nach jemandes Pfeife tanzen
bilden wir nach der *Fabel vom Flöte blasenden Fischer*, die sich auch bei *Herodot 1, 141* findet. Dort steht der Satz: »Als ich euch pfiff, wolltet ihr nicht tanzen.«

Auch im Evangelium des Matthäus lesen wir bei *Matth. 11, 17*: »Wir haben euch gepfiffen, und ihr wolltet nicht tanzen.«

Eine Schlange am Busen nähren
entspringt der *Fabel vom Bauern und der Schlange.*

Sich mit fremden Federn schmücken
ist aus der *Fabel von der Dohle und der Eule.*

Hic Rhodus, hic salta! (Hier ist Rhodos, hier spring!)
In *Der Prahler* rühmt sich ein Mann, dass er in Rhodos einst einen gewaltigen Sprung getan habe, und beruft sich auf Zeugen, die es mit angesehen hätten. Ein Zuhörer ruft ihm daraufhin zu: »Freund, wenn's wahr ist, brauchst du keine Zeugen. Hier ist Rhodos, hier spring!«

Leiden sind Lehren
stammt aus der *Fabel vom Hund und vom Koch.*
Im Neuen Testament heißt es in *Hebr. 5, 8,* Gottes Sohn habe »an dem, was er litt, Gehorsam gelernt«.

Solamen miseris socios habuisse malorum.
(Es ist ein Trost für die Unglücklichen, Leidensgefährten zu haben.)
Der Spruch, den wir in dieser Form in Spinozas *Ethik 4, 57* finden, war ähnlich schon im Mittelalter gebräuchlich und in Marlowes *Faust* zitiert.
Er geht auf Aesops *Fabel von den Hasen und den Fröschen* zurück, wo die Lehre gezogen wird, »dass die Unglücklichen aus den schlimmeren Leiden anderer Trost schöpfen«. (→ Senecas Brief *Über den Trost 31*)

Eins, aber es ist ein Löwe
antwortet in Aesops *Fabel von der Löwin und dem Fuchs* die Löwin auf den Spott des Fuchses, dass sie nur *ein* Junges geboren habe.

Vestigia terrent (die Spuren schrecken)
finden wir in der Fabel *Der alte Löwe und der Fuchs.* Dort fragt der krank in seiner Höhle liegende Löwe den Fuchs, warum er nicht hereinkomme. Der Fuchs antwortet: »Weil ich viele Spuren hineinführen, aber wenige herauskommen sehe.«

Schon Platon zitiert diese Stelle bei *Alkibiades 1, 123 A*, und Horaz überträgt sie in *Epistulae 1, 1, 74* in die lateinische Form.
Nach dieser Fabel sagen wir auch:

Sich in die Höhle des Löwen wagen.

Der Löwenanteil
ist der weitaus größte Teil einer Sache. Der Begriff ist auf die Fabeln *Der Löwe und der wilde Esel* und *Der Löwe, der Esel und der Fuchs* zurückzuführen. Ebenso der rechtswissenschaftliche Ausdruck

Societas leonina.
Der leoninische Vertrag ist ein Gesellschaftsvertrag, aus dem nur ein Gesellschafter Nutzen zieht.

Eine Schwalbe macht noch keinen Sommer
gebrauchen wir nach der *Fabel vom verschwenderischen Jüngling und der Schwalbe.* Dort lesen wir von einem Jüngling, der seinen Mantel verkaufte, als er die erste Schwalbe heimkehren sah, aber enttäuscht wurde, als es dann doch noch Frost gab.

Simonides – um 556 bis um 468 v. Chr.

Dem Tapferen hilft das Glück – Fortes fortuna adiuvat
soll zuerst der Dichter Simonides aus Keos gesagt haben. Viele Dichter der Antike führen die Sentenz an. So nennt Livius (*34, 37*) den Satz ein altes Sprichwort, Terenz (*Phormio 1, 4*) und Cicero (*Gespräche in Tuskulum 2, 4, 11*) führen ihn in dieser Form an: »Fortes fortuna adiuvat.«

Wanderer, kommst du nach Sparta, verkündige dorten,
du habest uns hier liegen gesehn, wie das Gesetz es befahl.
So übertrug Schiller in seiner Elegie »Der Spaziergang« das Distichon des Simonides zu Ehren der Spartaner, die unter Leonidas in der Schlacht bei den Thermopylen (480 v. Chr.) gefallen waren.
Cicero hatte in den *Gesprächen in Tuskulum* das Distichon ins Lateinische übertragen: »Dic, hospes, Spartae nos te hic vidisse iacentes, dum sanctis patriae legibus obsequimur.«
Auch in der Gegenwart hat die Sentenz Spuren hinterlassen. *Wanderer,*

kommst du nach Spa heißt ein 1950 erschienener Erzählungsband des Literaturnobelpreisträgers Heinrich Böll. Von Günter Grass gibt es in *Totes Holz* eine Skizze von einem Wald mit umgestürzten Bäumen. Die Bildunterschrift dazu lautet: »Wanderer, du hast sie liegen sehen, wie das Gesetz es befahl.«

Epicharm – um 540/530 bis um 440 v. Chr.

Eine Hand wäscht die andere – Manus manum lavat.

Beim Dichter Epicharm finden wir einen Spruch, den Goethe in dem Gedicht »Wie du mir, so ich dir« übersetzte: »Mann mit zugeknöpften Taschen, dir tut niemand was zulieb: Hand wird nur von Hand gewaschen; wenn du nehmen willst, so gib!« Gelegentlich zitiert man lateinisch nach Senecas *Apocolocyntosis 9, 6*: »Manus manum lavat.«

Pindar – 521 bis 442 v. Chr.

Eines Schattens Traum die Menschen

findet sich in den *Olympischen Siegesliedern 1, 1*.
Dort steht ebenfalls

Wasser ist das Beste.

Usus tyrannus

(das Herkommen ist Herrscher)
ist als Spruch Pindars bei *Herodot 3, 38* und in Platons *Gorgias 484 B* angeführt. Dort heißt es: »Das Herkommen ist König über alles.« Wir sprechen heute eher von Brauch, Gewohnheit oder Sitte.

Theognis – um 500 v. Chr.

Geschehene Dinge lassen sich nicht ungeschehen machen

oder

Geschehenes ungeschehen machen wollen

geht zurück auf den *Vers 583* des Dichters Theognis. Der lautet: »Was nun einmal geschehn, lässt ungeschehn niemals sich machen; aber für das, was kommt, sorge mit wachsamem Sinn!«
Diesem Spruch des Dichters, der in der Antike gerne und häufig zitiert wurde, mögen die Worte des Plautus (*Aulularia 4, 10, 15*) nachgebildet

sein: »Factum illud: fieri infectum non potest. (Geschehen ist's: ungeschehen kann's nicht gemacht werden.)
Dieser sagte außerdem: »Stultus es, qui facta infecto facere verbis postules. (Dumm bist du, weil du Geschehenes durch Worte ungeschehen machen willst.)«

Aeschylus – 525 bis 456 v. Chr.

Schwanenlied

oder

Schwanengesang
für die letzten Worte oder Werke eines Menschen ist ein alter Vergleich. Wir finden ihn schon bei dem Tragiker Aeschylus, der in seiner Tragödie *Agamemnon 1445* Klytämnestra von Kassandra sagen lässt: »Jene, die nach Art des Schwans zu singen anhub letzten Todesklaggesang.«

Argusaugen
sagen wir nach den hundert Augen der Sagengestalt des Argus. Wir finden Argus in den *Schutzflehenden 805* des Aeschylus als einen »alles sehenden Wächter« beschrieben.

Sophokles – 496 bis 406 v. Chr.

Sphinx
ist eine griechische Sagengestalt mit einem geflügelten Löwenkörper und einem Frauenkopf. Aus der Tragödie *Oidipus Tyrannos* ist uns überliefert, dass sie auf einem Felsen vor Theben hauste und jedem Vorübergehenden folgende Rätselfrage stellte: »Wer ist morgens vierbeinig, mittags zweibeinig, abends dreibeinig?« Keiner konnte das Rätsel lösen, und die Sphinx tötete alle, bis Ödipus die Antwort fand. Die Lösung war der Mensch, vierbeinig in der Kindheit, zweibeinig als Erwachsener und dreibeinig mit Stock im Alter. Die Sphinx stürzte sich daraufhin in einen tödlichen Abgrund. Wir kennen sie aber noch heute als rätselhaftes Wesen.

Das Nessushemd
als etwas höchst Quälendes, das wir nicht loswerden können, geht auf eine in den *Trachinierinnen* des Sophokles überlieferte grie-

chische Sage zurück: Als Herakles den Kentauren Nessos durch einen Giftpfeil tödlich verletzt hatte, gab dieser, um sich zu rächen, Dejanira, der Gattin des Herakles, den falschen Rat, sein Blut als Liebesmittel aufzubewahren. Sie werde sich damit die Liebe ihres Gatten erhalten können.
Als Dejanira kurz darauf von einer Nebenbuhlerin erfuhr, bestrich sie das Hemd, das ihr Gatte zu einem Opferfest anziehen sollte, mit dem giftigen Blut. Bald nachdem Herakles dieses Hemd übergezogen hatte, wurde er von den qualvollsten Schmerzen ergriffen, die nicht enden wollten, so dass er den Flammentod auf dem Scheiterhaufen wählte.

Vieles Gewaltige lebt, und nichts ist gewaltiger als der Mensch
zitieren wir aus der *Antigone 331 f.* des Sophokles.

Nicht mitzuhassen, mitzulieben bin ich da.
So spricht Antigone in *Antigone 560.*

Quos Deus perdere vult, dementat prius. (Die, welche Gott verderben will, verblendet er vorher.)
Der Ursprung dieser Sentenz reicht weit in die Antike zurück. In der *Spruchsammlung 490* des Publilius Syrus heißt es: »Stultum facit fortuna, quem vult perdere. (Dumm macht die Glücksgöttin, wen sie verderben will.)«
Ähnlich lauten die Verse eines unbekannten griechischen Tragikers, die im Kommentar (Scholion) zur *Antigone 620* angeführt sind.

Euripides – 480 bis 406 v. Chr.

Zeig mir deine Freunde, und ich sage dir, wer du bist.
Den Ursprung dieses Zitats können wir auf Euripides' Dichtung *Phoenix* zurückführen, wo steht: »Der Mensch ist wie der Umgang, den er pflegt.«
Im Laufe der Jahrhunderte hat diese Weisheit viele Umformungen durchlaufen und ist in fast allen Sprachen geläufig. Wir kennen sie vor allem in der Form eines Ausspruchs Goethes in *Sprüche in Prosa*: »Sage mir, mit wem du umgehst, so sage ich dir, wer du bist.« (→ S. 270)

Variatio delectat. (Abwechslung erfreut.)

Diese Sentenz finden wir in der Form »Abwechslung ist immer süß« bei Euripides im *Orest 234*.
Aristoteles zitiert den Satz in der *Nikomachischen Ethik 7, 15*.

Überall und nirgends.
In *Iphigenie in Tauris 568* sagt Orest, er lebe unglücklich »sowohl nirgends als auch überall«.
Der Philosoph Seneca schreibt in seinem *Brief 2, 2*: »Nus quam est, qui ubique est. (Nirgends lebt, wer überall lebt.)« Ähnliches finden wir auch bei *Martial 7, 73, 6*: »Quisquis ubique habitat, ... nusquam habitat. (Wer überall haust, haust nirgends.)«

Herodot – 484 bis 428 v. Chr.

Si parva licet componere magnis. (Wenn es erlaubt ist, Kleines mit Großem zu vergleichen.)
So zitieren wir heute noch einen Satz des Griechen *Herodot 2, 10* in der lateinischen Fassung Vergils (*Georgica 4, 176*).

Relata refero. (Berichtetes berichte ich.)
Herodot schreibt in seinem *Geschichtswerk 7, 152*: »Ich bin darauf angewiesen, Berichtetes zu berichten; aber ich brauche es nicht in allem zu glauben.«

Sokrates – 469 bis 399 v. Chr.

Xanthippe
hieß die Frau des Sokrates. Ihre Heftigkeit, von der Xenophon in seinen *Erinnerungen an Sokrates* berichtet, wurde in späteren Anekdoten, um den Gleichmut ihres philosophischen Mannes hervorzuheben, so übertrieben dargestellt, dass sie ihren Namen für einen weiblichen Zankteufel hergeben musste.

Panischer Schrecken

und

Panik
ein grundloses plötzliches Erschrecken, gehen auf den griechischen Gott Pan zurück, den Gott der Hirten und Herden. Er galt aber nach

mehreren antiken Zeugnissen auch als Urheber des Schreckens, der kämpfende Heere grundlos zu ergreifen pflegte.
Xenophon führte in den *Erinnerungen an Sokrates 2, 2* Mittel an, die nachts im Lager die Manneszucht aufrechterhalten sollten, damit der panische Schrecken nicht um sich griff.
Auch bei Cicero wird der panische Schrecken, stets in griechischen Worten, erwähnt. Teils als Kriegsschrecken (*Briefe an Atticus 5, 20*), teils als leere Schreckversuche oder Schreckensgerüchte (*Briefe an Atticus 14, 3* und *16,1*, *Briefe an die Freunde 16, 23*).

Aristophanes – 444 bis 380 v. Chr.

Eulen nach Athen tragen.
In der Komödie *Die Vögel 301* wird die Frage gestellt: »Wer hat die Eule nach Athen gebracht?« Wo es doch schon so viele gibt, muss man dem Zusammenhang nach ergänzen.
Die Eule war der Göttin Athene heilig, der Schutzgöttin der Stadt Athen. Die Redensart bedeutet also »etwas ganz und gar Überflüssiges tun«.

Vom Feind lernen
sagen wir nach einem Gedanken aus den *Vögeln 376* des Aristophanes: »Kluge Leute lernen auch von ihren Feinden.«
»Fas est et ab hoste doceri (Man soll auch vom Feinde lernen)« heißt es später auch in den *Metamorphosen 4, 428* des viel zitierten lateinischen Dichterfürsten Ovid.

Wolkenkuckucksheim
nennen wir eine Traumstadt, ein Fantasiegebilde. So wird in den *Vögel* des griechischen Literaten Aristophanes die von den Vögeln in die Luft gebaute Stadt genannt.
»Er lebt in einem Wolkenkuckucksheim« heißt, er ist in seinen (optimistischen) Vorstellungen befangen.

Ubi bene, ibi patria. (Wo es einem gut geht, ist Heimat.)
Diese Sentenz geht auf *Plutos 1151* des Aristophanes zurück.
Die lateinische Fassung (nach Cicero, *Gespräche in Tusculum 5, 37*) »Patria est, ubicunque est bene« bildet den Kehrreim eines Liedes von Friedrich Hückstädt (*Gedichte*) von 1806.

Thukydides – 454 bis 396 v. Chr.

Ein Besitz auf immer

sollte nach den eigenen Worten des Thukydides seine *Geschichte des Peloponnesischen Krieges 1, 22* sein, was wohl bedeutet, dass er den dort überlieferten Tagen große Bedeutung zumaß.

Die beste Frau ist die, von der man am wenigsten spricht

sagte nach der *Geschichte des Peloponnesischen Krieges 2, 45* Perikles in einer Ansprache an die Witwen der im Krieg gefallenen Athener.

Prodikos – um 430 v. Chr.

Herakles (Herkules) am Scheidewege.

Xenophon lässt in seinen *Erinnerungen an Sokrates 2, 1, 21* Sokrates eine Geschichte des Sophisten Prodikos erzählen. Danach begegnete Herakles als Jüngling an einem Scheideweg zwei Frauen, der »Lust« und der »Tugend«, die ihm beide ihre eigenen Vorzüge und die Fehler der anderen schilderten. Herakles entschied sich für den Pfad der Tugend. Die Erzählung ist vielen aus Gustav Schwabs *Sagen des klassischen Altertums* vertraut.

Telekleides – um 400 v. Chr.

Gebratene Tauben, die einem ins Maul fliegen

finden wir zum ersten Mal beim *griechischen Komiker Telekleides*: »Gebratene Krammetsvögel mit kleinen Kuchen flogen einem in den Schlund hinein.«

Im Deutschen ist diese Vorstellung belegt bei Hans Sachs (1494–1576), der in *Das Schlaweraffenland* schreibt:

»Auch fliegen umb müget ir glauben gebratene hüner, genß und tauben, wer sie nicht facht und ist so faul, dem fliegen sie selbs inn das maul.«

In Frankreich kennt man solches auch. Ein französisches Sprichwort lautet: »Il attend, que les alouettes lui tombent toutes rôties. (Er wartet darauf, dass ihm die Lerchen herunterfallen, fertig gebraten.)«

Platon – 427 bis 347 v. Chr.

Amicus Plato, sed magis amica veritas –
Lieb ist mir Platon, aber noch lieber die Wahrheit.

So lesen wir im *Don Quijote 2, 9, 18* des Cervantes.

Luther schreibt am Anfang von *De servo arbitrio:* »Amicus Plato, amicus Sokrates, sed praehonoranda veritas. (Lieb ist mir Plato, lieb ist mir Sokrates, doch höher zu schätzen ist die Wahrheit.)«
Solche Sätze haben ihr Vorbild in Platons *Phaidon 91 C*: »Wenn ihr mir folgt, dann kümmert euch wenig um Sokrates, viel mehr um die Wahrheit.«

Post festum (Nach dem Fest)
sagt man für »hinterher«. Der entsprechende griechische Ausdruck ist schon in Platons *Gorgias 1* sprichwörtlich.

Platonische Liebe
geht auf das *Gastmahl* zurück, wo Platon das Wesen der Liebe ausführlich erörtern lässt. Er definiert sie schließlich als ein Streben nach Vollkommenheit.
Heute versteht man unter platonischer Liebe etwas anderes: die Liebe zwischen zwei Menschen ohne sinnliches Begehren.

Deus ex machina
bedeutet »der Gott aus der (Theater-)Maschine«. In der griechischen Tragödie, vor allem bei Euripides, pflegte die Erscheinung eines Gottes die Konflikte zu lösen. Diese Erscheinung wurde im Theater durch eine Maschine bewirkt.
Den übertragenen Gebrauch dieses Bildes für die überraschende oder gewaltsame Lösung eines Problems finden wir erstmals bei Platon in *Kratylos 425 D*. Dort geht es um die Entstehung der Sprache: »Wir müssten uns denn auch unsererseits mit der Sache so abfinden, wie die Tragödiendichter, die ihre Zuflucht zu den Maschinen nehmen, wenn sie in Verlegenheit sind, und die Götter herbeischweben lassen, indem wir sagten, die ursprünglichen Wörter hätten die Götter eingeführt.«

Choirilos – um 400 v. Chr.

Steter Tropfen höhlt den Stein – Gutta cavat lapidem.
Das Wort geht auf den Dichter aus Samos zurück, von dessen epischem Gedicht über die Perserkriege nur Bruchstücke erhalten sind.
Wir finden den lateinischen Ausspruch bei Ovid (*Briefe vom Pontus 4, 10, 5*): »Gutta cavat lapidem consumitur annulus usu. (Steter Tropfen höhlt den Stein, abgenützt wird der Ring durch Gebrauch.)«

Im Lustspiel *Il candelaio (Der Kerzenmacher)* des italienischen Philosophen und Dominikanermönchs Giordano Bruno heißt es ebenfalls in lateinischer Sprache: »Gutta cavat lapidem non bis sed saepe cadendo. Sic homo fit sapiens bis non sed saepe legendo. (Der Tropfen höhlt den Stein, nicht durch zweimaligen, sondern durch häufigen Fall. So wird der Mensch weise, nicht durch zweimaliges, sondern durch häufiges Lesen.)«

Aristoteles – 384 bis 322 v. Chr.

Zwischen Lipp' und Kelchesrand.

Aristoteles berichtet in der *Verfassung von Samos* von einem König, der Weinstöcke pflanzte und dem ein Knecht prophezeite, er würde sterben, ehe er Wein davon tränke. Als der Wein reifte, meinte der König, er würde es doch noch erleben, aber der Knecht antwortete: »Zwischen dem Rande von Lippe und Becher kann vieles geschehen. (Multa cadunt inter calicem supremaque labra.)«
Die Redewendung gibt es auch im Englischen: »There is many a slip, t'wixt cup and lip.«
Die französische Version finden wir in *Reineke Fuchs 5468*: »Entre bouche et cuillier avient souvent grand encombrier.«
Die deutsche Version verdanken wir Friedrich Kinds *Gedichten* von 1817: »Zwischen Lipp' und Kelchesrand schwebt der finstern Mächte Hand.«

Halkyonische Tage

nennen wir glückliche Tage voll Frieden und Ruhe nach Aristoteles' *Tierkunde 5, 8.*
Eine griechische Sage erzählt, dass sich Halkyone ins Meer stürzte, nachdem ihr Gatte auf einer Seefahrt umgekommen war.
Gerührt von dieser unerschütterlichen Liebe, verwandelten die Götter die beiden Gatten in Eisvögel.
Es wird überliefert, dass während der Brutzeit dieser Vögel um die Wintersonnenwende auf der See Windstille herrschte.
In seinem Dialog *Alkyon* schreibt Lukian, der griechische Dichter aus Samosata: »Denn während der Brutzeit dieser Vögel genießt die Welt die so genannten halkyonischen Tage.«

Menander – um 342 bis 291 v. Chr.

Wen die Götter lieben, der stirbt jung

steht in einem Vers des Lustspieldichters Menander, den Plautus in *Die Bacchen 4, 7, 18* ins Lateinische übersetzte: »Quem di diligunt, adolescens moritur.«

Alea jacta est – Der Würfel ist gefallen

oder

Die Würfel sind gefallen.

Der Satz geht auf Menander zurück. »Soll der Würfel fallen!«, heißt es in einem Fragment von ihm.

So zitierte ihn auch Caesar, als er 49 v. Chr. den Rubikon überschritt (→ Rubikon, S. 216). »Jacta est alea« war auch ein Wahlspruch Ulrich von Huttens (→ »Ich hab's gewagt«, S. 240).

Wer nicht geschunden wird, wird nicht erzogen.

So zitieren wir einen Vers des Menander, der uns dadurch vertraut geworden ist, dass ihn Goethe als Motto vor seine Autobiographie *Dichtung und Wahrheit* gesetzt hat.

Des einen Glück, des andern Unglück.

Menander sagt in einem Vers: »Den einen gibt, den andern nimmt das Glück.« Ähnlich finden wir auch bei *Publilius Syrus 49*: »Bona nemini hora est, ut non alicui sit mala. (Keine Stunde ist für einen gut, die nicht schlecht ist für einen andern.)«

Die Zeit heilt alle Wunden.

Im *Florilegium* des Stobäos (5. Jahrhundert n. Chr.), einer Sammlung von Auszügen aus griechischen Dichtern und Schriftstellern, finden wir den Satz »Der Arzt aller unvermeidlichen Übel ist die Zeit« von Menander.

In den *Bekenntnissen 4, 5* des Augustinus lesen wir: »Tempore lenitum est vulnus meum. (Durch die Zeit ist meine Wunde gelindert worden.)«

Ein notwendiges Übel

sagen wir nach Versen des Dichters Menander, des bedeutendsten Vertreters der neuen attischen Komödie, die uns ebenfalls durch *Stobäus* überliefert sind.

In seinem *Florilegium 69, 10* heißt es: »Heiraten ist, wenn man's bei Licht besieht, ein Übel, aber ein notwendiges Übel.« Und in *Florilegium 124, 22* finden wir: »Der Arzt für alle notwendigen Übel ist die Zeit.«

Pytheas – um 340 v. Chr.

Nach der Lampe riechen.

Von einer literarischen Arbeit, der man die Mühe allzu sehr ansieht, die sie gekostet hat, sagt man, sie rieche nach der Lampe – der Öllampe nämlich, bei deren Licht die nächtliche Schreibarbeit absolviert wurde.

Diesen Vorwurf erhob zum ersten Mal wohl der griechische Seefahrer und Geograph Pytheas gegen die Reden des von ihm unaufhörlich angefeindeten Demosthenes (nach Plutarch, *Staatslehre 6*, *Demosthenes 8* und Aelian, *Vermischte Geschichten 7, 7*).

Posidipp – um 280 v. Chr.

Die Gelegenheit beim Schopfe packen.

Die Redensart geht auf die griechische Gottheit Kairos zurück, den Gott des günstigen Augenblicks. Dieser wird in der griechischen Kunst mit Locken über der Stirn und kahlem Hinterkopf dargestellt. Deshalb kann man ihn, wenn er vorbeigegangen ist, nicht am Hinterkopf festhalten.

Der Dichter Posidipp schildert in seiner *Griechischen Anthologie* eine solche Darstellung des Bildhauers Lysipp.

Apollonios Rhodios – um 250 v. Chr.

Drachensaat

als Sinnbild für das Säen von Zwietracht stammt aus der griechischen Sage. Im *Epos von der Argonautenfahrt* des Apollonios Rhodios wird erzählt, dass Jason das Goldene Vlies bekäme, wenn er ein Stück Land pflügte und Drachenzähne säte. Also tat Jason dies.

Aus den Zähnen wuchsen Kämpfer, die sich gegenseitig erschlugen, nachdem Jason einen Stein unter sie geworfen hatte.

Ähnliches erzählt Ovid in den *Metamorphosen 3* von Kadmos, dem Begründer Thebens.

Theokrit – um 250 v. Chr.

Adonis

nennen wir einen schönen jungen Mann, der uns zuerst in den Gedichten Theokrits als Liebling der Venus geschildert wird. Er soll blühend, rosig, achtzehn- oder neunzehnjährig gewesen sein und so flaumbärtig, dass sein Kuss nicht stach.

Diodor – um 50 v. Chr.

Prokrustesbett.

Der Geschichtsschreiber Diodor aus Sizilien erzählt die griechische Sage von Prokrustes in Attika, der alle des Weges Kommenden auf ein Bett legte, nach dessen Länge er die zu Kleinen reckte und die zu Großen kürzte. Die Betroffenen überlebten diese Operation natürlich nicht.

Demnach ist ein Prokrustesbett eine feste Form, auf die etwas Unpassendes gewaltsam zugeschnitten wird.

Herkules

oder

Herkulesarbeit

und

Herkulische Kraft

gehen ebenfalls auf den griechischen Sagenschatz zurück. Herkules ist die lateinische Form von Herakles. Herakles ist der griechische Nationalheros, besitzt gewaltige Kraft und wendet diese an, um die Welt von Ungeheuern und sonstigen Übeln zu befreien.

Wie uns Diodor berichtet, musste er im Dienste des Eurystheus zwölf schwere Arbeiten verrichten, deren jede als kaum oder gar nicht zu lösende Aufgabe betrachtet wurde.

Als »Herkulesarbeit« bezeichnen wir heute vor allem eine mühsame, umfängliche Arbeit, die uns kaum zu bewältigen scheint.

Augiasstall.
Den seit vielen Jahren nicht gereinigten Rinderstall des Königs Augias von Elis kennen wir ebenfalls aus den Sagen um Herakles. Er säuberte ihn an einem Tag, indem er einen Fluss hindurchleitete.
Das war eine der zwölf Arbeiten, die ihm von König Eurystheus aufgetragen wurden. (→ Herkulesarbeit)
Die Geschichte finden wir bei *Diodor* in *Buch 4* und bei Apollodor in *Bibliothek 2, 55.*

Ovid – 43 v. Chr. bis 17 n. Chr.

Ariadnefaden

und

Leitfaden.
Die griechische Sage, von Ovid in den *Metamorphosen 8, 152 ff.* überliefert, erzählt, dass der athenische Held Theseus das Ungeheuer Minotaurus erschlug und aus dem Labyrinth mit Hilfe eines Fadens wieder herausfand. Diesen hatte er beim Eindringen ins Labyrinth von einem Knäuel abgespult, das ihm Ariadne, die Tochter des Königs Minos, mitgegeben hatte. Auf den »Ariadnefaden« geht auch unser Ausdruck »Leitfaden« zurück.
Vergleiche dazu ebenso den nächsten Abschnitt.

Labyrinth
heißt ursprünglich »Haus der Doppelaxt«. Die Doppelaxt war das Symbol einer Gottheit aus grauer Vorzeit auf Kreta.
Nach einer griechischen Sage, die uns nur durch Vergils *Aeneis 5, 588* und Ovids *Metamorphosen 8, 159* überliefert ist, baute Dädalus für den König Minos auf Kreta das Labyrinth für den Minotaurus. Dieser war ein Ungeheuer mit menschlichem Körper und Stierkopf, das Menschenopfer forderte. Dädalus legte das Gebäude so weitläufig und unübersichtlich an, dass niemand mehr herausfand, der einmal hineingeraten war.

Ikarus
war der Sohn des Dädalus, des sagenhaften griechischen Erfinders zahlreicher Werkzeuge und geschickten Baumeisters. Dädalus entfloh

mit seinem Sohn der Gefangenschaft des Königs Minos auf Kreta unter Zuhilfenahme von Flügeln, die er aus Federn mit Wachs zusammengeklebt hatte. Ikarus flog zu hoch, so dass die Sonne das Wachs seiner Flügel schmolz und er ins Meer stürzte.
Wir kennen die Sage aus Ovids *Metamorphosen 8, 183 f.* Ein »Ikarus« ist demnach einer, der scheitern muss, weil er zu hoch hinauswill. Seine Unternehmung nennen wir einen

Ikarusflug.

Statius – um 45 bis 96

Achillesferse.
Über den Helden des Trojanischen Krieges Achilleus (oder lateinisch: Achilles) ist außer dem, was wir durch Homer wissen, manches Sagenhafte überliefert. So ist bei Statius in der *Achilleis* zu lesen, dass ihn seine Mutter Thetis als Kind in den unterweltlichen Fluss Styx getaucht habe, wodurch er unverwundbar wurde. Ausgenommen war die Ferse, an der sie ihn gehalten hatte.

Epiktet – um 50 bis 138

Sustine et abstine – Leide und meide
übermittelt Aulus Gellius uns in den *Attischen Nächten 17, 19, 6* als Spruch des Epiktet.

Lukian – um 120 bis 180

Das Fass der Danaiden

oder

Danaidenfass
das wir zuerst bei Lukian erwähnt finden, ist durchlöchert oder hat keinen Boden und wird nie voll, so viel man auch hineingießt. Nach der griechischen Sage waren die Danaiden, die Töchter des Danaos, in der Unterwelt dazu verurteilt, beständig Wasser in ein leckes Fass zu schöpfen, weil sie ihre Ehemänner ermordet hatten.
Danach sagen wir auch:

Ein Fass ohne Boden.

Aus einer Mücke einen Elefanten machen
nannte bereits Lukian in seinem *Enkomion myas (Lob der Fliege) 12* sprichwörtlich: Ich komme »nun zum Schluss meiner Rede, denn ich will nicht den Eindruck erwecken, dass ich, wie das Sprichwort sagt, aus der Mücke einen Elefanten mache«.

Jemand steht mit einem Fuß im Grabe
sagen wir nach Lukians *Apologie* für jemanden, der dem Tod schon nahe ist: »Der schon auf dem Weg zum Aiakos ist und nur gerade noch nicht den Fuß in den Nachen Charons gesetzt hat.«
Charon ist in der griechischen Mythologie der Fährmann, der die Toten über den Unterweltsfluss in den Hades übersetzt.

Nicht einmal im Traum daran denken
hat seinen Ursprung bei Lukians *De mercede conductis potentium familiaribus 17*: »Nicht einmal im Traum hat er sich an weißem Brot satt essen können.«

Sextus Empiricus – um 200 bis 250

Gottes Mühlen mahlen langsam.
Der Arzt und skeptische Philosoph schreibt in seinem Werk *Gegen die Mathematiker 287*: »Lange zwar mahlen die Mühlen der Götter, doch mahlen sie Feinmehl.«
Sebastian Franck führt in seinen 1541 erschienenen *Sprichwörtern* an: »Der Götter Mühl machen langsam Mehl, aber wohl.«
In Friedrich Logaus *Sinngedichten* von 1654 heißt es dann:
»Gottes Mühlen mahlen langsam,
mahlen aber trefflich klein.
Ob aus Langmut er sich säumet,
bringt mit Schärf er alles ein.«

Plotinos – um 205 bis 270

Wär nicht das Auge sonnenhaft,
die Sonne könnt' es nie erblicken
ist ein Spruch Goethes in den *Zahmen Xenien* und die wortgetreue Übersetzung eines Satzes des Philosophen Plotinos.

Kaiser Julianus Apostata – 331 bis 363

Es führen viele Wege nach Rom
ist ein Sprichwort, über dessen Ursprung nicht viel bekannt ist.
Wir finden eine solche geographische Bemerkung, in übertragenem Sinne gebraucht, schon in einer *Rede* des Kaisers Julianus Apostata: »Es darf nicht wundernehmen, dass wir zu der gleich der Wahrheit einen und einzigen Philosophie auf den verschiedensten Wegen gelangen. Denn auch wenn einer nach Athen reisen will, so kann er dahin segeln oder gehen, und zwar kann er als Wanderer die Heerstraßen benützen oder die Fußsteige und Richtwege, und als Schiffer kann er die Küsten entlang fahren oder wie Nestor das Meer durchschneiden.«

Philosophie

Solon – um 640 bis 559 v. Chr.

Erkenne dich selbst
war in der Vorhalle des Apollotempels von Delphi zu lesen.
Das Wort soll von einem der »Sieben Weisen« stammen, wahrscheinlich von Chilon oder Solon, und hat Goethe zu dem Rat veranlasst: »Wie kann man sich selbst kennen lernen? Durch Betrachten niemals, wohl aber durch Handeln. Versuche deine Pflicht zu tun, und du weißt gleich, was an dir ist.«

Ne quid nimis (Nichts zu viel, zu sehr)
ist, wie der vorhergehende Ausspruch, eine Inschrift im Apollotempel von Delphi. Auch dieser Spruch wird Solon zugeschrieben. Die lateinische Fassung findet sich bei Terenz in *Andria 1, 1, 34*.

Niemand ist vor seinem Tode glücklich zu preisen
(Nemo ante mortem beatus) geht nach *Herodot 1, 32* auf Solon zurück.

Chilon – um 600 v. Chr.

De mortuis nil nisi bene (Über die Toten nur Gutes)
ist die Übersetzung eines Ausspruches von Chilon, den Diogenes Laertius (um 275 v. Chr.) überlieferte.

Plutarch führt die Sentenz allerdings auf Solon zurück.
Und Thukydides sagte schon: »Den, der nicht mehr ist, pflegt jeder zu loben.«

Pythagoras – um 570 bis um 480 v. Chr.

Nil admirari (Nichts zu bewundern)
habe er aus der Philosophie gelernt, soll nach Plutarch der Philosoph Pythagoras gesagt haben.
Wir zitieren das Wort lateinisch, wie es bei Horaz in *Briefe 1, 6, 1* steht.

Ipse dixit. (Er selbst hat es gesagt.)
Mit diesen Worten beriefen sich nach Ciceros *Vom Wesen der Götter 1, 5, 10* die Schüler des Pythagoras auf die Lehren ihres Meisters.

Bias von Priene – um 550 v. Chr.

Omnia mea mecum porto (All das Meinige trage ich bei mir)
soll der Philosoph, der wie Solon und Chilon zu den »Sieben Weisen«, einer Gruppe vorbildlicher Staatsmänner u. Philosophen, gehört, gesagt haben.

Heraklit – 535 bis 475 v. Chr.

Alles fließt
Dass alles in ewigem Wechsel begriffen ist, diese Vorstellung geht zurück auf den Philosophen Heraklit. Wir sagen auch:

Alles ist im Fluss.

Krieg ist der Vater aller Dinge
sagen wir mit Heraklit: »Krieg ist der Vater aller Dinge und aller Dinge König. Die einen erweist er als Götter, die andern als Menschen, die einen macht er zu Sklaven, die andern zu Freien.«

Introite, nam et hic dii sunt. (Tretet ein, denn auch hier sind Götter.)
Mit diesen Worten, berichtet uns Aristoteles, habe Heraklit, als er sich einmal in einem Backofen wärmte, seine Besucher aufgefordert einzutreten.

Gotthold Ephraim Lessing setzte den Ausspruch als Motto vor sein Schauspiel *Nathan der Weise.*

Protagoras – um 480 bis 421 v. Chr.

Der Mensch ist das Maß aller Dinge

Dieser so genannte »Homo-mensura-Satz« (von »homo« = »Mensch« und »mensura« – »Maß«) wird nach Platons *Theätet* dem Sophisten Protagoras zugeschrieben: »Der Mensch ist das Maß aller Dinge, der seienden, wie sie sind, der nicht seienden, wie sie nicht sind.«
Damit wird zum ersten Mal die Abhängigkeit allen Wissens von der Erleuchtnis des Menschen postuliert und die Belegung der Theorie durch die Praxis, das menschliche Handeln, verlangt.

Sokrates – 469 bis 399 v. Chr.

Ich weiß, dass ich nichts weiß

war die Überzeugung des Sokrates, von der er in seinen philosophischen Gesprächen immer ausging.
»Der ist der Weiseste, der wie Sokrates einsieht, dass er wirklich, was Weisheit anbelangt, nichts wert ist«, heißt es in Platons *Apologie des Sokrates 23 A.*

Wir leben nicht, um zu essen; wir essen, um zu leben.

Eine Reihe antiker Autoren berichten, dass Sokrates gesagt habe, andere Leute lebten, um zu essen; er aber esse, um zu leben.

Lakonisch.

Dieser Begriff wird nach Platons *Protagoras* erstmals von Sokrates in der Form »einer Art lakonischer Kürze« gebraucht.
Ursprünglich kommt der Ausdruck vom griechischen Volksstamm der Lakedaimonier, dessen Mitglieder angeblich sehr wortkarg waren. Daher nannte man ihre Art zu reden »lakonisch«.

Das kleinere Übel

wählen wir nach den Worten, die Platon in *Protagoras 538 D* Sokrates in den Mund legt: »Von zwei Übeln wird niemand das größere wählen, wenn er das kleinere wählen kann.«

Antisthenes – um 455 bis 360 v. Chr.

Zyniker

nennen wir jemanden, der Menschen durch seinen ätzenden Spott verletzt und ihre Meinungen verächtlich macht.

Das haben wir einer *griechischen Philosophenschule* zu verdanken, die von Antisthenes in Athen begründet wurde.

Ursprünglich hießen die Anhänger dieser Philosophie »Kyniker«, von griechisch »kynikós« = »hündisch, schamlos«. Sie lehnten alle bestehenden Werte radikal ab und befleißigten sich einer sehr derben und verletzenden Ausdrucksweise.

Platon – 427 bis 347 v. Chr.

Bellum omnium contra omnes – Krieg aller gegen alle.

Diese Formulierung aus Hobbes' *Leviathan, Kap. 13*, geht auf Platon zurück, in dessen *Gesetze 626* es heißt, »dass naturgemäß stets alle Städte mit allen Städten in unversöhnlichem Kriege wären«, und nicht nur diese, sondern dass auch »Dorf gegen Dorf, Haus gegen Haus, Mensch gegen Mensch, ein jeder gegen sich selber Krieg führe«, ja, »dass alle mit allen auf Kriegsfuß seien«.

Liebe macht blind.

In Platons *Gesetze 731 E* heißt es: »Denn der Liebende wird blind in Bezug auf den Gegenstand seiner Liebe.«

Aristoteles – 384 bis 322 v. Chr.

Zóon politikón – Ein geselliges Wesen

im übertragenen Sinn auch ein politisches Wesen, nennt man den Menschen nach *Politik 1, 2* und *3, 6*.

Der springende Punkt – Punctum saliens

geht auf Aristoteles zurück, der in seiner *Tierkunde* davon spricht, dass sich im Weißen des Eies das Herz des werdenden Vogels »als ein Blutfleck« anzeige, »welcher Punkt wie ein Lebewesen hüpft und springt«. Aus der lateinischen Übersetzung »quod punctum salit iam et movetur ut animal« bildeten verschiedene Schriftsteller das »punctum saliens«.

Schiller spricht in seinem Gedicht »Der Genius« von dem großen Gesetz, das »verborgen im Ei reget den hüpfenden Punkt«.

Tabula rasa
bedeutet wörtlich »abgewischte Schreibtafel«.
Ein übertragener Sinn findet sich zuerst in Aristoteles' Werk *Von der Seele 3, 4*: »Wie auf einer Tafel, auf der in Wirklichkeit nichts geschrieben ist.«
Wir gebrauchen heute den Ausdruck meist in dem Zusammenhang »Tabula rasa machen« oder sagen auch

reinen Tisch machen.
Nach der selben Stelle sprechen wir auch von einem

unbeschriebenen Blatt.

Diogenes von Sinope – um 350 v. Chr.

Die Laterne des Diogenes
Diogenes, der berühmteste der kynischen Philosophen (→ Zyniker, S. 142), zündete sich am Tage eine Laterne an, ging umher und sagte: »Ich suche einen Menschen.«

Diogenes in der Tonne
nennen wir einen bedürfnislosen Weisen. Als Vorbild dient uns dabei der griechische Philosoph Diogenes, der der Überlieferung nach in einer Tonne gelebt haben soll.

Geh mir aus der Sonne!
Von Diogenes wird auch überliefert, er habe auf die Aufforderung Alexanders des Großen, sich etwas zu wünschen, geantwortet: »Geh mir aus der Sonne!« Alexander soll geantwortet haben: »Wenn ich nicht Alexander wäre, möchte ich Diogenes sein.«

Stoiker – um 300 v. Chr. bis etwa 300 n. Chr.

Stoische Ruhe
beruht auf der Philosophie der Stoiker. Begründet um 300 v. Chr. durch Zenon von Kition (→ nächster Abschnitt), hatte die Schule der Stoa ihren Namen nach einer Säulenhalle an der Agora Athens (»stoa poikile«).
Der *Stoizismus* beruht – sehr verkürzt gesagt – auf der Forderung, in Übereinstimmung mit sich selbst und mit der Natur zu leben. Alle

Lebensäußerungen, die der Vernunft zuwiderlaufen, sind zu meiden. Nur Selbstüberwindung und Gelassenheit gegenüber dem Schicksal (= stoische Ruhe) führen zum Glück.

Zenon von Kition – um 300 v. Chr.

Alter Ego (ein anderes Ich)

ist die Definition des vertrauten Freundes. Sie soll zurückgehen auf den griechischen Mathematiker und Philosophen Pythagoras, ist dort aber nicht belegt.

Den frühesten Beleg finden wir bei dem Philosophen Zenon von Kition, dem Begründer der stoischen Philosophie (→ stoische Ruhe, vorhergehender Abschnitt).

»Verus amicus est tamquam alter idem (Ein wahrer Freund ist so gut wie ein anderes Ich)« lesen wir später in der Schrift des römischen Staatsmannes Cicero *Über die Freundschaft 21, 80*.

Geschichte und Politik

Drakon – um 650 v. Chr.

Drakonische Gesetze

und

drakonische Strenge

oder

drakonische Strafe

gehen auf Drakon zurück, der 621 v. Chr. Archon (oberster Staatsbeamter) in Athen war und als Erster das geltende Recht schriftlich niederlegte. Seine Strenge war schon im Altertum sprichwörtlich.

Der Redner Demades († 318 v. Chr.) behauptete, das drakonische Gesetz sei mit Blut geschrieben.

Krösus – um 595 bis um 547 v. Chr.

Krösus

als Bezeichnung eines überaus reichen Menschen wurde schon von Ovid in *Tristia 3, 7, 42 so* gebraucht.

Das Wort geht auf Kroisos zurück, den letzten lydischen König, der nach der Eroberung des ganzen Westens von Kleinasien durch Tributzahlungen und Bodenschätze unermesslich reich wurde. Er wurde vom Perserkönig Kyros II. besiegt und 547 v. Chr. gefangen genommen.

Bürgerentscheid in Athen – 508 bis 416 v. Chr.

Scherbengericht

war ein im 5. Jahrhundert v. Chr. ausgeübtes Volksrecht in Athen. Es diente dazu, Mitbürger, die im Verdacht standen, nach Alleinherrschaft (»tyrannis«) zu streben, für zehn Jahre zu verbannen. Diese Verbannung galt nicht als Strafe und hatte auch keine nachteiligen Folgen für die Ehre und das Vermögen des Verbannten. Der Entscheid fiel in einer Abstimmung, bei der die Bürger Tonscherben mit dem Namen des Unerwünschten abgaben.

Demosthenes – gest. 413 v. Chr.

Nervus rerum (Nerv der Dinge)

bezeichnet den Mittelpunkt, die Hauptsache. Der Begriff geht auf den Feldherrn und Politiker Demosthenes zurück, der als Erster das Geld so genannt haben soll.

Aischines wirft ihm genau dieses in seiner *Rede gegen Ktesiphon* jedenfalls vor.

Thukydides – 454 bis 396 v. Chr.

Heilige Kriege

hießen bei den Griechen die Auseinandersetzungen, die zum Schutz der heiligen Stätten in Delphi notwendig waren.

Der Ausdruck ist erstmals belegt bei Thukydides, der vom »so genannten heiligen Krieg« sprach und damit die Auseinandersetzung zwischen Sparta und Phokis 448 v. Chr. benannte.

Zug der Zehntausend – 410 v. Chr.

Thalatta, Thalatta! (Das Meer! Das Meer!)
riefen die griechischen Söldner, die an dem kriegerischen »Zug der Zehntausend« nach Persien teilgenommen hatten, voller Freude aus, als sie auf ihrem langen und beschwerlichen Heimweg endlich die Küste des Schwarzen Meeres erreicht hatten.
Heinrich Heine machte den Ruf in seinem Gedicht »Meergruß« vielen geläufig.

Demosthenes – 384 bis 322 v. Chr.

Nicht zwei Mal über dasselbe – Ne bis in idem
Diesen Rechtsgrundsatz finden wir erstmals in der *Rede gegen Leptines* des Demosthenes: »Die Gesetze gestatten nicht, dass zwei Mal gegen denselben ... über dasselbe ... ein Prozess ... stattfinde.« Er ist sowohl im attischen als auch im römischen Recht verankert.

Alexander der Große – 356 bis 323 v. Chr.

In Sichtweite

und

außer Schussweite

oder

weit vom Schuss
verdanken wir nach der *Historiae Alexandri Magni Macedonis 2, 10* des römischen Geschichtsschreibers Curtius Rufus Alexander dem Großen. Er schreibt: »Iam in conspectu, sed extra teli iactum utraque acies erat. (Schon standen sich die beiden Heere in Sichtweite, jedoch außerhalb des Schleuderns der Waffe, gegenüber.)«
Wir finden ähnliche Formulierungen später bei anderen Schriftstellern.

Der Gordische Knoten
befand sich in der phrygischen Stadt Gordion im Tempel des Zeus. Er war sehr kunstvoll geschlungen, und es gab einen Orakelspruch, dass zum Herrn Asiens würde, wer den Knoten lösen könne.

Als Alexander der Große 333 v. Chr. nach Gordion kam, soll er den Knoten in einem Streich mit dem Schwert durchgehauen haben. Wir lesen von dieser Begebenheit in Arrians *Alexanderzug 2, 3, 1.*

Flavius Josephus – 37 bis 95 n. Chr.

Glück im Unglück

geht zurück auf die *Geschichte des Jüdischen Krieges 5, 1,* wo dieser Begriff zum ersten Mal verwandt wird.

Volk in Waffen

stammt aus der Josephus-Autobiographie *Vitae 5, 22.* Der Begriff fand in der Politik weite Verbreitung.
Aber schon Euripides spricht in den *Herakliden 399* von der »Stadt in Waffen«.
Später sagte Minister von Kaunitz zu Kaiser Joseph II.: »Ein ganzes Volk in Waffen ist an Majestät dem Kaiser ebenbürtig.«
Und Wilhelm I. von Preußen erklärte am 12. 1. 1860: »Die preußische Armee wird auch in Zukunft das preußische Volk in Waffen sein.«

Plutarch – um 46 bis 120 n. Chr.

Pyrrhussieg

ist ein Sieg, der zu teuer erkauft wurde. Pyrrhus, der König von Epirus, hatte in einer 279 v. Chr. gegen die Römer gewonnenen Schlacht so hohe Verluste gehabt, dass er ausrief: »Noch einen solchen Sieg, und wir sind verloren!«
Das berichtet Plutarch in *Leben des Pyrrhus 21.*

Für einen Kammerdiener gibt es keinen Helden

ist nach Plutarchs *Aussprüche von Königen und Feldherren* ein Ausspruch des Königs von Mazedonien, Antigonos I. Gonatas († 240 v. Chr.). Als dieser in einem Gedicht »Sohn der Sonne« und »Gott« genannt wurde, sagte er: »Davon weiß mein Kammerdiener nichts.«
In Montaignes *Essais 3, 2* heißt es: »Mancher galt der Welt als ein Wunder, an dem seine Frau und sein Bedienter nicht einmal etwas Bemerkenswertes sahen.«
Hegel führt den Ausspruch in der Einleitung seiner *Philosophie der Geschichte* an und setzt hinzu: »Nicht aber darum, weil dieser kein Held, sondern weil jener der Kammerdiener ist.«

Wissen, wo einen der Schuh drückt.
Plutarch berichtet in seiner Lebensbeschreibung des römischen Konsuls L. Aemilius Paullus Macedonicus, der durch seinen Sieg bei Pydna im Jahre 168 v. Chr. Griechenland unter die Herrschaft Roms brachte, Paullus habe auf die Frage, weshalb er sich denn von seiner sittsamen und schönen Frau, die ihm Kinder geboren habe, scheiden ließ, seinen Schuh vorgestreckt und gesagt: »Ist er nicht fein? Ist er nicht neu? Aber niemand von euch sieht, wo er meinen Fuß drückt!«

Navigare necesse est – Seefahrt ist not
geht auf ein Wort des Pompeius (106–48 v. Chr.) zurück, der nach Plutarch *(Pompeius 50)* Seeleuten, die bei einem schweren Sturm nicht ausfahren wollten, zurief: »Navigare necesse est, vivere non est necesse. (Zur See fahren muss man, leben muss man nicht).«
Das ist die lateinische Übersetzung des von Plutarch in Griechisch überlieferten Wortes. Wir finden sie als Inschrift auf dem 1525 in Bremen gegründeten »Haus der Seefahrt«.
In Deutschland verbreitet wurde die Sentenz durch den gleichnamigen Roman des norddeutschen Schriftstellers Gorch Fock (eigentlich Johann Kinau, 1880–1916).

Lukullisches Mahl
geht auf den römischen Staatsmann und Feldherrn Lucullus (etwa 106–56 v. Chr.) zurück, dessen Reichtum und großartiger Lebensstil, namentlich seine Gärten, in Rom sprichwörtlich waren.
Wir lesen davon in Plutarchs *Lucullus.* Lucullus soll auch die Kirsche nach Italien gebracht haben.

Eusebius Pamphili – um 260 bis 340 n. Chr.

In hoc signo vinces – In diesem Zeichen wirst du siegen.
Als Kaiser Konstantin 312 n. Chr. gegen seinen Mitregenten Maxentius in die Schlacht zog, soll ihm am Mittagshimmel ein Kreuz erschienen sein mit den griechischen Worten: »Damit siege!«.
So steht es in Eusebius' *Leben Konstantins 1, 28.*

Wissenschaft

Pythagoras – im 6. Jahrhundert v. Chr.

Sphärenmusik

und

Sphärenharmonie

oder

Sphärenklänge.

So bezeichnete Pythagoras die Töne, die angeblich die Gestirne auf ihren Laufbahnen erzeugen.

Die Ausdrücke wurden später von der frühchristlichen Bewegung auf den Gesang der Engel übertragen.

Empedokles – 492 bis 432 v. Chr.

Feuer, Wasser, Erde und Luft.

Die Benennung der

vier Elemente

hat ihren Ursprung in dem Epos *Über die Natur*: »Feuer, Wasser, Erd' und der Luft unermessliche Höhe« heißt es dort.

Der lateinische Begriff »elementum« wird in diesem Zusammenhang erstmals von Cicero in *Academia 1, 7* verwendet: »Ergo illa initia et, ut e Graeco vertam, elementa dicuntur. (Jene Ursubstanzen werden also, um einen griechischen Ausdruck zu übersetzen, Elemente genannt.)«

Hippokrates – um 460 bis 377 v. Chr.

Eid des Hippokrates.

Der noch heute gebräuchliche Satz lautet: »Meine ärztlichen Verordnungen werde ich zum Nutzen der Kranken geben, soweit ich es vermag und verstehe. Was Verderben und Schaden bringt, will ich von ihnen fernhalten.«

Hippokratische Züge – Facies hippocratica
meinen das vom Tode gezeichnete Antlitz eines Menschen. Wir bezeichnen es so nach dem griechischen Arzt Hippokrates, der im Anfang seiner Schrift *Prognostikon* die Kennzeichen des herannahenden Todes genau beschrieb.

Vita brevis, ars longa. (Das Leben ist kurz, die Kunst lang.)
Am Anfang der Aphorismen des Hippokrates heißt es: »Vita brevis, ars longa, occasio praeceps, experientia fallax, iudicium difficile. (Das Leben ist kurz, die Kunst lang, die Gelegenheit flüchtig, die Erfahrung trügerisch, das Urteil schwierig.)«
Wir zitieren meist mit Goethe nach *Faust 558f.*:

Die Kunst ist lang, das Leben kurz.

Quae medicamenta non sanant, ferrum sanat; quae ferrum non sanat, ignis sanat ...
(Was Arzneien nicht heilen, heilt das Messer; was das Messer nicht heilt, heilt Brennen ...)
Das Motto von Schillers *Räubern* ist der Schlusssatz der *Aphorismen* des Hippokrates, in dem es dann noch heißt: »... was aber Brennen nicht heilt, muss als unheilbar angesehen werden.«

Aristoteles – 384 bis 322 v. Chr.

Chamäleon.
Der Name des wechselfarbigen Reptils diente bereits in der Antike zur Bezeichnung für einen wandelbaren Menschen und wurde in der *Geschichte der Tierwelt 2, 11* beschrieben.

Was gibt es Neues aus Afrika? – Quid novi ex Africa?
Diese Sentenz ist abgeleitet von einem Satz aus der *Geschichte der Tierwelt 8, 28*: »Immer bringt Afrika etwas Neues.«

Euklid – um 300 v. Chr.

Quod erat demonstrandum – Was zu beweisen war
heißt es am Schluss jeder Beweisführung des Mathematikers Euklid.

Archimedes – um 285 bis 212 v. Chr.

Heureka! (Ich hab's gefunden!)
rief Archimedes aus, als er das spezifische Gewicht entdeckt hatte.

Gib mir einen festen Punkt, und ich werde die Erde bewegen
soll Archimedes gesagt haben, der unter anderem den zusammengesetzten Flaschenzug und die Wasserschraube erfunden hat.

Störe meine Kreise nicht – Noli turbare circulos meos
hat angeblich Archimedes gesagt, als die Römer seine Vaterstadt Syrakus eroberten und ein Soldat bei ihm eindrang. Dieser drohte damit, seine in den Sand gezeichneten Kreise zu zerstören, indem er sie mit seinen Stiefeln zertrampelte.

Die Welt aus den Angeln heben
bedeutet so viel wie »alles aus dem Gleichgewicht bringen, alles grundlegend ändern«.
Der Ausspruch geht nach einem Kommentar des Philosophen Simpikios aus dem 6. Jahrhundert n. Chr. ebenfalls auf Archimedes zurück.

Kunst

Simonides – um 556 bis um 468 v. Chr.

Malerei – eine stumme Poesie,
Poesie – eine redende Malerei
soll nach Plutarch der Dichter Simonides gesagt haben.
Im *Laokoon aus dem Jahr 1766* knüpft Lessing in seiner Kunsttheorie an diesen Ausspruch an, den er einen Einfall nannte, »dessen wahrer Teil so einleuchtend ist, dass man das Unbestimmte und Falsche, welches er mit sich führt, übersehen zu müssen glaubt«.
Hierzu zitiert man gelegentlich auch die Worte aus der *Dichtkunst 361* des Horaz: »Ut pictura poesis (Wie ein Gemälde das Gedicht).«

Apelles – 356–308 v. Chr.

Schuster, bleib bei deinem Leisten.
Das Sprichwort geht auf eine Anekdote zurück, die der Historiker und Schriftsteller Plinius der Ältere (23–79 n. Chr.) erzählt.

Nach ihr pflegte Apelles, der berühmteste Maler des Altertums und Gast am Hofe Alexanders des Großen, hinter seinen Bildern versteckt auf die Urteile der Beschauer zu lauschen. Einmal tadelte ein Schuster, dass die gemalten Schuhe eine Öse zu wenig hätten. Apelles korrigierte sein Bild. Aber als der Schuster dann noch etwas an den Schenkeln auszusetzen hatte, rief ihm der Künstler zu: »Ne sutor supra crepidam! (Nicht, Schuster, über die Sandale hinaus!)«

Nulla dies sine linea – Kein Tag ohne einen Strich
soll nach der *Naturgeschichte 35, 10* des Plinius der Grundsatz des Malers Apelles gewesen sein.

Philon von Byzanz – um 200 v. Chr.

Sieben Weltwunder.
Von ihnen sprechen wir nach der Schrift des Gelehrten Philon *Über die sieben Weltwunder*. Namentlich aufgeführt wurden dort: die ägyptischen Pyramiden, die hängenden Gärten der Semiramis in Babylon, der Artemis-Tempel in Ephesos, das Kultbild des Zeus von Olympia, das Mausoleum in Halikarnassos, der Koloss von Rhodos und der Leuchtturm der Insel Pharos bei Alexandria.

Lateinisches vom antiken Rom bis zur Gegenwart

Bei den Päpsten wurde nicht die Lebenszeit angegeben, sondern das Pontifikat.

Literatur

Appius Claudius Caecus – um 300 v. Chr.

Jeder ist seines Glückes Schmied.

Nach einer zu Unrecht Sallust zugeschriebenen Schrift *Über die zu ordnende Republik 1, 1* soll Appius Claudius Caecus, Konsul der Jahre 307 und 296 vor Christi Geburt und Erbauer der Via Appia, in einem Gedicht gesagt haben: »Fabrum esse suae quemque fortunae. (Jeder sei der Schmied seines Glücks.)«

Der römische Komödienschreiber Plautus (→ nächster Abschnitt) griff diesen Gedanken auf und schrieb in *Trinummus 2, 2, 84*: »Sapiens ipse fingit fortunam. (Der Weise schafft sich selbst sein Glück.)«

Und Gottfried Keller (1819–1890) verfasste eine Novelle mit dem Namen *Der Schmied seines Glücks*.

Plautus – um 254 bis 184 v. Chr.

Miles gloriosus (der ruhmredige Kriegsmann)
ist der Titel einer Komödie des Plautus.

Nomen est omen. (Der Name ist eine Vorbedeutung.)

Die Sentenz gebrauchen wir heute meist in dem Sinne: Der Name kennzeichnet ihn (oder die Sache). »Nomen atque omen« heißt es bei dem Lustspieldichter Plautus in dem Stück *Der Perser 4, 4, 774*.

Sapienti sat. (Für den Verständigen genug.)

Das heißt: Wer die Zusammenhänge kennt, braucht keine weitere Erklärung. Das steht in *Der Perser 4, 7, 19*.

Später gebrauchte auch Terenz (185–159; → S. 137) in *Phormio 3, 3, 8* die Formulierung: »Dictum sapienti sat est. (Dieses Wort genügt dem Verständigen.)«

Oleum et operam perdidi. (Öl und Mühe habe ich verschwendet.)
So steht es in der Komödie *Poenulus (Der Karthager)* des Plantus uund wird von einer Dirne gebraucht, die sich vergebens salben und herausputzen ließ.
Cicero spielt später in *Briefe an Attikus 13, 38* mit diesen Worten auf das verschwendete Öl der Studierlampe an.

Summa summarum (Alles in allem)
finden wir erstmals im *Truculentus (Der Brummbär)* des Plautus.

Das Hemd ist mir näher als der Rock.
In *Trinummus 5, 2* steht: »Tunica propior palliost (die Tunika ist näher als das Pallium).« Im Deutschen wurde das römische Untergewand, die Tunika, mit Hemd übersetzt. Das griechische Obergewand, das Pallium, wurde zum Rock.

Ohe iam satis! (Oh, schon genug!)
Das lesen wir zuerst in *Stichus 5, 4, 52* und *Casina 2, 3, 32*.
Später findet sich die Sentenz auch bei Horaz in *Satiren 1, 5, 12* und bei *Martial 4, 91, 6* und *9*.

Aus demselben Becher trinken
sagen wir nach *Casina 5, 2*: »Ut senex hoc eodem poculo, quod ego bibi, biberet ... (Müsste doch der Alte denselben Becher kosten, den ich gekostet habe.)«

Füllhorn
begegnet uns in *Pseudolus 671*. Dort heißt es: »Nam haec allata cornu copiae est, ubi inest, quicquid volo. (Nun, damit hat man mir ein Füllhorn gegeben, in dem alles ist, was ich mir wünsche.)«
Die Vorstellung des Füllhorns kennen wir bereits aus der griechischen Mythologie als Symbol des Überflusses.

Etwas oder jemand ist nicht mit Gold aufzuwiegen
geht wahrscheinlich zurück auf eine Sentenz aus *Bacchides 5, 640*: »Hunc hominem decet auro expendi. (Diesen Menschen sollte man mit Gold aufwiegen.)«

Ennius – 239 bis 169 v. Chr.

Amicus certus in re incerta cernitur. (Den sicheren Freund erkennt man in unsicherer Lage.)
Diese Sentenz wird dem Dichter Ennius zugeschrieben.

Wir sagen auch:

Den wahren Freund erkennt man in der Not.

Am seidenen Faden hängen
finden wir erstmals im historischen Epos *Annales*, wo es heißt: »Hac noctu filo pendebit Etruria tota. (In dieser Nacht hing ganz Etrurien an einem Faden.)«
Ovid schreibt später in seinen *Epistulae ex Ponto 4, 3*: »Omnia sunt hominum tenui pendentia filo. (Alles Menschliche hängt an einem dünnen Faden.)«

Cato der Ältere – 234 bis 149 v. Chr.

Rem tene, verba sequentur. (Halte die Sache fest, die Worte werden folgen.)
Das geht nach der *Redekunst 1* des C. Julius Victor (4. Jahrhundert n. Chr.) auf den älteren Cato zurück.

Terenz – 185 bis 159 v. Chr.

Hinc illae lacrimae (Daher jene Tränen)
steht in der Komödie *Andria* des Terenz.
Dieser war bis ins 18. Jahrhundert der meistgelesene Autor im Lateinunterricht und hat zum Beispiel Molière maßgeblich beeinflusst.
Die Sentenz wird von Cicero in der *Rede für Caelius 25* und von Horaz in den *Episteln 1, 19, 41* zitiert.

Amantes amentes (Verliebte von Sinnen)
So lautet der Titel eines Lustspiels von Gabriel Rollenhagen aus dem Jahr 1609. Das Wortspiel findet sich in Terenz' *Andria 1, 3, 13*: »Inceptio est amentium, haud amantium. (Ein Beginnen von Unsinnigen ist es, nicht von Verliebten.)«
Wir finden es auch bei Plautus im *Mercator (Der Kaufmann), Prolog 81*.

Mit Händen und Füßen
steht in der Komödie *Andria 1, 1, 161* des römischen Dichters: »Manibus pedibusque.«

Tu si hic sis, aliter sentias (Wärst du an meiner Stelle, du würdest anders denken)
sagen wir nach Terenz' *Andria 2, 1, 10* und *14*.

Interim fit aliquid (Unterdessen geschieht etwas)
lesen wir in des römischen Dichters *Andria 2, 1, 14*.

Gesagt, getan – Dictum, factum
stammt ebenfalls aus der Feder von Terenz. Wir lesen in *Andria 2, 3, 381*: »Dictum factum invenerit aliquam causam, quam ob rem eiciat oppido ... (Gesagt wie getan, wird er einen Vorwand finden, sie aus der Stadt hinauszuschaffen.)«

Amantium irae amoris integratio (Der Liebenden Streit die Liebe erneut)
finden wir in *Andria 3, 3, 23* des Römers Terenz.

Jeder ist sich selbst der Nächste
sagen wir nach *Andria 4, 1, 12*: »Proximus sum egomet mihi. (Der Nächste bin ich mir selbst.)«

Nullum est iam dictum, quod non sit dictum prius (Es gibt kein Wort mehr, das nicht schon früher gesagt ist)
So lesen wir in *Eunuchus, Prolog 41* von Terenz.

Sich totlachen
gebrauchen wir nach *Eunuchus 3, 1*: »Risu omnes qui aderant emoriri. (Alle Anwesenden lachten sich zu Tode.)«

Sine Cerere et Libero friget Venus. (Ohne Ceres und Bacchus bleibt Venus kalt.)
Ceres ist die Göttin des Getreides, Bacchus der Gott des Weines und Venus die Göttin der Liebe. Wir finden das Zitat in *Eunuchus 4, 5, 6*.

Bereits Euripides sagte in *Bacchen 773*: »Wo's keinen Wein mehr gibt, gibt's keine Liebe.«

Nichts Menschliches ist mir fremd
gebrauchen wir nach dem *Heautontimorumenos (Selbstquäler) 1, 1, 25*: »Homo sum, humani nihil a me alienum puto. (Mensch bin ich, nichts, was menschlich, acht' ich mir als fremd.)«

Lupus in fabula
steht in *Adelphi 4, 1, 21*. »Fabula« bedeutet hier nicht »Fabel«, sondern »Rede, Gespräch«. Also kann man die Wendung mit »der Wolf im Gespräch« übersetzen: der Mensch, von dem man gerade spricht.
Danach bilden wir auch die Sprichwörter

Wenn man vom Wolf spricht, ist er nicht weit

und

Wenn man den Wolf nennt, kommt er gerennt.

Wenn zwei dasselbe tun, ist es noch lange nicht dasselbe – Duo cum idem faciunt, non est idem
ist nach einer Stelle in den *Adelphi 5, 3, 37* gebildet, wo es heißt: »Wenn zwei dasselbe tun, so darf der eine es ungestraft tun, der andere nicht.«

Goldene Berge versprechen.
Im *Phormio 1, 2* des Terenz heißt es: »Montes auri pollicens (Berge Goldes versprechend)«.

Was man sich einbrockt, muss man auch auslöffeln
finden wir in *Phormio 2, 2, 4* in folgender Form: »Tute hoc intristi; tibi omne est exedendum. (Du hast es eingerührt, du musst es auslöffeln.)«
Wir sagen auch:

Die Suppe, die man sich eingebrockt hat, muss man auch auslöffeln.

Quot homines, tot sententiae – So viel Menschen, so viel Meinungen
ist aus *Phormio 2, 4, 14*.
Cicero zitiert die Sentenz in der Schrift *Über das höchste Gut und Übel 1, 5, 15*.
Nach derselben Stelle sagt man auch:

Quot capita, tot sensus – So viel Köpfe, so viel Sinne.

Lucilius – 180 bis 102 v. Chr.

Quis leget haec? (Wer wird das lesen?)
steht in den *Satiren* des Lucilius.

Non omnia possumus omnes. (Wir können nicht alle alles.)
Die Sentenz stammt nach Macrobius *(Saturnalien 6, 1, 35)* von Lucilius.
Vergil verwendete sie in der *Ecloge 8, 63*. Homer sprach in *Ilias 4, 320* oder in *Odyssee 8, 167* davon, dass ein Mensch nicht alle Gaben habe.

Lucius Accius – 170 bis um 86 v. Chr.

Oderint, dum metuant. (Mögen sie mich hassen, wenn sie mich nur fürchten.)
So zitieren wir aus der Tragödie *Atreus*. Bereits Cicero und der Philosoph Seneca gebrauchten diesen Satz als Zitat. Und es war nach der Biographie Suetons ein Lieblingswort des Kaisers Caligula.

Varro – 116 bis 27 v. Chr.

Hilf dir selbst, dann hilft dir Gott
hat seinen Ursprung in Varros Werk über die Landwirtschaft *Res rusticae 1, 1, 4*. Dort wird gesagt: »Et quoniam, ut aiunt, dei facientes adiuviant, prius invocabo eos. (Und da, wie es heißt, die Götter die Tätigen unterstützen, will ich sie zuvor anrufen.)«
Von Cicero ist uns überliefert: »Fortes fortuna adiuvat. (Den Mutigen hilft das Glück.)«
Und im Deutschen findet sich diese Erkenntnis bei Justus Georg Schottel (1612–1676): »Mensch, hilf dir selbst, dann hilfet Gott mit.« (→ »Dem Mutigen hilft Gott«, Schiller, S. 331)

Nescis, quid vesper serus vehat. (Du weißt nicht, was der späte Abend bringt.)
Das wird von *Gellius 1, 22, 4* und *13, 11, 1* als Titel einer Schrift des römischen Gelehrten Marcus Terentius Varro angeführt.

Cicero – 106 bis 43 v. Chr.

Halsabschneider
finden wir in Ciceros *Rede für Roscius Amerinus*: »Sectores collorum et bonorum (Halsabschneider und Güterschlächter)«.
Cicero nennt so die Übeltäter, die unter dem Konsul Sulla Grundbesitzer ermordeten, deren Güter an sich brachten und dann verkauften.

Nomina sunt odiosa (Namen sind verpönt)
zitieren wir nach Cicero in der *Rede für Roscius Amerinus 16, 47*: »Angesehene Leute namhaft machen ist eine heikle Sache (odiosum est).«

Curriculum vitae – Lebenslauf.
Der Begriff taucht erstmals in der *Rede für C. Rabirius 30* auf. Man bezeichnet damit heute noch einen schriftlichen Lebenslauf.

Quousque tandem? (Wie lange noch?)
zitieren wir ungeduldig nach dem Anfang von Ciceros *1. Rede gegen Catilina*: »Quousque tandem, Catilina, abutere patientia nostra? (Wie lange noch, Catilina, willst du unsere Geduld missbrauchen?)«

O tempora, o mores! (O Zeiten, o Sitten!)
ruft Cicero in der *1. Rede gegen Catalina* ebenfalls gleich zu Anfang aus. Mit diesen Worten klagt er auch in anderen Reden über seine Zeit.

Cum tacent, clamant (Gerade ihr Schweigen ist laute Anklage)
sagt Cicero in der *1. Rede gegen Catilina 8, 21*.

Abiit, excessit, evasit, erupit. (Er ging, er machte sich fort, er entschlüpfte, er entrann.)
So steht es in der *Rede gegen Catilina 2, 1*.

Otium cum dignitate (Muße mit Würde)
nennen wir nach der *1. Rede für Sestius 45* und dem Anfang der Schrift *Vom Redner* und *Briefe an die Freunde 1, 9* ein behagliches Leben, das mit einer angesehenen Stellung verbunden ist.

Silent leges inter arma – Im Waffenlärm schweigen die Gesetze
stammt aus Ciceros *Rede für Milo 4, 10*. Der Satz ist auch abgewandelt worden zu

Inter arma silent Musae (Im Waffenlärm schweigen die Musen).

Aura popularis (Hauch der Volksgunst)
finden wir zuerst in Ciceros Rede *Über die Antwort der Opferschauer 20, 43*.

Salus populi suprema lex (Das Wohl des Volkes ist oberstes Gesetz)
stammt aus *Über die Gesetze 3, 3, 8*.

Jucundi acti labores (Angenehm sind die getanen Arbeiten)
führt Cicero in seiner Schrift *Über das höchste Gut und Übel 3, 32, 105* als Sprichwort an und fügt hinzu, auch Euripides (in *Andromeda*) sage nicht übel: »Suavis laborum est praeteritorum memoria. (Süß ist die Erinnerung an vergangene Mühen.)«
Danach bilden wir wahrscheinlich unser Sprichwort:

Nach getaner Arbeit ist gut ruhn.

Consuetudo (quasi) altera natura (Die Gewohnheit ist [gleichsam] eine zweite Natur)
lesen wir in *Über das höchste Gut und Übel 5, 25, 24*. Die Sentenz hat ein Vorbild in einem Satz der *Rhetorik* des Aristoteles: »Die Gewohnheit ist der Natur gewissermaßen ähnlich.«

Das Glück ist blind.
Wir finden die Wendung in der Schrift *Über die Freundschaft 15, 54*: »Fortuna caeca est.«

Summum ius, summa iniuria (Das höchste – auf die Spitze getriebene – Recht ist höchstes Unrecht)
wird von Cicero in der Schrift *Über die Pflichten 1, 10, 33* als »abgedroschenes Sprichwort« bezeichnet.
Im *Selbstquäler 4, 5* des Terenz heißt es: »Man sagt: Das höchste Recht ist oft die höchste Bosheit.«

Ab igne ignem (Vom Feuer Feuer)
sagen Lateiner, wenn sie um Feuer bitten.
Das finden wir in *Über die Pflichten 1, 16, 52*. Dort ist von allgemeinen Gefälligkeiten die Rede, zum Beispiel davon, dass wir jedem gestatten müssen, sich an unserem Feuer das seinige anzuzünden.

Cedant arma togae. (Es mögen die Waffen der Toga nachstehen.)
Mit Toga ist hier ein Gewand des Friedens gemeint, im Gegensatz zur Rüstung. Die Sentenz ist der Anfang eines Verses in *Über die Pflichten 1, 22, 77*.
Cicero gebraucht den Spruch auch in der *Rede gegen Piso 29* und *30* und in der *2. Philippischen Rede 8*.

Hic haeret aqua. (Hier stockt das Wasser.)
Dieses führt Cicero in der Schrift *Über die Pflichten 3, 33, 117* als Sprichwort an. Wir gebrauchen es im Sinne von: »Hier geht es nicht weiter.«

Pro aris et focis (Um Altar und häuslichen Herd)
finden wir in *Über das Wesen der Götter 3, 40*.

Litterae non erubescunt

oder

Carta non erubescit. (Briefe erröten nicht.)
Das stammt aus einem Brief *An die Freunde 5, 12*. Das deutsche Sprichwort dazu ist:

Papier ist geduldig.

Wie gewonnen, so zerronnen
zitieren wir nach der *Philippica 2, 27*, wo es heißt: »Male parta male dilabuntur. (Übel gewonnen, übel zerronnen.)«
Von Paulus Diaconus wird dieses Zitat 1839 allerdings im Ursprung *Gnaeus Naevius* (3. Jahrhundert v. Chr.) zugeschrieben.

In den Tag hineinleben – In diem vivere
finden wir bei Cicero mehrmals, unter anderem in seiner Schrift *De oratore 2, 40, 169*: »Si barbarorum est in diem vivere, nostra consilia sempiternum tempus spectare debent. (Wenn es Barbarenart ist, in den Tag hineinzuleben, so müssen unsere Pläne auf Dauer ausgerichtet sein.)«

Er ist seines Vaters Sohn – Patris est filius.
Die Sentenz hat ihren Ursprung wohl in *De finibus bonorum et malorum*: »Non video, cur non potuerit patri similis esse filius. (Ich sehe nicht ein, warum nicht der Sohn dem Vater hätte ähnlich sein können.)«
In der Sprichwörtersammlung *Adagia 4, 5* des Erasmus von Rotterdam (1467–1536) finden wir

Wie der Vater, so der Sohn – Qualis pater, talis filius.

Im selben Boot sitzen
gebrauchen wir nach Ciceros Brief aus den *Epistulae ad familiares 2, 5, 1*: »Tibi, etsi, ubicumque es, ut scripsi at te ante, in eadem es navi ... (Wie ich dir schon neulich schrieb, sitzest du zwar, wo auch immer du sein magst, im selben Boot ...)«

Mit vollen Händen
geben wir heute hauptsächlich Geld aus. Cicero schreibt dagegen in seinem Brief *Ad Atticum 2, 25, 1*: »At hercule alter tuus familiaris Hortalus, quam plena manu, quam ingenue, quam ornate nostras laudes in astra sistulit. (Dagegen der andere, dein Freund Hortalus, wie hat er mich wie mit vollen Händen, wie freimütig, wie ansprechend in der Form bis in den Himmel gelobt.)«

Cornelius Nepos – um 100 bis um 25 v. Chr.

Invidia gloriae comes – Neid ist des Ruhmes Geleit

finden wir in *Vitae 12, 3*, der Lebensbeschreibung des griechischen Feldherren Chabrias, der 357 v. Chr. in einer Schlacht fiel.

Gaius Julius Caesar – 100 bis 44 v. Chr.

Der Wunsch ist der Vater des Gedankens.

Das deutsche Sprichwort hat ein Vorbild in Caesars *Gallischem Krieg 3, 18*: »Libenter homines id, quod volunt, credunt. (Gern glauben die Menschen das, was sie wünschen.)«

Verbreitung fand die Sentenz jedoch wahrscheinlich durch Shakespeares Drama *Heinrich IV.* (→ S. 472).

Lukrez – 98 bis 55 v. Chr.

Tantum religio potuit suadere malorum.

(Zu so schrecklicher Tat vermochte der Glaube zu raten.)

Das lesen wir in der Schrift *Über die Natur 1, 102* des römischen Schriftstellers Lukrez.

Suave, mari magno, turbantibus aequora ventis, e terra magnum alterius spectare laborem.

(Bei der gewaltigsten See, bei Wogen aufwühlenden Winden, anderer großes Bemühn vom Land aus sehn, ist behaglich.) *Über die Natur 2, 1-2*.

Sallust – 86 bis 35 v. Chr.

Concordia parvae res crescunt, discordia maximae dilabuntur

(Durch Eintracht wächst das Kleine, durch Zwietracht zerfällt das Größte)

ist aus dem *Jugurtha 10* des großen Historikers.

Vergil – 70 bis 19 v. Chr.

Eclogen

Deus nobis haec otia fecit

(Ein Gott hat uns diese Muße geschaffen)

lesen wir in *Eclogen 1, 6*. Das Wort wurde als Hausinschrift verwendet.

Trahit sua quemque voluptas
(Jeden reißt seine Leidenschaft hin)
heißt es in Vergils *Eclogen 2, 65*.

Latet anguis in herba (Die Schlange lauert im Gras)
warnt Damoetas in *Eclogen 3, 93* die Knaben, die Blumen pflücken.

Non nostrum tantas componere lites
(Nicht unsere Sache ist es, so großen Streit beizulegen)
steht in *Eclogen 3, 108*.

Omnia vincit Amor – Alles besiegt Amor
sagen wir nach Virgils Dichtung *Eclogen 10, 69*.

Wir sagen auch:

Die Liebe siegt über alles.

Georgica

Labor omnia vincit improbus (Unablässige Arbeit besiegt alles)
lesen wir in *Georgica 1, 145*.

Rerum cognoscere causas
geht zurück auf *Georgica 2, 490*: »Felix qui potuit rerum cognoscere causas. (Glücklich, wer die Ursachen der Dinge zu erkennen vermochte.)«
Manchmal zitiert man auch den ganzen Vers.

Naturalia non sunt turpia (Das Natürliche ist nicht schimpflich)
finden wir in *Georgica 3, 96*. Der Gedanke ist schon in einem Fragment der *Hypsipile* des Euripides ausgesprochen: »Ihrer natürlichen Bedürfnisse brauchen sich die Menschen nicht zu schämen.«

Tempus fugit
sagen wir häufig verkürzt zu

Fugit irreparabile tempus. (Dahin flieht unwiederbringlich die Zeit.)

Wir leiten die Sentenz ab aus *Georgica 3, 284*: »Sed fugit interea, fugit irreparabile tempus. (Aber inzwischen entflieht die Zeit, flieht unwiederbringlich.)«

Vergil – Aeneis

Tantaene animis caelestibus irae! (So heftiger Zorn in der Seele der Götter!)
schreibt Vergil in der *Aeneis 1, 11*, und in Shakespeares *König Heinrich VI. 2, 2* ruft es Gloucester dem Kardinal Beaufort zu.

Manet alta mente repostum (Es bleibt tief in die Seele gesenkt)
lesen wir in *Aeneis 1, 26-27*.

Tantae molis erat Romanam condere gentem (Solche Mühe bereitete es, das römische Volk zu begründen)
finden wir in *Aeneis 1, 33*.

Quos ego! – Euch werd' ich!
Mit diesem Drohruf beschwichtigt Neptun die Winde in *Aeneis 1, 135*.

Rari nantes in gurgite vasto (Wenige in einem riesigen Strudel schwimmend)
sagen wir nach *Aeneis 1, 118*.

Fidus Achates – der getreue Achates.
So kennen wir den Begleiter des Aeneas und Sinnbild des treuen Freundes aus *Aeneis 1, 188*.

(Forsan) et haec olim meminisse iuvabit ([Vielleicht] auch daran sich einst zu erinnern macht Freude.)
Die Stelle in *Aeneis 1, 203* erinnert an die Worte des Odysseus in der *Odyssee 12, 208-212* des Homer: »Wir sind ja nicht unbekannt mit Gefahren, und ich hoffe, wir werden uns einst auch dieser erinnern.«

(Per) tot discrimina rerum ([Durch] so viele gefährliche Lagen [hindurch])
finden wir in *Aeneis 1, 204*.

Zwischen Furcht und Hoffnung schweben
wir nach *Aeneis 1, 218*: »Spemque metumque inter dubii.«

Infandum, regina, iubes renovare dolorem. (Unsäglichen Schmerz, Königin, lässt du wieder erstehen.)
Die Worte aus *Aeneis 2, 3* übersetzte Schiller: »O Königin, du weckst der alten Wunde unnennbar schmerzliches Gefühl.«

(Et) quorum pars magna fui ([Und] worin ich eine große Rolle spielte)
ist aus Vergils *Aeneis 2, 6*.

Trojanisches Pferd.
Das lernen wir in Vergils zweitem Buch der *Aeneis* kennen. Er lässt dort den Helden Äneas erzählen, wie Troja erobert wurde: Die Griechen hoben die Belagerung auf und zogen scheinbar ab, ließen aber ein riesiges hölzernes Pferd zurück, in dessen Bauch sich ihre tapfersten Helden versteckt hatten. Trotz mancher Warnungen zogen es die Trojaner in ihre Stadt, weil sie glaubten, damit ein schützendes Heiligtum zu gewinnen. In der Nacht verließen die Griechen das Pferd und machten den größten Teil der Bewohner der Stadt nieder.

Trojaner
ist heute ein Begriff der Computersprache. Er bezeichnet eine besonders perfide Art von Computerviren, die sich unerkannt in ein System einschleichen und dort große Zerstörungen anrichten.

Timeo Danaos et dona ferentes
zitieren wir nach *Aeneis 2, 49*: »Quidquid id est, timeo Danaos et dona ferentes. (Was es auch ist, ich fürchte die Danaer auch dann, wenn sie Geschenke bringen.)« So warnte der Priester Laokoon die Trojaner, als er das »Trojanische Pferd« erblickte.
Unliebsame oder Unheil bringende Geschenke nennen wir danach auch

Danaergeschenk.

Kassandrarufe
nennen wir unbeachtet gebliebene Warnungen nach Kassandra, der Tochter des Königs Priamos von Troja, die von Apollon die Gabe der Weissagung erhalten hatte.
Da Kassandra die Liebe des Gottes nicht erwiderte, strafte er sie dadurch, dass niemand ihren Weissagungen glaubte. So lesen wir es in *Aeneis 2, 247*. Kassandra warnte auch vergeblich vor dem »Trojanischen Pferd«.

Quantum mutatus ab illo (Wie sehr verändert gegen jenen)
zitieren wir eine Stelle aus *Aeneis 2, 274*, wo der verwundete Hektor mit dem siegreichen verglichen wird.

Iam proximus ardet Ucalegon (Schon brennt's bei dem Nachbarn Ucalegon)
finden wir in *Aeneis 2, 311* bei der Schilderung des Brandes von Troja.

Fuimus Troes – Trojaner sind wir gewesen
lässt Vergil die Trojaner nach dem Brande von Troja sagen *(Aeneis 2, 325)*.

Una salus victis nullam sperare salutem (Ein Heil bleibt den Besiegten allein, kein Heil mehr zu hoffen) zitieren wir aus *Aeneis 2, 354*.

Obstupui, steteruntque comae, et vox faucibus haesit (Ich war starr, und mir hob sich das Haar, und die Stimme versagte) finden wir in *Aeneis 2, 774* und *3, 48*.

Auri sacra fames – Fluchwürdiger Hunger nach Gold
gebrauchen wir nach *Aeneis 3, 57*.

Fama crescit eundo – Das Gerücht wächst, indem es sich verbreitet
sagen wir nach *Aeneis 4, 175*, wo Vergil vom Gerücht sagt: »Viresque acquirit eundo. (Und Kräfte bekommt es durchs Gehen.)«

Exoriare aliquis nostris ex ossibus ultor (Möchte ein Rächer aus unsern Gebeinen erstehen)
zitieren wir aus *Aeneis 4, 625.*

Longo sed proximus intervallo (Nach großem Zwischenraum, doch als der Nächste)
heißt es bei der Schilderung eines Wettlaufs in Vergils *Aeneis 5, 320.*

Die Schiffe hinter sich verbrennen
pflegt man zu sagen, um auszudrücken, dass man sich mit Absicht die Möglichkeit eines Rückzugs abschneidet. Vergil erzählt in der *Aeneis 5, 605, 669f.* und *793-795,* dass die Troerinnen nach dem Fall von Troja und der Flucht nach Sizilien die Schiffe verbrannt hätten, um eine Rückkehr unmöglich zu machen.
Ähnlich berichtet Plutarch in der Schrift *Über die Tugenden der Frauen,* wie troische Flüchtlinge in die Tibergegend verschlagen und dort dadurch sesshaft wurden, dass ihre klugen Frauen die Schiffe verbrannten.

Einer für viele – Unus pro multis
geht zurück auf die *Aeneis 5, 814*: »Unum pro multis dabitur caput. (Ein Haupt wird für viele geopfert werden.)«
In der *Aeneis* ist es Palinurus, der Steuermann, der ertrinken muss, um die Gefährten zu erretten. Nach ihm sind ein Ort und ein Kap in Kampanien in Süditalien benannt.
Wir sagen in einer solchen Situation meist:

Einer für alle.
Die Umkehrung des Spruches in das uns allen bekannte

Alle für einen
steht für den Zusammenhalt in der Gruppe und ist uns besonders als Motto aus Alexandre Dumas' Roman *Die drei Musketiere* ein Begriff. Dort heißt es im französischen Original: »Tous pour un, un pour tous (Alle für einen, einer für alle)«.

Tu ne cede malis, sed contra audentior ito (Weiche dem Unheil nicht, noch mutiger geh ihm entgegen)
finden wir in *Aeneis 6, 95* des römischen Dichters Vergil.

Nunc animis opus, Aenea, nunc pectore firmo! (Jetzt, Äneas, bedarf es des Muts, jetzt kräftigen Herzens!)
bietet uns *Aeneis 6, 261* des berühmten lateinischen Poeten.

Parcere subiectis et debellare superbos (Die Unterworfenen schonen und die Übermütigen besiegen)
sagen wir nach *Aeneis 6, 583.*

Discite iustitiam moniti et non temnere divos (Lernet, gewarnt, recht tun und nicht missachten die Götter)
sagen wir nach *Aeneis 6, 620.*

Mens agitat molem (Der Geist bewegt die Materie)
finden wir in *Aeneis 6, 727.*

Flectere si nequeo superos, Acheronta movebo (Kann ich die Götter nicht erweichen, so setze ich die Hölle in Bewegung)
zitieren wir nach *Aeneis 7, 312.*

O mihi praeteritos referat si Jupiter annos! (Oh, wenn Zeus mir gäbe zurück die vergangenen Jahre!)
steht in *Aeneis 8, 560.*

Quadrupedante putrem sonitu quatit ungula campum (Dröhnend erschüttert das lockere Feld vierfüßiger Hufschall)
finden wir in *Aeneis 8, 596* und ähnlich *11, 875.*

Sic itur ad astra! (So steigt man zu den Sternen!)
waren Apollos Worte an Julus nach dessen glorreicher Waffentat, in *Aeneis 9, 641*. (→ Seneca, S. 189)

Tiefes Schweigen – altum silentium

und

Das Schweigen brechen
sagen wir nach *Aeneis 10, 63*: »Quid me alta silentia cogis rumpere? (Warum zwingst du mich, das tiefe Schweigen zu brechen?)«

Experto credite (Glaubt dem, der es selbst erfuhr)
steht in *Aeneis 11, 283*.

Davon abgeleitet ist

Experto crede Roberto.
Es stammt aus einem im Mittelalter weit verbreiteten Buch des provenzalischen Schriftstellers Antonius de Arena († 1544) über den Tanz und wurde sprichwörtlich.

Sic vos non vobis. (So [habt] ihr [etwas gemacht, aber] nicht für euch.)
Im *Leben des Vergil* erzählt der jüngere Donatus (um 400 n. Chr.), Vergil habe einst an das Tor des Augustus einen für den Kaiser schmeichelhaften Vers geschrieben, ohne seinen Namen darunterzusetzen. Ein anderer habe sich als Verfasser ausgegeben und sei von Augustus geehrt worden. Daraufhin schrieb Vergil den halben Vers »Sic vos non vobis« vier Mal untereinander an das Tor. Der Kaiser verlangte die Ergänzung dazu, aber keiner konnte sie geben. Endlich kam Vergil und schrieb unter seinen ursprünglichen Vers: »Hos ego versiculos feci, tulit alter honores. (Diese Verschen machte ich, ein anderer trug die Ehren davon.)« Dann ergänzte er die Versanfänge jeweils so, dass ein Gedicht entstand: »Ihr Vögel baut die Nester nicht für euch, ihr Schafe tragt die Wolle nicht für euch, ihr Bienen macht den Honig nicht für euch, ihr Rinder zieht die Pflüge nicht für euch.«

Horaz – 65 bis 8 v. Chr.

Beatus ille, qui procul negotiis (Glücklich, wer fern den Geschäften)
zitieren wir nach *Epoden 2, 1*.

Alius et idem (Anders und doch der Gleiche)
ist bei uns zu

Ewig anders und doch der Gleiche
geworden. Mit diesem Satz beschrieb Horaz in *Carmen Saeculare 5, 10* den Sonnengott.

Horaz – Oden

Des Lebens kurze Spanne – Vitae summa brevis
finden wir in den *Oden* des Horaz. Dort heißt es: »Vitae summa brevis spem nos vetat incohare longam. (Des Lebens kurze Spanne verbietet uns, fern liegende Hoffnungen zu hegen.)«

Nil mortalibus arduum est (Nichts ist Sterblichen allzu schwer)
steht in den *Oden 1, 3, 37*.

Quid sit futurum cras, fuge quaerere (Was morgen sein wird, frage nicht)
kennen wir aus den *Oden 1, 9, 13*.

Carpe diem. (Greif diesen Tag.)
Diese Aufforderung, uns an der Gegenwart zu erfreuen, steht in *Oden 1, 11, 8*: »Carpe diem quam minimum credula postero. (Greif diesen Tag, nimmer traue dem nächsten.)«

Wir gebrauchen die Sentenz heute eher im Sinn von

Nütze den Tag!

oder

Genieße den Augenblick!

Integer vitae scelerisque purus (Rein im Leben und frei von Schuld)
zitieren wir nach *Oden 1, 22,1*.

Nuda veritas – die nackte Wahrheit
steht in *Oden 1, 24, 7*.

Multis ille bonis flebilis occidit (Von vielen Guten beweint, starb er hin)
finden wir in *Oden 1, 24, 9.*

Omnes una manet nox (Auf alle wartet die eine Nacht)
sagen wir nach *Oden 1, 28, 15.*

Nunc est bibendum (Jetzt muss getrunken werden)
lesen wir in *Oden 1, 37, 1.*

Aequam memento in arduis servare mentem (Denke daran, im Ungemach Gleichmut zu bewahren)
ermahnt uns Horaz in *Oden 2, 3, 1.*

Omnes eodem cogimur. (Alle müssen wir zum selben Ort hin.)
Diesen Hinweis auf die Unterwelt und den Tod finden wir bei *Oden 2, 3, 25.*

Ille terrarum mihi praeter omnes angulus ridet (Jenes Plätzchen lächelt mir vor allen anderen auf der Erde zu)
zitieren wir aus *Oden 2, 6, 13.*

Aurea mediocritas – der goldene Mittelweg

oder

Die goldene Mitte
sagen wir nach *Oden 2, 10, 5.* Horaz meinte wie Mörike: »Wollest mit Freuden und wollest mit Leiden mich nicht überschütten; doch in der Mitten liegt holdes Bescheiden.«
Oft aber gebrauchen wir den Ausdruck als ironische Bezeichnung für Mittelmäßigkeit.

Eheu fugaces, Postume, Postume, labuntur anni (O weh, wie flüchtig, Postumus, Postumus, vergehn die Jahre!)
steht in *Oden 2, 14, 1.*

Nihil est ab omni parte beatum – Es gibt kein vollkommenes Glück
sagen wir nach *Oden 2, 16, 27.*

Odi profanum vulgus et arceo (Ich hasse das gemeine Volk und halte es mir fern)
lesen wir in *Oden 3, 1, 1.*
Meist gebrauchen wir verkürzt

Odi profanum vulgus
und bringen damit scherzhaft unsere Ablehnung von allzu Volkstümlichem zum Ausdruck.

Favete linguis! – Hütet die Zungen!
So steht es in *Oden 3, 1, 2.* Vor der Opferhandlung forderten die Priester die Anwesenden zum Schweigen auf.

Post equitem sedet atra cura (Hinter dem Reiter sitzt die schwarze Sorge)
zitieren wir nach *Oden 3, 1, 40.*

Dulce et decorum est pro patria mori – Süß und ehrenvoll ist es, fürs Vaterland zu sterben.
Das finden wir in *Oden 3, 2, 13.*

Si fractus illabatur orbis, impavidum ferient ruinae.
In *Oden 3, 3* rühmt Horaz den »iustum et tenacem propositi virum«, den rechtschaffenen Mann, der sein Ziel unbeirrbar verfolgt, und sagt dann von ihm: »Er erschrickt auch nicht, wenn der Himmel einstürzt und ihn die Trümmer erschlagen.«

Vis consili expers mole ruit sua (Kraft ohne Weisheit stürzt durch die eigene Wucht)
lesen wir in *Oden 3, 4, 65.*

Crescentem sequitur cura pecuniam (Dem wachsenden Geld folgt die Sorge)
lehrt uns Horaz in *Oden 3, 16, 17.*

Dira necessitas (Die furchtbare Notwendigkeit)
ist uns ein Begriff seit *Oden 3, 24, 6*.

Mea virtute me involvo (Ich hülle mich in meine Tugend)
sagen wir nach *Oden 3, 29, 55*.

Exegi monumentum aere perennius (Ein Denkmal hab ich errichtet, dauernder als Erz)
sagt Horaz in *Oden 3, 30, 1* von seinen Gedichten.

Non omnis moriar
sagt Horaz in *Oden 3, 30, 6*: »Nicht ganz werde ich sterben (als Dichter werde ich weiterleben!)«

Kraft erzeugt Kraft – Fortes creantur fortibus
finden wir in *Oden 4, 4*.

Man kann nicht alles wissen
sagen wir nach *Oden 4, 4*: »Nec scire fas est omnia. (Auch ist es nicht möglich, alles zu wissen.)«

Pulvis et umbra sumus – Staub und Schatten sind wir
zitieren wir aus *Oden 4, 7, 16*, wobei Staub den Leib und Schatten die Seele meint.

Beati possidentes (Glücklich die Besitzenden)
ist ein Ausdruck der Juristen, zu dem Horaz in *Oden 4, 9, 45* die Einschränkung macht: »Non possidentem multa vocaveris rette beatum. (Wer nicht viel besitzt, den wirst du mit Recht glücklich nennen.)«

Dulce est desipere in loco. (Süß ist es, einmal nicht weise zu sein.)
So lesen wir es in den *Oden 4, 12, 28* des Horaz.

Horaz – Satiren

Ridendo dicere verum (Im Lachen die Wahrheit sagen)
zitieren wir nach *Satiren 1, 1, 24*: »Ridentem dicere verum, quid vetat? (Was hindert daran, lächelnd die Wahrheit zu sagen?)«

De te fabula narratur – Von dir ist die Rede
sagen wir nach *Satiren 1, 1, 69–70*: »Mutato nomine de te fabula narratur. (Unter anderem Namen ist von dir die Rede.)«

Est modus in rebus, sunt certi denique fines (Es ist ein Maß in den Dingen, es gibt schließlich bestimmte Grenzen)
heißt es in *Satiren 1, 1, 106*. Horaz fährt fort: »... jenseits und diesseits derer das Rechte nicht bestehen kann.«

Jemanden als Null bezeichnen
hat seinen Ursprung in den *Satiren 1, 2*: »Nos numerus sumus et fruges consumare nati. (Wir sind Nullen, geboren allein zum Essen der Feldfrucht.)«

Ab ovo usque ad mala. (Vom Ei bis zu den Äpfeln.)
Das heißt vom Anfang des Mahles, wo Eier gereicht wurden, bis zu seinem Ende, an dem man Früchte auftrug. Wir wollen damit sagen »vom Anfang bis zu Ende, ohne Unterlass, ohne Unterbrechung«. Wir zitieren das nach *Satiren 1, 3, 6*.

Lieber einen Freund verlieren als einen Witz (Potius amicum quam dictum perdere)
führt Quintilian in seinem *Lehrbuch der Redekunst 6, 3, 28* als Sprichwort an.
Boileau spricht in seinen *Satiren 9, 22* von einem jungen Toren, »qui pour un bon mot va perdre vingt amis (der einem Witz zwanzig Freunde opfert)«, und ein französisches Sprichwort lautet: »Il vaut mieux perdre un bon mot qu'un ami.«
All dies hat sein Vorbild in einer Stelle bei Horaz, in den *Satiren 1, 4, 34*: »Wenn er nur Lachen einheimst, wird er keinen Freund verschonen.«

Disiecta membra poetae. (Die zerstreuten Glieder des Dichters.)
Horaz zitiert in den *Satiren 1, 4, 62* einen Vers des Dichters Ennius und fährt fort: »Ihr werdet auch in den zerstückten Gliedern den Dichter wiederfinden.«
Dabei spielt er wohl auf die Sage von Orpheus an, der von den Mänaden zerrissen wurde.

Hic niger est, hunc tu, Romane, caveto! (Das ist eine schwarze Seele; vor ihm, o Römer, hüte dich!)
So lesen wir in *Satiren 1, 4, 85.*

Die schwarze Seele
ist uns danach auch heute noch ein Begriff.

Credat Judaeus Apella. (Das glaube der Jude Apella.)
Das heißt: »Glaube, wer es will, ich glaube es nicht«, steht in *Satiren 1, 5, 100.*
In Rom lebten damals, von Caesar und Augustus wohlgelitten, Tausende von Juden. Ihre Religion wurde von den Römern als abergläubisch belächelt.

Unus multorum. (Einer von den vielen.)
Damit ist gemeint: einer vom großen Haufen, ein Dutzendmensch. So sagen wir nach *Satiren 1, 8, 71.*

Nil sine magno vita labore dedit mortalibus (Das Leben gab den Sterblichen nichts ohne große Mühe)
zitieren wir nach *Satiren 1, 9, 59.*

Sic me servavit Apollo (So hat mich Apollo gerettet)
finden wir in *Satiren 1, 9, 78* im Anklang an Homer, der in der *Ilias 20, 443* von dem durch Achill bedrängten Hektor berichtet: »Doch schnell entrückte ihn Apollon.« Die Sentenz von Horaz ist uns jedoch geläufiger.

Saepe stilum vertas. (Oft wende den Griffel.)
Das heißt: Feile am Ausdruck, indem du mit dem oberen breiteren Ende des Griffels das verwischst, was du mit dem unteren, spitzen, in die Wachstafel gegraben hast. Wir sagen so nach *Satiren 1, 10, 72.*

Der knurrende Magen
wird von Horaz' *Satiren 2, 2* hergeleitet: »Cum sale panis latrantem stomachum bene leniet. (Brot mit Salz wird den bellenden Magen gut besänftigen.)«

Öl ins Feuer gießen
wir nach *Satiren 2, 3*. Dort schlägt Horaz dieses vor: »Oleum addere camino.«

Par nobile fratrum (Ein edles Brüderpaar)
sagen wir nach *Satiren 2, 3, 243*, wobei »nobile« nur »bekannt« bedeutet, also nicht ironisch gemeint ist.

Hoc erat in votis (Dies gehörte zu meinen Wünschen)
verkünden wir nach *Satiren 2, 6, 1*.

Fortunae filius – Glückskind
sagen wir von jemandem, dem das Glück hold ist, nach *Satiren 2, 6, 49*.

Horaz – Episteln

Jeder Krämer lobt seine Ware
sagen wir wahrscheinlich nach einem Satz aus *Episteln 1*: »Laudat venalis qui volt extrudere mercis. (Es lobt derjenige, der seine Ware losschlagen will.)«

Jurare in verba magistri (Auf des Meisters Worte schwören)
ist aus den *Episteln 1, 1, 14* des Horaz.

Virtus post nummos.
In den *Episteln 1, 1, 54* heißt es: »O cives, cives, quaerenda pecunia primum est; virtus post nummos. (Bürger, o Bürger, ihr müsset zunächst Reichtümer erstreben; Tugend erst nach dem Geld!)«

Belua multorum capitum (Ein vielköpfiges Ungeheuer, eine vielköpfige Bestie)
nennt Horaz in *Episteln 1, 1, 76* das römische Volk.

Quidquid delirant reges, plectuntur Achivi. (Jeden Wahnwitz der Könige büßen die Achiver.)
Das bedeutet: Das Volk muss es ausbaden. So sagen wir nach *Episteln 1, 2, 14*.
Goethe schreibt am Ende der *19. Römischen Elegie:* »Denn der Könige Zwist büßten die Griechen wie ich.«

Seume sagt in *Mein Leben* von 1813: »Wenn sich die Könige raufen, müssen die Bauern Haare lassen.«
Und Heinrich Heine meint in *Kobes I. (Letzte Gedichte)*: »Wenn es den Kaiser juckt, so müssen die Völker sich kratzen.«

Intra muros peccatur et extra (Innerhalb der Mauern wird gesündigt und außerhalb)
sagen wir nach *Episteln 1, 2, 16*.

Sapere aude! (Wage es, weise zu sein!)
lesen wir in *Episteln 1, 2, 40*.
Immanuel Kant erhob diesen Ausruf zum Wahlspruch der Aufklärung. In seinem Aufsatz *Beantwortung der Frage: Was ist Aufklärung?* aus dem Jahr 1784 schrieb er: »Sapere aude! Habe Mut, dich deines eigenen Verstandes zu bedienen! ist also der Wahlspruch der Aufklärung ... Zu dieser Aufklärung wird aber nichts erfordert als Freiheit, und zwar die unschädlichste unter allem, was nur Freiheit heißen mag, nämlich die, von seiner Vernunft in allen Stücken öffentlichen Gebrauch zu machen.«
Schiller griff das 1794 in der Schrift *Über die ästhetische Erziehung des Menschen* auf: »Woran liegt es, dass wir noch immer Barbaren sind? ... Ein alter Weiser hat es empfunden, und es liegt in dem viel bedeutenden Ausdruck versteckt: sapere aude. Erkühne dich, weise zu sein.«

Dimidium facti, qui coepit, habet (Wer nur begann, der hat schon halb vollendet)
zitieren wir aus *Episteln 1, 2, 40*.
Wir sagen danach:

Frisch gewagt, ist halb gewonnen.

Ira furor brevis est (Der Zorn ist eine kurze Raserei)
kennen wir aus *Episteln 1, 2, 62*.

Quo semel est imbuta recens, servabit odorem testa diu
(Lange wird neues Geschirr noch nach dem riechen, womit es zuerst gefüllt wurde)
sagen wir nach *Episteln 1, 2, 69*.

Naturam expelles furca, tamen usque recurret (Die Natur magst du mit aller Gewalt [wörtlich: mit der Gabel] austreiben, dennoch kehrt sie immer zurück)
steht in *Episteln 1, 10, 24*.
Destouches schreibt in seiner Komödie *Le glorieux 3, 5* aus dem Jahr 1732: »Chassez le naturel, il revient au galop.«

Caelum non animum mutant, qui trans mare currunt (Den Himmel, nicht den Sinn, ändern die, die über das Meer gehen)
steht in den *Episteln 1, 11, 27*.
Schon der griechische Redner Aischines sagte in der *Rede gegen Ktesiphon 78*: »Wer daheim ein Feigling ist, war nie in Makedonien ein Held; denn er wechselte nicht den Charakter, sondern den Ort.«
Und noch früher der Philosoph Bias (nach dem *Florilegium* des Stobaios): »Ortswechsel belehrt weder den Verstand, noch nimmt er einem den Unverstand.«

Concordia discors – zwieträchtige Eintracht
sagen wir nach *Episteln 1, 12, 19*. »Rerum concordia discors (der Dinge zwieträchtige Eintracht)« meint das Zusammenwirken entgegengesetzter Kräfte in der Natur.

Et semel emissum volat irrevocabile verbum (Und, einmal entsandt, fliegt unwiderruflich das Wort hin)
lesen wir in *Episteln 1, 18, 71*.

Tua res agitur
sagen wir nach *Episteln 1, 18, 84*: »Nam tua res agitur, paries cum proximus ardet. (Denn um deine Sache geht es, wenn die Wand des Nachbars brennt.)«

O imitatores, servum pecus! (O Nachahmer, sklavisches Geschlecht!)
kennen wir aus *Episteln 1, 19, 19*.

Genus irritable vatum (Das reizbare Geschlecht der Dichter)
ist uns aus *Episteln 2, 2, 102* ein Begriff. (→ Senecas »Nullum magnum ingenium sine mixtura dementiae fuit«, S. 189)

Risum teneatis, amici? (Würdet ihr das Lachen halten, Freunde?) sagen wir mit Horaz aus *Dichtkunst 5*.

Hanc veniam petimusque damusque vicissim. (Diese Vergünstigung fordern wir selbst und gewähren sie andern.)
Horaz bezieht dieses Wort in der *Dichtkunst 11* auf die dichterischen Freiheiten, die er anderen Dichtern gestatten und sich selbst erlaubt wissen will.
Wir gebrauchen es allgemeiner von gegenseitigen Diensten.

Non erat his locus (Das war hier nicht am Platze)
steht in *Dichtkunst 19*.
Wir sagen auch:

Fehl am Platze.

Brevis esse laboro (Ich bemühe mich, kurz zu sein)
zitieren wir die *Dichtkunst 25*. Oder wir sagen:

Ich fasse mich kurz.

Adhuc sub iudice lis est.
In *Dichtkunst 78* heißt es: »Grammatici certant, et adhuc sub iudice lis est. (Die Grammatiker [Gelehrten] streiten, und noch hängt der Streit beim Richter.)«

Danach sagen wir heute:

Darüber streiten sich die Gelehrten.

Der Berg kreißte und gebar eine Maus
geht zurück auf *Dichtkunst 139*: »Parturient montes, nascetur ridiculus mus. (Wie die Berge auch kreißen, geboren wird nur eine lächerliche Maus.)« Horaz schrieb dies als Spottvers auf Dichter, deren wohltönendes Werk nicht hält, was es verspricht.

Ab ovo. (Vom Ei an.)
Das heißt: ganz von Anfang an. Horaz rühmt in der *Dichtkunst 147*, dass Homer den Trojanischen Krieg nicht »vom Ei an« zu erzählen beginne, nämlich vom Ei der Leda, aus dem Helena hervorging.

In medias res (Mitten in die Dinge hinein)
führt Homer den Zuhörer von Anfang an, rühmt Horaz in seiner *Dichtkunst 148*.

Laudator temporis acti (Lobredner der Vergangenheit)
nennt Horaz in *Dichtkunst 172* den Greis.

Thespiskarren
finden wir in *Dichtkunst 173*: »Dicitur et plaustris vexisse poemata Thespis. (Man sagt, dass Thespis seine Dramen auf Wagen umhergefahren habe.)«
Thespis (um 530 v. Chr.) war der Schöpfer der altgriechischen Tragödie.
Wie wir heute wissen, lag Horaz jedoch mit seiner Aussage falsch.

Aut prodesse volunt, aut delectare poetae (Nützlich sein wollen die Dichter oder erfreuen)
sagen wir nach *Dichtkunst 333*.

Das Angenehme mit dem Nützlichen verbinden
formulieren wir nach dem Vers aus *Dichtkunst 343*: »Omne tulit punctum, qui miscuit utile dulci. (Jeglichen Beifall errang, wer Lust und Nutzen vereinte.)«
Schon der griechische Historiker Polybius (212–122 v. Chr.) schrieb in seinem Geschichtswerk, man könne »aus der Geschichte zugleich Nutzen und Vergnügen schöpfen«.

Quandoque bonus dormitat Homerus. (Zuweilen schlummert [selbst] der vortreffliche Homer.)
Das will heißen, er »ist im Ausdruck nachlässig«. So lesen wir es in *Dichtkunst 359*.

Decies repetita placebit (Zehnmal wiederholt, wird sie gefallen) sagt man von einer Schrift, zu deren Lektüre man gern zurückkehrt, nach Horaz' *Dichtkunst 365*.

Nonumque prematur in annum. (Und bis ins neunte Jahr muss es verborgen bleiben.)
Damit ist das Meisterwerk gemeint, an dem der Dichter so viele Jahre arbeiten soll. Das lesen wir in *Dichtkunst 388*.

Multa tulit fecitque puer, sudavit et alsit (Viel hat der Knabe ertragen, getan, hat geschwitzt und gefroren)
sagen wir nach *Dichtkunst 413*.

Livius – 59 v. Chr. bis 17 n. Chr.

Egeria
war eine Nymphe, die dem altrömischen König Numa bei nächtlichen Zusammenkünften Ratschläge erteilte. Wir lernen sie in *Römische Geschichte 1, 19* und *21* kennen. Sie gab ihren Namen für eine geheime Ratgeberin eines Staatslenkers her.

Wenn zwei sich streiten, freut sich der Dritte.
Dem deutschen Sprichwort entspricht der lateinische Satz des Livius in *Römische Geschichte 5, 51, 8*: »Duobus litigantibus tertius gaudet.«

Nach demselben Zitat sagen wir:

Tertius gaudens – Der lachende Dritte.

Potius sero, quam nunquam – Lieber spät als nie
steht in *Römische Geschichte 4, 2, 11*.

Periculum in mora – Gefahr im Verzug
finden wir in *Römische Geschichte 38, 25, 13*: »Cum iam plus in mora periculi quam in ordinibus conservandis praesidii esset, omnes passim in fugam effusi sunt. (Als schon mehr Gefahr im Verzug lag als Sicherheit im Aufrechterhalten der Ordnung, stoben alle in planloser Flucht auseinander.)«

Es ist noch nicht aller Tage Abend
geht zurück auf *Ab urbe condita 39, 26, 9*: »Nondum omnium dierum solem occidisse. (Noch sei nicht die Sonne aller Tage untergegangen.)«

Tibull – um 50 v. Chr. bis 19 n. Chr.

Die Erde sei dir leicht! – Sit terra tibi levis!
Diesen Spruch finden wir seit der Antike auf vielen Grabsteinen. Er geht zurück auf Tibulls *Elegien 2*.
Dort heißt es über ein Mädchen, das gestorben ist und begraben wurde: »Terra securae sit super ossa levis. (Die Erde sei der Geborgenen über den Gebeinen leicht.)«

Publilius Syrus – etwa 50 v. Chr.

Dies diem docet – Ein Tag lehrt den andern
stammt aus der Sammlung von Sprüchen, die man im 1. Jahrhundert n. Chr. aus den Theaterstücken des populären Schriftstellers Publilius Syrus zusammenstellte.
Wir sagen auch:

Ein Tag ist des andern Lehrmeister.

Bis dat, qui cito dat. – Doppelt gibt, wer gleich gibt
ist nach einem Satz des Publilius Syrus gebildet: »Inopi benificium bis dat, qui dat celeriter. (Dem Armen gibt eine doppelte Gabe, wer schnell gibt.)«
Goethe greift die Sentenz in seinem Gedicht »Sprichwörtlich« auf: »Doppelt gibt, wer gleich gibt, hundertfach, der gleich gibt, was man wünscht und liebt.«

Lachende Erben
hat seinen Ursprung wahrscheinlich in zwei Stellen bei Publilius Syrus. Zum einen sagt er in seinem *221. Spruch*: »Heredis fletus sub persona risus est. (Das Weinen des Erben ist ein maskiertes Lachen.)«
Zum andern heißt es in den *Varronischen Sentenzen 12*: »Sic flet heres, ut puella nupta viro; utriusque fletus non apparens risus. (Ein Erbe weint wie eine Braut; beider Weinen ist heimliches Lachen.)«

Glück und Glas, wie bald bricht das
können wir auf die Sentenz zurückführen: »Fortuna vitrea est, tum cum splendet, frangitur. (Das Glück ist wie Glas: wenn es leuchtet, bricht es.)«

Geld regiert die Welt
sagen wir nach einem Spruch des Publilius Syrus, der da heißt: »Pecunia unum regimen est rerum omnium. (Geld ist der einzige Herr aller Dinge.)«
Im Deutschen ist die Redensart bereits in Georg Henischs *Teütsche Sprach und Weißheit* aus dem Jahr 1616 als sprichwörtlich angeführt. In der Oper *Margarete* von Charles Gounod (1818–1893) heißt es ähnlich: »Ja, das Gold regiert die Welt.«

Properz – 48 bis 16 v. Chr.

In magnis et voluisse sat est (Bei Großem genügt auch das Wollen) ist aus *Elegien 2, 10, 5–6*: »Quod si deficiant vires, audacia certe laus erit: in magnis et voluisse sat est. (Wenn auch die Kräfte versagen, so wird doch das kühne Beginnen rühmlich sein: schon genügt's, hat man nur Großes gewollt.)« Ähnliches steht schon bei *Tibull 4, 1, 7*: »Est nobis voluisse satis. (Uns genügt es, gewollt zu haben.)«

Ovid – 43 v. Chr. bis 17 n. Chr.

Principiis obsta! – Wehre den Anfängen!
empfiehlt Ovid in seinem Buch *Mittel gegen die Liebe 91*. Er führt weiter aus, was auch heute noch Gültigkeit hat: »Sero medicina paratur, cum mala per longas invaluere moras. (Zu spät wird das Heilmittel zubereitet, wenn erst das Übel durch langes Zuwarten stark geworden ist.)«

Am längeren Hebel sitzen

oder

Einen langen Arm haben
sagen wir nach einem Zitat aus *Heroides 16, 166*: »An nescis longas regibus esse manus? (Weißt du nicht, dass die Könige lange Hände haben?)« Gemeint sind wohl die Arme.

Ovid – Amores

Spectatum veniunt, veniunt spectentur ut ipsae (Zum Sehen kommen sie hin, hin kommen sie, dass man sie sehe)
zitieren wir aus *Amores 1, 99.*

Parta tueri (Erworbenes bewahren)
sagen wir nach *Amores 2, 13.*

Nitimur in vetitum semper cupimusque negata (Wir neigen zum Verbotenen immer und begehren Versagtes)
lesen wir in *Amores 3, 4, 17.*

Dar census honores (Einkommen verschafft Ehren)
sagen wir nach *Amores 3, 8, 55* und *Festkalender 1, 217.*

Perfer et obdura (Ertrage und halte aus)
finden wir in *Amores 3, 11, 7* und *Tristia 5, 11, 7.*
Ovid fährt in den *Amores* fort: »Dolor hic tibi proderit olim. (Dieser Schmerz wird dir einst nützen.)«
Und in den *Tristia:* »Multa graviora tulisti. (Viel Schwereres hast du erduldet.)«

Ovid – Metamorphosen

Rudis indigestaque moles (Eine rohe, ungeordnete Masse)
finden wir in *Metamorphosen 1, 7.*

Medio tutissimus ibis (In der Mitte wirst du am sichersten gehen)
ist aus *Metamorphosen 2, 137.*

Quamvis sint sub aqua, sub aqua maledicere tentant (Soviel sie auch im Wasser sind, im Wasser versuchen sie noch zu schimpfen)
sagt Ovid in den *Metamorphosen 6, 376* von den Fröschen, wobei er die Froschlaute nachahmt.

Video meliora proboque, deteriora sequor (Ich sehe das Bessere und lobe es: dem Schlechteren folge ich)
sagt Medea in *Metamorphosen 7, 20–21.*

Philemon und Baucis
sind ein altes, frommes und treu liebendes Ehepaar, von dem Ovid in den *Metamorphosen 8, 620–725* erzählt. Die Götter Jupiter und Merkur, von ihnen, obwohl unerkannt, gastlich aufgenommen, machten aus ihrer bescheidenen Hütte einen Tempel, dessen Diener sie sein durften, und erfüllten ihren Wunsch, sie zur selben Stunde sterben zu lassen.
Sie wurden in eine Eiche und eine Linde verwandelt.

Pia fraus – Frommer Betrug
stammt aus Ovids *Metamorphosen 9, 711*.

In Morpheus' Armen ruhen
geht zurück auf die Beschreibung des Gottes Morpheus in *Metamorphosen 11, 634 ff.*
Der Gott der Träume war ein Sohn des Schlafgottes Somnus und verantwortlich für die Besuche nächtlicher Traumgestalten.

Phönix aus der Asche

oder

Sich wie Phönix aus der Asche erheben
sagen wir nach *Metamorphosen 15, 392 ff.*
Der Phönix ist ein sagenhafter Vogel, der den Ägyptern heilig war, das Sinnbild einer Auferstehung, ursprünglich als Bachstelze dargestellt, später als Reiher oder auch als Adler mit rotem und goldenem Gefieder.
Schon *Herodot 2, 73* erzählt von ihm: Der Phönix komme alle 500 Jahre, wenn sein Vater gestorben sei, aus seiner Heimat Arabien nach Ägypten, um dort den Leichnam seines Vaters zu begraben.
Tacitus berichtet in *Annalen 6, 28* Ähnliches.
Bei Ovid finden wir die Sage in der uns bekannten Form: Jedes Mal, wenn der Phönix, dessen Name nach Ovid von den Assyriern stammt, ein hohes Alter erreicht hatte, verbrannte er sich selbst auf einem Scheiterhaufen und stieg aus seiner Asche verjüngt hervor.
Im späten Altertum nannte man als Heimat des Vogels Indien (Claudian, um 400 n. Chr.). Das Motiv der Selbstverbrennung wurde von den

Kirchenvätern und Dichtern des frühen Christentums auf Christus und dessen Auferstehung übertragen. So bei Laktanz (3. Jahrhundert) in seinem *Lied vom Vogel Phönix.*
Der *Physiologus,* ein im 3. oder 4. Jahrhundert n. Chr. entstandenes Werk über Tiersymbolik, gab diese Anschauung an das Mittelalter weiter und regte auch die bildende Kunst dieser Zeit zu zahlreichen Darstellungen an.

Tempus edax rerum (Die Zeit, die die Dinge zernagt)
zitieren wir nach *Metamorphosen 15, 234.*

Ovid – Festkalender

Pauper ubique iacet (Der Arme ist immer unten)
steht in *Festkalender 1, 218* von Ovid, der mit vollem Namen Publius Ovidius Naso hieß.

Est deus in nobis, agitante calescimus illo (In uns wohnet ein Gott, wir erglühn durch seine Belebung)
lesen wir in *Festkalender 6, 5.*

Ovid – Tristia

Donec eris felix, multos numerabis amicos: Tempora si fuerint nubila, solus eris. (Solange du glücklich bist, wirst du viele Freunde zählen: Werden die Zeiten umwölkt, bist du allein.)
Diese Erkenntnis verdanken wir *Tristia 1, 9, 5–6.*

Bene qui latuit, bene vixit (Wer gut verborgen war, hat gut gelebt)
heißt es in *Tristia 3, 4, 25.* Ovids Spruch war der Wahlspruch des Philosophen Descartes. »Lebe im Verborgenen«, empfahl schon Epikur.

Manchmal wird auch zitiert:

Bene vixit, qui bene latuit.

Est quaedam flere voluptas (Im Weinen liegt eine gewisse Wonne)
wissen wir seit *Tristia 4, 3, 37.*

Barbarus hic ego sum, quia non intelligor ulli (Ein Barbar bin ich hier, wo mich keiner versteht)
sagen wir nach den Klageliedern *Tristia 5, 10, 37*, die Ovid in der Verfassung schrieb.

Ovid – Briefe aus dem Pontus

Besser als der Ruf sein
bilden wir nach den *Briefen aus dem Pontus 1, 2, 143*, in denen der 8 n. Chr. vor Augustus verbannte römische Dichter schreibt: »Ipsa sua melior fama. (Sie selbst war besser als ihr Ruf.)«
Schiller legte die Worte der schottischen Königin Maria Stuart im gleichnamigen Drama in den Mund (*Maria Stuart 3, 4*), wo sie sagt: »Ich kann sagen, ich bin besser als mein Ruf.«
Trotz des abweichenden Sinnes gehören auch die Worte des Perikles in seiner Rede auf die gefallenen Athener (*Thukydides 2, 41*) hierher, dass die Stadt Athen (noch!) besser als ihr Ruf sei.

Letzte Hand anlegen
sagen wir nach den *Briefen aus dem Pontus 1, 7*: »Nec tamen illa legi poterunt patiento ab ullo, nesciet his summam siquis abesse manum. (Dennoch wird niemand sie lesen können, wenn er nicht weiß, dass ihnen die letzte Hand fehlt.)«

Ut desint vires, tamen est laudanda voluntas (Wenn's auch an Kräften gebricht, so ist doch der Wille zu loben)
steht in *Briefe aus dem Pontus 3, 4, 79*. Wir sagen auch:

Der Wille zählt.

Seneca der Jüngere – 4 bis 65

Wie ein Ei dem anderen gleichen.
Dazu finden wir in *Apocolocyntosis 11, 5* eine Stelle, wo Seneca Crassus Frugi beschreibt: »... hominem tam similem sibi quam ovo ovum. (... einen Menschen, der ihm so ähnlich sieht wie ein Ei dem anderen.)«

Adel sitzt im Gemüt, nicht im Geblüt.
Das deutsche Sprichwort geht auf Seneca zurück, bei dem es in den

Briefen 44, 5 heißt: »Non facit nobilem atrium plenum fumosis imaginibus, animus facit nobilem. (Adlig macht nicht ein Haus voll berühmter Ahnenbilder, das Gemüt macht den Edlen.)«

Per aspera ad astra (Auf rauen Wegen zu den Sternen)
hat wohl vormals ein Lateinlehrer aus dem Drama *Der rasende Herkules 437* geschöpft: »Non est ad astra mollis e terris via. (Es ist kein bequemer Weg von der Erde zu den Sternen.)«
Vielleicht hat Seneca hier auch eine Anleihe bei Vergil gemacht, der in *Aenais 9, 641* geschrieben hat: »Sic itur at astra!« (→ Vergil, S. 169)

Nullum magnum ingenium sine mixtura dementiae fuit
(Kein großer Geist war ohne Beimischung von Wahnsinn)
heißt es in Senecas Schrift *Von der Ruhe des Gemüts 17, 10.*

Plinius der Ältere – 23 bis 79

In nuce. (In einer Nuss.)
Das will sagen: in gedrängter Form. Plinius schreibt in seiner *Naturgeschichte 7, 21, 85*: »Cicero berichtet von einer Pergamenthandschrift der homerischen Ilias, die in einer Nussschale Platz gehabt hat.«

Cum grano salis (Mit einem Körnchen Salz)
hat heute die Bedeutung »mit Einschränkungen; nicht ganz wörtlich zu nehmen«.
Die Redensart geht auf die *Naturgeschichte 23, 8* zurück, wo Plinius schreibt, dass die Wirkung eines bestimmten Gegengiftes nur durch das Hinzufügen dieses Körnchens Salz gewährleistet sei.

Basiliskenblick.
Ein Basilik ist ein sagenhaftes Wesen mit Hahnenkopf, Drachenleib und Schlangenschwanz. Erste Darstellungen finden sich im alten Orient. Sein Atem ist giftig und sein Blick tödlich für den Menschen. So lesen wir in der *Naturgeschichte 29, 19.*
Aus *Naturgeschichte 8, 33* erfahren wir zudem, dass der Name Basilisk (»Königseidechse«) daher stammt, dass man den kennzeichnenden weißen Fleck auf dem Kopf der Eidechse als Krone ansah.

Nullus est liber tam malus, ut non aliqua parte prosit
(Kein Buch ist so schlecht, dass es nicht in irgendeiner Hinsicht nützen könnte)
ist ein Satz, den der ältere Plinius gern im Munde geführt hat, wie sein Neffe, der jüngere Plinius (um 62 bis um 114 n. Chr.), in seinen *Briefen 3, 5* berichtet.

Phaedrus – um 30 n. Chr.

Kein Wässerchen trüben (können)
geht auf die *erste Fabel* des Phaedrus zurück. Ein Wolf ruft einem Lamm, das unterhalb von ihm aus einem Bach trinkt, zu: »Warum hast du mir, der ich trinke, das Wasser getrübt?«, um es »zur Strafe« auffressen zu können.

Wer einmal lügt, dem glaubt man nicht, und wenn er auch die Wahrheit spricht.
Diese Erkenntnis leiten wir ab aus einem Satz des Fabeldichters Phaedrus. In der viel gelesenen *Fabel 1,10* heißt es: »Wer durch Betrug einmal aufgefallen ist, hat, selbst wenn er die Wahrheit spricht, die Glaubwürdigkeit verloren.«

Aufgeblasener Frosch
sagt man nach der *Fabel 1, 24*. In dieser holt ein Frosch, neidisch auf die Größe des Ochsen, so lange Luft, bis er platzt.

Valerius Maximus – um 30 n. Chr.

Meine Wenigkeit – Mea parvitas.
Als »meine Wenigkeit« bezeichnete sich Valerius Maximus in der Widmung seiner *Factorum et dictorum memorabilium libri 10* an den Kaiser Tiberius.

Valerius Flaccus – 34 bis 62

O quantum est in rebus inane (O wie viel Leeres ist in der Welt)
sagen wir nach *Satirae 1, 1*, die aus der Feder des römischen Epikers Gaius Valerius Flaccus stammen. Er gehört zu den so genannten »Nachklassikern«.

Mit dem Finger auf jemanden zeigen
wir nach *Satirae 1, 28*: »At pulchrum est digito monstrari et dici: Hic est! (Aber schön ist es doch, wenn mit dem Finger auf einen gezeigt und gesagt wird: Der ist es!)«

Quintilian – um 35 bis um 96

Lucus a non lucendo.
»Lucus (Wald) heißt so, weil es dort non lucet (nicht hell ist)«, sagt man zu einer Worterklärung, die sich fälschlich auf ähnlichen Wortklang stützt.
Das Beispiel, aus *Lehrbuch der Redekunst 1, 6*, ist nicht glücklich gewählt, denn »lucus« bedeutet ursprünglich »Lichtung« und hängt also doch mit »lucere« zusammen.
Besser hätte man sich für

Canis a non canendo
entschieden: »Canis (der Hund) heißt so, weil er non canit (nicht singt).« Das steht im Buch *Über die lateinische Sprache 7, 32* des Gelehrten und Schriftstellers Marcus Terentius Varro.

Mendacem memorem esse oportet (Der Lügner muss Gedächtnis haben)
steht im *Lehrbuch der Redekunst 5, 2, 91*.
Das ist die Grundlage des deutschen Sprichworts:

Ein Lügner muss ein gutes Gedächtnis haben.

Lukan – 39 bis 65

Victrix causa diis placuit, sed victa Catoni (Die siegreiche Sache gefiel den Göttern, die unterlegene aber dem Cato)
ist ein Vers aus *Pharsalia* des in Cordoba geborenen römischen Dichters, einem Epos, das den Bürgerkrieg zwischen Caesar und Pompeius behandelt. Cato ist hier Cato Uticensis, der sich umbrachte, nachdem die Sache der römischen Republik durch Caesars Siege hoffnungslos geworden war.

Furor teutonicus (teutonisches Ungestüm)
finden wir bereits in Lukans *Pharsalia 1, 256*.

Ein Schatten seiner selbst sein.
Diese Sentenz geht auf eine Formulierung aus *Pharsalia* zurück, in der der gegen Caesar unterlegene und sichtlich mitgenommene Pompeius mit dem Beinamen »magni nominis umbra« (Schatten seines großen Namens) belegt wird.

Petronius Arbiter – † 66

Arbiter elegantiae (Schiedsrichter des guten Geschmacks)
ist ein Ehrentitel, der auf den Satiriker Petronius Arbiter zurückgeht, der diese Funktion am Hofe Kaiser Neros innehatte. Sein Werk *Satiricon* enthält eine ganze Reihe uns geläufiger Sentenzen.

Cave canem! – Vorsicht vor dem Hunde!
wird allgemeiner auch gebraucht als: »Nimm dich in Acht!« In diesem Sinn verwendet die Sentenz Petronius Arbiter in seinem *Satiricon*.

Fische wollen schwimmen – Pisces natare oportet
sagen wir nach *Satiricon 39*. Wir gebrauchen dies häufig als Ausrede, um nach einem Fischgericht dem Alkohol zuzusprechen.

Den Sack schlägt man, den Esel meint man – Qui asinum non potest, stratum caedit
zitieren wir nach *Satiricon 45*.

Wie der Herr, so's Gscherr.
»Gscherr« kommt hierbei von »Geschirr«, was früher allgemein für »Werkzeug« oder »Arbeitsgerät« stand.
Diesen im süddeutschen Raum weit verbreiteten Satz gebrauchen wir nach *Satiricon 58*: »Qualis dominus, talis et servus. (Wie der Herr, so ist auch der Knecht.)«

Lass dir dein Lehrgeld zurückgeben
wurde ebenfalls nach einer Sentenz aus *Satiricon 58* gebildet: »Iam scies, patrem tuum mercedes perdidisse. (Du wirst bald merken, dass dein Vater das Lehrgeld umsonst ausgegeben hat.)«

Von Kopf bis Fuß.
Die uns allen geläufige Sentenz geht wahrscheinlich zurück auf *Satiricon 106*: »A capillis usque ad ungues. (Von den Haaren bis zu den Zehen.)« Ähnliches liest man indes schon im Alten Testament bei *5. Mos. 28, 35* (→ S. 29).

Martial – etwa 40 bis 102

Mäzen
als Bezeichnung eines Kunstfreundes und Förderers von Künstlern geht auf den römischen Staatsmann und Freund des Augustus, Maecenas, zurück, der dem Dichter Horaz ein Landgut schenkte und auch Vergil und Properz unterstützte.
Die übertragene Bedeutung seines Namens finden wir zuerst bei Martial in dessen *Epigrammen 8, 56*: »Sint Maecenates, non deerunt, Flacce, Marones. (O Flaccus, wenn es nur Mäzene gibt, wird es auch Vergile [Dichter] geben.)«

Cedo maiori. (Vor dem Größeren trete ich zurück.)
Im *Schauspielbüchlein 31* heißt es: »Cedere maiori virtutis fama secunda est. (Dem Größeren weichen ist der zweite Ruhm der Tugend.)«

Und »maiori cedo« lesen wir in einer unter dem Namen *Catonis disticha* aus dem 4. Jahrhundert n. Chr. überlieferten Spruchsammlung, die im Mittelalter hoch geschätzt war.

Die Arbeit an und für sich macht schon Vergnügen – Iuvat ipse labor.
Dieses geflügelte Wort finden wir in den *Epigrammen 1, 107*.

Bonus vir semper tiro (Ein guter Mann bleibt immer Anfänger)
sagen wir nach *Epigramme 12, 51*: »Semper homo bonus tiro est.« Das heißt, er wird oft getäuscht, weil er unbefangen ist wie ein Kind.

Vor Neid platzen
geht zurück auf *Distichon 9, 98*: »rumpitur invidia (vor Neid bersten)«.

Juvenal – etwa 60 bis 140

Difficile est satiram non scribere (Es ist schwer, keine Satire zu schreiben) stammt aus *Satiren 1, 30*.

Ein seltener Vogel (Rara avis)
ist in übertragener Bedeutung für »ein seltenes Wesen« zuerst von Juvenal in *Satiren 6, 164* gebraucht worden.

Probitas laudatur et alget (Rechtschaffenheit wird gepriesen und friert)
zitieren wir nach *Satiren 1, 74*.

Facit indignatio versum (Es macht die Entrüstung den Vers)
steht in *Satiren 1, 79*.

Inde irae et lacrimae (Daher Zorn und Tränen)
sagen wir nach *Satiren 1, 168*.

Quis tulerit Gracchos de seditione querentes? (Wer mag die Gracchen ertragen, die Klagen erheben um Aufruhr?)
Das bedeutet: Wer mag auf den hören, der selbst das tut, wogegen er eifert? Wir sagen so nach *Satiren 2, 24*.

Alles verzeihen die Kritiker den Raben und peinigen die Tauben! – Dat veniam corvis, vexat censura columbas!
Dies sagt Juvenal in seinen *Satiren 2, 63*.

Vitam impendere vero
(Sein Leben dem Wahren weihen)
finden wir in *Satiren 4, 91*.

Sic volo, sic iubeo: sit pro ratione voluntas. (So will ich's, so befehle ich: statt des Grundes genüge der Wille.)
So sagen wir leicht abgewandelt nach *Satiren 6, 223*. Dort steht »hoc volo (das will ich)« an Stelle von »sic volo«.

Wer kontrolliert die Kontrolleure?
Diese Frage warf bereits Juvenal in den *Satiren 6, 347* auf: »Quis custodiet ipsos custodes? (Wer wird die Wächter selbst bewachen?)«

Displicuit nasus tuus (Es missfiel deine Nase)
steht in *Satiren 6, 495*. Wir sagen auch:

Deine Nase passt mir nicht!

Aufgewärmter Kohl – Crambe repetita
findet sich in *Satiren 7, 154*. Dort spricht Juvenal von den armen Lehrern, die immer wieder denselben Stoff durchnehmen müssen: »Occidit miseros crambe repetita magistros. (Immer wieder aufgewärmter Kohl bringt die armen Lehrer um.)«
Das Zitat ist wohl ein Rückgriff auf das ältere griechische Sprichwort »Zweimal hintereinander Kohl ist der Tod«.

Ein weißer Rabe
im Sinne von »eine große Seltenheit« finden wir in *Satiren 7, 202*.
In Hugo von Trimbergs Lehrgedicht *Der Renner 842 f.* (um 1300) heißt es: »Selten wir gesehen haben schwarze Schwanen und weiße Raben.«

Non propter vitam vivendi perdere causas (Nicht um des Lebens willen des Lebens Zwecke aufgeben)
sagen wir nach *Satiren 8, 84*.

Mens sana in corpore sano – Gesunder Geist in einem gesunden Körper
ist aus *Satiren 10, 356*. Juvenal rät dort den Menschen, die Götter um einen gesunden Geist in einem gesunden Körper zu bitten: »Orandum est, ut sit mens sana in corpore sano.«
Die Turnerbewegung des 19. Jahrhunderts benutzte die Sentenz für ihre Zwecke und legte sie dahin gehend aus, dass nur in einem durch Ertüchtigung gestählten Körper ein wacher Geist wohnen könne.

Publius Cornelius Tacitus – um 55 bis nach 115

Sine ira et studio (Ohne Zorn und ohne Vorliebe), also unparteiisch, so wollte der Geschichtsschreiber Tacitus seine *Annalen 1, 1* schreiben.

Ruere in servitium (Sie stürzten sich in die Unterwürfigkeit) sagen wir nach *Annalen 1, 7* des Publius Cornelius Tacitus.

Plinius der Jüngere – um 62 bis um 114

Sit venia verbo – Mit Verlaub gesagt
bilden wir nach den *Briefen 5, 6, 46*: »Venia sit dicto«, heißt es dort.

Non multa, sed multum (Viel, nicht vielerlei) geht auf *Briefe 7, 9, 15* zurück: »Aiunt multum legendum esse, non multa. (Es heißt, man soll viel lesen, nicht vielerlei.)«
Vielleicht wollte Plinius damit eine Anspielung auf den Satz in Quintilians *Redekunst 10, 1, 59* machen: »Multa magis quam multorum lectione formanda mens. (Der Geist ist eher durch viele als durch vielerlei Lektüre zu bilden.)«

Terentianus Maurus – Ende 3. Jahrhundert

Habent sua fata libelli –
Bücher haben ihre Schicksale
stammt aus dem Lehrgedicht *De litteris 258* (Über die Artikulation der Buchstaben) des afrikanischen Grammatikers. Dort steht: »Pro captu lectoris habent sua fata libelli. (Je nach Aufnahme durch die Leser haben die kleinen Büchlein ihre Schicksale.)«
Manchmal sagen wir auch:

Wörter haben ihre Schicksale,
wenn es nicht um ein ganzes Werk, sondern um die Verbreitungsgeschichte von Wörtern oder Begriffen geht.

Hieronymus – 347 bis 420

Aus der Not eine Tugend machen.
In den *Apologien gegen die Bücher des Rufinus 3, 2* des Kirchenvaters heißt es: »Facis de necessitate virtutem. (Du machst aus der Not eine Tugend.)«

In einem Brief soll Hieronymus auch den Rat erteilt haben: »Fac de necessitate virtutem! (Mach aus der Not eine Tugend!)«

Einem geschenkten Gaul schaut man nicht ins Maul
geht auf ein lateinisches Sprichwort zurück, das Hieronymus im Vorwort seines *Kommentars zum Epheserbrief* anführt: »Schau dir nicht die Zähne eines geschenkten Pferdes an.«
Auch ins Französische und Englische ist das Sprichwort eingegangen.
Die Schauspielerin und Sängerin Hildegard Knef betitelte ihre Memoiren mit *Der geschenkte Gaul.*

Wer sich entschuldigt, klagt sich an
ist aus dem Französischen zu uns gekommen: »Qui s'excuse, s'accuse.«
Diese Sentenz geht zurück auf den *Brief 4, 3* des Hieronymus: »Dum excusare credis, accusas. (Indem du zu entschuldigen glaubst, klagst du an.)«

Eunapius – um 345

Ein wandelndes Konversationslexikon
wird genannt, wer alles weiß.
Verbreitung fand die Wendung bei uns durch E. T. A. Hoffmann. Er bezeichnete in der *Brautwahl* den Sekretär Tusmann als »ein lebendiges Conversations-Lexikon«.
Aber schon im Altertum schrieb Eunapius in seinem *Leben des Porphyrius* von dessen Lehrer Longinus (213–273 n. Chr.), er sei »eine lebende Bibliothek und ein wandelndes Museum« gewesen.
Manchmal sagen wir auch »eine wandelnde Bibliothek«.

Augustinus – 354 bis 430

Nimm und lies! – Tolle, lege!
ist uns überliefert in *Bekenntnisse 8, 12*. Augustinus schildert dort, wie er mit diesen Worten beim Meditieren im Garten seines Hauses in Mailand von einer Stimme zum Lesen einer Bibelstelle (Paulus' *Brief an die Römer 13, 13*) aufgefordert wurde, die ihm den Weg in den Dienst der Kirche wies.

Unruhig ist unser Herz, bis es ruht in dir
spricht der Augustinus zu Gott im Anfang seiner *Bekenntnisse*: »Inquietum est cor nostrum, donec requiescat in te.«

Luftschlösser bauen
wir seit den *Predigten 2, 6* des Kirchenvaters Augustinus.
Von dieser Stelle stammt der Ausdruck: »Subtracto fundamento in aëre aedificare (nachdem einem das Fundament entzogen ist, in die Luft bauen)«.

Mit der Muttermilch eingesogen
kommt aus *Bekenntnisse 8, 3, 4*: »Nomen salvatoris in ipso adhuc lacte matris cor meum praebiberat.
(Den Namen des Erlösers hat mein Herz mit der Muttermilch eingesogen.)«

Macrobius – um 400

Eine Krähe hackt der anderen kein Auge aus – Cornix cornici numquam oculos effodit.
Diese Sentenz ist uns aus den *Saturnalia 7, 5* bekannt: »Tamquam cornix cornici oculos effodiat. (Als ob eine Krähe der anderen ein Auge aushackte.)«

Vegetius – um 400

Si vis pacem, para bellum – Wenn du Frieden willst, rüste zum Krieg
ist vermutlich aus den Worten des spätrömischen Kriegsschriftstellers in *Auszug aus der Kriegswissenschaft* entstanden: »Qui desiderat pacem, praeparet bellum. (Wer den Frieden wünscht, bereite den Krieg vor.)«

Arnobius der Jüngere – um 450

Aufgeschoben ist nicht aufgehoben
geht zurück auf das »Quod differtur, non aufertur (was aufgeschoben wird, ist nicht aufgehoben)« im *Kommentar zu Psalm 36* des römischen Mönches und Schriftstellers.

Notker Balbulus – um 840 bis 912

Mitten im Leben sind wir vom Tod umfangen
ist die Abwandlung der ersten Zeile eines alten Kirchenliedes, das Luther 1524 fortgeführt hat. Sie geht wohl zurück auf die lateinische Sequenz »Media vita« des mittelalterlichen Dichters Notker Balbulus.

Alanus ab Insulis – 1114 bis 1202

Auf Regen folgt Sonne

bilden wir nach dem lateinischen

Post nubila Phoebus. (Nach den Wolken erscheint Phoebus.)
Phoebus ist ein Beiname des griechischen Sonnengottes Apollo und steht für die Sonne. Diese Sentenz wird in Sebastian Francks Sprichwörtersammlung von 1541 aufgeführt.
Die Wendung geht auf einen Vers des Scholastikers und Dichters Alanus ab Insulis (Alain de Lille) zurück, der in *Doctrinale altum seu liber parabolarum* schreibt: »Gratior est solito post maxima nubila Phoebus ... (Lieblicher scheinet als sonst, nach mächtigen Wolken Phoebus ...)«
Der Aktionskünstler Joseph Beuys (1921–1986) wandelte den Spruch in einem kritischen Song über den Ex-Präsidenten der Vereinigten Staaten, Ronald Reagan, ab: »Auf Reagan folgt Sonne.«

Nivardus von Gent – um 1150

Isegrim
als Namen für den Wolf finden wir erstmals in einem satirischen Tierepos mit dem Titel *Ysengrimus*. Einen griesgrämigen und grimmigen Menschen bezeichnen wir damit etwa seit dem 18. Jahrhundert. Den Wölfen wird damit sicher Unrecht getan.

Thomas von Celano – um 1190 bis um 1260

Dies irae, dies illa (Tag des Zornes, jener Tag)
ist der Anfang eines Hymnus auf das Weltgericht, der wahrscheinlich von dem Franziskaner Thomas von Celano gedichtet wurde: »Dies irae, dies illa solvet saeculum in favilla. (Tag der Rache, Tag der Zähren, wird die Welt in Asche kehren.)« Schon Luther übersetzte *Zef. 1, 15*: »Dieser Tag ist ein Tag des Grimms. Seit dem 14. Jahrhundert bildet der Hymnus

einen Teil der katholischen Totenmesse. Goethe konfrontiert Gretchen in *Faust I, Dom* mit dieser Anspielung auf das Jüngste Gericht.

Jacopone da Todi – um 1230 bis 1306

Mater dolorosa – Schmerzensreiche Mutter

als Bezeichnung für die Mutter Jesu geht zurück auf die Sentenz »Stabat mater dolorosa«, die dem italienischen Dichter Jacopone da Todi zugeschrieben wird. Todi ist eine Stadt im südlichen Umbrien.

Heinrich von Seuse – 1295 bis 1366

In dulci jubilo – Nun singet und seid froh!

Diese Zeile stammt aus einer Handschrift aus dem 14. Jahrhundert, die die Lebensbeschreibung des deutschen Mystikers und Dominikanermönches enthält. Der Text des mittelalterlichen Weihnachtslieds mit gemischt deutsch-lateinischem Text wird ihm zugeschrieben.

Der Ausdruck ist von Studentenliedern aufgegriffen worden und hat dabei die Bedeutung »in Saus und Braus« angenommen.

Francesco Petrarca – 1304 bis 1374

Poeta laureatus. (Der mit Lorbeer bekränzte Dichter.)

Der Italiener Francesco Petrarca war der erste Dichter, der diesen seit der Antike vergebenen Titel in einer quasi staatlichen Zeremonie verliehen bekam.

Er wurde 1341 durch einen römischen Senator mit dem Lorbeerkranz gekrönt. Zur Zeit des Humanismus wurden diese Dichterkrönungen zur Institution.

In Deutschland verlor der Brauch nach dem 16. Jahrhundert an Bedeutung, am englischen Königshof besteht diese Tradition bis heute fort.

Erasmus von Rotterdam – um 1467 bis 1536

Lob der Torheit

nannte der niederländische Humanist eine satirische Schrift, die zu seinen bekanntesten Werken zählt.

Durch Schaden wird man klug.

Den Ursprung dieser Sentenz können wir bis Erasmus von Rotterdam zurückverfolgen, der mit der *Adagia* die erste Sammlung von Sprich-

wörtern geschaffen hat, die von der Bibel über die Antike bis in seine Lebenszeit hineinreicht. Der oben zitierte Spruch gehört zu einer Reihe von Zitaten, die sich erst bei ihm belegen lassen und deshalb ihrer Entstehung nach wahrscheinlich in die nachantike Zeit fallen.
In *Adagia 1, 1* lesen wir: »Malo accepto stultus sapit. (Durch erlittenen Schaden wird der Dumme gescheit.)«

Eine Nacht über etwas schlafen (müssen)
sagen wir nach *Adagia 2, 2*: »Super hac re indormiam. (Darüber muss ich schlafen.)«

Krokodilstränen weinen
wir nach *Adagia 2, 4*. Die »crocodili lachrymae« sind in ganz Europa geflügelt geworden.

Der Fisch beginnt am Kopf zu stinken
finden wir in *Adagia 4, 2*: »Piscis primum a capite foetet.«

Weder Fisch noch Fleisch
als die Bezeichnung für Unentschiedenes, Zwitterhaftes finden wir in *Adagia 4, 5*: »Neque caro est, neque piscis. (Er ist weder Fisch noch Fleisch.)«

Ulrich von Hutten – 1488 bis 1523

Dunkelmänner
geht zurück auf die 1515 und 1517 in zwei Bänden erschienenen *Epistolae obscurorum virorum* (»Briefe dunkler Männer«), worin »dunkel« im Sinne von »nicht berühmt«, »unbekannt« gebraucht wird. Diese Schrift spielte an auf Reuchlins 1514 herausgegebene *Epistolae clarorum virorum* (»Briefe berühmter Männer«).
Die *Dunkelmännerbriefe*, verfasst u.a. von dem Humanisten Ulrich von Hutten, richteten sich gegen scholastische Theologen, die Reuchlin feindlich gesonnen waren. Die heutige Bedeutung des Ausdrucks »Dunkelmänner«, nämlich »diejenigen, die kein Interesse an der Aufklärung eines Sachverhaltes haben«, ist erst im 19. Jahrhundert entstanden (→ Heines *Deutschland, ein Wintermärchen*, Kap. 4).

Es ist eine Lust zu leben

sagen wir nach dem lateinischen Satz Ulrich von Huttens, mit dem er seinen Brief an Pirckheimer vom 25. Oktober 1518 schloss: »O saeculum! O literae! Juvat vivere – O Jahrhundert! O Wissenschaften! Es ist eine Lust zu leben.« Man sagt auch: »Die Geister erwachen, es ist eine Lust zu leben.«

Francis Bacon – 1561 bis 1626

Semper aliquid haeret – Es bleibt immer etwas hängen.

Diese Sentenz zitiert Goethe in *Dichtung und Wahrheit 10*. Sie geht zurück auf ein Wort von Francis Bacon in *De dignitate et augmentis scientiarum 8, 2, 34*: »Audacter calumniare, semper aliquid haeret. (Nur frech verleumden, immer bleibt etwas hängen.)«

Sinngemäßes finden wir schon in der Antike.

In der Schrift *Über den Schmeichler und den Freund 24* lässt Plutarch einen Schmeichler den Rat geben, »kühn mit Verleumdungen zu packen und zu beißen; wenn auch die Wunde des Gebissenen heilt, so bleibt doch die Narbe der Verleumdung«.

Taubmann – 1565 bis 1613

Et ab hoc et ab hac et ab illa

ist aus dem Vers des Wittenberger Professors Taubmann: »Quando conveniunt Ancilla, Sibylla, Camilla, garrire incipiunt et ab hoc et ab hac et ab illa. (Wenn Ancilla, Sibylla, Camilla zusammenkommen, fangen sie an zu schwatzen von dem und von der und von jener.)«

In Göpels *Kommersbuch* findet sich als Kanon: »Quando conveniunt Catharina, Sibylla, Camilla, sermones faciunt vel ab hoc vel ab hac vel ab illa.«

Johann Manlius – um 1600

Gott schütze mich vor meinen Freunden, vor meinen Feinden will ich mich selber schützen.

In der Sprichwörtersammlung *Loci communes 2, 246* aus dem Jahr 1594 wird erzählt, König Antigonus habe ein Bittopfer gebracht, damit Gott ihn vor seinen Freunden schütze. Für diese Bitte hatte der König folgende Erklärung: »Ab inimicis possum mihi ipsi cavere, ab amicis vero non. (Vor meinen Feinden kann ich selbst auf der Hut sein, vor meinen Freunden aber nicht.)«

Paul Aler – 1656 bis 1726

Stufen zum Parnass – Gradus ad Parnassum
ist der Titel einer Anleitung des Jesuiten Aler zum Schreiben lateinischer Verse aus dem Jahr 1687. Der »Parnass« ist ein Gebirge in Griechenland und gilt seit der Antike als »Sitz der Dichtkunst«.

Christian Wilhelm Kindleben – 1748 bis 1785

Gaudeamus igitur, iuvenes dum sumus. (Freuen wir uns also, solange wir jung sind.)
Das ist die oft gesungene Anfangszeile des wohl bekanntesten deutschen Studentenliedes »De brevitate vitae«, die uns in dieser Form in den *Studentenliedern* des Dichters Christian Wilhelm Kindleben aus dem Jahr 1781 überliefert ist. 1880 griff Johannes Brahms die Melodie in seiner *Akademischen Festouvertüre* auf.
Die Urform des »Gaudeamus« findet sich jedoch bereits in Ludvig Holbergs (1684–1754) Schauspiel *Der 11. Junius* und kann zurückverfolgt werden bis zu einem Kirchenlied aus dem Jahr 1267.

Philosophie

Plautus – um 254 bis 184 v. Chr.

Homo homini lupus. (Der Mensch ist dem Menschen ein Wolf.)
Schon in der *Eselskomödie 2, 4, 88* des Plautus heißt es: »Lupus est homo homini, non homo, quom qualis sit non novit. (Ein Wolf ist der Mensch den Menschen, kein Mensch, wenn er nicht weiß, wie dieser geartet ist.)«
Mit »Homo homini lupus« beschrieb der englische Philosoph Thomas Hobbes (1588–1679) in seinem staatstheoretischen Werk *Leviathan oder Der kirchliche und bürgerliche Staat*, das erst 1794 auf Deutsch erschien, den Urtrieb des Menschen nach Selbsterhaltung und das Streben nach absoluter Macht.
Wir bezeichnen damit heute den Menschen als ärgsten Feind seiner eigenen Art.

Cicero – 106 bis 43 v. Chr.

Die Gedanken sind frei.

In der *Rede für Milo 29, 79* sagt Cicero: »Liberae sunt nostrae cogitationes. (Frei sind unsere Gedanken.)«

»Gedanken sind zollfrei« lesen wir bei Martin Luther in *Von weltlicher Obrigkeit* aus dem Jahr 1523.

Verbreitet wurde die Sentenz in Deutschland aber vor allem durch das gleichnamige Lied aus der Sammlung *Des Knaben Wunderhorn* von Clemens von Brentano und Achim von Arnim aus dem Jahr 1806: »Die Gedanken sind frei, wer kann sie erraten? Sie fliehen vorbei wie nächtliche Schatten.« Auch Joseph von Eichendorff (1788–1857) griff die Sentenz in dem Gedicht »Verschwiegene Liebe« auf: »Wer mag sie erraten, wer holte sie ein? Gedanken sich wiegen, die Nacht ist verschwiegen, Gedanken sind frei.«

Errare malo cum Platone, quam cum istis vera sentire. (Lieber will ich mit Plato irren als mit denen das Wahre denken.)

Cicero meinte mit dieser Sentenz in *Gespräche in Tuskulum 1, 17, 39* die Anhänger des Pythagoras, deren Lehren er nichts abgewinnen konnte.

Semper idem – Immer derselbe.

Cicero erzählt in den *Gesprächen in Tuskulum 3, 15, 31* eine Geschichte von Sokrates. Er schreibt, dessen Gesichtsausdruck sei immer derselbe gewesen, ob er von zu Hause fortging oder nach Hause kam: »Mit Recht war der Ausdruck immer derselbe, weil der Geist, durch den er entsteht, unverändert blieb.«

Lucrez – 98 bis 55 v. Chr.

De nihilo nihil (Aus nichts wird nichts)

zitieren wir aus dem Gedicht *Über die Natur*, das der Lehre Epikurs folgt. Aber schon Aristoteles in *Physik 1, 4* schrieb den Gedanken nieder, dass aus dem Nichtseienden nichts entstehe.

In den *Selbstbetrachtungen 4, 4* des Kaisers Mark Aurel (121 bis 180 n. Chr.) heißt es: »Von nichts kommt nichts, so wenig als etwas in das Nichts übergeht.« Daher wahrscheinlich auch unser Sprichwort:

Von nichts kommt nichts.

Seneca der Jüngere – 4 bis 65

Longum iter est per praecepta, breve et efficax per exempla (Lang ist der Weg durch Lehren, kurz und wirksam durch Beispiele) heißt es im *6. Brief* des Seneca.

Docendo discitur (Durch Lehren wird gelernt)

oder

Docendo discimus (Durch Lehren lernen wir)
beruht auf einer Stelle im *7. Brief*: »Homines cum docent discunt. (Die Menschen lernen, indem sie lehren.)«

Non scholae, sed vitae discimus – Nicht für die Schule, fürs Leben lernen wir
geht auf den genau umgekehrten Satz im *106. Brief an Lucilius* des Philosophen Seneca zurück: »Non vitae, sed scholae discimus. (Nicht für das Leben, für die Schule lernen wir.)« Damit kritisierte Seneca die populären Philosophenschulen seiner Zeit, die nach seiner Meinung nur Schulweisheiten und kein für das Leben nützliches Wissen vermittelten. Aus dieser Sinngebung entwickelte sich der uns bekannte Satz.

Ducunt volentem fata, nolentem trahunt (Den Willigen führt das Geschick, den Störrischen schleift es mit)
heißt es im *107. Brief*.

Danach bilden wir auch

Nolens volens (Nicht wollend wollend).

Res severa verum gaudium – Wahre Freude ist eine ernste Sache
stand am Giebel des 1943 zerstörten Gewandhauses in Leipzig. Dieser Satz leitet sich her aus *Epistulae morales 23, 4*: »Mihi crede, res severa est verum gaudium. (Glaube mir, wahre Freude ist eine ernste Sache.)«

Man muss entweder als König oder als Narr geboren sein
sagt Seneca in seiner Satire auf die Apotheose des Imperators Claudius, *Apocolocyntosis 1*: »Aut regem aut fatuum nasci opportere.«

Tertullian – um 160 bis 220

Credo quia absurdum (Ich glaube, weil es widersinnig ist)
wird auf den Kirchenschriftsteller Tertullian zurückgeführt, der in seinem Werk *Über das Fleisch Christi 5* schrieb: »Gestorben ist Gottes Sohn, es ist ganz glaubwürdig, weil es ungereimt (ineptum) ist.«

Anima naturaliter christiana
– Die von Natur aus christliche Seele
sagen wir nach *Apologeticum 17, 6*. Dort bezeichnet der Kirchengelehrte Tertullian das Alltagsgespräch über Gott als »testimonium animae naturaliter christianae (Zeugnis für die von Natur aus christliche Seele)«.

Laktanz – um 250 bis um 317

Ut aliquid fieri videatur – Damit es den Anschein hat, als ob etwas geschehe
geht zurück auf die Schrift *Institutiones divinae 7, 4*, in der der »Cicero christianus« genannte Gelehrte Lucius Caelius Firmianus Laktanz schreibt: »Wer ein Gefäß bildet, tut dies nicht deshalb, dass es nur den Anschein hat, er habe etwas getan, sondern damit das fertige Gefäß etwas in sich aufnimmt.«

Hieronymus – 347 bis 420

Errare humanum est – Irren ist menschlich.
Diesen Spruch verdanken wir wohl dem Kirchenvater Hieronymus, der nach seinem Studium in Rom zunächst als Einsiedler in der Wüste lebte und 382 von Papst den Auftrag zur Neubearbeitung der lateinischen Bibel erhielt. In den *Epistulae 57, 12* heißt es: »... quia et errasse humanum est et confiteri errorem prudentis (... weil es sowohl menschlich ist, geirrt zu haben, als auch klug, den Irrtum einzugestehen)«.
Der Gedanke selbst taucht allerdings schon früher in der griechischen Literatur auf.
Auch Cicero sagt in den *Philippischen Reden 12, 2*: »Cuiusvis hominis est errare, nullius nisi insipientis in errore perseverare. (Jeder Mensch kann irren, im Irrtum verharren wird nur der Unkluge.)«

»To err is human« ist im Englischen ebenfalls sprichwörtlich. Der Aufklärer Alexander Pope (1688–1744) erweiterte die Sentenz in seinem *Essay on criticism*: »To err is human, to forgive divine.«

Irren ist menschlich, vergeben göttlich
wird auch in Deutschland gerne zitiert.

Augustinus – 354 bis 430

Wo das Wissen aufhört, fängt der Glaube an
steht in der *Predigt 247*: »Ubi defecerit ratio, ibi est fidei aedificatio. (Wo es mit dem Erklären zu Ende ist, da baut sich der Glaube auf.)« Augustinus beschäftigt sich in dieser Predigt mit einer Stelle aus dem Johannes-Evangelium *(Joh. 20, 19–31)*.

Boëthius – um 473 bis 525

Si tacuisses, philosophus mansisses. (Wenn du geschwiegen hättest, wärest du ein Philosoph geblieben.)
Diese Sentenz geht auf eine Erzählung in *Trost der Philosophie 2, 17* zurück: Ein Mann behauptete von sich, er wäre Philosoph. Ein anderer erklärte daraufhin, ihn auf die Probe stellen zu wollen. Er warf ihm immer neue Beleidigungen an den Kopf, was ein Philosoph ja ohne weiteres ertragen könne. Nach einiger Zeit fragte der angebliche Philosoph: »Merkst du nun, dass ich ein Philosoph bin?« Der Gegner antwortete: »Intellexeram, si tacuisses. (Ich hätte es eingesehen, wenn du geschwiegen hättest.)«

Petrus Damiani – um 1007 bis 1072

Philosophia ancilla theologiae – Die Philosopie sei die Dienerin der Theologie.
Diese Sentenz hat ihren Ursprung in *De divina omnipotentia 5, 621*. Der italienische Kardinal und Kirchenlehrer schreibt dort: »Quae atmen artis humanae peritia, si quando tractandis sacris eloquiis adhibetur, non debet ius magisterii sibimet arroganter arripere; sed velut ancilla dominae quodam famulatus obsequio subservire. (Diese Fähigkeit einer menschlichen Wissenschaft darf jedoch, wenn sie einmal zur Erklärung heiliger Texte herangezogen wird, nie anmaßend das Recht des Belehrenden an sich reißen, sondern muss diesem gehorsam sein, wie eine Magd ihrer Herrin in Dienstbarkeit untergeben.)«

Anselm von Canterbury – um 1033 bis 1109

Credo ut intelligam (Ich glaube, um zu erkennen)
ist ein Grundsatz des angelsächsischen Scholastikers Anselm von Canterbury, dessen Sinn in dem Satz enthalten ist: »Als Nachlässigkeit erscheint es mir, wenn wir, nachdem wir im Glauben befestigt sind, nicht danach streben, das, was wir glauben, auch einzusehen.«

Jakob Cajetan – um 1330

Mea culpa, mea culpa, mea maxima culpa (Meine Schuld, meine Schuld, meine überaus große Schuld)
gehört zum »Confiteor«, dem Schuldbekenntnis in der katholischen Messe. Dokumentiert wird die Sentenz in den *Ordines Romani*, einer Sammlung von Ritualvorschriften, die vermutlich von Kardinal Cajetan stammen.
Die Ursprünge dieses Ritus sollen auf die traditonellen Messriten der Benediktinermönche des Klosters Cluny zurückgehen. Das »Mea culpa« wurde dort seit 1080 in der Messe verwendet.

Thomas von Aquin – um 1226 bis 1274

Timeo hominem unius libri (Ich fürchte den Mann eines einzigen Buches)
soll ein Ausspruch Thomas von Aquins gewesen sein. Er bedeutet, dass in einer Diskussion der ein gefährlicher Gegner ist, der nur ein Buch kennt, aber dieses dafür gründlich. Manchmal wird der Ausspruch auch so verstanden, dass man den fürchten müsse, der nur auf ein einziges Buch, eine einzige Lehre schwört.

Jeder, der lernt, muss glauben, damit er zu vollkommenem Wissen gelangt.
So lesen wir in der *Summa theologica* des großen Theologen und Philosophen, die zwischen 1266 und 1273 entstanden ist.

Nikolaus von Kues – 1401 bis 1464

Docta ignorantia – Wissende Unwissenheit.
Dieser von Nikolaus von Kues geprägte Ausdruck zur Charakterisierung des Wissens (von Gott), das nach seiner Ansicht nie vollständig sein kann, zitieren wir nach dem Titel seines philosophischen Hauptwerks *De docta ignorantia* aus dem Jahr 1440. Der vielseitige

Philosoph war außerdem Mathematiker, Kirchenrechtler, Bischof und Kardinal.

Coincidentia oppositorum – Zusammenfall der Gegensätze
finden wir in der Schrift *De coniecturis* des Nikolaus von Kues. Am Beispiel des Kreises, dessen Umrisslinie bei einem unendlich großen Radius mit der Geraden – ihrem »Gegensatz« – zusammenfällt, verdeutlichte der deutsche Kirchenrechtler und Humanist seine Vorstellung vom allumfassenden Wesen Gottes, das auch Gegensätze in sich vereint.

Pico della Mirandola – 1443 bis 1494

De omnibus rebus et quibusdam aliis (Über alles und einiges andere)
wird auf den italienischen Humanisten Pico della Mirandola zurückgeführt, der 1486 in Rom neunhundert Thesen aufstellte und sich erbot, sie öffentlich zu verteidigen.
In der 11. These rühmt er sich, mit Hilfe der Zahlen alles zu entdecken und zu verstehen, was man erfahren könne.

Thomas Sanchez – 1550 bis 1610

Reservatio mentalis (Gedanklicher oder innerer Vorbehalt),
auch »restrictio moralis« genannt, ist ein Begriff, der aus der jesuitischen Morallehre stammt. Es geht dabei um den Gedankenvorbehalt des Eidleistenden.
Der Begriff geht zurück auf das *Opus morale* des Jesuiten Thomas Sanchez, das im Jahr 1614 veröffentlicht wurde.

Hermann Hugo – 1588 bis 1639

Pia desideria – Fromme Wünsche
ist der Titel einer Schrift des belgischen Jesuiten Hermann Hugo aus dem Jahr 1627.
Den gleichen Titel wählte 1675 Philipp Jakob Spener für sein Werk *Pia desideria oder herzliches Verlangen nach gottgefälliger Besserung der wahren evangelischen Kirche,* in der er eine Verinnerlichung des Glaubens forderte und dem Pietismus das Programm gab.

René Descartes – 1596 bis 1650

Cogito, ergo sum – Ich denke, also bin ich.

Diesen fundamentalen Satz der abendländischen Philosophie prägte der französische Philosoph, Mathematiker und Naturwissenschaftler René Descartes in *Principia philosophiae 17*: »Haec cognitio: ego cogito, ergo sum, est omnium prima et certissima. (Diese Erkenntnis: ich denke, also bin ich, ist von allen die erste und zuverlässigste.)«

Baruch Spinoza – 1632 bis 1677

Non ridere, non lugere neque detestari, sed intellegere (Nicht belachen, nicht beweinen noch verabscheuen, sondern begreifen) wollte der Philosoph in seinem *Tractatus politicus 1, 4* die menschlichen Handlungen. Im Zentrum von Spinozas Philosophie steht die Erkenntnis von der Notwendigkeit aller Ereignisse.

Sub specie aeternitatis (Unter dem Gesichtspunkt der Ewigkeit) finden wir in *Ethik 5, 29-31.* Dort stellt Spinoza den Satz auf, der Geist sei ewig, »quatenus res sub aeternitatis specie concipit (insofern er die Dinge unter der Form der Ewigkeit begreift)«.

Francis Bacon – 1561 bis 1626

Wissen ist Macht.

Der Philosoph Francis Bacon schrieb es in seinen *Essays* (1597) zuerst in Lateinisch: »Ipsa scientia potestas est.« In der Ausgabe von 1598 übertrug Bacon den Ausspruch dann ins Englische: »Knowledge itself is power.«

Gottfried Wilhelm Leibniz – 1646 bis 1716

Natura non facit saltus – Die Natur macht keine Sprünge

ist ein Wort des Philosophen Leibniz aus *Nouveaux Essais 4, 16.*

Joachim Georg Daries – † 1791

Quis? Quid? Ubi? Quibus auxiliis? Cur? Quomodo? Quando? – Wer? Was? Wo? Wodurch? Warum? Wie? Wann?

Der von dem Philosophen aus Frankfurt an der Oder gedichtete Hexameter zählt die in der damaligen Schulphilosophie üblichen philosophischen Grundbegriffe (Kategorien) auf. Sie dienten der Erkenntnisgewinnung.

Johann Huizinga – 1872 bis 1945

Homo ludens (Der spielende Mensch)

geht zurück auf das gleichnamige Werk des niederländischen Kulturhistorikers, das 1938 erschien. Johann Huizinga charakterisierte darin das Spielen als Grundkategorie menschlichen Verhaltens und menschlicher Entwicklung und als Kultur bildenden Faktor.

Geschichte und Politik

Römischer Gedenktag

Dies ater – ein schwarzer Tag

war bei den Römern zum einen ein religiöser Tag (»dies religiosus«), an dem nach Möglichkeit vermieden werden sollte, gewisse Handlungen auszuführen, wie zum Beispiel eine Eheschließung oder einen Reiseantritt. Zum anderen handelte es sich um einen Erinnerungstag an verlorene Schlachten, wie zum Beispiel an die Schlacht an der Allia im Jahr 387 v. Chr.

Brennus – um 400 v. Chr.

Sein ganzes Gewicht in die Waagschale werfen

lautete ursprünglich:

Sein Schwert in die Waagschale werfen

und geht laut Livius' *Römische Geschichte 48* zurück auf Brennus, einen Heerführer der Kelten. Bei der Schlacht an der Allia 387 v. Chr. hatten die Kelten Rom erobert. Gegen die Zahlung eines hohen Lösegeldes hatten sie sich zum Abzug aus der Stadt bereit erklärt. Als die Römer sich sträubten, den Tribut nach den schwereren Gewichten der Feinde auszuwiegen, warf Brennus auch noch sein Schwert in die Waagschale und rief:

Vae victis – Wehe den Besiegten!

Catonische Strenge
geht auf den römischen Staatsmann Marcus Porcius Cato (der Ältere oder auch Censorius genannt) zurück, der in Wort und Schrift und in Amtshandlungen die altrömische Sittenstrenge verteidigte.

Für ein Butterbrot
sagen wir nach einer Rede des römischen Staatsmannes gegen Marcus Caelius, die bei Gellius in *Attische Nächte 1, 15* belegt ist. Dort wirft Cato seinem Gegenspieler Bestechlichkeit vor: »Frusto, inquit, panis conduci potest, vel uti taceat vel uti loquatur. (Für ein Stück Brot, sagt er, kann man ihn kaufen, dass er schweigt oder auch redet.)«

Suum cuique – Jedem das Seine
ist ebenfalls durch Gellius' *Attische Nächte 13, 24, 1* als Ausspruch des älteren Cato belegt.
In der Schrift *Über das höchste Gut und Übel 5, 23, 67* sagt Cicero: »Iustitia in suo cuique tribuendo cernitur. (Die Gerechtigkeit wird daran erkannt, dass sie jedem das Seine zuteilt.)«
In den Digesten des *Corpus iuris civile* ist »suum cuique tribuere« eine Regel des Zivilrechts. Deshalb heißt es in Shakespeares *Andronicus 1, 2*: »Suum cuique spricht des Römers Recht.«
Friedrich I. von Preußen wählte das »Suum cuique« zur Inschrift von Medaillen und Münzen und zum Motto des 1701 gestifteten Ordens vom Schwarzen Adler.

Ceterum censeo Carthaginem esse delendam
(Übrigens bin ich der Meinung, dass Karthago zerstört werden muss) geht zurück auf Cato, wie vielfach überliefert ist. So zum Beispiel bei Cicero in *Über das Greisenalter* und bei Plutarch in *Cato der Ältere*.
Cato schloss mit diesem Satz jede seiner Reden vor dem römischen Senat. Er wollte damit der Forderung Nachdruck verleihen, Karthago zu vernichten, das seiner Meinung nach Rom gefährlich werden konnte.

Augurenlächeln
ist das Lächeln von »Eingeweihten«, die den Glauben des Volkes an ihre »Wissenschaft« oder »Kunst« nicht mehr teilen. Der Ausdruck geht ebenfalls auf den älteren Cato zurück. Nach Cicero in *Über Weissagung*

2, 24, 51 hat dieser gesagt: »Es ist verwunderlich, dass ein Haruspex nicht lacht, wenn er einen Haruspex sieht.«
Ein Haruspex war ein römischer Priester, der den Willen der Götter aus den Eingeweiden der Opfertiere herauslas. Ein Augur weissagte dagegen aus dem Ruf und Flug der Vögel.

Cicero – 106 bis 43 v. Chr.

Di minorum gentium. (Götter aus den geringeren Geschlechtern.)
So nennt man die kleineren Götter und Leute, die nicht hochgeboren oder hoch emporgekommen sind. Man bildet den Vergleich zu »maiorum gentium di (Götter aus den höheren Geschlechtern)«, wie in *Gespräche in Tuskulum 1, 13, 29* zu lesen ist.
Diese Einteilung hängt mit der Unterscheidung der römischen Adelsgeschlechter in »patres maiorum gentium« und »patres minorum gentium« zusammen, die auf den König Tarquinius Priscus (6./5. Jahrhundert v. Chr.) zurückgeht, wie uns Cicero in *Vom Staat 2, 20* überliefert.

Homo novus – Ein neuer Mann
war in Rom ein Plebejer, ein Mann aus dem Volk, der in ein höheres Amt gelangt war. Das war ab 366 v. Chr. möglich. Die Nachkommen des »homo novus« zählten zur Nobilität, dem (erblichen) Amtsadel.
Cicero berichtet uns davon in *De officiis 1, 39, 138* und an anderen Stellen.
Das Wort steht heute einfach für »Neuling« und hat nur ausnahmsweise noch den Nebensinn von »Emporkömmling«.

Non liquet. – Nicht spruchreif.
Wörtlich übersetzt: »Es ist nicht klar.«
Dabei handelt es sich um eine altrömische Rechtsformel. Damit drückt der Richter aus, dass er nicht entscheiden kann, ob Schuld oder Unschuld vorliegt. Sie ist uns überliefert in Ciceros *Rede für Cluentius 28, 76*: »Deinde homines sapientes et ex vetere illa disciplina iudicorum, qui neque ... neque eum ... re illa incognita primo condemnare vellent, non liquere dixerunt. (Darauf gaben einsichtige Männer von der alten Schule der Geschworenengerichte, die weder ... noch ihn angesichts des unaufgeklärten Tatbestandes sogleich verurteilen wollten, den Spruch ab: Es ist nicht spruchreif.)«
Im heutigen Zivilrecht findet die Sentenz Anwendung, wenn ein

Sachverhalt nicht durch die Beweisführung eindeutig geklärt werden kann.

Civis Romanus sum. – Ich bin ein römischer Bürger.
Das sagt Cicero mit Stolz im zweiten *Actio in Verrem 5, 57, 104*. Dort klagt er auch die Verletzung der mit dem römischen Bürgertum verbundenen Schutzrechte durch Verres an. Die Schutzrechte beinhalteten beispielsweise, dass ein römischer Bürger nur in Rom vor Gericht gestellt werden konnte.

Damoklesschwert.
Der Tyrann von Syrakus, Dionysios der Ältere (405–367 v. Chr.), wurde von Damokles als der glücklichste Sterbliche gepriesen.
Cicero berichtet uns in *Gespräche in Tuskulum 5, 21*, dass Dionysios den Damokles die Freuden der Königstafel genießen ließ, über seinem Haupt aber an einem Pferdehaar ein Schwert aufhängte, um ihm die Lage klar zu machen, in der ein Tyrann schwebe.

Videant consules!
ist der Anfang des »senatus consultum extremum«, des äußersten Senatsbeschlusses: »Videant consules, ne quid res publica detrimenti capiat! (Mögen die Konsuln zusehen, dass die Republik keinen Schaden nimmt!)«
Durch diesen Beschluss erhielten die Konsuln in Zeiten der Gefahr den Auftrag, einen Diktator zu ernennen, später wurden sie selbst dadurch mit diktatorischer Vollmacht ausgestattet. Wir entnehmen das der *2. Rede gegen Catilina 1* oder der *Rede für Milo 26, 70*.
Weitere Belege finden wir bei Livius, *Römische Geschichte 3, 4*, bei Sallust, *Catilina 29* und bei Caesar, *Bürgerkrieg 1, 5, 3* und *1, 74*.

Imperium et libertas (Herrschaft und Freiheit)
stammt aus der *4. Rede gegen Catilina 9, 19*, in der Cicero dem Senat zurief: »Bedenkt, wie in einer Nacht die so mühsam befestigte Herrschaft und die so trefflich begründete Freiheit fast zugrunde ging!« Die Rede schloss mit der Forderung, dass der Senat »über die Herrschaft und die Freiheit Italiens« die Entscheidung treffen möge.

Pro domo – In eigener Sache (wörtlich: für das Haus)
gebrauchen wir vor allem in rechtlichen Angelegenheiten nach der Rede *Oratio de domo sua,* die Cicero nach seiner Rückkehr aus dem Exil (57 v. Chr.) hielt, um seine beschlagnahmten Güter zurückzuerhalten.

Hannibal ante portas – Hannibal vor den Toren
als Ausdruck für eine den Staat bedrohende Gefahr stammt aus Ciceros *1. (philippischer) Rede gegen Antonius 5, 11* und der Schrift *Über das höchste Gut und Übel 4, 9, 22*. Allerdings heißt es an diesen Stellen: »Hannibal ad portas!«
Er bezieht sich auf den 2. Punischen Krieg (218–201 v. Chr.), als der karthagische Feldherr Hannibal mit seinen Truppen durch ganz Unteritalien bis vor die Tore Roms vorgedrungen war.
Heute sind eine Reihe von Zitaten im Umlauf, in denen der Name Hannibals durch einen anderen ersetzt wird. Bekannt wurde ein Spielfilm von Vicco von Bülow (Loriot): *Pappa ante portas*.

Cui bono? (Wem nützt es? Wer hat einen Vorteil davon?)
ist die Kernfrage der Kriminalistik nach dem Tatmotiv.
Cicero, der die Frage mehrmals aufwirft, nennt sie in der *Rede für Roscius Amerinus 31, 86* einen Ausspruch des Lucius Cassius, der im Jahr 125 v. Chr. Zensor war und bei Mord-Untersuchungen den Richtern einschärfte, nachzuforschen, wem der Tod des Ermordeten nutze.

Philippika
sagen wir nach »Philippica oratio (eine philippische Rede)«. »Philippische Reden« nannte Cicero seine Reden gegen Antonius (44/43 v. Chr.) in Anlehnung an die gewaltigen Reden des Demosthenes gegen Philipp von Makedonien. Heute nocht werden mit diesem Ausdruck leidenschaftliche und heftige Strafpredigten bezeichnet. Wir sprechen hiernach auch von

Geharnischten Reden.
Im übertragenen Sinn finden wir den Ausdruck zuerst bei dem Kirchenvater Hieronymus in *Briefe 57, 13*.

Hefe des Volkes – Faex civitatis
für den Abschaum oder sozialen Bodensatz einer Gemeinschaft finden wir in Ciceros Rede *Pro Flacco 8, 18.*

Gaius Julius Caesar – 100 bis 44 v. Chr.

(Homo) novarum rerum cupidus (ein neuerungssüchtiger Mensch),
ist ein politisch unruhiger Kopf, ein Umstürzler. Diese Sentenz gebrauchen wir nach *Der Gallische Krieg 1, 18, 3.*

Lieber der Erste hier als der Zweite in Rom
sagte Caesar (nach Plutarch, *Caesar 11*) beim Anblick eines heruntergekommenen Alpenstädtchens während eines Feldzuges.

Ich liebe den Verrat, aber ich hasse den Verräter
sagte Julius Caesar nach Plutarch, *Romulus 17, 7.*

Den Rubikon überschreiten
sagen wir, wenn wir eine folgenschwere Entscheidung treffen, einen Schritt tun, den wir nicht mehr zurücknehmen können.
Die Sentenz geht zurück auf Caesar, der mit seinem Heer 49 v. Chr. das Flüsschen Rubikon (in Oberitalien südlich von Ravenna) überschritt, das damals die Grenze zwischen Italien und der Provinz Gallia Cisalpina bildete. Dadurch löste er den römischen Bürgerkrieg aus.

Du trägst den Caesar und sein Glück
sagte Caesar zu dem im Sturm verzagenden Bootsmann, der ihn 48 v. Chr. von Italien nach Illyrien zum Entscheidungskampf gegen Pompeius übersetzte. Wir finden diese Geschichte erzählt von Plutarch in *Caesar 38.*

Veni, vidi, vici – Ich kam, ich sah, ich siegte
Mit diesen Worten meldete Caesar seinen schnell errungenen Sieg gegen den König Phamakes in Kleinasien nach Rom, wie Sueton in *Caesar 37* und Plutarch in *Caesar 50* berichten.
Von einem Dritten sagen wir häufig:

Er kam, sah und siegte.

Auch du, mein Sohn Brutus?
soll Caesar gesagt haben, als er unter seinen Mördern seinen Ziehsohn Brutus erblickte, den er stets mit besonderer Auszeichnung behandelt hatte. So lesen wir bei Sueton in *Caesar 82*. Dass diese Worte wirklich so gefallen sind, ist allerdings umstritten.
Aber auch in Shakespeares *Julius Caesar 3, 1* heißt es: »Et tu, Brute!«
Und in Schillers *Die Räuber 4, 5* lesen wir: »Auch du - Brutus - du?«

Sallust – 86 bis 35 v. Chr.

Quieta non movere. (Was ruhig liegt, nicht stören.)
»Das alte gute politische Sprichwort«, wie es der deutsche Reichskanzler Bismarck gegenüber Besuchern in Friedrichsruh (1891) nannte, geht auf das »quieta movere« in Sallusts *Catilina 21, 1* zurück.

Vergil – 70 bis 19 v. Chr.

Ultima Thule (Die äußerste Thule)
wird in der *Georgica 1, 30* des Vergil erwähnt.
Der griechische Entdeckungsreisende Pytheas aus Massilia (4. Jahrhundert v. Chr.) nannte »Thule« eine Insel sechs Tagesfahrten nördlich von Britannien. Ob es wirklich Island war, wissen wir nicht.

Livius – 59 v. Chr. bis 17 n. Chr.

Ab urbe condita (Von der Gründung der Stadt an)
nannte Livius seine Darstellung der römischen Geschichte. Wir bezeichnen damit heute etwas, das bis zu seinen Anfängen zurückgeht.

Sezession.
Von der Spaltung einer (politischen) Vereinigung sprechen wir nach dem Hauptwerk des römischen Geschichtsschreibers Livius Ab urbe condita 2, 32. Er berichtet dort von einer »secessio in sacrum montem«, der durch die Patrizier Roms erzwungenen Auswanderung der Plebejer auf den heiligen Berg.
Politisch an Bedeutung gewann der Begriff im Amerikanischen Bürgerkrieg (1861–1865) nach der »Sezession« der Südstaaten von der Union mit dem Norden. Die Anhänger dieser Bewegung wurden »Sezessionisten« genannt.

Not am Mann sein
können wir zurückführen auf *Ab urbe condita 8, 8*. Dort wird die römische Schlachtordnung beschrieben.
Die »Triarier« bildeten die wichtige dritte Schlachtreihe, die eingriff, wenn die ersten beiden Reihen geschlagen waren: »Inde rem ad triarios redisse, cum laboratur, proverbio increbuit.«
Daraus wurde »Res ad triarios rediit (Nun mussten die Triarier heran)«, und das bedeutet: »Es war Not am Mann.«

Vincere scis, Hannibal, victoria uti nescis (Zu siegen verstehst du, Hannibal, den Sieg zu nutzen verstehst du nicht)
sagte nach *Römische Geschichte 22, 51, 4* der punische Reiterführer Maharbal, als Hannibal nach der Schlacht bei Cannae (216 v. Chr.) den Angriff auf die Stadt Rom unterließ.

Tibull – um 50 v. Chr. bis 19 n. Chr.

Roma aeterna – Das ewige Rom

oder

Rom, die Ewige Stadt.
Wir finden den Ausdruck zuerst in den *Elegien 2, 5, 23*, in denen Tibull Rom »urbs aeterna – die ewige Stadt« nennt. Der Name ist bis heute geblieben.

Kaiser Augustus – 43 v. Chr. bis 14 n. Chr.

Varus, gib mir meine Legionen wieder!
rief Kaiser Augustus bei der Nachricht von der Niederlage im Teutoburger Wald (9 n. Chr.) aus.
Wir finden das bei Sueton in *Augustus 23*.

Festina lente – Eile mit Weile
ist ein Lieblingsspruch des Kaisers Augustus, wie Sueton in *Augustus 25* berichtet.

Ad Calendas Graecas (An den griechischen Calendae)
nannten die Römer einen Tag, den es im griechischen Kalender nicht gibt, da »Calendae« (der erste Tag des Monats) nur im römischen Ka-

lender vorkommt. Nach Suetons *Augustus 87* war das ein Lieblingsausdruck des Kaisers Augustus. In der Bedeutung entspricht der Ausdruck dem deutschen

Sankt-Nimmerleins-Tag.

Ovid – 43 v. Chr. bis 17 n. Chr.

Bella gerant alii! Tu, felix Austria, nube! (Krieg führen mögen die anderen! Du, glückliches Österreich, heirate!)
Als Entstehungszeit dieser Sentenz nimmt man die Regierungszeit des Habsburgers Maximilian I. (1459–1519) an. Vollständig lautet sie: »Bella gerant alii, tu, felix Austria, nube! Nam quae Mars aliis, dat tibi regna Venus! (Krieg führen mögen die anderen, du, glückliches Österreich, heirate! Reiche schenkt dir Venus wie anderen Gott Mars!)«
Maximilian I. war nicht durch sein Kriegsglück bekannt, sondern durch seine geschickte Heiratspolitik, die die Grundlage für die Macht des Habsburgerreiches legte.
Den Ursprung des Zitates finden wir in Ovids *Heroides 13, 84*: »Bella gerant alii! Protesilaus amet! (Mögen andere Kriege führen, Protesilaus soll lieben!)«

Kaiser Claudius 10 v. Chr. bis 54 n. Chr.

Ave Caesar, morituri te salutant! (Heil dir, Caesar, die Todgeweihten grüßen dich.)
Der Historiker Dio Cassius (um 155 bis um 235 n. Chr.) erzählt in seiner *Geschichte der Römer 60, 50*, dass die Gladiatoren mit diesen Worten Kaiser Claudius gegrüßt hätten. Welchen Sinn sie diesem Gruß beilegten, ging aus der Folgerung hervor, die sie aus dem Gegengruß des Kaisers – »Heil euch!« – zogen. Sie fassten ihn (irrigerweise) als Erlaubnis auf, den Kampf zu unterlassen.

Seneca der Jüngere – 4 v. Chr. bis 65 n. Chr.

Audiatur et altera pars – Man muss auch die Gegenpartei anhören (wörtlich: Auch der andere Teil möge gehört werden.)
Dieser Grundsatz des Prozessrechts geht zurück auf römisches Recht und hat seine Wurzeln in der Antike. In der *Medea 2, 2, 199* Senecas lesen wir: »Wer etwas beschließt, ohne die andere Partei gehört zu ha-

ben (parte inaudita altera), handelt nicht billig, selbst wenn er Billiges beschlossen hat.«
Der Grundsatz war schon im Richtereid des alten Athen enthalten und dem ganzen Altertum geläufig.
Ähnliches finden wir bei Aeschylus in *Eumeniden 404 f.* und bei Euripides in *Herakliden 179.*
Viel später finden wir den Ausspruch im Deutschen von Johannes Pauli (um 1450 bis 1533) in seiner Schwanksammlung *Schimpf und Ernst 259* mit dem Zusatz: »Es staht nit umsunst uf allen Richthüsern.«
So lesen wir etwa in der Vorhalle des Römers zu Frankfurt am Main: »Eyns manns redde eine halbe rede, Man sal sie billich verhören bede.«

Kaiser Vespasian – 9 bis 79

(Pecunia) non olet –(Geld) stinkt nicht
ist ein Ausspruch des Kaisers Vespasian, der die Staatseinkünfte durch verschiedene Steuern zu vermehren suchte. Sein Sohn Titus hatte eine Steuer auf Bedürfnisanstalten getadelt. Vespasian hielt ihm daraufhin das erste aus dieser Steuer eingekommene Geld unter die Nase und sagte: »Non olet. (Es stinkt nicht.)« So berichtet Sueton in *Vespasian 23.*

Kaiser Nero – 37 bis 68

Qualis artifex pereo (Welch ein Künstler geht mit mir zugrunde!)
waren die letzten Worte des Kaisers Nero, der sich gerne als Dichter, Sänger und Schauspieler sah.

Kaiser Titus – 41 bis 81

Diem perdidi (Ich habe einen Tag verloren)
rief Kaiser Titus aus, als ihm einfiel, dass er an diesem Tage noch keinem etwas Gutes getan habe. Das berichtet Sueton in *Titus 8.*

Publius Cornelius Tacitus – um 55 bis nach 115

Landesmutter
ist ein Begriff aus den *Annalen 1, 14* des Tacitus. Danach sollte Livia, die Gattin des Kaisers Augustus, den Titel »mater patriae (Mutter des Vaterlandes)« erhalten.

Durch Abwesenheit glänzen
geht auf einen Satz in den *Annalen 3, 76* zurück. Tacitus berichtet dort von dem Begräbnis Junias, der Frau des Cassius und Schwester des Brutus, zur Regierungszeit des Kaisers Tiberius. Nach römischer Sitte wurden dem Leichenzug die Bilder der verstorbenen Familienangehörigen vorangetragen, »aber Cassius und Brutus leuchteten gerade dadurch hervor, dass man ihre Bildnisse nicht sah«. Die Bildnisse der Mörder Cäsars durften in der Kaiserzeit nicht öffentlich gezeigt werden.
Der Satz des Tacitus sollte darauf hinweisen, wie stark die Erinnerung an die Republik noch war.
In der Tragödie *Tiberius 1, 1* von Joseph de Chémier (1764–1811) finden wir dann den genauen Wortlaut unserer Redensart: »Brutus et Cassius brillaient par leur absence. (Brutus und Cassius glänzten durch ihre Abwesenheit.)«

Juvenal – etwa 60 bis 140

Panem et circenses – Brot und Spiele
forderte das römische Volk zur Zeit Juvenals, in dessen *Satiren 10, 81* uns die Sentenz überliefert wird. Dieses Motto war seit römischen Zeiten immer wieder Grundlage von politischem Handeln.

Neratius Priscus – um 100

Tres faciunt collegium (Wenigstens drei machen ein Kollegium aus) stammt von dem römischen Juristen Neratius Priscus. Das wissen wir aus einer Sammlung von römischen Rechtsvorschriften, die Kaiser Justinian (482–565) veranlasste. Ab 1583 wurde diese Sammlung unter dem Namen *Corpus Iuris Civilis* veröffentlicht.
In *Corpus Iuris Civilis 87, 50, 16* steht: »Neratius Priscus tres faciunt existimat collegium. (Neratius Priscus erklärt, dass drei ein Kollegium ausmachen.)« (→ *Kaiser Justinian, S. 204*)
Darauf beruhte, dass zur Bildung eines Vereins oder einer Gesellschaft mindestens drei Personen benötigt wurden. Diese Rechtsvorschrift wirkte sich in vielen Bereichen, vor allem des öffentlichen Lebens, aus: So wurde zum Beispiel an mittelalterlichen Universitäten nur dann Vorlesung gehalten, wenn außer dem Dozenten noch zwei Studenten anwesend waren.

Celsus der Jüngere – um 100

Ultra posse nemo obligatur (Über sein Können hinaus ist niemand verpflichtet)

ist die Umformung eines Rechtssatzes des Celsus, den wir in den »Digesten« (→ Kaiser Justinian, S. 224) des *Corpus Iuris Civilis 50, 17, 185* finden: »Impossibilium nulla obligatio est. (Zu Unmöglichem gibt es keine Verpflichtung.)«

Ulpian – um 170 bis 228

Pacta sunt servanda – Verträge müssen eingehalten werden.

Dieser Satz geht zurück auf einen römischen Rechtsgrundsatz. In *De pactibus* des römischen Rechtsgelehrten Ulpian heißt es: »Quid enim tam congruum fidei humanae, quam ea, quae inter eos placuerunt servare? (Denn was entspricht menschlicher Ehrlichkeit mehr, als einzuhalten, was zwischen ihnen abgemacht worden ist?)«

Alle Menschen sind gleich – Omnes homines aequales sunt.

Diese grundlegende Feststellung finden wir bereits in den *Digesten 50, 17*. Dort heißt es: »Quod attinet ad ius civile, serui pro nullis habentur: non tamen et iure naturali, quia, quod ad ius naturale attinet, omnes homines aequales sunt. (Was das Zivilrecht betrifft, gelten die Sklaven nichts; nicht aber nach dem Naturrecht, weil, was das Naturrecht anbelangt, alle Menschen gleich sind.)«

Später heißt es in der französischen Erklärung der Menschen- und Bürgerrechte aus dem Jahr 1789 in Artikel 1: »Les hommes naissent et demeurent libres et égaux en droits. (Die Menschen werden frei und gleich an Rechten geboren und bleiben es.)« Und auch in der amerikanischen Unabhängigkeitserklärung aus dem Jahr 1776 ist zu lesen: »... that all Men are created equal (dass alle Menschen gleich geschaffen sind)«.

Der Grundsatz ist heute Bestandteil jeder demokratischen Verfassung. (→ Französische Revolution, S. 529 f.)

Volenti non fit iniuria (Dem, der es so haben will, geschieht kein Unrecht)

ist ein Rechtssatz, der ebenfalls auf den römischen Juristen Ulpian zurückgeht: »Nulla est iniuria, quae in volentem fiat (Kein Unrecht ist, was einem, der es so will, geschieht)«, lesen wir in den *Digesten« 47, 10, 1.*

Cyprianus – um 200 bis 258

Extra ecclesiam nulla salus! –Außerhalb der Kirche kein Heil!
Dieser Ausspruch geht zurück auf Cyprianus, den Bischof von Karthago und Kirchengelehrten, und seine *Briefe 73, 21.*

Hieronymus – 347 bis 420

O sancta simplicitas! – O heilige Einfalt!
kennen wir von Mephisto aus Goethes *Faust I.* Es geht zurück auf die *Epistolae 57, 12* des Hieronymus. Dort sagt der Kirchenvater von der Ausdrucksweise der Apostel: »Venerationi mihi semper fuit non verbosa rusticitas, sed sancta simplicitas. (Verehrungswürdig war mir stets nicht die wortreiche Grobheit, sondern die heilige Einfachheit.)«
Diese Worte soll auch der tschechische Reformator Jan Hus (1369 bis 1415), den das Konzil zu Konstanz 1415 zum Tode verurteilte, auf dem Scheiterhaufen ausgerufen haben, als er sah, wie ein Bauer (oder ein altes Mütterchen) in seinem Glaubenseifer ein Stück Holz zu den Flammen trug. Doch ist dies quellenmäßig nicht verbürgt.
Außerdem wird in der lateinischen Fortsetzung der *Kirchengeschichte 10, 3* des Eusebius durch Rufinus († 395) berichtet, dass auf dem 1. Konzil zu Nicäa (325) ein Bekenner mit dem Ausruf »sancta simplicitas« einen bis dahin unbekehrbaren Philosophen zum Schweigen brachte.

Cassiodor – etwa 454 bis 526

Pro patria est, cum ludere videmur – Es gilt dem Vaterland, wenn wir auch nur zu spielen scheinen.
Diese Sentenz geht auf ein Schriftstück Theoderichs des Großen aus dem Jahr 507 zurück. Cassiodor berichtet in seinen *Variae* davon. Dort wird Theoderich wie folgt zitiert: »Sit ergo pro re publica, et cum ludere videmur.«

Benedikt von Nursia – um 480 bis um 547

Ora et labora – Bete und arbeite
ist der Wahlspruch des von Benedikt von Nursia um 529 n.Chr. gegründeten Benediktinerordens.

Kaiser Justinian – 482 bis 565

In flagranti – Auf frischer Tat (ertappt)

stammt aus dem *Corpus Iuris Civilis*, das Kaiser Justinian zusammenstellen ließ, und zwar nach dem *Codex Justinianeus*, der Sammlung der kaiserlichen Verordnungen. Dort werden in *9, 13, 1* »adhuc flagranti crimine comprehensi (bei noch brennendem Verbrechen Ertappte)« genannt.

Päpstliches Konzil – 692

In partibus infidelium (In den Gebieten der Ungläubigen)

wurden nach einem Konzilsbeschluss aus dem Jahr 692 weiterhin Bischöfe für die Gebiete ernannt, die an die »ungläubigen« Sarazenen verloren gegangen waren. Diese »Titularbischöfe« trugen das »in partibus infidelium« im Titel, bis dieser 1882 von Papst Leo XIII. abgeschafft wurde.

Kaiser Lothar I. – 795 bis 855

Tempora mutantur – Die Zeiten ändern sich

geht auf Kaiser Lothar I. zurück, der nach Jan Gruters (1560–1627) *Dilitiae Poetarum Germanorum 1* gesagt haben soll: »Omnia mutantur, nos et mutamur in illis. (Alles ändert sich, und wir uns mit ihm.)«

Papst Bonifatius VIII. – 1235 bis 1303

Wer schweigt, stimmt zu.

Diese Sentenz können wir auf einen Grundsatz des Begründers des »Heiligen Jahres« zurückführen: »Qui tacet, consentire videtur. (Wer schweigt, erweckt den Anschein, als stimme er zu.)« Wir finden den Satz in *Corpus iuris canonici 6.*

Guillemus Durandus – um 1300

Die Reformation der Kirche an Haupt und Gliedern.

Diese Aufgabe wird in der Regel als Hauptzweck der großen Kirchenversammlungen des 15. Jahrhunderts bezeichnet. Die Reformbestrebungen reichen jedoch viel weiter zurück.

Bereits zur Amtszeit von Papst Clemens V., der ebenfalls Verbesserungen in der kirchlichen Ordnung anstrebte, schrieb der Bischof von Mende, Guillemus Durandus, in seinem *Tractatus de modo generalis concilii celebrandi* die Erkenntnis nieder: »Es scheint in Erwägung gezogen werden zu müssen ..., was in der Kirche Gottes verbesserungs- und reformbedürftig ist, zu verbessern und zu reformieren an Haupt und Gliedern.«

Papst Clemens V. – 1305 bis 1314

Die streitbare Kirche – Ecclesia militans

finden wir nachweislich erstmals in einem *Brief* von Papst Clemens V. an Philipp den Schönen von Frankreich aus dem Jahre 1311.

Kaiser Sigismund – 1368 bis 1437

Caesar non supra grammaticos (Der Kaiser hat nicht über die Grammatiker zu gebieten)

bezieht sich auf Kaiser Sigismund, der auf dem Konstanzer Konzil (1414–1418) das im Lateinischen weibliche Wort »Schisma« als männlich gebrauchte und, als ihn der Erzbischof Placentinus verbesserte, ausrief: »Es gefällt Uns nicht, wenn du meinst, dass Wir weniger Autorität besitzen als der Grammatiker.«

Nach Sueton *Über berühmte Grammatiker 22* und *Dio Cassius 57, 17* ist Ähnliches von Kaiser Tiberius überliefert. Zu ihm sagte ein Grammatiker, als er ein unlateinisches Wort gebrauchte: »Menschen kannst du das Bürgerrecht verleihen, aber nicht Wörtern.«

Thomas von Kempen – 1379/80 bis 1471

Sic transit gloria mundi (So vergeht der Ruhm der Welt)

wird bei der Krönungszeremonie des Papstes während des Zuges zum Hochaltar vom Zeremonienmeister drei Mal gesprochen. Dabei wird drei Mal ein Bündel Werg verbrannt. Dies soll eine mahnende Erinnerung an die irdische Vergänglichkeit sein. Dieser Ritus ist seit 1516 schriftlich niedergelegt.

Die Sentenz stammt wohl aus der Schrift über die *Nachfolge Christi 1, 3, 6*, die von den meisten Quellen Thomas von Kempen zugeschrieben wird.

Papst Martin V. – 1417 bis 1431

In petto

kommt vom lateinischen »in pectore (in der Brust)«.

Seit der Amtszeit Papst Martins V. gibt es bei der Wahl von Kardinälen ein Verfahren, nach dem der Papst die Namen der neuen Kardinäle noch nicht bekannt gibt, sondern für sich behält: »Alios in pectore reservamus arbitrio nostro quandocumque declarandos. (Andere behalten wir vorläufig in unserer Brust und werden sie nach unserem Gutdünken bekannt geben.)«

König Ludwig XI. von Frankreich – 1423 bis 1483

Divide et impera! - Teile und herrsche!
ist nicht, wie man vielleicht meinen möchte, einem antiken Herrscher zuzuschreiben.
Vielmehr soll es der *Leitsatz von Ludwig XI.* gewesen sein: »Diviser pour régner!« Diesen Grundsatz haben sich danach noch viele Herrscher zu Eigen gemacht.
Bei Goethe finden wir in *Sprichwörtliches* dazu einen Gegenvorschlag: »Entzwei und gebiete! Tüchtig Wort; verein und leite! Bessrer Hort.«

Cesare Borgia – 1475 bis 1507

Aut Caesar aut nihil (Entweder Caesar oder nichts)
war der Wahlspruch des italienischen Renaissancefürsten, den er sich wohl von der Inschrift einer Büste Julius Caesars geborgt hatte.
Machiavelli bezeichnete Borgia in seiner Schrift *Der Fürst (Il principe)* als den Staatsmann, der Italien zur Einheit führen könnte.
Später finden wir das Zitat bei Leopold Mozart wieder, der in einem *Brief vom 12. 2. 1778* seinen Sohn mahnt: »Fort mit dir nach Paris! Und das bald, setze dich großen Leuten an die Seite - aut Caesar aut nihil!«

Martin Luther – 1483 bis 1546

Pecca fortiter, sed fortius fide.
Diese Sentenz entnehmen wir einem *Brief an Philipp Melanchthon*, den Martin Luther im Jahr 1521 schrieb: »Pecca fortiter, sed fortius fide et gaude in Christo, qui victor est peccati, mortis et mundi. (Sündige tapfer, doch tapferer glaube und freue dich in Christo, der Sieger ist über Tod, Sünde und Welt.)«

Egidio Bossi – 1487 bis 1546

In dubio pro reo - Im Zweifel für den Angeklagten.
Die sich in dieser Sentenz ausdrückende Rechtsvorstellung reicht zurück bis in die aristotelische Zeit.
So formuliert, wie wir sie heute kennen, hat sie aber erstmals der Mai-

länder Rechtswissenschafter Bossi in seinen *Traktaten*: »In dubio pro reo iudicandum est. (Im Zweifelsfall ist zugunsten des Angeklagten zu entscheiden.)«

István Verböczi – um 1500

Misera contribuens plebs – Das arme steuerzahlende Volk
finden wir im *Decretum tripartitum* des ungarischen Juristen Verböczi aus dem Jahr 1514. Schon in den *Satiren 1, 8, 10* des Horaz finden wir »miserae plebi« für »das arme Volk«.

Augustinus Patricius – um 1500

Habemus papam.
Diese Worte zitieren wir nach der Ankündigung, die nach einer erfolgreichen Papstwahl erfolgt: »Annuntio vobis magnum gaudium: Papam habemus. (Ich verkündige euch eine große Freude: Wir haben einen Papst.)«
Belegt sind diese Worte bei Augustinus Patricius' *Rituum ecclesiasticorum SS. Romanae Ecclesiae libri 3.*

Papst Gregor XIII. – 1502 bis 1585

Ad maiorem Dei gloriam – A. M. D. G. (Zur größeren Ehre Gottes) ist der Wahlspruch des Jesuiten-Ordens.
Wir finden den Ausdruck erstmals in den Beschlüssen des Tridentinischen Konzils (1545–1563). Er wird Papst Gregor XIII. zugeschrieben.

Kaiser Ferdinand I. – 1503 bis 1564

Fiat iustitia, pereat mundus (Es geschehe Gerechtigkeit, mag die Welt [darüber] zugrunde gehen)
Diese bekannte Sentenz ist uns als Wahlspruch von Ferdinand I. überliefert. Wir finden das in den *Loci communes* von Johann Manlius aus dem Jahr 1563.

Jan Zamoyski – 1542 bis 1605

Der König herrscht, aber er regiert nicht.
Diese Sentenz beruht auf den Worten, die der polnische Staatsmann Zamoyski im Reichstag König Sigismund III. zugerufen hat: »Regna, sed non impera. (Regiere, aber herrsche nicht.)«

Im Jahr 1830 formulierte dann der französische Politiker Adolphe Thiers (1797–1877) in der liberalen oppositionellen Zeitung *Le National*: »Le roi règne et ne gouverne pas. (Der König herrscht, aber er regiert nicht.)«
Er richtete sich damit gegen die Verfassung, die die Mehrheit der Bevölkerung von der Teilnahme an der politischen Macht ausschloss. Seiner Meinung nach sollte die Macht des Königs auf dem Willen der Mehrheit der Nation beruhen.
Der Ausspruch gibt den Grundgedanken wieder, der hinter konstitutionellen Monarchien steht: Der Monarch ist zwar Staatsoberhaupt, in der Regierung ist ihm jedoch ein Parlament zur Seite gestellt, und die Gerichte üben eine unabhängige Rechtsprechung.

Claudio Aquaviva – 1543 bis 1615

Fortiter in re, suaviter in modo – Hart in der Sache, milde in der Form

geht zurück auf den fünften Jesuitengeneral Claudio Aquaviva, der in seinem Werk *Industriae ad curandos animae morbos (Bemühungen, die Krankheiten der Seele zu heilen)* aus dem Jahr 1606 schrieb: »Fortes in fine consequendo et suaves in modo ac ratione assequendi simus. (Lasst uns stark sein in der Verfolgung des Ziels und milde in der Art und Weise, es zu erreichen.)«

Prosper Farinacius – 1544 bis 1618

Corpus Delicti (Gegenstand des Verbrechens)

nennt man einen Gegenstand, an dem oder mit dem ein Verbrechen begangen wurde, und überhaupt jeden Gegenstand, der auf ein Verbrechen hindeutet. Der Ausdruck soll von dem römischen Rechtsgelehrten Prosper Farinacius stammen, bei dem er die Bedeutung von »Tatbestand« hatte.

Johannes Stephani – 1544 bis 1623

Cuius regio, eius religio – Wes das Land, des der Glaube

war ein maßgebender Grundsatz des *Augsburger Religionsfriedens von 1555*, nach dem der Landesherr die Konfession seiner Untertanen bestimmen konnte. Er wurde formuliert vom Greifswalder Kanonisten Stephani.

Papst Julius III. – 1550 bis 1555

Weißt du denn nicht, mein Sohn, mit wie wenig Verstand die Welt regiert wird? – An nescis, mi fili, quantilla prudentia mundus regatur?

Diese Sentenz hat ihren Ursprung laut einer portugiesischen Sprüchesammlung von 1733 wahrscheinlich in einer Äußerung Papst Julius' III. einem portugiesischen Mönch gegenüber: »Wenn Ihr wüsstet, mit wie wenig Aufwand von Verstand die Welt regiert wird, so würdet Ihr Euch wundern.«

Papst Paul IV. – 1555 bis 1559

Auf dem Index stehen

wird abgeleitet vom *Index librorum prohibitorum,* dem Verzeichnis der verbotenen Bücher der katholischen Kirche. Diese Auflistung wurde erstmals 1559 unter Papst Paul IV. veröffentlicht. Während der Amtszeit Papst Pauls VI. 1966 setzte die Glaubenskongregation den Erlass außer Kraft und hob das Bücherverbot auf.

Carlo Castelli – 1563 bis 1639

Was die Barbaren nicht getan, taten die Barberini – Quod non fecerunt barbari, fecerunt Barberini.

Dieser Spottvers Castellis war gegen Papst Urban VIII. (1623–1644) gerichtet, einen prominenten Spross der bauwütigen römischen Familie Barberini. Dieser ließ die Bronze vom Portikus des Pantheon entfernen und Kanonen für die Engelsburg sowie das Tabernakel des Hauptaltars im Petersdom daraus gießen.

Peter Meiderlin – 1582 bis 1651

In necessariis unitas, in dubiis libertas, in omnibus autem caritas.

(In notwendigen Dingen Einheit, in zweifelhaften Freiheit, in allen aber Liebe.)

In der 1626 erschienenen Schrift *Paraenesis votiva pro Pace Ecclesiae, ad Theologes Augustanae Confessionis* (Mahnung zum Frieden der Kirche, an die Theologen der Augsburgischen Konfession), die der Augsburger Lutheraner Peter Meiderlin unter dem Decknamen Rupertus Meldenius veröffentlichte, lesen wir folgende Ausführungen: »Si nos servaremus in necessariis unitatem, in non necessariis libertatem, in utrisque charitatem, optimo certe loco essent res nostrae. (Wenn wir in den notwendigen Dingen die Einheit, in den nicht notwendigen die Freiheit, in beiden die Liebe bewahren würden, stünde es um unsere Angelegenheiten sicherlich zum Besten.)«

Hugo Grotius – 1583 bis 1645

Do ut des (Ich gebe, damit du gibst)

ist eine altrömische Rechtsformel. Wir finden sie in *De jure belli ac pacis libri tres* aus dem Jahr 1625 des niederländischen Rechtsgelehrten. Bekannt machte die Formel Bismarck, als er am 17.9.1878 im Reichstag davon sprach, dass »do ut des« in aller Politik eine Sache sei, die im Hintergrund stünde, auch wenn man anstandshalber davon nicht spräche.

Hermann Busenbaum – 1600 bis 1668

Der Zweck heiligt die Mittel

gilt als Hauptsatz jesuitischer Moral, was besonders auf die scharfen Angriffe Blaise Pascals gegen den Orden in den *Lettres à un Provincial* (1656/57) zurückgeht. Pascal lässt dort einen Jesuiten sagen: »Nous corrigeons le vice du moyen par le pureté de la fin. (Wir verbessern die Lasterhaftigkeit des Mittels durch die Reinheit des Zwecks.)« Die damalige Praxis der Jesuiten mag diesen Vorwurf vielfach verdient haben; ihre Theorie ging nicht so weit.

Zwar heißt es in der *Medulla theologiae moralis (Kern der Moraltheologie)* des Jesuiten Hermann Busenbaum aus dem Jahr 1650: »Cum finis est licitus, etiam media sunt licita. (Wenn der Zweck erlaubt ist, sind auch die Mittel erlaubt.)« Er schließt aber dabei sittlich und moralisch verwerfliche Mittel ausdrücklich aus.

Der Satz wird dem Sinn nach von Thomas Hobbes in seiner Staatstheorie aufgegriffen, der das Recht auf Selbsterhaltung durch den Einsatz jeden Mittels verteidigt.

Und schon hundert Jahre früher hat Niccoló Machiavelli in seinem *Il Principe (Der Fürst)* für zweckgerichtetes Handeln des Herrschers plädiert.

Jean Mabillon – 1632–1707

Urbi et orbi – Der Stadt und der Welt.

Diesen berühmten Segen, den der Papst zu Weihnachten und Ostern der ganzen Welt spendet, spricht der Kardinaldiakon, wenn er einem neu gewählten Papst den Mantel umlegt. Festgehalten sind die Worte im *Caeremoniale romanum editum issu Gregorii 10*: »Investio te de Papatu Romano, ut praesis urbi et orbi. (Ich bekleide dich mit der römischen Papstwürde, auf dass du vorstehst der Stadt und dem Erdkreis.)«

Abbé Grécourt – 1683 bis 1743

Roma locuta, causa finita (Rom hat gesprochen, die Sache ist erledigt)

kam aus dem Französischen ins Lateinische. »Rome a parlé, l'affaire est terminée«, heißt es in der gegen die Jesuiten gerichteten Satire *Philotanus 187* (1720) des Abbé Grécourt. Schon Augustinus schrieb in *Sermones 131, 10*, nachdem der Apostolische Stuhl in Rom im Pelagiusstreit auf seine Seite getreten war: »Causa finita est.«

Friedrich der Große – 1712 bis 1786

Nutrimentum spiritus – Nahrung des Geistes.

Diese Inschrift ließ Friedrich der Große 1780 an der Königlichen Bibliothek in Berlin anbringen, um seiner Vorstellung von Bildung als »Nahrung« für Geist und Seele Ausdruck zu geben.

Das lateinische Wort »spiritus« bedeutet aber für sich genommen nur »Hauch«. Eigentlich hätte die Inschrift richtig »nutrimentum ingenii« lauten müssen.

Der Berliner Volkmund kümmerte sich darum wenig und übersetzte: »Spiritus ist ein Nahrungsmittel.«

Kaiser Joseph II. – 1741 bis 1790

Tempi passati! (Vergangene Zeiten!)

Diese Worte soll der römisch-deutsche Kaiser vor einem Gemälde von Federigo Zuccaro im Dogenpalast von Venedig ausgerufen haben.

Es stellte den Kniefall des Kaisers Friedrich Barbarossa vor dem Papst dar, als Barbarossa sich der Herrschaft des Papstes unterwarf und daraufhin vom Kirchenbann freigesprochen wurde.

Papst Clemens XIII. – 1758 bis 1769

Sie sollen sein, wie sie sind, oder sie sollen nicht sein – Sint, ut sunt, aut non sint.

Über den Ursprung dieser Sentenz herrscht große Uneinigkeit. Von vielen Gelehrten wird sie Papst Clemens XIII. zugeschrieben, der damit dem französischen Kardinal de Rochechouart geantwortet haben soll, der von ihm 1761 eine Änderung in der Ordensverfassung der Jesuiten verlangte.

Paul Johann Anselm Feuerbach – 1775 bis 1833

Nulla poena sine lege – Keine Strafe ohne Gesetz

geht auf das *Lehrbuch des gemeinen in Deutschland geltenden Peinlichen Rechts* von 1801 zurück. Dort schreibt Feuerbach: »Jede Zufügung einer Strafe setzt ein Strafgesetz voraus (Nulla poena sine lege).« Dieser Grundsatz wurde in jüngster Vergangenheit im Zusammenhang mit den »Mauerschützen-Prozessen« nach der deutschen Wiedervereinigung viel diskutiert. Kann jemand für eine Tat verurteilt werden, die nach dem zur Tatzeit geltenden Recht nicht strafbar war?

Vatikanisches Konzil – 1869 bis 1870

Sacrificium intellectus (Opfer des Verstandes)

wird auch häufig italienisch zitiert: »Sacrifizio dell'intelletto«. Während des Vatikanischen Konzils wurde im 19. Jahrhundert die Unfehlbarkeit des Papstes in Glaubenssachen zum Dogma erhoben.

Wissenschaft

Plinius – 23 bis 79

Eine Leuchte der Wissenschaft

sagen wir nach *Naturalis historia 17, 5*. Dort bezeichnet Plinius Cicero neben Homer als »lux doctrinarum altera (die zweite Leuchte der Wissenschaft)«.

Paracelsus – 1493 bis 1541

Die Menge tut's.

Dieser Ausspruch wird dem Naturforscher, Arzt und Wegbereiter der Medizin der Neuzeit zugeschrieben.

François Rabelais – 1494 bis 1553

Horror Vacui (Das Grauen vor dem Leeren)
ist ein ursprünglich physikalischer Begriff, der die schon von Aristoteles behauptete Anschauung bezeichnet, die Natur vermeide einen leeren Raum.
»Natura abhorret vacuum (Die Natur schreckt das Leere ab)«, heißt es in *Gargantua und Pantagruel 1, 5*.

Samuel Hahnemann – 1755 bis 1843

Similia similibus curantur (Gleiches wird mit Gleichem geheilt)
ist die Formel des Ähnlichkeitsgesetzes, das Samuel Hahnemann im Jahre 1797 aufstellte und zum Grundsatz der Homöopathie erklärte.

Emil Du Bois-Reymond – 1816 bis 1896

Ignoramus – (et) ignorabimus (Wir wissen es nicht – [und] werden es nie wissen)
geht auf die berühmte Rede des Berliner Physiologen über *Die Grenzen des Naturerkennens* (1872) zurück, in der es heißt: »In Bezug auf die Rätsel der Körperwelt ist der Naturforscher längst gewöhnt, mit männlicher Entsagung sein ›ignoramus‹ auszusprechen. In Rücksicht auf die durchlaufene siegreiche Bahn trägt ihn dabei das stille Bewusstsein, dass, wo er jetzt nicht weiß, er wenigstens unter Umständen wissen könnte und dereinst vielleicht wissen wird. In Bezug auf das Rätsel aber, was Materie und Kraft seien und wie sie zu denken vermögen, muss er ein für alle Mal zu dem viel schwerer abzugebenden Wahlspruch sich entschließen: ›Ignorabimus‹.«

Kunst

Seneca – 4 bis 65

Dichterische Freiheit – Licentia poetica
kennen wir, seit Seneca in den *Quaestiones naturales 2, 44* sagte: »Poeticam istud licentiam decet. (Das ist etwas, was zu den poetischen Freiheiten gehört.)« Wir sprechen heute auch allgemeiner von

künstlerischer Freiheit.

Giovanni Francesco Barbieri – 1591 bis 1666

Et in Arcadia ego (Auch ich war in Arkadien)
steht auf einem Bild des italienischen Malers unter einem Totenkopf, den zwei junge Hirten betrachten.
Verbreitet wurde die Sentenz jedoch durch ein Bild von Nicolas Poussin (1593–1665), das im Louvre hängt. *Die Hirten in Arkadien* steht dort als Inschrift auf einem Grabhügel.
Dieses Bild wurde im 18. Jahrhundert durch Kupferstiche weithin bekannt, seine Inschrift benutzten viele deutsche Autoren dieser Zeit, so Schiller im Gedicht »Resignation« oder Goethe als Motto der *Italienischen Reise.*

Gesellschaft und Zeitgeschehen

Lateinunterricht im 18. Jahrhundert

Unter aller Kanone
geht zurück auf die Sentenz »sub omni canone«. Gemeint ist dabei ein Kanon als ein Maßstab des Wissens von Schülern und als Grundlage von Zensuren. Aus dem 18. Jahrhundert ist der Ausspruch eines Lateinlehrers überliefert, der sich über das mangelnde Wissen seiner Schüler beklagte, dass sein Notenspiegel nicht ausreiche, da die Arbeiten der Schüler »sub omni canone« seien.

Pierre de Coubertin – 1863 bis 1937

Citius, altius, fortius! – Höher, schneller, weiter (stärker)!
So lautet das Motto der Olympischen Spiele der Neuzeit. Courbertin griff dabei eine Formulierung des Dominikanermönchs Henri-Martin Didon (1840–1900) auf, der damit aber nur den sportlichen Wettkampf meinte.

Deutschland, Österreich, Schweiz

Literatur

Deutsche Heldensagen

Der treue (oder getreue) Eckart

ist das Sinnbild des zuverlässigen Hüters, Wächters und Mahners; er erscheint in der deutschen Heldensage im Umkreis Dietrichs von Bern zuerst in der *Harlungensage* als Pflegevater der Harlungen, eines historisch nicht nachweisbaren Brüderpaars. Deren Goldschatz weckt die Habgier ihres Onkels König Ermanrich, der sie trotz der Fürsorge des getreuen Eckart gefangen nehmen und töten lässt.

Im *Nibelungenlied* ist er der Wächter von Rüdigers Mark; in der *Tannhäusersage* sitzt er als Mahner vor dem Venusberg.

In den Sprichwörtersammlungen des Reformators Johann Agricola (erschienen 1528, 1529 und 1548) wird von ihm gesagt: »Du bist der treue Eckart, du warnest jedermann.«

Im Zuge der Erneuerung mittelalterlicher Stoffe durch die Romantik veröffentlichte Ludwig Tieck 1800 die romantische Erzählung *Der getreue Eckart und der Tannenhäuser,* und Goethe schrieb 1813 die Ballade »Der getreue Eckart«.

Spervogel – 12./13. Jahrhundert

Den Mantel nach dem Winde kehren.

In der Spruchsammlung, die unter dem Namen Spervogels überliefert ist (um 1200), heißt es: »Man sol den mantel kêren als daz weter gât.«

In Gottfried von Straßburgs *Tristan und Isolde* (um 1210) findet sich die Form: »Man sol den mantel kêren, als ie die winde sint gewant.«

Wir benutzen es abwertend im Sinne von »sich arrangieren«.

Gottfried von Straßburg – 12./13. Jahrhundert

Wem nie durch Liebe Leid geschah

stammt aus einer der ältesten deutschen Dichtungen: Gottfried von Straßburgs *Tristan und Isolde* (um 1210); es heißt dort weiter:

dem ward auch Lieb' durch Lieb' nie nah.

Leid kommt wohl ohne Lieb' allein,
Lieb' kann nicht ohne Leiden sein.

Herbort von Fritzlar – 12./13. Jahrhundert

Das fünfte Rad am Wagen

findet sich schon im *Lied von Troja* des Herbort von Fritzlar (um 1210), aber auch in Freidanks Lehrdichtung *Bescheidenheit* (um 1230) im Abschnitt »Von Gut und Übel«.

Freidank – 12./13. Jahrhundert

Neue Besen kehren gut

ist ein Sprichwort, dessen älteste Form sich bereits in Freidanks Lehrdichtung *Bescheidenheit* (um 1230) im Abschnitt »Vom Dienst« findet. Dort heißt es:

Der neue Besen kehrt sehr wohl
Eh' dass er Staubes werde voll.

Hunger ist der beste Koch

lesen wir zum ersten Mal in Freidanks *Bescheidenheit* im Abschnitt »Von dem Hunger«.

In Ciceros Schrift *Über das höchste Gut und Übel 2, 28, 90* heißt es: »Cibi condimentum est fames – Der Speise Würze ist der Hunger.«

Rüdiger von Hünchhover – 13. Jahrhundert

Wer seinen Kindern gibt das Brot
Und leidet nachmals selber Not
Den soll man schlagen
mit der Keule tot

ist in Norddeutschland mancherorts am Stadttor neben einer aufgehängten Keule zu lesen. Der Spruch ist einer Erzählung Rüdigers von Hünchhover (um 1290) entnommen: *Der Schlägel* erzählt von einem alten Mann, der noch zu Lebzeiten seinen Kindern das ganze Vermögen übergeben hat, von ihnen aber schlecht behandelt wird. Schließlich bringt er sie dazu, ihr Betragen gegen ihn zu ändern, indem er sie glauben macht, er habe noch einen Schatz zurückbehalten. Nach seinem Tode aber finden sich in der vermeintlichen Schatzkiste nur ein Schlägel und die schriftliche Aufforderung, man solle jedem das Gehirn einschlagen, der alles seinen Kindern gibt und deshalb Mangel leidet.

Ruolman Merswin – 1307 bis 1382

Wenn mancher Mann wüsste,
was mancher Mann wär',
Tät' mancher Mann manchem Mann
Manchmal mehr Ehr'

stammt aus der Handschrift *Buch von den neun Felsen* (um 1465) des Straßburger Patriziers Ruolman Merswin, der all sein Hab und Gut verkaufte und fortan als Büßer lebte.

Hannemann! Geh du voran!
Du hast die größten Stiefel an

stammt aus dem Märchen *Von den sieben Schwaben*, dessen älteste Fassung uns in einer lateinischen Handschrift des 15. Jahrhunderts aus Tegernsee erhalten ist. Es ist der sechste unter ihnen, auch »Gelbfüßler«, »Jockele« oder »Hansele« genannt, der diese Aufforderung auspricht.

Sebastian Brant – 1457 bis 1521

Die Welt will betrogen sein

findet sich zuerst in Sebastian Brants *Das Narren Schyff* (1494); in Sebastian Francks *Paradoxa* (1533) heißt es: »Die Welt will betrogen und belogen sein und nur mit Wahn geäfft und regiert werden, wie jener Mönch sagt, der für sein Thema hält: Mundus vult decipi / darumb bin ich hie ...« Daraus ist die heute geläufige Form abgeleitet: »Mundus vult decipi, ergo decipiatur – Die Welt will betrogen werden, also soll sie betrogen werden.«

Hanswurst

stammt ebenfalls aus Sebastian Brants *Das Narren Schyff*, dort in der Form »Hans Worst«.

Hermann Bote – 1467 bis 1520

Die Katze im Sack kaufen

heißt etwas kaufen, ohne es gesehen zu haben. Diese Redensart ist auch im Französischen (»acheter le chat en poche«) und Italienischen (»comprare la gatta in sacco«) bekannt.
Im *Volksbuch von Till Eulenspiegel*, dessen erster uns bekannter Druck aus Straßburg 1511/12 stammt, näht Eulenspiegel eine Katze in ein Hasenfell und verkauft sie in einem Sack an einen Kürschner.

Der *Ulenspiegel* ist im 16. Jahrhundert zunächst anonym erschienen; eine Autorenschaft des niederdeutschen Zollschreibers und Dichters Hermann Bote konnte erst im 19. Jahrhundert nachgewiesen werden; vermutlich hatte er auf niederdeutsche Vorläufer zurückgegriffen und diese bearbeitet.
Ein holsteinisches Sprichwort lautet: »Man schall dar Farken (Ferkel) nick in' Sack köpen.«

Heinrich Bebel – 1472 bis 1518

Das Gras wachsen hören

begegnet uns zuerst in lateinischer Form in Heinrich Bebels *Proverbia Germanica collecta atque in Latinum traducta* (Deutsche Sprichwörter gesammelt und ins Lateinische übertragen, 1508), wo es heißt, diejenigen hörten das Gras wachsen, »die sich äußerst klug dünken«.
In der jüngeren *Edda* (*1, 27,* Simrock) wird von Heimdall, dem Wächter der Götter, erzählt: »Er bedarf weniger Schlaf als ein Vogel und sieht sowohl bei Nacht als bei Tag hundert Rasten weit; er hört auch das Gras in der Erde und die Wolle auf den Schafen wachsen.« In diesem Sinn bezeichnen wir mit diesem Wort noch heute – allerdings zumeist ironisch – ein ungewöhnliches Gespür.

Martin Luther – 1483 bis 1546

Aus tiefer Not schrei ich zu dir

ist ein Lied Martin Luthers, das er 1524 in Anlehnung an *Psalm 130* (→ S. 45) geschrieben hat. Dort heißt es zu Beginn: »Aus der Tiefe rufe ich, Herr, zu dir.«

Alles zum Besten kehren

heißt es in Martin Luthers *Katechismus* (1529) im Kommentar zum 8. Gebot (Du sollst nicht falsch Zeugnis reden wider deinen Nächsten): »Wir sollen Gott fürchten und lieben, dass wir unsern Nächsten nicht belügen, verraten, verleumden oder seinen Ruf verderben, sondern sollen ihn entschuldigen, Gutes von ihm reden und alles zum Besten kehren.«

Er will uns damit locken.

Im *3. Hauptstück (Das Vaterunser)* von Martin Luthers *Katechismus* heißt es: »Vater unser im Himmel. – Was ist das? Gott will uns damit locken, dass wir glauben sollen, er sei unser rechter Vater ...«

Gute Freunde, getreue Nachbarn
sind nach Martin Luther und seiner Erklärung zur vierten Bitte des Vaterunsers (im *Katechismus, 3. Hauptstück*) Teil unseres »täglichen Brotes«.

Wasser tut's freilich nicht ...
... sondern das Wort Gottes, antwortet Martin Luther in seinem *Katechismus, 4. Hauptstück*: *Das Sakrament der Heiligen Taufe*, auf die Frage: »Wie kann Wasser solch große Dinge tun?«

Wo steht das geschrieben?
lesen wir in Martin Luthers *Katechismus* im *4.* und *5. Hauptstück*, wo er den biblischen Bezug zum Sakrament der Heiligen Taufe und des Heiligen Abendmahls herstellt.

Ein feste Burg ist unser Gott
ist Martin Luthers wohl bekanntestes Lied; er hat es 1529 in Anlehnung an *Psalm 46* geschrieben. Ebenfalls aus diesem Lied stammen die folgenden Zeilen:

Mit unsrer Macht ist nichts getan ...

Und wenn die Welt voll Teufel wär ...

Der Fürst dieser Welt ...

Das Wort sie sollen lassen stahn ...

Lass fahren dahin ...
heißt es in der vierten Strophe von Martin Luthers »Ein feste Burg ist unser Gott«. Darauf haben sich G. A. Bürger in seinem Gedicht »Der Bruder Graurock und die Pilgerin« (1777): »Lass fahren! Hin ist hin!« sowie Schiller im »Reiterlied« am Ende von *Wallensteins Lager:* »Lass fahren dahin, lass fahren!« (→ Seite 313) bezogen.

Die Kunst geht nach Brot
steht bei Martin Luther (Erlanger Ausgabe Bd. 64, S. 183), wird in Neanders *Ethice vetus et sapiens* (1590) unter den Sprichwörtern der Deutschen genannt und von Lessing in *Emilia Galotti 1, 2* zitiert.

Wer nicht liebt Wein, Weib, Gesang,
der bleibt ein Narr sein Leben lang
wurde im 18. Jahrhundert (zum Beispiel von Matthias Claudius, Johann Heinrich Voß, Johann Gottfried Herder) Martin Luther zugesprochen. Es findet sich dafür aber keinerlei Hinweis, weder in seinen Schriften noch in anderen Überlieferungen.

Lehrstand, Nährstand, Wehrstand
ist von dem Lutherbiographen Johannes Mathesius geprägt, nachdem Luther Adel, Geistlichkeit und Bürgertum »Wehr-, Lehr- und Nähramt« genannt hatte. Erasmus Alberus hatte in seiner *Predigt vom Ehestand* (1546) gesagt: »Der Priester muss lehren, die Oberkeit wehren, die Bauerschaft nähren«, und in seinem *Buch von der Tugend und Weisheit* (1550) finden wir die Aussage:
Ein Stand muss lehrn, der ander nährn,
der dritt muss bösen Buben wehrn.

Ulrich von Hutten – 1488 bis 1523

Ich hab's gewagt
schrieb Ulrich von Hutten seit 1520 zum Beispiel an das Ende des Vorworts zu seinem *Gesprächbüchlein* (1521) und, ohne Zusammenhang mit dem vorhergehenden Text, an das Ende vieler seiner Gedichte. Im 1521 gedruckten Lied »Ich hab's gewagt mit Sinnen« schließt die sechste Strophe mit den Worten:
Bin unverzagt,
ich hab's gewagt,
und will des Ends erwarten.
Hutten gab mit diesem Wahlspruch das lateinische »Alea jacta est – Der Würfel ist gefallen« wieder, das er in seinen lateinischen Schriften gebrauchte. Dieser Satz geht auf den griechischen Dichter Menander (→ S. 133) zurück.

Burkard Waldis – 1490 bis 1556

Das ist für die Katz
sagen wir, wenn etwas wertlos oder zwecklos ist. Burkard Waldis erzählt in seiner Fabelsammlung *Esopus* (1548) von einem Schmied, der seinen Kunden freistellte, ob und wie sie ihn für seine Arbeit entlohnten. Er hatte in seiner Werkstatt eine fette Katze angebunden und sagte

jedes Mal, wenn ihn die Kunden mit bloßen Dankesworten verließen: »Katz, das geb ich dir!« Nachdem die Katze verhungert war, beschloss der Schmied, den Lohn für seine Arbeit selbst festzulegen, so wie es auch die andern Handwerker taten. Eine ähnliche Geschichte erzählt der Prediger Abraham a Sancta Clara: Einer, der von einem Fürsten nur immer Versprechungen hört, sperrt seine Katze ein und gibt ihr nichts zu fressen, bis sie verhungert ist. Als ihn der Fürst wieder einmal seiner Gnade versichert, sagt er, seine Katze sei daran gestorben.

Adam Riese – 1492 bis 1559

(Das macht) nach Adam Riese

erinnert an den Annaberger Bergbeamten Adam Riese, dessen Rechenbuch 1523 in Erfurt erschienen ist.

Martin von Biberach – um 1500

Mich wundert, dass ich so fröhlich bin

entstammt einem Vierzeiler (1498) des Martin von Biberach:

Ich leb und waiß nit, wie lang
Ich stirb und waiß nit, wann
Ich far und waiß nit, wohin
Mich wundert, daß ich froelich bin.

Dem setzte Martin Luther (1483–1546) eine in reformatorischem Sinne optimistische Variante entgegen:

Ich komm und weiß wohl, woher.
Ich geh und weiß wohl, wohin.
Mich wundert, dass ich traurig bin.

Erasmus Alberus – 1500 bis 1553

Tu, was du nicht lassen kannst

findet sich zuerst bei Erasmus Alberus in *Ein Dialogus oder Gespräch etlicher Personen vom Interim* (1548), später auch in Lessings *Emilia Galotti 2, 3* (1772).

Wolfgang Bütner – 1530 bis 1596

Den gestrigen Tag suchen

erklärt sich aus Wolfgang Bütners *627 Historien von Claus Narren 21, 51* (1572), wonach der Hofnarr Claus († 1515) auf die Klage des Kurfürsten Johann Friedrich: »Den Tag haben wir übel verloren« tröstend antwortete: »Morgen wollen wir alle fleißig suchen und den Tag, den du verloren hast, wohl wiederfinden.«

Hans Friedrich von Schönberg – 1543 bis 1614

Schildbürgerstreiche

nennen wir Entscheidungen und Maßnahmen, die jeglicher Vernunft entbehren. Von ihnen erzählen die vermutlich von Hans Friedrich von Schönberg 1598 erschienenen *Wunderseltsamen, abenteuerlichen, unerhörten und bisher unbeschriebenen Geschichten und Taten der Schildbürger in Misnopotamia.* Sie spielen in dem meißnischen Städtchen Schilda, von dem aber nach allgemeiner Überzeugung der Name »Schildbürger« nicht abgeleitet werden kann. Vielmehr bedeutet »Schildbürger«: »mit Schild bewaffneter Bürger«. Wielands Roman *Die Abderiten* (1774) machte das Wort »Schildbürgerstreiche« geläufig.

Johann Fischart – 1547 bis 1589

Dem Feinde goldene Brücken bauen

findet sich als Kriegsregel zuerst in Johann Fischarts *Gargantua* (1575): »Tu eh dem Feind Tür und Tor auf, und mach ihm ein gulden Brucken, dass er fort mög rucken.«

Freue dich, liebe Seele, jetzt kommt ein Platzregen

steht unter einer in den vierziger Jahren des 19. Jahrhunderts in Berlin erschienenen kolorierten Zeichnung, die einen dicken, schweißtriefenden Herrn darstellt, der die Hand nach einem Glas Berliner Weiße ausstreckt. Der Satz geht wohl auf Johann Fischart zurück: »Duck dich, Seel, es kommt ein Platzregen«; wir lesen ihn ebenfalls im *Gargantua, Kapitel 8* von Johann Fischart.

Arbeit und Fleiß, das sind die Flügel,
so führen über Strom und Hügel

ist aus Johann Fischarts *Das Glückhaft Schiff von Zürich 81 f.* (1576).

Geschichtsklitterung

steht für eine die Tatsachen entstellende Geschichtsauffassung; der Ausdruck taucht erstmals im Titel des *2. Gargantuadruckes* (1582) auf.

Wie die Orgelpfeifen.
Dieses eingängige Bild entnehmen wir ebenfalls dem *2. Gargantuadruck, 5. Kapitel* von Johann Fischart, wo es heißt, dass die guten Mütter ihre Kinder wie die Orgelpfeifen um den Tisch stellen, »die kann der Vatter mit den Ruten pfeiffen machen, wann er will«, ohne einen Blasebalg treten zu müssen.

Johannes Olorinus Variscus – 1559 bis 1622

Wo die Welt mit Brettern vernagelt ist ...
ist das Ende der Welt erreicht, wie Johannes Olorinus Variscus (d.i. Johann Sommer) neben anderen Lügengeschichten in seiner *Ethographia Mundi* (1609) erzählt; allerdings schreibt er »unterschlagen« statt »vernagelt«.

Jakob Vogel – 1584 bis 1640

Kein schöner Tod auf dieser Welt
geht zurück auf den Anfang des alten Soldatenliedes »Kein sel'grer Tod ist in der Welt ...«, das Jakob Vogel während des Dreißigjährigen Krieges im Jahr 1625 schrieb.

Martin Rinckart – 1586 bis 1649

Von Mutterleib und Kindesbeinen an ...
stammt aus der ersten Strophe von Martin Rinckarts (1586–1649) Kirchenlied: »Nun danket alle Gott«, geschrieben 1636.

Johann Michael Altenburg – 1593 bis 1654

Verzage nicht, du Häuflein klein
ist der Anfang eines evangelischen Kirchenliedes, das als »Gustav Adolfs Schlachtgesang bei Lützen« bekannt geworden und von Johann Michael Altenburg, Feldprediger im schwedischen Heer und Pfarrer an der Kirche St. Andreas zu Erfurt, geschrieben worden sein soll; in den heutigen Gesangbüchern der evangelischen Landeskirchen wird als Autor des Textes Jakob Fabricius angegeben.

Dieser Monat ist ein Kuss,
den der Himmel gibt der Erde,
dass sie jetzt und seine Braut,
künftig eine Mutter werde

steht unter der Überschrift »Der Mai« in Friedrich von Logaus *Sinngedichten* (1654).

Kleider machen Leute.

Auch dieses Sprichwort findet sich in Friedrich von Logaus *Sinngedichten*; es ist der Titel von Gottfried Kellers berühmter Novelle (1874, → Seite 378). Ein lateinisches Vorbild findet sich in der Quintilians *Redekunst 8,5*: »Vestis virum reddit – Das Kleid macht den Mann.«

Bewaffneter Friede

stammt ebenfalls aus Friedrich von Logaus *Sinngedichten.*

Mit dem Mantel der Liebe zudecken

bilden wir nach Friedrich von Logaus »Liebe« in den *Sinngedichten*:
Nenne mir den weiten Mantel,
drunter alles sich verstecket:
Liebe tut's, die alle Mängel
gerne hüllt und fleißig decket.

Wenn Dummheit wehtäte, müsste er den ganzen Tag schreien

sagen wir, oft auch in abgewandelter Form, nach Friedrich von Logaus *Sinngedichten:*
Wenn Torheit täte weh,
o welch erbärmlich Schrein
würd in der ganzen Welt
in allen Häusern sein.

Über seinen Schatten springen

heißt es in Friedrich von Logaus »Die Poeten«.

Georg Philipp Harsdörffer – 1607 bis 1658

Nürnberger Trichter

beruht auf dem Titel von Georg Philipp Harsdörffers Buch *Poetischer Trichter, die Teutsche Dicht- und Reimkunst … in 6 Stunden einzugießen,* das 1648 in Nürnberg erschien.

Johann Rist – 1607 bis 1667

Ermuntre dich, mein schwacher Geist

ist der Anfang eines evangelischen Weihnachtsliedes von Johann Rist, der als Pfarrer und Kirchenrat in Wedel (Holstein) starb und 658 geistliche Lieder hinterließ. Meist wird das Wort als Aufforderung an einen andern gebraucht: »Ermuntre (auch: erhebe) dich, du schwacher Geist!«

O Ewigkeit, du Donnerwort

ist ebenfalls der Anfang eines Kirchenliedes (1642) von Johann Rist.

Paul Gerhardt – 1607 bis 1676

Nun ruhen alle Wälder

ist der Anfang eines Kirchenliedes von Paul Gerhardt aus dem Jahr 1647.

Wo bist du, Sonne, geblieben?

»Wo bist du, Sonne, blieben?« heißt es zu Beginn der zweiten Strophe in Paul Gerhardts Kirchenlied »Nun ruhen alle Wälder«.

Wach auf, mein Herz, und singe!

ist ein Morgenlied von Paul Gerhardt aus dem Jahr 1647.

Befiehl du deine Wege

heißt eines der bekanntesten Kirchenlieder (1653) von Paul Gerhardt.

Mach End', o Herr, mach Ende

heißt es zu Beginn der 12. Strophe von Paul Gerhardts Lied »Befiehl du deine Wege«.

Wie soll ich dich empfangen?

heißt ein Kirchenlied für die Adventszeit von Paul Gerhardt aus dem Jahr 1653.

Alles Ding währt seine Zeit,
Gottes Lieb' in Ewigkeit
sind die Schlussverse der achten Strophe in Paul Gerhardts Kirchenlied »Sollt ich meinem Gott nicht singen« (1653).

Wer so stirbt, der stirbt wohl
endet die zehnte und letzte Strophe in Paul Gerhardts Passionslied »O Haupt voll Blut und Wunden«, das er 1656 nach dem »Salve Caput cruentatum« des Arnulf von Löwen geschrieben hat.

Paul Fleming – 1609 bis 1640

Ein getreues Herze wissen hat des höchsten Schatzes Preis
ist der Anfang eines Liedes von Paul Fleming.

Es kann mir nichts geschehen
stammt aus Paul Flemings geistlichem Lied »In allen meinen Taten« (*Teutsche Poemata,* 1642).

Georg Neumark – 1621 bis 1681

Wer nur den lieben Gott lässt walten
den wird er wunderbar erhalten
ist der Anfang eines evangelischen Kirchenliedes von Georg Neumark, Bibliothekar und Archivsekretär Herzog Wilhelms II. in Weimar.

Wer Gott dem Allerhöchsten traut,
der hat auf keinen Sand gebaut

sowie

Sing, bet und geh auf Gottes Wegen,
verricht das Deine nur getreu
stammen ebenfalls aus dem Lied »Wer nur den lieben Gott lässt walten«. Eine Parodie fügte folgende Zeilen an: »Kommt dir ein schönes Kind entgegen, lass es nicht ungeküsst vorbei.«

Georg Wilhelm Sacer – 1635 bis 1699

Reim dich, oder ich fress dich!

Reime dich oder ich fresse dich ist der Titel einer in Nordhausen 1673 erschienenen Satire auf die Unsitten der damaligen Dichtkunst; diese Schrift wurde unter dem Pseudonym Hartmann Reinhold von dem damals in Braunschweig lebenden Hofgerichtsadvokaten Georg Wilhelm Sacer veröffentlicht.

Christoph Lehmann – 17. Jahrhundert

Die Kastanien aus dem Feuer holen

finden wir zuerst im *Florilegium politicum oder Politischer Blumengarten* (Lübeck 1639) Christoph Lehmanns angeführt (S. 120): »Herrn stellen offt ein Diener an, wie der Aff die Katz, da sie mit den Pfoten die gebratene Kesten ausm Feuer must scharren.« Diese Redensart entsprang aus einer ursprünglich orientalischen Tierfabel, in der ein Affe eine Katze beschwatzt, geröstete Kastanien aus dem Feuer zu holen, die er sofort selbst verspeist. Sie ist zuerst lateinisch erzählt in den *Dies caniculae* des Franzosen Majoli (Mahieu) aus dem 16. Jahrhundert und besonders durch La Fontaines Nacherzählung in seinen *Fabeln, Buch 9* (1668–1694, »Der Affe und die Katze«) bekannt geworden.

Gras über eine Sache wachsen lassen

sagen wir, wenn eine in der Regel unangenehme Sache in Vergessenheit geraten soll.

Die weit verbreitete Redensart wird zuerst in Christoph Lehmanns *Florilegium politicum oder Politischer Blumengarten* (1639) erwähnt und zugleich erklärt: »Wer große Stümpfe will auswurzeln, der verdirbt das Geschirr und tut sich selbst weh; es ist besser, man lässt das Gras darüber wachsen.«

Der bekannte Reim:

Wenn über eine dumme Sache
nun endlich Gras gewachsen ist,
kommt sicher ein Kamel gelaufen,
das alles wieder runterfrisst,

ist jüngeren Datums und erst in unserer Zeit entstanden.

Erdmann Neumeister — 1671 bis 1756

Wo du nicht bist, Herr Organist, da schweigen alle Flöten

ist angeblich der Strophe: »Herr Jesu Christ! Wo du nicht bist, ist nichts, das mir erfreulich ist« aus dem geistlichen Lied »Herr Jesu Christ, mein Fleisch und Blut« von Erdmann Neumeister, Pastor an St. Jakobi in Hamburg, nachgebildet. Der Ausspruch schildert die Folgen von Geldmangel.

Mein Gewissen beißt mich nicht

stammt aus einem Kirchenlied von Erdmann Neumeister. Fritz Reuter ließ diesen und die folgenden Verse, leicht abgeändert, im 3. Kapitel seines Romans *Ut mine Stromtid* einen preußischen Kandidaten dem Juden Moses als Antwort auf eine Mahnung schreiben:

Mein Gewissen beißt mich nicht,
Moses darf mich nicht verklagen;
der mich frei und ledig spricht,
hat die Schulden abgetragen.

Leopold I. – 1693 bis 1747

So leben wir, so leben wir, so leben wir alle Tage.

Mit diesen Worten beginnt der Dessauer Marsch, der vom »alten Dessauer«, d.i. Fürst Leopold I. von Anhalt-Dessau, selbst stammen soll. Der Karikaturist Wolter hat mit diesen Worten eine Zeichnung versehen, auf der drei Männer auf einem Floß ihre letzten Rohstoffe verheizen.

unbekannte Quelle – 18. Jahrhundert

Haupt- und Staatsaktion

nannten in der ersten Hälfte des 18. Jahrhunderts die wandernden Schauspieltruppen ihre Schauspiele auf Theaterzetteln und in Eingaben an die Behörden. »Nicht eine Haupt- und Staatsaktion daraus machen« heißt so viel wie »aus einer Sache nicht mehr machen, als ihrer Bedeutung entspricht«.

Friedrich von Hagedorn – 1708 bis 1754

Johann, der muntre Seifensieder

stammt aus der Anfangs- und der Schlusszeile des Gedichts »Johannes der Seifensieder« von Friedrich von Hagedorn. Man spricht auch ein-

fach von einem »muntern Seifensieder«, wie Gleim in seinem Gedicht »An die Freude«:
Alle muntren Seifensieder
sind verschwunden aus der Welt!

Man muss den schönsten Tag nicht vor dem Abend loben
heißt es in Hagedorns Fabel *Der Zeisig*; nach Friedrich Schiller, *Wallensteins Tod*, (→ S. 318) sagen wir heute: Man soll den Tag nicht vor dem Abend loben.

Genießt der Jüngling ein Vergnügen,
So sei er dankbar und verschwiegen
stammt aus Friedrich von Hagedorns Gedicht »Die Alte« und wird oft Wilhelm Busch zugeschrieben.

Albrecht von Haller – 1708 bis 1777

In's Innre der Natur dringt kein erschaffner Geist
steht in Albrecht von Hallers Gedicht »Falschheit menschlicher Tugenden«. Goethe zitiert dies in seinem Spruch »Allerdings« und fährt fort: »Glückselig! wem sie nur die äußre Schale weist«, während Haller schreibt: »Zu glücklich, wann sie noch die äußre Schale weist.« Übrigens zitiert Goethe den Vers nur, um ihm zu widersprechen.

Christian Fürchtegott Gellert – 1715 bis 1769

Er lebte, nahm ein Weib und starb.
Mit diesen ernüchternden Worten schließt Christian Fürchtegott Gellerts Erzählung *Der Greis.* Ein Epigramm von Christian Gryphius (1649–1706, Sohn von Andreas G.) aus *Poetische Wälder. Anderer Teil,* Breslau und Leipzig 1718, auf dem Gellerts Formulierung aufbaut, lautet:
Ein sechzigjähriger Mann ward unlängst beigesetzt;
er kam auf diese Welt, aß, trank, schlief, starb zuletzt.

Für Görgen ist mir gar nicht bange,
der kommt gewiss durch seine Dummheit fort
sind die Schlussworte aus Christian Fürchtegott Gellerts Erzählung *Der sterbende Vater* (1748), der seinem Sohn Görgen nichts unterließ.

Die Brücke kommt – Fritz, Fritz! wie wird dir's gehen?
Aus Christian Fürchtegott Gellerts Fabel *Der Bauer und sein Sohn*, die aus dem *Esopus* des Burkard Waldis stammt. Darin prahlt der von einer Reise zurückgekehrte Sohn, er habe einen Hund so groß wie ein Pferd gesehen. Der Vater jedoch hat von einer Brücke erzählt, auf der sich jeder Lügner das Bein breche, und als die beiden dort ankommen, nimmt der Sohn seine Aufschneiderei doch lieber zurück.

Mit verhärtetem Gemüte
zitieren wir aus Christian Fürchtegott Gellerts Lied »Die Güte Gottes« in: *Geistliche Oden und Lieder*, Leipzig 1757.

Genieße, was dir Gott beschieden,
Entbehre gern, was du nicht hast,
Ein jeder Stand hat seinen Frieden,
Ein jeder Stand hat seine Last
ist aus Christian Fürchtegott Gellerts Lied »Zufriedenheit mit seinem Zustande«, das ebenfalls in *Geistliche Oden und Lieder* enthalten ist.

Lebe, wie du, wenn du stirbst,
Wünschen wirst, gelebt zu haben
stammt aus Christian Fürchtegott Gellerts Lied »Vom Tode«.
Schon Mark Aurel schreibt in seinen *Selbstbetrachtungen 5, 29*: »Wie du beim Hinscheiden gelebt zu haben wünschest, so kannst du schon jetzt leben.«

Der Hecht, der war doch blau
sagt man, um eine den Widerspruch liebende Frau zu kennzeichnen. In Gellerts Erzählung *Die Widersprecherin* geht der Streit darum, ob ein Hecht zu blau oder zu wenig blau gesotten sei; dem Hausherrn ist er's zu wenig, der Hausfrau zu sehr. Da der Mann auf seiner Meinung beharrt, fällt die Frau in Ohnmacht, aus der sie nichts zu erwecken vermag. Der tief betrübte Mann glaubt sie tot und klagt:
»Wer hieß mich dir doch widerstreben?
Ach der verdammte Fisch! Gott weiß, er war nicht blau!«
Da schlug sie die Augen auf und rief:
»Blau war er! Willst du dich noch nicht geben?«

Vierzehn Jahr und sieben Wochen
sei sie alt, ruft in Gellerts Erzählung *Das junge Mädchen* ein heiratslustiges Mädchen aus, als ihr Vater meint, für eine Heirat sei sie noch zu jung, nämlich erst vierzehn Jahre alt. Gellerts Erzählung ist die Bearbeitung einer Anekdote im *Kurtzweiligen Zeitvertreiber* von 1666, S. 351.

Ja, ja, Prozesse müssen sein
sind die Anfangsworte von Gellerts Erzählung *Der Prozess.*

Johann Eilias Schlegel – 1719 bis 1749

Geschäftiger Müßiggang
ist im Deutschen wohl seit Johann Elias Schlegels Lustspiel *Der geschäftige Müßiggänger* (1743) geläufig.
Wieland schreibt 1759 in einem Brief: »... die verschiedenen Modifikationen eines geschäftigen Müßiggangs ...«, und Lessing spricht im 18. Stück der *Hamburgischen Dramaturgie* (1767) von »geschäftigen Müßiggängern«.
Im 4. Akt von Goethes *Götz von Berlichingen* (1773) lehnt es Götz ab, seine Lebensgeschichte zu schreiben, indem er sagt: »Schreiben ist geschäftiger Müßiggang.«
Bereits in den *Briefen* des Horaz *(1, 11, 28)* findet sich die Zusammenstellung »strenua inertia - emsige Untätigkeit«, und bei dem Fabeldichter Phaedrus *(2, 5, 2)* finden wir die Worte »occupata in otio - geschäftig auch in der Muße«.

Magnus Gottfried Lichtwer – 1719 bis 1783

Tier und Menschen schliefen feste
lesen wir in der 22. Fabel (»Die Katzen und der Hausherr«) des 1. Buches der *Vier Bücher Aesopischer Fabeln* (2. Ausgabe 1762) von Magnus Gottfried Lichtwer. In der 1. Ausgabe 1748 hatte es noch geheißen: »Mensch und Tiere schliefen feste.«

So ein Lied, das Stein erweichen,
Menschen rasend machen kann
ist aus Lichtwers Fabel »Die Katzen und der Hausherr«.

Blinder Eifer schadet nur
heißt der Schluss von Magnus Gottfried Lichtwers Fabel »Die Katzen und der Hausherr«.

Eines Abends spöte
Gingen Wassermaus und Kröte
Einen steilen Berg hinan
ist eine Parodie des Anfangs von Magnus Gottfried Lichtwers Fabel »Die Kröte und die Wassermaus«, der lautet:
Von dem Ufer einer See
krochen annoch abends späte
eine Wassermaus und Kröte
an den Bergen in die Höh.
Die Parodie, die auf den Berliner Schauspieler Rüthling zurückgeht, hat verschiedene Fortsetzungen und den Schluss:
Dies ist ein Gedicht von Goethe,
das er eines Abends spöte
auf dem Sofa noch ersann.

Ludwig Gleim – 1719 bis 1803

Milchmädchenrechnung
als allzu einfältige Berechnung von Einnahmen oder Ausgaben geht auf Ludwig Gleims Fabel »Die Milchfrau« zurück, die auf La Fontaines Fabel »La laitière et le pot au lait« beruht.

Was von mir ein Esel spricht,
Das acht' ich nicht
stammt aus Ludwig Gleims Fabel »Der Löwe, der Fuchs« in den 1756 erschienenen *Fabeln*.

Witz auf Witz! Schlag auf Schlag!
stammt aus einem Vierzeiler von Ludwig Gleim:
Witz auf Witz!
Blitz auf Blitz!
Schlag auf Schlag!
Ob's auch einschlagen mag?
Diese Worte gehen zurück auf Friedrich Gottlieb Klopstocks *Messias* (1751), in dem es heißt:

Schlag auf Schlag,
Gedank' auf Gedanke.

Karl Friedrich Hieronymus von Münchhausen – 1720 bis 1781

Münchhausen

als Sinnbild eines »Aufschneiders« geht auf Freiherr Karl Friedrich Hieronymus von Münchhausen aus Bodenwerder bei Hannover zurück, der sich durch die Erzählung unglaublicher Abenteuer einen solchen Namen gemacht hatte, dass schon 1781 im Berliner *Vademecum für lustige Leute* sechzehn »M-h-s-nsche Geschichten« erschienen. 1786 veröffentlichte der nach England geflüchtete Professor Raspe eine Sammlung von »Münchhauseniaden« auf Englisch, G. A. Bürger übertrug diese ins Deutsche und gab ihnen dichterischen Schwung: *Wunderbare Reisen zu Wasser und zu Lande, Feldzüge und lustige Abenteuer des Freyherrn von Münchhausen* (1786).

Friedrich Gottlieb Klopstock – 1724 bis 1803

Mutter Natur

ist eine Wortschöpfung Friedrich Gottlieb Klopstocks. In seiner Ode »Der Zürchersee« (1750) heißt es:

Schön ist, Mutter Natur, deiner Erfindung Pracht
Auf den Fluren verstreut, schöner ein froh Gesicht,
Das den großen Gedanken
Deiner Schöpfung noch einmal denkt.

Des Schweißes der Edlen wert

sei die Unsterblichkeit des Dichters, stammt ebenfalls aus Friedrich Gottlieb Klopstocks Ode »Der Zürchersee«, wo diese Feststellung sogar mehrfach wiederholt wird.

Saat, von Gott gesäet, dem Tage der Garben zu reifen

lautet der 845. Vers des 11. Gesanges im *Messias* (1751) von Klopstock. Der Dichter ließ die Worte 1758 auf das Grab seiner Gattin Meta in Ottensen bei Altona setzen, und seine zweite Gattin wählte sie nach seinem Tode zum Grabspruch für ihn. Rückerts Gedicht »Die Gräber zu Ottensen« endet mit diesem Vers.

Karl Wilhelm Ramler – 1725 bis 1798

Ja, Bauer! das ist ganz was anders

stammt aus Karl Wilhelm Ramlers Fabel »Der Junker und der Bauer« (1783), der Bearbeitung eines Gedichtes von Michael Richey (1678 bis 1761), in dem es heißt: »Ja Bauer, das ist ganz ein anders!« Aber auch schon in Grimmelshausens (1622–1676) *Wunderbarlichem Vogelnest 1, 6* (1672) lesen wir: »Mein Bauer, das wär' ein anders!« Ebenso in seinem *Teutschen Michel* (1673).

Christian Felix Weiße – 1726 bis 1804

Morgen, morgen! nur nicht heute

ist der Anfang des Liedes »Der Aufschub« von Christian Felix Weiße. Dort heißt es weiter: »... sprechen immer träge Leute«, während man heute meist sagt: »... sagen alle faulen Leute«.
»Nicht auf morgen das Eilige!« war nach Plutarch (*Pelopidas 10*) im alten Griechenland sprichwörtlich.

Gotthold Ephraim Lessing – 1729 bis 1781

Wer wird nicht einen Klopstock loben?
Doch wird ihn jeder lesen? – Nein.
Wir wollen weniger erhoben
Und fleißiger gelesen sein

ist aus »Sinngedichte an den Leser«, der Einleitung zu Gotthold Ephraim Lessings *Sinngedichten* (1753).
In Martials *Epigrammen 4, 49* heißt es: »Laudant illa, sed ista legunt. (Jenes lobt man, aber dieses liest man.)«

Zu viel kann man wohl trinken,
Doch nie trinkt man genug

stammt aus Lessings Liedern.

Das Neue daran ist nicht gut, und das Gute daran ist nicht neu.

In Lessings *Briefen, die neueste Literatur betreffend* heißt es im 111. Brief vom 12. 6. 1760: »Wenn es erlaubt ist, allen Worten einen andern Verstand zu geben, als sie in der üblichen Sprache der Weltweisen haben, so kann man leicht etwas Neues vorbringen. Nur muss man mir auch erlauben, dieses Neue nicht immer für wahr zu halten.«
Danach verfasste Johann Heinrich Voß (1751–1826, der Homer über-

setzt hat) ein Distichon, das 1792 im *Vossischen Musenalmanach* erschien (»Auf mehrere Bücher, nach Lessing«):

Dein redseliges Buch lehrt mancherlei Neues und Wahres,
wäre das Wahre nur neu, wäre das Neue nur wahr!

Man spricht selten von der Tugend, die man hat; aber desto öfter von der, die uns fehlt

heißt es in Lessings Drama *Minna von Barnhelm 2, 1* (1767), eines der wenigen großen deutschen Lustspiele.

Kritikaster.

Dieses Wort findet sich in Lessings »Ankündigung« zur *Hamburgischen Dramaturgie* (1767–1769).

Seines Fleißes darf sich jedermann rühmen

lesen wir in Lessings *Hamburgischer Dramaturgie*, 101.–104. Stück (1767–1769).

Lessing – Emilia Galotti

Raphael wäre ein großer Maler geworden, selbst wenn er ohne Hände auf die Welt gekommen wäre.

In Lessings *Emilia Galotti* (1772) heißt es *1, 4*: »Oder meinen Sie, Prinz, dass Raphael nicht das größte malerische Genie gewesen wäre, wenn er unglücklicherweise ohne Hände wäre geboren worden?«

Perlen bedeuten Tränen

heißt es in *Emilia Galotti 2, 7* und *8*. Der Aberglaube findet sich schon in alten Traumbüchern.

Wer über gewisse Dinge den Verstand nicht verliert, der hat keinen zu verlieren

stammt aus *Emilia Galotti 4, 7* und *5, 5*.

Vermutlich bezieht sich Lessing hier auf Baltasar Graciáns (1601 bis 1658) *Handorakel* (das 1637 zunächst in Spanien erschienen ist): »Viele verlieren den Verstand deshalb nicht, weil sie keinen haben.«

Hohngelächter der Hölle

sagt Odoardo in *Emilia Galotti 5, 2*.

Wer lacht da?
»... Bei Gott, ich glaub', ich war es selbst«, ruft Odoardo in *Emilia Galotti 5, 6* aus.

Eine Rose gebrochen, ehe der Sturm sie entblättert
sagt in *Emilia Galotti* Emilia zu ihrem Vater, der ihr den Dolch ins Herz gestoßen hat und dann entsetzt ausruft: »Gott, was hab' ich getan!«

Lessing – Nathan der Weise

Es ist Arznei, nicht Gift, was ich dir reiche
heißt es in Lessings *Nathan der Weise 1, 2* (1779). Ebenfalls aus *Nathan der Weise* stammen:

Kein Mensch muss müssen.
(1, 3)

Die Menschen sind nicht immer, was sie scheinen.
(1, 6)

Was hätt' ein Weiberkopf erdacht, das er nicht zu beschönigen wüsste!
(3, 4)

Nicht die Kinder bloß speist man mit Märchen ab.
(3, 6)

Tut nichts, der Jude wird verbrannt.
(4, 2)

Es sind nicht alle frei, die ihrer Ketten spotten.
(4, 4)

Die kalte Buchgelehrsamkeit
(5, 6)

Kornelius von Ayrenhoff – 1733 bis 1819

Noble Passionen

entstammt dem Titel des 1769 erschienenen Lustspiels *Der Postzug oder die noblen Passionen* von Kornelius von Ayrenhoff, einem österreichischen Schriftsteller.

Christoph Martin Wieland – 1733 bis 1813

Sie sehn den Wald vor lauter Bäumen nicht.

Diese Redewendung geht wohl auf Christoph Martin Wielands *Musarion, Buch 2* (1768), zurück, wo es heißt:

Die Herren dieser Art blend't oft zu viel Licht;
Sie seh'n den Wald vor lauter Bäumen nicht.

Alois Blumauer (1755–1798) bestätigt in seinen *Abenteuern des frommen Helden Aeneas 2, 9* (1783), dass Wieland den Ausdruck geprägt hat:

Er sieht oft, wie Herr Wieland spricht,
den Wald vor lauter Bäumen nicht.

In den *Contes facétieux du sieur Gaulard* (1582) wird erzählt: »Als er in Paris war und durch die Straßen ging, sprach er: Jeder sagte mir, ich würde eine so große und schöne Stadt sehen; aber man machte sich über mich lustig; denn man kann sie nicht sehen wegen der Menge von Häusern, welche den Anblick verhindern.« Diese Geschichte wird zuerst von Samuel Gerlach 1639 und dann von Zincgref in den *Apophthegmata* 1653 auf Deutsch erzählt.

Ein Wahn, der mich beglückt,
ist eine Wahrheit wert,
die mich zu Boden drückt

ist aus Christoph Martin Wielands *Idris und Zenide* (1768) *3, 10.*

Ritt in das alte romantische Land.

So nannte Wieland seinen *Oberon* (1780), ein »Gedicht in 14 Gesängen«, das C.M. v. Weber als Grundlage für seine Oper *Oberon* (1816) dient. Ebenfalls aus dem *Oberon* stammen:

Nichts halb zu tun ist edler Geister Art.

(5,30)

und

Ein einz'ger Augenblick kann alles umgestalten.
(7,75)

Weniger wäre mehr gewesen
geht auf Wielands Neujahrswunsch des Jahres 1774 in seiner Zeitschrift *Merkur* zurück: »Und minder ist oft mehr, wie Lessings Prinz uns lehrt.« Der Prinz hatte in Lessings *Emilia Galotti 1, 4* gesagt: »Nicht so redlich, wäre redlicher.«

Konrad Pfeffel – 1736 bis 1809

Gott grüß euch, Alter! Schmeckt das Pfeifchen?
ist der Anfang von Konrad Pfeffels Gedicht »Die Tobakspfeife«.

Gottlieb Wilhelm Burmann – 1737 bis 1805

Arbeit macht das Leben süß
finden wir in Gottlieb Wilhelm Burmanns *Kleinen Liedern für kleine Jünglinge* (1777); ironisch wird zur Ergänzung oft hinzugefügt: »Faulheit stärkt die Glieder.«

Matthias Claudius – 1740 bis 1815

Wenn jemand eine Reise tut,
so kann er was erzählen
stammt aus Matthias Claudius' Gedicht »Urians Reise um die Welt«; dort allerdings steht »verzählen« statt des heute üblichen »erzählen«.

Ach, sie haben
Einen guten Mann begraben;
Und mir war er mehr
ist aus Matthias Claudius' Gedicht »Bei dem Grabe meines Vaters«, erschienen im *Wandsbecker Boten* (1775).

Am Rhein, am Rhein, da wachsen unsre Reben
ist aus dem »Rheinweinlied« (1778) von Matthias Claudius.

Der Mond ist aufgegangen.
Mit diesen Worten beginnt das wohl bekannteste Lied (geschrieben 1779) von Matthias Claudius, dessen erste Strophe lautet:

Der Mond ist aufgegangen,
die goldnen Sternlein prangen
am Himmel hell und klar.
Der Wald steht schwarz und schweiget,
und aus den Wiesen steiget
der weiße Nebel wunderbar.

Greif nicht in ein Wespennest,
doch wenn du greifst, so greife fest
sagen wir nach Matthias Claudius' *Asmus omnia sua secum portans oder Sämtliche Werke des Wandsbecker Boten* (1803), wo es jedoch heißt:
Greif nicht leicht in ein Wespen-Nest;
Doch, wenn Du greifst, so stehe fest.

Georg Christoph Lichtenberg – 1742 bis 1799

Wenn ein Buch und ein Kopf zusammenstoßen, und es klingt hohl, ist das allemal im Buch?
ist einer der bekanntesten Aphorismen des Schriftstellers, Mathematikers und Physikers Georg Christoph Lichtenbergs.

Wenn ein Affe hineinguckt, kann freilich kein Apostel herausschauen
... nämlich aus dem Spiegel, mit dem Georg Christoph Lichtenberg in einem seiner Aphorismen bedeutende Bücher vergleicht, die nicht jedermanns Verständnis zugänglich sind.

Ein Messer ohne Klinge, an welchem der Stiel fehlt
ist der erste Artikel in dem »Verzeichnis einer Sammlung von Gerätschaften, welche in dem Hause des Sir H. S. künftige Woche verauktioniert werden sollen«, das Georg Christoph Lichtenberg im *Göttingenschen Taschenkalender* von 1798, angeblich »nach dem Englischen«, veröffentlichte.

Nachtigall, ich hör' dich singen
ist dem Volkslied »Frau Nachtigall« von 1750 entlehnt und wird seit langem benutzt, um darauf hinzuweisen, dass man die Absicht eines anderen erraten hat. Weit verbreitet ist auch, mit Anklang an Berliner Mundart, die viel und gern zitierte Wendung: »Nachtigall, ick hör' dir trapsen!«

Zeitgeist

taucht zum ersten Mal in Johann Gottfried Herders Schrift »Betrachtungen, die Wissenschaft und Kunst des Schönen betreffend« auf, die er im Jahr 1767 unter dem vorangestellten Titel *Kritische Wälder* veröffentlichte. Mit dem Begriff Zeitgeist bezeichnen wir eine für eine bestimmte Epoche vorherrschende geistige Strömung oder Gesinnung. In Johann Wolfgang von Goethes (1749–1832) *Faust I, Nacht* (1808) sprechen sowohl Faust als auch dessen Famulus Wagner vom »Geist der Zeiten« hinsichtlich der Begrenztheit menschlicher Erkenntnisfähigkeit.

Nur über meinen Leichnam geht der Weg

heißt es in Johann Gottfried Herders Gedicht »Der Gastfreund«. »Nur über meine Leiche« steht in dem sonst gleich lautenden Vers des Dramas *Hedwig* von Theodor Körner (1791–1813). In Schillers *Wallensteins Tod (5, 7)* heißt es: »Erst über meinen Leichnam sollst du hingehn.«

Eine schöne Menschenseele finden ist Gewinn

stammt aus Johann Gottfried Herders Gedicht »Der gerettete Jüngling« (1787).

Fröhliche Wissenschaft

nannte Johann Gottfried Herder 1796 die Minnedichtung der französischen Troubadoure.

Was die Schickung schickt, ertrage!
Wer ausharret, wird gekrönt!

stammt aus Herders Gedicht »Die wiedergefundenen Söhne« (1801).

Elb-Florenz

geht zurück auf Herders Beitrag in *Adrastea*, Band 3, in dem er die Stadt Dresden wegen ihrer Kunstschätze »Deutsches Florenz« nannte.

Trauernd tief saß Don Diego

Mit diesen Worten beginnt Johann Gottfried Herders Bearbeitung des *Cid* aus dem Jahr 1805.

Rückwärts, rückwärts,
Don Rodrigo

ist ein Vers aus dem 28. Gesang von Herders *Cid* (1805). Weiter heißt es dort: »Deine Ehre ist verloren! Rückwärts, rückwärts, stolzer Cid!« Manchmal wird auch nur der letzte Vers zitiert.

Christian Gotthilf Salzmann – 1744 bis 1811

Der Himmel auf Erden

heißt ein Buch des bedeutenden Pädagogen Christian Gotthilf Salzmann aus dem Jahr 1797, zu dem Gottfried Gruber (1774–1793) drei Jahre später den Gegenentwurf präsentierte:

Die Hölle auf Erden.

Dieses Buch trägt den Untertitel: »Geschichte der Familie Fredini«.

Friedrich Ludwig Schröder – 1744 bis 1816

Stille Wasser sind tief

lautet der Titel eines Lustspiels (1786) von Friedrich Ludwig Schröder.

Karl Arnold Kortum – 1745 bis 1824

Über diese Antwort des Kandidaten Jobses
Geschah allgemeines Schütteln des Kopfes

ist aus der 1784 erschienenen *Jobsiade (1, 19)* von Karl Arnold Kortum, vollständig: *Leben, Meinungen und Taten von Hieronymus Jobs.*

Justin Bertuch – 1747 bis 1822

Ein junges Lämmchen, weiß wie Schnee.

Dieses Wort stammt aus Justin Bertuchs Gedicht »Das Lämmchen«, das sich in der Sammlung *Wiegenlieder* (1772) findet.

Die Freuden, die man übertreibt,
Verwandeln sich in Schmerzen.

Diese Redewendung geht zurück auf den Vers:
Die Freuden, die man übertreibt,
die Freuden werden Schmerzen,
der aus Justin Bertuchs Gedicht »Das Lämmchen« stammt.

Gottfried August Bürger – 1748 bis 1794

Die Toten reiten schnell!
stammt aus Bürgers Ballade »Lenore« (1774). Nach Bürgers Biographie von Althof (1798) soll der Dichter den Vers im Lied eines Bauernmädchens gehört haben; er sei ihm nicht mehr aus dem Sinn gekommen, und daraus habe sich nach und nach die Ballade entwickelt.
Ebenfalls aus Bürgers Ballade »Leonore« stammen:

Bist untreu, Wilhelm, oder tot?

Des langen Haders müde.

Hin ist hin! Verloren ist verloren!

Geduld! Geduld! wenn's Herz auch bricht!

Drei Männer umspannten den Schmerbauch ihm nicht
stammt aus Bürgers Ballade »Der Kaiser und der Abt« (1785), ebenso die folgenden Verse:

Der Mann, der das Wenn und das Aber erdacht,
Hätt' sicher aus Häckerling Gold schon gemacht.

Die schlechtesten Früchte sind es nicht,
Woran die Wespen nagen
ist aus Bürgers Gedicht »Trost«.

Hoch klingt das Lied vom braven Mann
stammt aus Bürgers »Lied vom braven Manne«.

Ludwig Hölty – 1748 bis 1776

Ein Leben wie im Paradies
lautet der erste Vers des »Rheinweinliedes« von Ludwig Hölty, das 1775 geschrieben und 1776 im Vossischen Musenalmanach veröffentlicht wurde.

Wer wollte sich mit Grillen plagen?
ist ebenfalls der Anfang eines Liedes von Ludwig Hölty (1776 geschrieben und 1777 im *Vossischen Musenalmanach* veröffentlicht).
Aus diesem Gedicht stammt:

Oh, wunderschön ist Gottes Erde
Und wert, darauf vergnügt zu sein.

Rosen auf den Weg gestreut
Und des Harms vergessen!
ist ein Lied von Ludwig Hölty, das 1776 geschrieben und 1778 im *Vossischen Musenalmanach* veröffentlicht wurde.

Einen Kuss in Ehren kann niemand verwehren
geht zurück auf Ludwig Höltys »Frühlingslied« (1773). Dort heißt es indes: »... kann auch niemand wehren.«

Üb immer Treu und Redlichkeit
Bis an dein kühles Grab
ist aus dem Lied »Der alte Landmann an seinen Sohn« (1779) von Ludwig Hölty.

Johann Wolfgang von Goethe – 1749 bis 1832

Sah ein Knab' ein Röslein stehn
ist der Anfang des Liedes »Heideröslein«, das Goethe in Straßburg 1771 nach einem Volkslied des 16. Jahrhunderts schrieb und das 1773 als »Fabelliedchen« veröffentlicht wurde.

Götz von Berlichingen

Wo viel Licht ist, ist starker Schatten
sagt Goethes *Götz von Berlichingen* (1773) im 1. Akt.

Die Zeiten sind vorbei!
sagt Weislingen im *Götz von Berlichingen* im 1. Akt zu dem ihm mit den Worten »Ein fröhlich Herz!« zuprostenden Ritter.

... im Arsch lecken!

Der Gruß, den Götz von Berlichingen (3, 4) dem kaiserlichen Trompeter zuruft, lautet: »Sag deinem Hauptmann: Vor Ihro Kaiserliche Majestät hab' ich, wie immer, schuldigen Respekt. Er aber, sag's ihm, er kann mich im Arsch lecken!«

Er ist nur in der Urfassung des Dramas enthalten. In späteren Ausgaben ersetzte Goethe das derbe Wort durch Gedankenstriche bzw. durch die Wendung: »... er kann zum Teufel fahren.«

Beim Zitieren wurde es meist durch Anspielungen ausgedrückt: »Du kannst mich mal – Götz von Berlichingen!« oder: »Götz von Berlichingen *3, 4*!«

Die Anspielung erscheint auch in Sprüchen wie:

Lass nie durch einen Fernspruch
dich aus der Ruhe bringen:
Denk immer an den Kernspruch
des Götz von Berlichingen!

Lateinkundige umschreiben die Aufforderung gern mit »Lex mihi ars!«, was wörtlich etwas völlig anderes bedeutet, nämlich: »Gesetz ist mir die Kunst.«

In seinen *Lebenserinnerungen* (gedruckt 1731), der Quelle von Goethes *Götz*, berichtet Götz von Berlichingen (1480–1562), er habe die Worte – in einem anderen Zusammenhang als bei Goethe – einem Amtmann zugerufen: »Da schrie ich wieder zu ihme hinauf, er sollte mich hinten lecken.«

Johann Wolfgang von Goethe – Clavigo

Man lebt nur einmal in der Welt

stammt aus Goethes *Clavigo* (1774) *1, 1* und ist durch ein Lied aus Lortzings *Waffenschmied* (1846) bekannt geworden.

Da macht wieder jemand einmal einen dummen Streich

sagt Carlos in Goethes früher Charaktertragödie *Clavigo* am Ende des 2. Aktes.

Johann Wolfgang von Goethe – Gedichte

Schlagt ihn tot, den Hund! Es ist ein Rezensent!

heißt es in Goethes Gedicht »Rezensent« (1773).

Prophete rechts, Prophete links,
Das Weltkind in der Mitten
stammt aus Goethes Gedicht »Diné zu Coblenz« (1774, gedruckt 1815).

Johann Wolfgang von Goethe – Erwin und Elmire

Ein Schauspiel für die Götter,
Zwei Liebende zu sehn!
finden wir in Goethes Singspiel *Erwin und Elmire* (1775) *1, 1*, dessen Motive in die Antike zurückreichen, wo der mit dem Schicksal ringende Mann oft besungen wurde.

Herz! mein Herz! was soll das geben?
Aus Goethes Gedicht »Neue Liebe, neues Leben« (1775), das auch im Singspiel *Erwin und Elmire* enthalten ist.

Johann Wolfgang von Goethe – Gedichte

Ach, ich bin des Treibens müde
ist aus Goethes Gedicht »Wandrers Nachtlied« (1776).

Selig, wer sich vor der Welt
Ohne Hass verschließt
stammt aus Goethes Gedicht »An den Mond« (1776/78).

Kühl bis ans Herz hinan!
lesen wir in Goethes Ballade »Der Fischer« (1778). Daraus zitieren wir auch häufig:

Da war's um ihn geschehn

und

Halb zog sie ihn, halb sank er hin.
Über allen Gipfeln ist Ruh
sind die ersten Worte des Gedichtes, das Goethe am Abend des 6. 9. 1780 an die Innenwand des Jagdhäuschens auf dem Gickelhahn bei Ilmenau schrieb, aber erst 1815 zum Druck gab.

Warte nur, balde
Ruhest du auch
ist der Schlussvers von Goethes Gedicht »Über allen Gipfeln ist Ruh«.

Willkürlich leben kann jeder
schrieb Goethe am 31. 3. 1781 in einem Brief an J. J. Krafft. Vorausgegangen ist der Satz: »Das Muss ist hart, aber beim Muss kann der Mensch zeigen, wie's inwendig mit ihm steht.«

Johann Wolfgang von Goethe – Erlkönig

Wer reitet so spät durch Nacht und Wind?
Es ist der Vater mit seinem Kind.
Mit diesen Worten beginnt Goethes Ballade »Erlkönig« (1782). Weiterhin zitieren wir daraus:

Mein Sohn, was birgst du so bang dein Gesicht?
Sei ruhig, bleibe ruhig, mein Kind.

Ich liebe dich, mich reizt deine schöne Gestalt.

Und bist du nicht willig, so brauch' ich Gewalt!

Erreicht den Hof mit Müh' und Not.

Johann Wolfgang von Goethe – Gedichte

Edel sei der Mensch, hilfreich und gut
fordert Goethe in seinem Gedicht »Das Göttliche« (1783).

Johann Wolfgang von Goethe – Lieder aus Wilhelm Meisters Lehrjahren

Kennst du das Land, wo die Zitronen blühn?
ist der Anfang des ersten »Mignon-Liedes« in *Wilhelm Meisters Lehrjahren* (1782, gedruckt 1796) *3, 1.* Daraus zitieren wir auch:

Was hat man dir, du armes Kind, getan?

Nur wer die Sehnsucht kennt,
Weiß, was ich leide
ist der Anfang eines weiteren »Mignon-Liedes«.

Wer nie sein Brot mit Tränen aß,
Wer nie die kummervollen Nächte
Auf seinem Bette weinend saß,
der kennt euch nicht, ihr himmlischen Mächte
sagt der Harfenspieler in *Wilhelm Meisters Lehrjahren 2, 13*, ebenso:

Ihr führt ins Leben uns hinein,
Ihr lasst den Armen schuldig werden,
Dann überlasst ihr ihn der Pein,
Denn alle Schuld rächt sich auf Erden.
Wer sich der Einsamkeit ergibt,
Ach, der ist bald allein
ist der Anfang eines weiteren Liedes des Harfenspielers in *Wilhelm Meisters Lehrjahren 2, 13*.

Johann Wolfgang Goethe – Iphigenie

So eine Arbeit wird eigentlich nie fertig
schrieb Goethe am 16. 3. 1787 anlässlich der Fertigstellung seiner *Iphigenie*, deren Stoff Goethe der gleichnamigen Tragödie des Euripides entnommen hat.
Aus Goethes Werk zitieren wir:

Das Land der Griechen mit der Seele suchend.
(1, 1)

Ein unnütz Leben ist ein früher Tod.
(1, 2)

Du sprichst ein großes Wort gelassen aus.
(1, 3)

Man spricht vergebens viel, um zu versagen;
Der andre hört von allem nur das Nein.
(1, 3)

Lust und Liebe sind die Fittiche zu großen Taten.
(2, 1)

Zwischen uns sei Wahrheit!
(3, 1)

Johann Wolfgang Goethe – und Aristophanes

Der ungezogne Liebling der Grazien
wird Aristophanes in Goethes Epilog zu seiner Übersetzung der aristophanischen Komödie *Die Vögel* (1787) genannt.

Johann Wolfgang von Goethe – Egmont

Ich versprach dir, einmal spanisch zu kommen
sagt in Goethes *Egmont* (1787) *3, 2* Egmont zu Klärchen, indem er sich ihr in einem prächtigen Hofkleid zeigt. Wir gebrauchen die Worte ironisch als Drohung.

Himmelhoch jauchzend,
zum Tode betrübt
Glücklich allein
ist die Seele, die liebt
zitieren wir gern, jedoch meist getrennt nach *Egmont 3, 2* aus dem Lied Klärchens.

Johann Wolfgang von Goethe – Italienische Reise

Das Beste ist gut genug
stammt aus dem Kapitel »Neapel« in Goethes *Italienischer Reise*, wo es am Ende des 2. Briefes vom 3. 3. 1787 heißt: »In der Kunst ist das Beste gut genug.«

Johann Wolfgang von Goethe – Gedichte

Geh den Weibern zart entgegen,
Du gewinnst sie, auf mein Wort
steht bei Goethe am Ende des Singspiels *Die ungleichen Hausgenossen* (1789).

Eines schickt sich nicht für alle.
Sehe jeder, wie er's treibe,

Sehe jeder, wo er bleibe, und, wer steht, dass er nicht falle
stammt aus Goethes Gedicht »Beherzigung« (1777, gedruckt 1789). Der erste Vers hat lateinische Vorbilder; in Ciceros *Rede für Roscius Amerinus* heißt es *42, 122*: »Non in omnes, arbitror, omnia convenire (Nicht für alle, glaube ich, schickt sich alles)«; der gleiche Gedanke, nur mit andern Worten, findet sich bei Properz *(4, 9, 7)*, Tacitus *(Annalen 6, 54)* und Plinius (*Briefe 6, 27*).
Der letzte Vers beruht auf der Stelle *1. Kor. 10, 12*: »Wer sich lässt dünken, er stehe, mag wohl zusehen, dass er nicht falle.«

Willst du immer weiter schweifen?
Sieh, das Gute liegt so nah
ist aus Goethes Gedicht »Erinnerung« (1777/78, gedruckt 1789). Die Frage wird oft so gestellt: »Warum (Wozu) in die Ferne schweifen?«
Die Strophe schließt mit den Versen:
Lerne nur das Glück ergreifen,
Denn das Glück ist immer da.

Begeisterung ist keine Heringsware,
Die man einpökelt auf einige Jahre
ist aus Goethes Spruchgedicht »Frisches Ei, gutes Ei«.

Johann Wolfgang von Goethe – Torquato Tasso

Du siehst mich lächelnd an, Eleonore
zitieren wir aus Goethes *Torquato Tasso* (1788/89) *1, 1,* wie auch:

Die Stätte, die ein guter Mensch betrat, ist eingeweiht.
(1, 1)

Es bildet ein Talent sich in der Stille,
Sich ein Charakter in dem Strom der Welt.
(1, 2)

Welcher Kluge fänd' im Vatikan nicht seinen Meister?
(1, 2)

Die Grazien sind leider ausgeblieben.
(2, 1)

Man merkt die Absicht, und man wird verstimmt
heißt es nach: »So fühlt man Absicht, und man ist verstimmt« in Goethes *Torquato Tasso 2, 1*.

Erlaubt ist, was gefällt.
Das Wort in Goethes *Torquato Tasso 2, 1* ist die Übersetzung einer Stelle in Torquato Tassos Schäferspiel *Aminta* (1573). »Libito fè licito«, heißt es in Dantes *Göttlicher Komödie* (»Hölle« *5, 55*). Goethe wird durch Herder aber auch die Verse Jakob Baldes (1603–1668) kennen gelernt haben:
Ardente Roma: quod libet, hoc licet
clament Nerones.
Quod licet, hoc libet,
Trajane dices.
(Neronen singen, während dem Brande Roms:
Erlaubt ist, was beliebet.
Mein König singt:
Nur was erlaubt ist, das beliebt mir.)
(Übersetzung Herders)
Nach Spartianus, *Caracalla 10* (in den *Scriptores historiae Augustae*) sagte Julia zu ihrem Stiefsohn Caracalla, als er sie zur Frau begehrte: »Si libet, licet – Wenn es gefällt, ist es erlaubt.« Goethes Tasso wollte mit diesem Wort das unschuldige Goldene Zeitalter charakterisieren; die Prinzessin hält ihm entgegen, was für ihre Zeit gilt: »Erlaubt ist, was sich ziemt.«

Willst du genau erfahren, was sich ziemt,
So frage nur bei edlen Frauen an
sind Worte der Prinzessin in Goethes *Torquato Tasso 2, 1*.

Nach Freiheit strebt der Mann, das Weib nach Sitte
sagt die Prinzessin in Goethes *Torquato Tasso 2, 1*.

Frei will ich sein im Denken und im Dichten
wünscht Torquato in *4, 2*.

Und wenn der Mensch in seiner Qual verstummt,
Gab mir ein Gott, zu sagen, wie ich leide
sind Worte Tassos in Goethes *Torquato Tasso* (1788/89) *5, 5*; sie stehen auch als Motto vor dem Gedicht »Elegie« der *Trilogie der Leidenschaft* mit der Änderung: »... zu sagen, was ich leide«.

Johann Wolfgang von Goethe – Reineke Fuchs

Pfingsten, das liebliche Fest war gekommen
lautet der Anfang von Goethes Epos *Reineke Fuchs* (1794).

Johann Wolfgang von Goethe – Wilhelm Meisters Lehrjahre (1796)

O Trank voll süßer Labe!
heißt es in Goethes Ballade »Der Sänger«, die zuerst in *Wilhelm Meisters Lehrjahren* (1795/96), 2. Buch, am Ende des 11. Kapitels erscheint, wo es allerdings noch heißt: »O Trank der süßen Labe!«

Wenn ich dich lieb habe, was geht's dich an!
Philines Worte in Goethes *Wilhelm Meisters Lehrjahren 4, 9*. Goethe schreibt darüber in *Dichtung und Wahrheit, 14. Buch*: »Jenes wunderliche Wort: ›Wer Gott recht liebt, muss nicht verlangen, dass Gott ihn wieder liebe‹, ... erfüllte mein ganzes Nachdenken. Uneigennützig zu sein in allem, am uneigennützigsten in Liebe und Freundschaft, war meine höchste Lust, meine Maxime, meine Ausübung, so dass jenes freche spätere Wort ›Wenn ich dich liebe, was geht's dich an‹ mir recht aus dem Herzen gesprochen ist.« – »Jenes wunderliche Wort« steht in Spinozas *Ethik (5, 19):* »Qui Deum amat, conari non potest, ut Deus ipsum contra amet.«

Bekenntnisse einer schönen Seele
lautet die Überschrift des 6. Buchs von Goethes *Wilhelm Meisters Lehrjahre*. Schon Herder schrieb 1787: Eine schöne Menschenseele finden ist Gewinn (→ S. 260).

Johann Wolfgang von Goethe – Hermann und Dorothea

Denn wir können die Kinder nach unserem Sinne nicht formen;
So wie Gott sie uns gab, so muss man sie haben und lieben,
Sie erziehen aufs Beste und jeglichen lassen gewähren
steht in Goethes *Hermann und Dorothea* (1797), *3. Gesang.*

Johann Wolfgang von Goethe – Der Zauberlehrling

Die ich rief, die Geister,
Werd' ich nun nicht los

ist aus Goethes Ballade »Der Zauberlehrling« (1797; 1798 erstmals in Schillers *Musenalmanach* veröffentlicht), daraus stammt auch:

O, du Ausgeburt der Hölle.

Johann Wolfgang von Goethe – Gedichte

Ich bin heruntergekommen
Und weiß doch selber nicht wie

ist in Goethes Gedicht »Schäfers Klagelied« vom träumerischen Hinabwandeln des Schäfers vom Berge gesagt, wird aber in ganz anderem Sinn zitiert.

Arm am Beutel, krank am Herzen

ist der Anfang von Goethes Ballade »Der Schatzgräber« (1797). Daraus zitieren wir auch:

Tages Arbeit, abends Gäste!
Saure Wochen, frohe Feste!
Wer Großes will, muss sich zusammenraffen.
In der Beschränkung zeigt sich erst der Meister,
Und das Gesetz nur kann uns Freiheit geben

ist der Schluss von Goethes Sonett »Natur und Kunst, sie scheinen sich zu fliehen« (1800); dieses Sonett ist auch unter dem Titel »Was wir bringen« bekannt geworden).

Mich ergreift, ich weiß nicht wie, himmlisches Behagen

ist der Anfang von Goethes »Tischlied« zum 22. 1. 1802.

Die Sterne, die begehrt man nicht

zitieren wir aus Goethes Gedicht »Trost in Tränen« (1804). Manchmal wird auch der folgende Vers noch hinzugefügt: »Man freut sich ihrer Pracht.«

Johann Wolfgang von Goethe – Epilog zu Schillers »Glocke«

Denn er war unser!

stammt aus Goethes »Epilog zu Schillers ›Glocke‹« (1805), ebenso

Und hinter ihm, in wesenlosem Scheine,
Lag, was uns alle bändigt, das Gemeine.

Der Widerstand der stumpfen Welt

geht zurück auf Goethes »Epilog zu Schillers ›Glocke‹«, wo die Rede ist »von jenem Mut, der früher oder später den Widerstand der stumpfen Welt besiegt«.

Dieser Epilog wurde anlässlich der Totenfeier für Schiller geschrieben.

Johann Wolfgang von Goethe – Faust I (einschließlich Faust-Fragment und Urfaust)

Der Stoff für die Faust-Bearbeitungen kam über ein Drama des englischen Autors Christopher Marlowe im 17. Jahrhundert nach Deutschland und lebte dort im Puppenspiel fort. In dieser Form lernte Goethe den Stoff kennen. In den Jahren 1773 bis 1775 schrieb er den so genannten *Urfaust*, der erst rund hundert Jahre später entdeckt wurde. 1790 erschien die erste gedruckte Fassung des Dramas: *Faust. Ein Fragment*. Es handelte sich dabei um eine sprachlich geglättete Form des *Urfaust*, die zugleich einige neue Szenen und einen anderen Schluss enthielt (im Folgenden *Faust-Fragment* genannt).

Die endgültige Fassung des Dramas erschien 1808 unter dem Titel *Faust. Erster Teil* (im Folgenden *Faust I* genannt). 1832, nach Goethes Tod, erschien schließlich *Faust. Zweiter Teil* (im Folgenden *Faust II* genannt).

Nachfolgend sind nur die geflügelten Worte aus *Faust I* aufgeführt und mit einer Anmerkung versehen, wenn sie bereits im *Urfaust* und/oder im *Faust-Fragment* enthalten sind.

Die geflügelten Worte aus *Faust II* folgen entsprechend der chronologischen Einordnung des Stückes in das Gesamtwerk Goethes ab S. 293.

Ihr naht euch wieder, schwankende Gestalten

ist der Anfang des Gedichtes »Zueignung« (1797), das Goethe 1808 vor die Ausgabe des *Faust I* setzte.

Faust I – Vorspiel auf dem Theater

Zwar sind sie an das Beste nicht gewöhnt,
Allein sie haben schrecklich viel gelesen

sagt der Direktor im »Vorspiel auf dem Theater« von Goethes *Faust* (1808).

Was glänzt, ist für den Augenblick geboren,
Das Echte bleibt der Nachwelt unverloren

sagt der Dichter im »Vorspiel auf dem Theater« von Goethes *Faust*.

Beseht die Gönner in der Nähe!
Halb sind sie kalt, halb sind sie roh

sagt der Direktor im »Vorspiel auf dem Theater« in Goethes Faust.

Wer vieles bringt, wird manchem etwas bringen

spricht der Direktor im »Vorspiel auf dem Theater« von Goethes *Faust*.

Greift nur hinein ins volle Menschenleben!

sagt die Lustige Person im »Vorspiel auf dem Theater«, ebenso:

Und wo ihr's packt, da ist's interessant.

Wer fertig ist, dem ist nichts recht zu machen,
Ein Werdender wird immer dankbar sein

stammt aus Goethes *Faust I*, »Vorspiel auf dem Theater«.

Der Worte sind genug gewechselt,
Lasst mich auch endlich Taten sehn

sagt der Direktor im »Vorspiel auf dem Theater« von Goethes *Faust*. Oft zitieren wir auch:

»[...] Nun lass(t) uns endlich Taten sehn!«

Faust I – Prolog im Himmel

Es irrt der Mensch, so lang er strebt

zitieren wir den Herrn in Goethes *Faust I*, »Prolog im Himmel«, ebenso seine Worte:

Ein guter Mensch, in seinem dunkeln Drange,
Ist sich des rechten Weges wohl bewusst.

und

Von allen Geistern, die verneinen,
Ist mir der Schalk am wenigsten zur Last.
Von Zeit zu Zeit seh' ich den Alten gern
sagt Mephistopheles.

Faust I – Nacht

Da steh' ich nun, ich armer Tor!
Und bin so klug, als wie zuvor
sagt Faust in Goethes *Faust I* (1808), »Nacht«, Vers 358.
Diese Worte sind bereits im *Urfaust* aus dem Jahr 1775 sowie im *Faust-Fragment* aus dem Jahr 1790 enthalten. Des Weiteren sagt Faust in derselben Szene:

Es möchte kein Hund so länger leben!
»Nacht«, Vers 376 (auch in *Urfaust* und *Faust-Fragment*)

Welch Schauspiel! aber ach! ein Schauspiel nur!
»Nacht«, Vers 454 (auch in *Urfaust* und *Faust-Fragment*).

Wie anders wirkt dies Zeichen auf mich ein!
»Nacht«, Vers 460 (auch in *Urfaust* und *Faust-Fragment*).

Am sausenden Webstuhl der Zeit
zitieren wir den Geist in Goethes *Faust I,* »Nacht«, Vers 508 (auch in *Urfaust* und *Faust-Fragment*), ebenso wie:

Du gleichst dem Geist, den du begreifst, nicht mir!
»Nacht«, Vers 512 f. (auch in *Urfaust* und *Faust-Fragment*).

Wenn ihr's nicht fühlt, ihr werdet's nicht erjagen
sagt Faust in Goethes *Faust I,* »Nacht«, Vers 534 (auch in *Urfaust* und *Faust-Fragment*).

Wenn es euch nicht von Herzen geht
zitieren wir nach Goethe, *Faust I,* »Nacht«, Vers 545 (auch in *Urfaust* und *Faust-Fragment*).

(Allein) der Vortrag macht des Redners Glück
weiß Wagner in Goethes *Faust I,* »Nacht«, Vers 546 (so in *Faust-Fragment*, in *Urfaust* heißt es: »Allein der Vortrag nützt dem Redner viel«).

Es trägt Verstand und rechter Sinn
Mit wenig Kunst sich selber vor
sagt Faust in Goethes *Faust I,* »Nacht«, Vers 550 f. (auch in *Faust-Fragment*).

Und wie wir's dann zuletzt so herrlich weit gebracht
sagt Wagner in Goethes *Faust I,* »Nacht«, Vers 573 (auch in *Urfaust* und *Faust-Fragment*).

Mein Freund, die Zeiten der Vergangenheit
Sind uns ein Buch mit sieben Siegeln.
Was ihr den Geist der Zeiten heißt,
Das ist im Grund der Herren eigner Geist,
In dem die Zeiten sich bespiegeln
sagt Faust in Goethes *Faust I,* »Nacht«, Vers 575–579 (auch in *Urfaust* und *Faust-Fragment*).

Zwar weiß ich viel, doch möcht' ich alles wissen
sagt Wagner in Goethes *Faust I,* »Nacht«, Vers 601.

Was du ererbt von deinen Vätern hast,
Erwirb es, um es zu besitzen
sagt Faust in Goethes *Faust I,* »Nacht«, Vers 682 f., ebenso die Sätze:

Die Botschaft hör' ich wohl, allein mir fehlt der Glaube.
(Vers 765)

Das Wunder ist des Glaubens liebstes Kind.
(Vers 766)

Die Träne quillt, die Erde hat mich wieder!
(Vers 784)

Faust I – Vor dem Tor

Nichts Bessers weiß ich mir an Sonn- und Feiertagen
Als ein Gespräch von Krieg und Kriegsgeschrei,
Wenn hinten, weit, in der Türkei,
die Völker aufeinander schlagen
sagt ein Bürger in Goethes *Faust I*, »Vor dem Tor«, Vers 860 ff.

Vom Eise befreit sind Strom und Bäche
stellt Faust in Goethes *Faust I*, »Vor dem Tor« (Vers 903) fest, desgleichen in derselben Szene:

Hier bin ich Mensch, hier darf ich's sein.
(Vers 940)

Ein dunkler Ehrenmann.
(Vers 1034)

Was man nicht weiß, das eben brauchte man,
Und was man weiß, kann man nicht brauchen.
(Vers 1066 f.)

Zwei Seelen wohnen, ach, in meiner Brust
fährt Faust in Goethes Faust I, »Vor dem Tor«, Vers 1112, fort. In Wielands lyrischem Drama *Die Wahl des Herkules* (1773) heißt es:
Zwei Seelen – ach, ich fühl' es zu gewiss!
bekämpfen sich in meiner Brust.
Racine schrieb im dritten Gesang seiner *Cantiques spirituels*: »Je trouve deux hommes en moi – Ich finde zwei Menschen in mir«, von denen der eine Gott treu ist, der andere sich gegen ihn auflehnt. Die Unterscheidung geht zurück auf die des Apostels Paulus im *Römerbrief*, Kapitel 8, zum Beispiel im Vers 25: »So diene ich nun mit dem Gemüte dem Gesetz Gottes, aber mit dem Fleische dem Gesetz der Sünde.«

Du hast wohl Recht: Ich finde nicht die Spur
Von einem Geist, und alles ist Dressur
sagt Faust in Goethes *Faust I,* »Vor dem Tor«, Vers 1172 f., zu Wagner über den Pudel (Mephistopheles).

Das also war des Pudels Kern!
sagt Faust in Goethes *Faust I,* »Vor dem Tor«, Vers 1323, nachdem der Pudel sich in Mephistopheles verwandelt hat.

Faust I – Studierzimmer

Der Kasus macht mich lachen
zitieren wir Goethes *Faust I,* »Studierzimmer«, Vers 1324.

Ein Teil von jener Kraft,
Die stets das Böse will und stets das Gute schafft
ist die Antwort des Mephistopheles in Goethes *Faust I,* »Studierzimmer«, Vers 1335 f., auf Fausts Frage: »Wer bist du denn?«

Der Geist, der stets verneint
sagt Mephistopheles in Goethes *Faust I,* »Studierzimmer«, Vers 1338, sowie:

Das erste steht uns frei, beim zweiten sind wir Knechte.
(Vers 1412)

Beisammen sind wir, fanget an!
(Vers 1446)

Du bist noch nicht der Mann, den Teufel festzuhalten.
(Vers 1509)

Der Herr der Ratten und der Mäuse,
Der Fliegen, Frösche, Wanzen, Läuse
nennt sich Mephistopheles selbst in Goethes *Faust I,* »Studierzimmer«, Vers 1516.

Allwissend bin ich nicht; doch viel ist mir bewusst
sagt Mephistopheles in Goethes *Faust I,* »Studierzimmer«, Vers 1582.

Was willst du armer Teufel geben?
sagt Faust in Goethes *Faust I,* »Studierzimmer«, Vers 1675.

Werd' ich zum Augenblicke sagen:
Verweile doch, du bist so schön
ist die entscheidende Bedingung von Fausts Pakt mit dem Teufel in Goethes *Faust I,* »Studierzimmer«, Vers 1699 ff.
Eine nahezu gleichlautende Sentenz findet sich in *Faust II* (→ S. 294).

Auch was Geschriebnes forderst du Pedant?
sagt Faust zu Mephistopheles in Goethes *Faust I,* »Studierzimmer«, Vers 1716.

Blut ist ein ganz besondrer Saft
sagt Mephistopheles in Goethes *Faust I,* »Studierzimmer«, Vers 1740.

Ein Kerl, der spekuliert, ist wie ein Tier auf dürrer Heide
stellt Mephistopheles in Goethes *Faust I,* »Studierzimmer«, Vers 1830 f., fest (auch in *Faust-Fragment*).

In spanische Stiefel eingeschnürt
zitieren wir nach Goethe, *Faust I,* »Studierzimmer«, Vers 1913 (auch in *Urfaust* und *Faust-Fragment*).

Fehlt leider! nur das geistige Band
sagt Mephistopheles in Goethes *Faust I,* »Studierzimmer«, Vers 1939 (auch in *Faust-Fragment,* in *Urfaust* hingegen heißt es noch »geistliche« statt »geistige«).

Mir wird von alle dem so dumm,
Als ging' mir ein Mühlrad im Kopf herum
sagt der Schüler in Goethes *Faust I,* »Studierzimmer«, Vers 1946 f. (auch in *Urfaust* und *Faust-Fragment*).

Denn, was man schwarz auf weiß besitzt,
kann man getrost nach Hause tragen
spricht der Schüler in Goethes *Faust I,* »Studierzimmer«, Vers 1966 f. (auch in *Faust-Fragment*).

Es erben sich Gesetz' und Rechte
Wie eine ew'ge Krankheit fort
sagt Mephistopheles in Goethes *Faust I,* »Studierzimmer«, Vers 1972 f. (auch in *Faust-Fragment*).

Vom Rechte, das mit uns geboren ist,
Von dem ist leider! nie die Frage
stellt Mephistopheles in Goethes *Faust I,* »Studierzimmer«, Vers 1978 f., fest (auch in *Faust-Fragment*).

Denn eben wo Begriffe fehlen,
Da stellt ein Wort zur rechten Zeit sich ein
sagt Mephistopheles in Goethes *Faust I,* »Studierzimmer«, Vers 1995 f. (auch in *Faust-Fragment*).

Mit Worten lässt sich trefflich streiten
urteilt Mephistopheles in Goethes *Faust I,* »Studierzimmer«, Vers 1997 (auch in *Faust-Fragment*).

Ich bin des trocknen Tons nun satt
klagt Mephistopheles in Goethes *Faust I,* »Studierzimmer«, Vers 2009 (auch in *Faust-Fragment*, in *Urfaust* hingegen*:* »Bin des Professortons nun satt«).

Der Geist der Medizin ist leicht zu fassen
sagt Mephistopheles in Goethes *Faust I,* »Studierzimmer«, Vers 2011 (auch *Urfaust* und *Faust-Fragment*).

Doch der den Augenblick ergreift, das ist der rechte Mann
weiß Mephistopheles in Goethes *Faust I,* »Studierzimmer«, Vers 2017 f. (auch in *Urfaust* und *Faust-Fragment*); ebenso (Vers 2022 f.):

Besonders lernt die Weiber führen;
Es ist ihr ewig Weh und Ach
So tausenfach
Aus einem Punkte zu kurieren.

Das sieht schon besser aus! Man sieht doch, wo und wie
stellt der Schüler in Goethes *Faust I,* »Studierzimmer«, Vers 2037, fest (auch in *Faust-Fragment*).

Grau, teurer Freund, ist alle Theorie,
Und grün des Lebens goldner Baum
sagt Mephistopheles in Goethes *Faust I,* »Studierzimmer«, Vers 2038 f. (auch in *Urfaust* und *Faust-Fragment*).

Dir wird gewiss einmal bei deiner Gottähnlichkeit bange!
sagt Mephistopheles in Goethes *Faust I,* »Studierzimmer«, Vers 2050 (auch in *Urfaust* und *Faust-Fragment*).

Sobald du dir vertraust, sobald weißt du zu leben
rät Mephistopheles in Goethes *Faust I,* »Studierzimmer«, Vers 2062.

Faust I – Auerbachs Keller

Des Basses Grundgewalt
zitieren wir nach Goethe, *Faust I,* »Auerbachs Keller«, Vers 2086 (auch in *Faust-Fragment*).

Politisch Lied, ein garstig Lied
»Ein garstig Lied! Pfui! Ein politisch Lied!«, sagt der Student Brander in Goethes *Faust I,* »Auerbachs Keller«, Vers 2092 (auch in *Faust-Fragment*).

Hatte sich ein Ränzlein angemäst't als wie der Doktor Luther
heißt es in Goethes *Faust I,* »Auerbachs Keller«, Vers 2128 f. (auch in *Urfaust* und *Faust-Fragment*).

Mit wenig Witz und viel Behagen
zitieren wir nach Goethe, *Faust I,* »Auerbachs Keller«, Vers 2162 (auch in *Faust-Fragment*).

Mein Leipzig lob' ich mir! Es ist ein klein Paris und bildet seine Leute
heißt es in Goethes *Faust I,* »Auerbachs Keller«, Vers 2171 f. (auch in *Faust-Fragment*).

Den Teufel spürt das Völkchen nie,
Und wenn er sie beim Kragen hätte
sagt Mephistopheles in Goethes *Faust I,* »Auerbachs Keller«, Vers 2181 f. (auch in *Faust-Fragment*).

Denn wenn ich judizieren soll,
Verlang ich auch das Maul recht voll
sagt der Student Frosch in Goethes *Faust I,* »Auerbachs Keller«, Vers 2254 (auch in *Faust-Fragment*).

Ein echter deutscher Mann mag keinen Franzen leiden,
Doch ihre Weine trinkt er gern
behauptet der Student Brander in Goethes *Faust I,* »Auerbachs Keller«, Vers 2272 f. (so in *Faust-Fragment,* in *Urfaust* hingegen heißt es: »Die Franzosen kann ich nicht leiden, so großen Respekt ich vor ihrem Wein hab«).

Uns ist ganz kannibalisch wohl
Als wie fünfhundert Säuen
wird in »Auerbachs Keller« gesungen, Goethe, *Faust I,* Vers 2293 f. (auch in *Urfaust* und *Faust-Fragment*), bevor der Student Siebel ausruft:

Die Hölle brennt!

Faust I – Hexenküche

Ein stiller Geist ist jahrelang geschäftig
sagt Mephistopheles in Goethes *Faust I,* »Hexenküche«, Vers 2372.

Breite Bettelsuppen
zitieren wir aus Goethes *Faust I;* in Vers 2392 sagen die Tiere in der »Hexenküche«: »Wir kochen breite Bettelsuppen«, worauf Mephistopheles antwortet: »Da habt ihr ein groß Publikum.«

Auch die Kultur, die alle Welt beleckt,
Hat auf den Teufel sich erstreckt
sagt Mephistopheles in Goethes *Faust I,* »Hexenküche«, Vers 2495 f. (auch in *Faust-Fragment*).

Den Bösen sind sie los, die Bösen sind geblieben
warnt Mephistopheles in Goethes *Faust I,* »Hexenküche«, Vers 2509 (auch in *Faust-Fragment*).

Dies ist die Art, mit Hexen umzugehn
erklärt Mephistopheles in Goethes *Faust I,* »Hexenküche«, Vers 2517 (auch in *Faust-Fragment*).

Ein willkommner Widerspruch
bleibt gleich geheimnisvoll für Kluge wie für Toren
sagt Mephistopheles in Goethes *Faust I,* »Hexenküche«, Vers 2557 f. (auch in *Faust-Fragment*).

Gewöhnlich glaubt der Mensch, wenn er nur Worte hört,
Es müsse sich dabei doch auch was denken lassen
spricht Mephistopheles in Goethes *Faust I,* »Hexenküche«, Vers 2565 f. (auch in *Faust-Fragment*).

Faust I – Straße

Mein schönes Fräulein, darf ich wagen,
Meinen Arm und Geleit ihr anzutragen?
fragt Faust in Goethes *Faust I,* »Straße«, Vers 2605 f. (auch in *Urfaust* und *Faust-Fragment*), worauf Margarete antwortet:

Bin weder Fräulein, weder schön,
Kann ungeleitet nach Hause gehn.

Beim Himmel, dieses Kind ist schön!
schwärmt Faust in Goethes *Faust I,* »Straße«, Vers 2609, dennoch von Margarete.

Gleich schenken? Das ist brav! Da wird er reüssieren!
sagt Mephistopheles in Goethes *Faust I,* »Straße«, Vers 2674 (auch in *Faust-Fragment*).

Faust I – Abend

Nach Golde drängt,
Am Golde hängt
Doch alles! Ach wir Armen!

sagt Margarete in Goethes *Faust I,* »Abend«, Vers 2802 ff. (auch in *Urfaust* und *Faust-Fragment*).

Faust I – Spaziergang

Margretlein zog ein schiefes Maul

erzählt Mephistopheles in Goethes *Faust I,* »Spaziergang«, Vers 2827, als ihre Mutter den von ihm besorgten Schmuck der Muttergottes weihen wollte.

Die Kirche hat einen guten Magen,
Hat ganze Länder aufgefressen
Und doch noch nie sich übergessen

sind nach Mephistopheles die Worte des Pfaffen, dem Gretchens Mutter den verdächtigen Schmuck übergibt: Goethe, *Faust I,* »Spaziergang«, Vers 2836 ff.

So ein verliebter Tor verpufft
Euch Sonne, Mond und alle Sterne
Zum Zeitvertreib dem Liebchen in die Luft

sagt Mephistopheles in Goethes *Faust I,* »Spaziergang«, Vers 2862 ff.

Faust I – Der Nachbarin Haus

's ist eine der größten Himmelsgaben,
So ein lieb Ding im Arm zu haben

spricht Mephistopheles in Goethes *Faust I,* »Der Nachbarin Haus«, Vers 2947 f. (auch in *Urfaust* und *Faust-Fragment*).

Das ist des Landes nicht der Brauch

sagt Margarete in Goethes *Faust I,* »Der Nachbarin Haus«, Vers 2949, als Antwort auf die im vorhergehenden Zitat genannten Worte des Mephistopheles (auch in *Urfaust* und *Faust-Fragment*).

Durch zweier Zeugen Mund
Wird allerwegs die Wahrheit kund

stellt Mephistopheles in Goethes *Faust I,* »Der Nachbarin Haus«, Vers 3013 f. (auch in *Urfaust* und *Faust-Fragment*) fest.

Faust I – Straße

Wer Recht behalten will und hat nur eine Zunge,
Behält's gewiss

sagt Faust in Goethes *Faust I,* »Straße«, Vers 3069/70 (auch in *Urfaust* und *Faust-Fragment*).

Faust I – Wald und Höhle

So tauml' ich von Begierde zu Genuss,
Und im Genuss verschmacht' ich nach Begierde

sagt Faust enttäuscht und niedergeschlagen in Goethes *Faust I,* »Wald und Höhle«, Vers 3249 f. (auch in *Faust-Fragment*).

Faust I – Gretchens Stube

Meine Ruh' ist hin,
mein Herz ist schwer

klagt Gretchen am Spinnrad sitzend in Goethes *Faust I,* »Gretchens Stube«, Vers 3374 f. (auch in *Urfaust* und *Faust-Fragment*).

Faust I – Marthens Garten

Gefühl ist alles

stellt Faust in Goethes *Faust I,* »Marthens Garten«, Vers 3456, fest (auch in *Faust-Fragment*); dieses geflügelte Wort hängt mit dem folgenden Zitat unmittelbar zusammen und wird auch oft mit ihm zusammen zitiert.

Name ist Schall und Rauch

weiß Faust in Goethes *Faust I,* »Marthens Garten«, Vers 3457 (auch in *Faust-Fragment*). Diese bekannten Worte werden auch oft mit dem vorhergehenden Zitat zusammen zitiert: »Gefühl ist alles, Name ist Schall und Rauch.«

Es tut mir lang schon weh,
Dass ich dich in der Gesellschaft seh

sagt Margarete in Goethes *Faust I,* »Marthens Garten«, Vers 3469 f. (auch in *Urfaust* und *Faust-Fragment*).

Es muss auch solche Käuze geben
sagt Faust in Goethes *Faust I,* »Marthens Garten«, Vers 3483 (so in *Faust-Fragment*; in *Urfaust* hingegen: »Es ist ein Kauz, wie's mehr noch geben«).

Du ahnungsvoller Engel du!
sagt Faust in Goethes *Faust I,* »Marthens Garten«, Vers 3494 (auch in *Urfaust* und *Faust-Fragment*).

Du hast nun die Antipathie!
sagt Faust in Goethes *Faust I,* »Marthens Garten«, Vers 3501 (auch in *Urfaust* und *Faust-Fragment*).

Ich habe schon so viel für dich getan,
Dass mir zu tun fast nichts mehr übrig bleibt
sagt Margarete in Goethes *Faust I,* »Marthens Garten«, Vers 3519 f. (auch in *Faust-Fragment*).

Die Mädels sind doch sehr interessiert,
Ob einer fromm und schlicht nach altem Brauch.
Sie denken, duckt er da, folgt er uns eben auch
spricht Mephistopheles in Goethes *Faust I,* »Marthens Garten«, Vers 3525 ff. (auch in *Urfaust* und *Faust-Fragment*).

Du Spottgeburt von Dreck und Feuer!
sagt Faust zu Mephistopheles in Goethes *Faust I,* »Marthens Garten«, Vers 3536 (auch in *Urfaust* und *Faust-Fragment*).

Hab' ich doch meine Freude dran!
jubiliert Mephistopheles in Goethes *Faust I,* »Marthens Garten«, Vers 3543 (auch in *Urfaust* und *Faust-Fragment*).

Faust I – Dom

Nachbarin! Euer Fläschchen!
ruft Gretchen in Goethes *Faust I,* »Dom«, Vers 3834 (auch in *Urfaust* und *Faust-Fragment*).

Faust I – Walpurgisnacht

Platz! süßer Pöbel, Platz!

ruft Mephistopheles in Goethes *Faust I*, »Walpurgisnacht«, Vers 4023, aus, desgleichen:

Die Müh' ist klein, der Spaß ist groß

(Vers 4049),

sowie:

Du glaubst zu schieben und du wirst geschoben

(Vers 4117); in La Rochefoucaulds *Maximen* (1782) heißt es schon: »L'homme croit souvent se conduire lorsqu'il est conduit – Der Mensch glaubt oft zu führen, während er doch geführt wird.«

Faust I – Trüber Tag, Feld

Sie ist die Erste nicht

sagt Mephistopheles von Gretchen in Goethes *Faust I*, »Trüber Tag, Feld«. Der Ausdruck ist eine alte sprichwörtliche Redensart, die schon Molière benutzt hat.

Faust I – Kerker

Der Menschheit ganzer Jammer fasst mich an

sagt Faust in Goethes *Faust I*, »Kerker«, Vers 4406.

Heinrich! mir graut's vor dir

sagt Margarete abschließend zu Faust in Goethes *Faust I*, »Kerker«, Vers 4610.

Johann Wolfgang von Goethe – Wahlverwandtschaften

Der rote Faden

dient so häufig als Gleichnis, dass man oft sagt: »Der berühmte (bekannte) rote Faden.« Es stammt aus Goethes Roman *Die Wahlverwandtschaften* (1809) *2, 2.* Dort wird berichtet, alles Tauwerk der englischen Flotte sei »dergestalt gesponnen, dass ein roter Faden durch das Ganze durchgeht, den man nicht herauswinden kann, ohne alles aufzulösen ... Ebenso zieht sich durch Ottiliens Tagebuch ein Faden der Neigung und Anhänglichkeit, der alles verbindet ...« Besagter Brauch in der englischen Flotte (anfänglich mit verschiedenen Farben) besteht seit 1776.

Es wandelt niemand ungestraft unter Palmen,
das heißt: in der Region der Ideale; diese Mahnung steht in Ottiliens Tagebuch in Goethes *Wahlverwandtschaften 2, 7.*

Johann Wolfgang von Goethe – Lieder und Gedichte

Nur die Lumpe sind bescheiden
stammt aus Goethes Lied »Rechenschaft« (1810 gedruckt).

Hier sind wir versammelt zu löblichem Tun
lautet der erste Vers des 1810 entstandenen Liedes »Ergo bibamus« von Goethe.

Alles in der Welt lässt sich ertragen,
Nur nicht eine Reihe von schönen Tagen
steht in Goethes *Gedichten* unter »Sprichwörtlich«. Schon Martin Luther sagte: »Gute Tage können wir nicht vertragen« (Erlanger Ausgabe *57, 128*).

Johann Wolfgang Goethe – Dichtung und Wahrheit

Dichtung und Wahrheit
nannte Goethe seine Autobiographie, deren ersten Teil er 1811 veröffentlichte.

Was man in der Jugend wünscht, hat man im Alter die Fülle
setzte Goethe als Motto vor den zweiten Teil (1812) seiner Autobiographie *Dichtung und Wahrheit.*

Er wusste sich nicht zu zähmen, und so zerrann ihm sein Leben wie sein Dichten
schrieb Goethe in *Dichtung und Wahrheit (2, 7)* von Johann Christian Günther.

Johann Wolfgang von Goethe – Shakespeare und kein Ende

Shakespeare und kein Ende
ist der Titel eines Aufsatzes von Goethe, den er 1815 veröffentlichte.

Johann Wolfgang von Goethe – Gedichte

Bilde, Künstler! Rede nicht!
stammt aus dem Vorspruch zur Abteilung »Kunst« in Goethes *Gedichten* (1815).

Ich liebe mir den heitern Mann
Am meisten unter meinen Gästen,
Wer sich nicht selbst zum Besten haben kann,
Der ist gewiss nicht von den Besten
steht unter dem Titel »Meine Wahl« in Goethes *Gedichten,* Abteilung »Epigrammatisch«.

Der Mensch erfährt, er sei auch, wer er mag,
Ein letztes Glück und einen letzten Tag
heißt es in der Sammlung »Sprichwörtlich«; die Verse wurden am Tag der Völkerschlacht bei Leipzig geschrieben (18. 10. 1813).

Tu nur das Rechte in deinen Sachen;
Das andre wird sich von selber machen
steht in Goethes *Gedichten* unter »Sprichwörtlich«. In den *Maximen und Reflexionen* heißt es: »Dem tätigen Menschen kommt es darauf an, dass er das Rechte tue; ob das Rechte geschehe, soll ihn nicht kümmern.«

Noch ist es Tag, da rühre sich der Mann!
Die Nacht tritt ein, wo niemand wirken kann
steht in Goethes *Gedichten,* Abschnitt »Sprüche«, auch im »Buch der Sprüche« des *Westöstlichen Diwans.* »Es kommt die Nacht, da niemand wirken kann«, heißt es im *Johannes-Evangelium (9, 4).*

Johann Wolfgang von Goethe – Briefe

Man lernt nichts kennen, als was man liebt
schreibt Goethe in einem Brief an Jacobi vom 10. 5. 1812.

Man geht nie weiter, als wenn man nicht weiß, wohin man geht
schreibt Goethe in einem Brief an Zelter vom 3. 12. 1812.

Sage mir, mit wem du umgehst, so sage ich dir, wer du bist
steht in Goethe, *Maximen und Reflexionen* (posthum 1833 u. 1842, später *Sprüche in Prosa* überschrieben). Es heißt dort weiter: »Weiß ich, womit du dich beschäftigst, so weiß ich, was aus dir werden kann.«

Alles Gescheite ist schon einmal gedacht worden, man muss nur versuchen, es noch einmal zu denken
lesen wir bei Goethe, *Sprüche in Prosa*.

Die Forderung des Tages.
»Versuche deine Pflicht zu tun, und du weißt gleich, was an dir ist. Was aber ist deine Pflicht? Die Forderung des Tages«, lautet die vollständige Sentenz bei Goethe, *Sprüche in Prosa*.

Problematische Naturen
ist eine von Goethe mehrfach verwendete Wortschöpfung. In seinen *Sprüche in Prosa* heißt es: »Es gibt problematische Naturen, die keiner Lage gewachsen sind, in der sie sich befinden, und denen keine genug tut.«
Des Weiteren zitieren wir aus *Sprüche in Prosa*:

Wer das erste Knopfloch verfehlt, kommt mit dem Zuknöpfen nicht zu Rande.

Der Umgang mit Frauen ist das Element guter Sitten.

Gegen große Vorzüge eines andern gibt es kein Rettungsmittel als die Liebe.

Alles Lebendige bildet eine Atmosphäre um sich her.

Das schönste Glück des denkenden Menschen ist, das Erforschliche erforscht zu haben und das Unerforschliche ruhig zu verehren.

Eigentlich lernen wir nur von Büchern, die wir nicht beurteilen können

heißt es ebenfalls in Goethes *Sprüche in Prosa.* Und weiter: »Der Autor eines Buches, das wir beurteilen können, müsste von uns lernen.«

Johann Wolfgang von Goethe – über das Lesen

Die guten Leute wissen gar nicht, was es für Zeit und Mühe kostet, das Lesen zu lernen und von dem Gelesenen Nutzen zu haben; ich habe achtzig Jahre dazu gebraucht
sagte Goethe zu Frédéric Soret am 25. 1. 1830.

Johann Wolfgang von Goethe – Westöstlicher Diwan

Denn ich bin ein Mensch gewesen,
Und das heißt ein Kämpfer sein
ist der Schluss von Goethes Gedicht »Einlass« im *Westöstlichen Diwan* (1819).

Getretner Quark wird breit, nicht stark
entnehmen wird dem »Buch der Sprüche« in Goethes *Westöstlichem Diwan.*

Volk und Knecht und Überwinder,
Sie gestehn zu jeder Zeit:
Höchstes Glück der Erdenkinder
Sei nur die Persönlichkeit
sagt Suleika im »Buch Suleika« von Goethes *Westöstlichem Diwan.*

Und so lang du dies nicht hast,
dieses Stirb und Werde,
bist du nur ein trüber Gast
auf der dunklen Erde
stammt aus Goethes Gedicht »Selige Sehnsucht« im *Westöstlichen Diwan.*

Übers Niederträchtige
Niemand sich beklage
steht in Goethes Gedicht »Wanderers Gemütsruhe« im *Westöstlichen Diwan.*

Wer den Dichter will verstehen, muss in Dichters Lande gehen
ist aus dem Motto von Goethes *Noten und Abhandlungen zu besserem Verständnis des Westöstlichen Diwans.*

Johann Wolfgang von Goethe – Kampagne in Frankreich

Von hier und heute geht eine neue Epoche der Weltgeschichte aus, und ihr könnt sagen, ihr seid dabei gewesen
findet sich in Goethes *Kampagne in Frankreich* (geschrieben 1820–1822) als Eintrag unter dem Datum 19. September 1792.

Johann Wolfgang von Goethe – Zahme Xenien

Im Auslegen seid frisch und munter!
Legt ihr's nicht aus, so legt was unter
schrieb Goethe in *Zahme Xenien*, 2. Buch (1823).

Amerika, du hast es besser
schrieb Goethe in *Zahme Xenien*, 6. Buch, mit der Begründung:
Dich stört nicht im Innern
zu lebendiger Zeit
unnützes Erinnern
und vergeblicher Streit.

Vom Vater hab' ich die Statur,
Des Lebens ernstes Führen,
Vom Mütterchen die Frohnatur
Und Lust zu fabulieren
ist Goethes Selbstcharakteristik aus dem 6. Buch der *Zahmen Xenien*.

Ein Hündchen wird gesucht,
Das weder murrt noch beißt,
Zerbrochene Gläser frisst und Diamanten ...
heißt es unter der Überschrift »Annonce« in Goethes *Zahmen Xenien* (8. Buch aus dem Nachlass).

Johann Wolfgang von Goethe – Wilhelm Meisters Wanderjahre

Große Gedanken und ein reines Herz, das ist's, was wir uns von Gott erbitten sollten

heißt es in Goethes letztem Roman *Wilhelm Meisters Wanderjahre oder Die Entsagenden* (1821).

Johann Wolfgang von Goethe – Tagebuch

Weltliteratur

Das Wort geht zurück auf einen Tagebuch-Eintrag Goethes im Januar 1827. Dort heißt es: »Nationalliteratur will jetzt nicht viel sagen, die Epoche der Weltliteratur ist an der Zeit, und jeder muss jetzt dazu wirken, diese Epoche zu beschleunigen.«

Johann Wolfgang von Goethe – Faust II

Am farbigen Abglanz haben wir das Leben

heißt es in Goethes *Faust II* (1832), 1. Akt, »Anmutige Gegend«, Vers 4727.

Natur und Geist – so spricht man nicht zu Christen

sagt der Kanzler in Goethes *Faust II*, 1. Akt, »Kaiserliche Pfalz«, Vers 4897.

Daran erkenn' ich den gelehrten Herrn

sagt Mephistopheles in Goethes *Faust II*, 1. Akt, »Kaiserliche Pfalz«, Vers 4917.

**Denn das Naturell der Frauen
Ist so nah mit Kunst verwandt**

stammt aus dem Lied der Gärtnerinnen in Goethes *Faust II*, 1. Akt, »Weitläufiger Saal«, Vers 5106 f.

Du weißt wohl nicht, mein Freund, wie grob du bist

stellt Mephistopheles in Goethes *Faust II*, 2. Akt, »Gotisches Zimmer«, Vers 6770, fest.

Des Weiteren zitieren wir Mephistopheles aus dieser Szene:

Original, fahr hin in deiner Pracht.

(Vers 6807)

Im Deutschen lügt man, wenn man höflich ist
sagt der Baccalaureus in Goethes *Faust II,* 2. Akt, »Gotisches Zimmer«, Vers 6771.

Wer kann was Dummes, wer was Kluges denken,
Das nicht die Vorwelt schon gedacht?
sagt Mephistopheles in Goethes *Faust II,* 2. Akt, »Gotisches Zimmer«, Vers 6809 f. Im *Eunuch* des Terenz heißt es: »Nullum est iam dictum, quod non sit dictum prius«; → Seite 156.

Wenn sich der Most auch ganz absurd gebärdet,
Es gibt zuletzt doch noch e' Wein
sagt Mephistopheles in Goethes *Faust II,* 2. Akt, »Gotisches Zimmer«, Vers 6813 f.

Bewundert viel und viel gescholten
sagt Helena von sich in Goethes *Faust II,* zu Beginn des 3. Aktes, Vers 8488.

Das ist der Weisheit letzter Schluss:
Nur der verdient sich Freiheit wie das Leben,
Der täglich sie erobern muss
sagt Faust in Goethes *Faust II,* 5. Akt, »Vorhof des Palastes«, Vers 11574 ff.

Zum Augenblicke dürft ich sagen:
Verweile doch, du bist so schön!
Es kann die Spur von meinen Erdetagen
Nicht in Äonen untergehn
spricht Faust in Goethes *Faust II,* 5. Akt, »Vorhof des Palastes«, Vers 11582 ff. Heute sagt man in der Regel »Erdentagen«.

Ein großer Aufwand, schmählich! ist vertan
sagt Mephistopheles in Goethes *Faust II,* 5. Akt, »Grablegung«, Vers 11837.

Wer immer strebend sich bemüht,
Den können wir erlösen
singen die Engel in Goethes *Faust II*, 5. Akt, »Bergschluchten«, Vers 11936 f.

Alles Vergängliche ist nur ein Gleichnis
stammt aus dem Lied des Chorus mysticus, mit dem Goethe den 2. Teil des *Faust be*schließt. Daraus zitieren wir auch:

Das Unzulängliche,
Hier wird's Ereignis

sowie

Das Unbeschreibliche,
Hier ist's getan.

Das Ewig-Weibliche
zieht uns hinan
sind die Schlussworte in Goethes *Faust II*.

Goethes letzte Worte

Mehr Licht
sollen Goethes letzte Worte gewesen sein, als er am 22. 3. 1832 starb. »Macht doch den zweiten Fensterladen auch auf, damit mehr Licht hereinkomme!«, sagte er angeblich zu seinem Diener Friedrich; verbürgt ist diese Szene freilich nicht.

Christian Erhard Langhansen – 1750 bis 1816

Grabesruhe
sagen wir nach dem Anfangs- und Schlussvers des Gedichtes »Die Ruhe im Grabe«, als dessen Verfasser Christian Erhard Langhansen gilt; das Wort geht auf *Hiob 17, 16* zurück.

Adolf von Knigge – 1752 bis 1796

Knigges Umgang mit Menschen

ist für den höflichen Umgang sprichwörtlich geworden, obwohl das Buch des Freiherrn Adolf von Knigge *Über den Umgang mit Menschen* (1788) nur allgemeine Lebensregeln enthält.

Christoph August Tiedge – 1752 bis 1841

Geteilte Freud' ist doppelt Freude,
Geteilter Schmerz ist halber Schmerz

ist eine Sentenz Christoph August Tiedges, die zu Beginn des 19. Jahrhunderts als Stammbucheintragung überaus beliebt war.

Der Gedanke ist natürlich wesentlich älter; so sagt zum Beispiel Cicero in der Schrift *Über die Freundschaft 6, 22*: »Et secundas res splendidiores facit amicitia et adversas partiens communicansque leviores - Anteil nehmende Freundschaft macht das Glück strahlender und erleichtert das Unglück.«

Christian Adolf Overbeck – 1755 bis 1821

Das waren mir selige Tage

lauten die ersten Worte von Christian Adolf Overbecks Lied »Die Schifffahrt« (1781).

Komm lieber Mai und mache!

wünscht man, wobei das »mache!« den Sinn von »eile dich!« hat. In dem Lied »Fritzchen an den Mai« von Christian Adolf Overbeck heißt es aber:

Komm lieber Mai und mache
die Bäume wieder grün!

Warum sind der Tränen
Unterm Mond so viel?

ist der Anfang von Christian Adolf Overbecks Lied »Trost für mancherlei Tränen«. Auch aus diesem Lied stammt:

Lasst uns besser werden;
Gleich wird's besser sein.

Balthasar Gerhard Schumacher – 1755 bis 1801

Heil dir im Siegerkranz

ist der Anfang eines Liedes von Balthasar Gerhard Schumacher, das in der *Spenerschen Zeitung* am 17. 12. 1793 unter dem Titel »Berliner Volksgesang« erschien.

August Friedrich Langbein – 1757 bis 1835

Tadeln können zwar die Toren,
Aber besser machen nicht!

geht zurück auf die Verse:
Tadeln können zwar die Toren,
aber klüger handeln nicht
in dem Gedicht »Die neue Eva« von August Friedrich Langbein, enthalten in der Sammlung *Gedichte* (1788).

Da schweigt (Das verschweigt) des Sängers Höflichkeit.

August Friedrich Langbeins erzählendes Gedicht »Die Weissagung« (1812) beginnt mit den Worten:
In einem Städtlein, dessen Namen
des Dichters Höflichkeit verschweigt.
Ein in Berlin erschienenes Lied eines unbekannten Verfassers (»Als der liebe Gott die Welt erschaffen«) hat als Kehrreim »Das verschweigt des Sängers Höflichkeit«, ebenso ein 1808 in der Zeitschrift *Allerhand für Stadt und Land* veröffentlichtes Lied »Des Dichters Höflichkeit«.

Als der Großvater die Großmutter nahm

ist der Anfang eines Liedes (1813) von August Friedrich Langbein, später auch der Titel eines *Liederbuchs für altmodische Leute*, das Gustav Wustmann 1886 herausgab.

Wilhelm Ueltzen – 1758 bis 1808

Namen nennen dich nicht

ist der Anfang eines im *Göttinger Musenalmanach* von 1786 erschienenen Liedes von Wilhelm Ueltzen.

Friedrich von Schiller – 1759 bis 1805
Ein Leben voller Wonne – Die Räuber

Mir ekelt vor diesem tintenklecksenden Säkulum, wenn ich in meinem Plutarch lese von großen Menschen!
sagt Karl Moor in Schillers (1759–1805) *Räubern* (1781) *1, 2* und beklagt damit den Mangel an Größe, Tatkraft und Begeisterung bei seinen Zeitgenossen.

Ich kenne dich, Spiegelberg
sagt Karl Moor in Schillers *Räubern 2, 3*. Des Weiteren zitieren wir Karl Moor aus dieser Szene:

Aber ich will nächstens unter euch treten und fürchterlich Musterung halten.
Ich fühle eine Armee in meiner Faust
sagt Karl Moor am Ende des 2. Aktes von Schillers *Räubern*.

Ein freies Leben führen wir,
Ein Leben voller Wonne
ist der Anfang des »Räuberliedes« in Schillers *Räubern 4, 5*.

Hab' mich nie mit Kleinigkeiten abgegeben
sagt Franz Moor in Schillers *Räubern* (1781) *5, 1*.

Dem Mann kann geholfen werden
sind Karl Moors Schlussworte in Schillers *Räubern*.

Friedrich Schiller – Anthologie auf das Jahr 1782

Das wilde eiserne Würfelspiel
nannte Schiller den Krieg in dem Gedicht »Die Schlacht« (in seiner *Anthologie auf das Jahr 1782* »In einer Bataille« überschrieben).

Meine Minna geht vorüber?
Meine Minna kennt mich nicht?
stammt aus Schillers Gedicht »An Minna« in der Anthologie auf das Jahr 1782.

Friedrich von Schiller – Verschwörung des Fiesco

Donner und Doria!
flucht Gianettino Doria in Schillers *Verschwörung des Fiesco* (1783) *1, 5.*

Der Mohr hat seine Schuldigkeit getan; der Mohr kann gehen
lautet das »geflügelte Wort«; in Schillers Verschwörung des *Fiesco 3, 4* steht »Arbeit« anstelle von »Schuldigkeit«.

Verderben, gehe deinen Gang!
zitieren wir aus Schillers Verschwörung des *Fiesco 5, 1* am Ende.

Wenn der Purpur fällt, muss auch der Herzog nach!
In Schillers Verschwörung des *Fiesco 5, 16* fragt Fiesco: »Was zerrst du mich so am Mantel? - er fällt!« Verrina antwortet »mit fürchterlichem Hohne«: »Nun, wenn der Purpur fällt, muss auch der Herzog nach!«, und stürzt Fiesco ins Meer.

Friedrich von Schiller – Kabale und Liebe

Du bist blass, Luise?
zitieren wir aus Schillers *Kabale und Liebe 1, 4* (1784), oft auch in der Form: »Du bist so blass, Luise!«

Legt's zu dem Übrigen!
heißt es in Schillers *Kabale und Liebe 2, 2*; auch in *Maria Stuart 1, 1.*

Mein Verstand steht still
sagen wir nach Schillers *Kabale und Liebe 3, 2.*

Die Limonade ist matt, wie deine Seele
heißt es in Schillers *Kabale und Liebe 5, 7.*

Friedrich von Schiller – An die Freude

Freude, schöner Götterfunken, Tochter aus Elysium
ist der Anfang von Schillers Gedicht »An die Freude« (1786), das Ludwig van Beethoven im Finale seiner 9. Symphonie vertont hat. Aus diesem Gedicht zitieren wir auch die folgenden Verse:

Alle Menschen werden Brüder.

Seid umschlungen, Millionen!
Diesen Kuss der ganzen Welt!
Brüder – überm Sternenzelt
muss ein lieber Vater wohnen.

Wem der große Wurf gelungen,
Eines Freundes Freund zu sein;
Wer ein holdes Weib errungen,
Mische seinen Jubel ein!

Unser Schuldbuch sei vernichtet ...

Männerstolz vor Königsthronen!
Dem Verdienste seine Kronen,
Untergang der Lügenbrut

stammt ebenfalls aus Schillers Gedicht »An die Freude«.

Friedrich von Schiller – Gedichte

Des Lebens Mai blüht einmal und nicht wieder
ist aus Schillers Gedicht »Resignation« (1784/85).
Daraus zitieren wir auch:

Mit gleicher Liebe lieb' ich meine Kinder.

Die Weltgeschichte ist das Weltgericht.

Was man von der Minute ausgeschlagen,
Gibt keine Ewigkeit zurück
ist der Schluss von Schillers Gedicht »Resignation«.

Friedrich von Schiller – Don Carlos

Die schönen Tage in Aranjuez sind nun zu Ende
ist aus Schillers Drama *Don Carlos* (1787) *1, 1.*
Oft sagt man: »Die schönen Tage von Aranjuez sind nun vorüber.«
Aus derselben Szene zitieren wir die Worte:

Brechen Sie
Dies rätselhafte Schweigen.

Wer weiß, was in der Zeiten Hintergrunde schlummert.

Wo alles liebt, kann Karl allein nicht hassen.
Du sprichst von Zeiten, die vergangen sind
heißt es in Schillers *Don Carlos 1, 2*, und in derselben Szene:

Der Einfall war kindisch, aber göttlich schön.

Sprich mir von allen Schrecken des Gewissens,
Von meinem Vater sprich mir nicht.

Große Seelen dulden still
heißt es in Schillers *Don Carlos 1, 4.*

Ein Augenblick, gelebt im Paradiese,
Wird nicht zu teuer mit dem Tod gebüßt
stammt aus Schillers *Don Carlos 1, 5.*

Die Sonne geht in meinem Staat nicht unter
sagt König Philipp in Schillers *Don Carlos 1, 6*. Bei *Herodot (7, 8)* spricht der Perserkönig Xerxes vor seinem Zug nach Griechenland, er werde alle Länder zu einem Lande vereinigen: »Dann wird die Sonne auf kein Land mehr herabblicken, das an das unsrige grenzt.« 1585 wurde in Turin bei der Vermählung des Herzogs von Savoyen mit Katharina von Österreich das Schäferdrama *Il pastor fido (Der getreue Hirt)* von Guarini aufgeführt, in dessen Prolog Katharina die Tochter des Monarchen genannt wird, »dem die Sonne auch dann nicht, wenn es nachtet, untergeht«.

Hier ist die Stelle, wo ich sterblich bin
sagt der König in Schillers *Don Carlos 1, 6.*
In derselben Szene heißt es:

Wenn ich einmal zu fürchten angefangen,
Hab' ich zu fürchten aufgehört.

Der Knabe Don Karl fängt an, mir fürchterlich zu werden
sagt der König in Schillers *Don Carlos 1, 6.*

In des Worts verwegenster Bedeutung
stammt aus Schillers *Don Carlos 1, 9.*

Arm in Arm mit dir,
So fordr' ich mein Jahrhundert in die Schranken
sagt Don Carlos zum Marquis Posa in Schillers *Don Carlos* am Schluss des 1. Aktes.

In seines Nichts durchbohrendem Gefühle
heißt es in Schillers *Don Carlos 2, 1* und *2, 5.*

Dreiundzwanzig Jahre!
Und nichts für die Unsterblichkeit getan!
ruft Don Carlos in Schillers *Don Carlos 2, 2* aus.

Mein Gehirn treibt öfters wunderbare Blasen auf
stammt aus Schillers *Don Carlos 2, 8.*
Aus derselben Szene zitieren wir die Worte:

Die Liebe ist der Liebe Preis.

Beim wunderbaren Gott – das Weib ist schön.

Unrecht leiden schmeichelt großen Seelen
wissen wir aus Schillers *Don Carlos 2, 15.*

Stolz will ich den Spanier
kennen wir aus Schillers *Don Carlos 3, 10.*

Wenn solche Köpfe feiern
ist aus Schillers *Don Carlos 3, 10*, mit der Fortsetzung »Wie viel Verlust für meinen Staat«.

Die Ruhe eines Kirchhofs
sagen wir nach Schillers *Don Carlos 3, 10.*

(Sire,) geben Sie Gedankenfreiheit!
sind die bekannten Worte des Marquis Posa zum König in Schillers *Don Carlos 3, 10* (ohne »Sire«, das der Marquis freilich als Anrede des Königs gebraucht).

Sonderbarer Schwärmer
heißt es in Schillers *Don Carlos 3, 10.*

Anders als sonst in Menschenköpfen
Malt sich in diesem Kopf die Welt
sagt der König von dem Marquis Posa in Schillers *Don Carlos 3, 10.* Dort ist nach »Anders« noch eingeschoben »begreif' ich wohl«.

Königin! O Gott, das Leben ist doch schön!
ruft der Marquis Posa in Schillers *Don Carlos 4, 21* aus. Oft wird auch gesagt: »O Königin! das Leben ist doch schön.«

So sehen wir uns wieder
heißt es in Schillers *Don Carlos* in der letzten Szene des letzten Aktes.

Kardinal, ich habe das Meinige getan. Tun Sie das Ihre
sagt in Schillers *Don Carlos* der König zum Großinquisitor; es sind die Schlussworte des Dramas.

Friedrich von Schiller – Gedichte

Der Menschheit Würde ist in eure Hand gegeben,
Bewahret sie!
ruft Schiller den Künstlern zu in seinem Gedicht »Die Künstler« (1789), das erstmals in einer Auswahl seiner Gedichte 1803 erschienen ist.

Sei mir gegrüßt, mein Berg, mit dem rötlich strahlenden Gipfel
ist die Anfangszeile der in den *Horen* 1795 erschienenen »Elegie«, die später den Titel »Der Spaziergang« erhielt.
Daraus zitieren wir auch:

Der ruhende Pol in der Erscheinungen Flucht

sowie

Und die Sonne Homers, siehe! sie lächelt auch uns.
Das ist der Schlussvers in Schillers Gedicht »Der Spaziergang«.

Was tun? spricht Zeus
stammt aus Schillers Gedicht »Die Teilung der Erde« (1795).

Willst du in meinem Himmel mit mir leben,
So oft du kommst, er soll dir offen sein
spricht in Schillers Gedicht »Die Teilung der Erde« (1795) Zeus zu dem Dichter, der bei der Verteilung der irdischen Güter nicht dabei war.

Das verschleierte Bild zu Sais
ist aus Schillers Gedicht »Das Reich der Schatten« (1795), später unter dem Titel »Das Ideal und das Leben«. Ebenfalls aus diesem Gedicht stammen die oft zitierten geflügelten Worte:

Zwischen Sinnenglück und Seelenfrieden
Bleibt dem Menschen nur die bange Wahl.

Nur der Starke wird das Schicksal zwingen.

Nur dem Ernst, den keine Mühe bleichet,
Rauscht der Wahrheit tief versteckter Born.

Ehret die Frauen! sie flechten und weben
Himmlische Rosen ins irdische Leben
ist aus Schillers Gedicht »Würde der Frauen« (1795). Diese Zeilen werden oft (in der folgenden und anderer Weise) parodiert:
Ehret die Frauen! Sie stricken und weben
wollene Strümpfe fürs irdische Leben.

So willst du treulos von mir scheiden?
fragt in Schillers Gedicht »Die Ideale« (1795) der Dichter die fliehende Zeit.

Pegasus im Joche
nennen wir einen Dichter, der seiner Kunst nicht nachgehen kann, weil er dem Broterwerb verpflichtet ist und eine profane Erwerbstätig-

keit ausüben muss. Die Formulierung geht auf ein Gedicht Schillers im *Musenalmanach* 1796 zurück (→ S. 120).

Einem ist sie die hohe, die himmlische Göttin, dem andern
Eine tüchtige Kuh, die ihn mit Butter versorgt
stammt aus Schillers Distichon »Wissenschaft« aus den *Xenien* (1797).

Wenn die Könige bau'n, haben die Kärrner zu tun
ist aus Schillers Distichon »Kant und seine Ausleger« in den *Xenien* (1797).

Eine große Epoche hat das Jahrhundert geboren;
Aber der große Moment findet ein kleines Geschlecht
zitieren wir aus Schillers Distichon »Der Zeitpunkt« in den *Xenien* (1797).

In den Ozean schifft mit tausend Masten der Jüngling,
Still, auf gerettetem Boot, treibt in den Hafen der Greis
ist ein Distichon Schillers aus den *Zerstreuten Epigrammen* (1797).

Ach, was haben die Herrn doch für ein kurzes Gedärm!
ist aus Schillers Epigramm »Die Sonntagskinder« (1797), das sind hier die »Genies«, die heute schon lehren wollen, was sie gestern gelernt haben.

Es reden und träumen die Menschen viel
Von bessern künftigen Tagen ...
heißt es in Schillers Gedicht »Hoffnung« (1797). Weiter zitieren wir daraus:

Die Welt wird alt und wird wieder jung,
Doch der Mensch hofft immer Verbesserung

sowie

Noch am Grabe pflanzt er die Hoffnung auf

und

Und was die innere Stimme spricht,
Das täuscht die hoffende Seele nicht.

Immer strebe zum Ganzen, und kannst du selber kein Ganzes
Werden, als dienendes Glied schließ an ein Ganzes dich an!
stammt aus Schillers Distichon »Pflicht für jeden« aus den *Votivtafeln* (1797).

Willst du dich selber erkennen, so sieh, wie die andern es treiben;
Willst du die andern verstehn, blick' in dein eigenes Herz
ist aus Schillers Distichon »Der Schlüssel« aus den *Votivtafeln* (1797).

Doch eine Würde, eine Höhe entfernte die Vertraulichkeit
entnehmen wir Schillers Gedicht »Das Mädchen aus der Fremde« (1797).

Friedrich von Schiller – Der Ring des Polykrates

Er stand auf seines Daches Zinnen,
Er schaute mit vergnügten Sinnen
auf das beherrschte Samos hin.
Mit diesen auch vielfach (ironisch) verfremdeten Worten beginnt Schillers berühmte Ballade »Der Ring des Polykrates« (1798). Wir zitieren des Weiteren daraus:

Dies alles ist mir untertänig.

Du hast der Götter Gunst erfahren.
Mit fremden Schätzen reich beladen.

Mir grauet vor der Götter Neide,
Des Lebens ungemischte Freude
ward keinem Irdischen zuteil.

Noch keinen sah ich fröhlich enden,
Auf den mit immer vollen Händen
Die Götter ihre Gaben streun.

Hier wendet sich der Gast mit Grausen.

Friedrich von Schiller – Balladen

Die Damen in schönem Kranz
zitieren wir aus Schillers Ballade »Der Handschuh« (1798), ebenso:

Den Dank, Dame, begehr' ich nicht.

Und so saß er, eine Leiche
ist aus Schillers Ballade »Ritter Toggenburg« (1798).

Friedrich von Schiller – Der Taucher

Wer wagt es, Rittersmann oder Knapp,
Zu tauchen in diesen Schlund?
stammt aus Schillers Ballade »Der Taucher« (1798), ebenso die folgenden geflügelten Worte:

Und es wallet und siedet und brauset und zischt,
Wie wenn Wasser mit Feuer sich mengt.

Da unten aber ist's fürchterlich,
Und der Mensch versuche die Götter nicht.

Unter Larven die einzig fühlende Brust.

Lasst, Vater, genug sein das grausame Spiel
wird meist so zitiert: »Lass, Vater, genug sein des grausamen Spiels.«

Friedrich von Schiller – Die Worte des Glaubens

Der Mensch ist frei geschaffen, ist frei,
Und würd' er in Ketten geboren
stammt aus Schillers Gedicht »Die Worte des Glaubens« (1798). Schon Rousseau beginnt seine Schrift *Contrat social* (1762) mit den Worten: »Der Mensch ist frei geboren und liegt doch überall in Ketten.«

Vor dem Sklaven, wenn er die Kette bricht,
Vor dem freien Menschen erzittert nicht
ist ebenfalls aus Schillers Gedicht »Die Worte des Glaubens«.

Und die Tugend, sie ist kein leerer Schall,
Der Mensch kann sie üben im Leben

stammt auch aus Schillers Gedicht »Die Worte des Glaubens«. Statt »Schall« sagt man gewöhnlich »Wahn«. Schließlich zitieren wir aus diesem Gedicht auch:

Und was kein Verstand der Verständigen sieht,
Das übet in Einfalt ein kindlich Gemüt.

Und ob alles in ewigem Wechsel kreist,
Es beharret im Wechsel ein ruhiger Geist.

Friedrich von Schiller – Die Kraniche des Ibykus

Zum Kampf der Wagen und Gesänge

zitieren wir aus Schillers Ballade »Die Kraniche des Ibykus« (1798), ebenso:

Und in Poseidons Fichtenhain,
tritt er mit frommem Schauder ein.

Und munter fördert er die Schritte.

Wie weit er auch die Stimme schickt,
Nichts Lebendes wird hier erblickt.

Und muss ich so dich wiederfinden?

Wer zählt die Völker, nennt die Namen,
Die gastlich hier zusammenkamen?

Es steigt das Riesenmaß der Leiber
Hoch über Menschliches hinaus.

Wohl dem, der frei von Schuld und Fehle
Bewahrt die kindlich reine Seele!

Wir heften uns an seine Sohlen.

Sieh da, sieh da, Timotheus,
Die Kraniche des Ibykus!

Doch dem war kaum das Wort entfahren,
Möcht' er's im Busen gern bewahren.

Die Szene wird zum Tribunal,
Und es gestehn die Bösewichter,
Getroffen von der Rache Strahl.

Friedrich von Schiller – Der Gang nach dem Eisenhammer

Ein frommer Knecht war Fridolin,
ergeben der Gebieterin

lautet der Anfang von Schillers Ballade »Der Gang nach dem Eisenhammer« (1798). Des Weiteren zitieren wir daraus die folgenden Wendungen:

Des freut sich das entmenschte Paar.

Der ist besorgt und aufgehoben,
der Graf wird seine Diener loben.

In einer abgewandelten Form heißt es oft auch: »Der Herr wird seine Diener loben.«

Herr, dunkel war der Rede Sinn.

Dies Kind, kein Engel ist so rein.

Friedrich von Schiller – Der Kampf mit dem Drachen

Was rennt das Volk, was wälzt sich dort
Die langen Gassen brausend fort?

ist aus Schillers Ballade »Der Kampf mit dem Drachen« (1798), ebenso:

Mut zeiget auch der Mameluck,
Gehorsam ist des Christen Schmuck.

Friedrich von Schiller – Die Bürgschaft

Möros, den Dolch im Gewande

heißt es in Schillers Ballade »Die Bürgschaft« (1798). Aus »Möros« wurde später »Damon«.

Weiterhin zitieren wir aus dieser Ballade die Worte:

»Was wolltest du mit dem Dolche, sprich!«,
Entgegnet ihm finster der Wüterich.
Das sollst du am Kreuze bereuen.

Des Hauses redlicher Hüter.

Zurück! du rettest den Freund nicht mehr.

Der fühlt ein menschliches Rühren.

Und die Treue, sie ist doch kein leerer Wahn.
Ich sei, gewährt mir die Bitte,
In eurem Bunde der Dritte.

Daraus ist »Der Dritte im Bunde« geworden. Dieses geflügelte Wort geht zurück auf das *Leben des Pythagoras* von Aristoxenos (350 v. Chr.), der die Geschichte des Tyrannen von Syrakus, Dionysios, mit den beiden Freunden Phintias und Damon erzählt. Danach habe Dionysios die beiden gebeten, ihn als Dritten in ihren Freundschaftsbund aufzunehmen.

Friedrich von Schiller – Wallensteins Lager

Dem Mimen flicht die Nachwelt keine Kränze

heißt es in Schillers Prolog zu *Wallensteins Lager* (1798).

Denn wer den Besten seiner Zeit genug
Getan, der hat gelebt für alle Zeiten

steht in Schillers Prolog zu *Wallensteins Lager*.

Bei Horaz (*Briefe 1, 17, 35*) heißt es: »Principibus placuisse viris non ultima laus est – Den vorzüglichsten Männern gefallen zu haben ist kein geringes Lob.«

Im engen Kreis verengert sich der Sinn,
Es wächst der Mensch mit seinen größern Zwecken
zitieren wir aus Schillers Prolog zu *Wallensteins Lager* (1798), ebenso:

Von der Parteien Gunst und Hass verwirrt,
Schwankt sein Charakterbild in der Geschichte

Ernst ist das Leben, heiter ist die Kunst.

Ei, das muss immer saufen und fressen
sagt der Trompeter über den Bauern in Schiller, *Wallensteins Lager*, 2. Auftritt.

Was? Der Blitz!
Das ist ja die Gustel aus Blasewitz
ruft der erste Jäger in Schiller, *Wallensteins Lager*, 5. Auftritt.

Der feine Griff und der rechte Ton
fehle dem ersten Jäger, behauptet der Wachtmeister in Schiller, *Wallensteins Lager*, 6. Auftritt.

Wie er räuspert und wie er spuckt,
Das habt Ihr ihm glücklich abgeguckt
erwidert der Jäger auf vorgenannten Vorwurf in Schiller, *Wallensteins Lager*, 6. Auftritt.
In Molières Stück *Die gelehrten Frauen* heißt es in *1, 1*: »Das heißt gewiss sein Vorbild nicht erreichen, Im Furzen nur und Husten ihm zu gleichen.« »Péter et tousser comme lui« war in Frankreich eine sprichwörtliche Redensart.

Leben und leben lassen
ist das Motto des ersten Jägers in Schiller, *Wallensteins Lager*, 6. Auftritt, desgleichen:

Was nicht verboten ist, ist erlaubt.

Und wer's zum Korporal erst hat gebracht,
Der steht auf der Leiter zur höchsten Macht
erklärt der Wachtmeister in Schiller, *Wallensteins Lager*, 7. Auftritt.

Kapuzinerpredigt
nennen wir eine weitschweifige Rede nach Schiller, *Wallensteins Lager*, 8. Auftritt.
Der Ausdruck »Kapuzinade« ist jedoch älter und stammt aus dem Französischen.

Heisa, juchheia! Dudeldumdei!
Das geht ja hoch her. Bin auch dabei!
sagt der Kapuziner zu Beginn seines Monologs in Schiller, *Wallensteins Lager*, 8. Auftritt.

Am Himmel geschehen Zeichen und Wunder
sagt der Kapuziner in Schiller, *Wallensteins Lager*, 8. Auftritt. Die Redewendung »Zeichen und Wunder« finden wir schon im *2. Buch Mose 7,3* (→ Seite 26).

Kommt doch das Ärgernis von oben
heißt es in der Kapuzinerpredigt in Schiller, *Wallensteins Lager*, 8. Auftritt.

Der Bauer ist auch ein Mensch – so zu sagen
stellt der erste Arkebusier in Schiller, *Wallensteins Lager*, 10. Auftritt, fest.

Gevatter Schneider und Handschuhmacher
wird in Schillers *Wallensteins Lager*, 10. Auftritt, verächtlich von philiströsen Gesellen gesagt.

Aber das denkt wie ein Seifensieder
sagt der erste Jäger über die Arkebusier in Schiller, *Wallensteins Lager*, 11. Auftritt.

Wohl auf, Kameraden, aufs Pferd, aufs Pferd!
Ins Feld, in die Freiheit gezogen!

Im Felde, da ist der Mann noch was wert,
Da wird das Herz noch gewogen
singt der zweite Kürassier in Schiller, *Wallensteins Lager*, 11. Auftritt.

Aus der Welt die Freiheit verschwunden ist,
Man sieht nur Herren und Knechte,
Die Falschheit herrschet, die Hinterlist
Bei dem feigen Menschengeschlechte
sagt der Dragoner in Schiller, *Wallensteins Lager*, 11. Auftritt.

Lass fahren dahin, lass fahren!
zitieren wir den zweiten Kürassier aus Schiller, *Wallensteins Lager*, 11. Auftritt (→ S. 239).

Und trifft es [das Schicksal] morgen, so lasset uns heut
Noch schlürfen die Neige der köstlichen Zeit
singt der Chor in Schiller, *Wallensteins Lager*, 11. Auftritt. Ebenso:

Er gräbt und schaufelt, solang er lebt,
Und gräbt, bis er endlich sein Grab sich gräbt.

Und setzet ihr nicht das Leben ein,
Nie wird euch das Leben gewonnen sein
lautet der Schluss des Chorliedes, mit dem Schiller *Wallensteins Lager* enden lässt.

Friedrich von Schiller – Die Piccolomini

Spät kommt Ihr – Doch Ihr kommt!
Der weite Weg, Graf Isolan, entschuldigt euer Säumen
sagt Feldmarschall Illo zu Graf Isolani in Schiller, *Die Piccolomini* (1798) *1, 1.*
Dieses Motiv findet sich bereits in der *Odyssee 23, 7.*

Der Krieg ernährt den Krieg
sagt Graf Isolani in Schiller, *Die Piccolomini 1, 2*; nach Livius, *Römische Geschichte 34, 9* heißt es: »Bellum se ipsum alit.« Es gibt auch ein gleich lautendes französisches Sprichwort: »La guerre nourrit la guerre.«

Es ist der Krieg ein roh', gewaltsam Handwerk
sagt Feldmarschall Illo zu Kriegsrat von Questenberg in Schiller, *Die Piccolomini 1, 2*. In *Wilhelm Tell 1, 2* heißt es dann:
O Weib! Ein fürchtbar wütend Schrecknis ist
Der Krieg; die Herde schlägt er und den Hirten.

Was ist der langen Rede kurzer Sinn?
fragt Kriegsrat von Questenberg in Schiller, *Die Piccolomini 1, 2*.

Des Dienstes immer gleich gestellte Uhr
klagt Max Piccolomini in Schiller, *Die Piccolomini 1, 4* und fährt fort:
Die Waffenübung, das Kommandowort –
Dem Herzen gibt es nichts, dem lechzenden.
Die Seele fehlt dem nichtigen Geschäft –
Es gibt ein andres Glück und andre Freuden.

In deiner Brust sind deines Schicksals Sterne
sagt Feldmarschall Illo zu Wallenstein in Schiller, *Die Piccolomini 2, 6*.

Du redst, wie du's verstehst
sagt Wallenstein von Feldmarschall Illo in Schiller, *Die Piccolomini 2, 6*.

Zur Sache, wenn's beliebt
unterbricht Wallenstein die Ausführungen des Kriegsrats von Questenberg in Schiller, *Die Piccolomini 2, 7*.

Anklagen ist mein Amt und meine Sendung
sagt Kriegrat von Questenberg zu Wallenstein in Schiller, *Die Piccolomini 2, 7*.

Wär der Gedank' nicht so verwünscht gescheit,
Man wär' versucht, ihn herzlich dumm zu nennen
sagt Wallenstein über einen Vorschlag in Schiller, *Die Piccolomini 2, 7*.

Sie taten Ihre Schuldigkeit. Ich weiß
Den Mann von seinem Amt zu unterscheiden
sagt Wallenstein zu Kriegsrat von Questenberg in Schiller, Die *Piccolomini 2, 7*.

Oh! der ist aus dem Himmel schon gefallen,
Der an der Stunden Wechsel denken muss!
Die Uhr schlägt keinem Glücklichen
sagt Max Piccolomini zur Gräfin Terzky in Schiller, *Die Piccolomini 3, 3.* Daraus zitieren wir den Schluss in der Form: »Dem Glücklichen schlägt keine Stunde.«

Das Spiel des Lebens sieht sich heiter an,
Wenn man den sichern Schatz im Herzen trägt
sagt Thekla zu Max Piccolomini in Schiller, *Die Piccolomini 3, 4.*

Der Zug des Herzens ist des Schicksals Stimme
sagt Thekla in Schiller, *Die Piccolomini 3, 8.*

Vor Tische las man's anders
sagt Tiefenbach zu General Colalto in Schiller, *Die Piccolomini 4, 7.*

Das eben ist der Fluch der bösen Tat,
Dass sie, fortzeugend, immer Böses muss gebären
sagt Octavio Piccolomini zu seinem Sohn Max in Schiller, *Die Piccolomini 5, 1.*
Im *Agamemnon* des Aeschylus (Vers 758) heißt es: »Die gottlose Tat erzeugt mehr, die ihrem Geschlecht gleichen.« Und in der Erzählung des Saxo Grammaticus (1150–1220) von Hamlet in der *Dänischen Geschichte,* der Quelle zu Shakespeares Drama, wird gesagt: »Das eben ist der Fluch der Schuld, dass sie immer wieder Reiz und Veranlassung zu neuer Schuld enthalten muss.«

Friedrich von Schiller – Wallensteins Tod

Mars regiert die Stunde
sagt Wallenstein in Schiller, *Wallensteins Tod* (1799) *1, 1.*

Wär's möglich? Könnt' ich nicht mehr, wie ich wollte?
fragt sich Wallenstein in Schiller, *Wallensteins Tod 1, 4.*

Ernst ist der Anblick der Notwendigkeit
zitieren wir aus Schiller, *Wallensteins Tod 1, 4.* Aus der gleichen Szene stammen die viel zitierten geflügelten Worte:

Das ewig Gestrige.
Denn aus Gemeinem ist der Mensch gemacht,
Und die Gewohnheit nennt er seine Amme.

Sei im Besitze, und du wohnst im Recht.

Ich hab' hier bloß ein Amt und keine Meinung
sagt Oberst Wrangel in Schiller, *Wallensteins Tod 1, 5.*

Im Krieg gilt jeder Vorteil
heißt es in Schiller, *Wallensteins Tod 1, 5.*

Schnell fertig ist die Jugend mit dem Wort
ist aus Schiller, *Wallensteins Tod 2, 2,* ebenso die folgenden Wendungen:

Eng ist die Welt, und das Gehirn ist weit.

Leicht beieinander wohnen die Gedanken,
Doch hart im Raume stoßen sich die Sachen.

Mich schuf aus gröberm Stoffe die Natur.

Es gibt im Menschenleben Augenblicke
zitieren wir nach Schiller, *Wallensteins Tod 2, 3,* ebenso

Und Ross und Reiter sah ich niemals wieder.

Dank vom Haus Östreich
sagt Oberst Buttler in Schiller, *Wallensteins Tod 2, 6*; es ist ein geflügeltes Wort für ausbleibenden Dank.

Die Sterne lügen nicht
heißt es in Schiller, *Wallensteins Tod 3, 9,* ebenso:

Das war kein Heldenstück, Octavio!

Nacht muss es sein, wo Friedlands Sterne strahlen
sagt Wallenstein in Schiller, *Wallensteins Tod 3, 10.*

Du hast's erreicht, Octavio!
sagt Wallenstein in Schiller, *Wallensteins Tod 3, 13*. Fälschlich wird oft zitiert: »Du hast's gewollt, Octavio!«

Da steh' ich, ein entlaubter Stamm!
heißt es in Schiller, *Wallensteins Tod 3, 13*.

Es ist der Geist, der sich den Körper baut
ist aus Schiller, *Wallensteins Tod 3, 13*.

So ist's, mein Feldherr!
stammt aus Schiller, *Wallensteins Tod 3, 15*.

Daran erkenn' ich meine Pappenheimer
heißt es in Schiller, *Wallensteins Tod 3, 15*, wohl gebildet nach Graf zu Pappenheim, dessen Truppen im Jahr 1631 an der Erstürmung Magdeburgs beteiligt waren und durch ihr rücksichtsloses Verhalten traurige Berühmtheit erlangten.

Max, bleibe bei mir. – Geh nicht von mir, Max!
bittet Wallenstein Max Piccolomini, den Sohn des Generalleutnants, in Schiller, *Wallensteins Tod 3, 18*.

O hätt ich nimmer diesen Tag gesehn!
zitieren wir aus Schiller, *Wallensteins Tod 4, 3*, ebenso:

Doch sicher ist der schmale Weg der Pflicht.
Gekeilt in drangvoll fürchterliche Enge
sagt der Hauptmann in Schiller, *Wallensteins Tod 4, 10*.

Was ist das Leben ohne Liebesglanz?
fragt Thekla in Schiller, *Wallensteins Tod 4, 12*.

Das ist das Los des Schönen auf der Erde!
Mit diesen Worten beschließt Thekla ihren Monolog in Schiller, *Wallensteins Tod 4, 12*.

Man soll den Tag nicht vor dem Abend loben
warnt Gordon in Schiller, *Wallensteins Tod 5, 4*; → Hagedorn, Seite 249.

Ich denke einen langen Schlaf zu tun,
Denn dieser letzten Tage Qual war groß
heißt es in Schiller, *Wallensteins Tod 5, 5*.

Des Menschen Engel ist die Zeit
sagt Octavio in Schiller, *Wallensteins Tod 5, 11*.

Friedrich von Schiller – Gedichte

Ich habe genossen das irdische Glück,
Ich habe gelebt und geliebet
stammt aus Schillers Gedicht »Des Mädchens Klage« (1799); die Sentenz findet sich auch im Lied Theklas in *Die Piccolomini 3, 7*.

Auch das Schöne muss sterben!
Mit diesen gern und oft benutzten Worten beginnt Schillers Gedicht »Nänie« (1799).

Auch ein Klaglied zu sein im Mund der Geliebten ist herrlich,
Denn das Gemeine geht klanglos zum Orkus hinab
ist der Schlussvers von Schillers Gedicht »Nänie« (1799).
Die Redewendung »sang- und klanglos«, an die Schiller mit seinen Versen anknüpft, bezieht sich ursprünglich auf eine Bestattung ohne Gesang und Glockenläuten.

Der Schein soll nie die Wirklichkeit erreichen,
Und siegt Natur, so muss die Kunst entweichen
stammt aus Schillers weithin unbekanntem Gedicht »An Goethe, als er den ›Mahomet‹ von Voltaire auf die Bühne brachte« (1799).

Dem Hundestall soll nie die Bühne gleichen,
Und kommt der Pudel, muss der Dichter weichen
ist eine Umgestaltung des vorhergehenden Zitates, die folgende Geschichte hat: In einem französischen Melodrama wurde die Ermordung

eines Ritters Aubry durch das feindselige Betragen seines Hundes gegenüber dem Mörder ans Tageslicht gebracht. Ein dressierter Pudel, der in Paris auf der Bühne die Hauptrolle spielte, versetzte das Publikum in Begeisterung. 1816 ließ die königliche Bühne in Berlin den berühmt gewordenen Pudel auftreten, was nach einem Brief Zelters an Goethe die Berliner zu dem Witz veranlasste, dass »den Hund aufs Theater bringen« eigentlich bedeute, »das Theater auf den Hund zu bringen«. Auch Carl August von Weimar, ein großer Hundeliebhaber, wünschte den vierbeinigen Schauspieler auf seiner Bühne zu sehen, stieß aber auf den Widerstand des Intendanten Goethe. Trotz seines Widerspruchs fand die Aufführung mit einem Pudel statt, worauf Goethe um seine Entlassung bat, die ihm der Großherzog mit den folgenden Zeilen auch gewährte: »Aus den mir zugegangenen Äußerungen habe ich die Überzeugung gewonnen, dass der Geheimrat von Goethe wünscht, seiner Funktion als Intendant enthoben zu sein, welches ich hiermit genehmige.« Zu diesem Vorfall äußerten sich die Tagesblätter mit der Nachdichtung der Schiller'schen Verse und nannten den Pudel den »Schicksalspudel«. Goethe selbst erwähnt in seinen *Annalen* unter dem Jahr 1817 nichts von diesen Vorkommnissen.

Will sich Hektor ewig von mir wenden?
heißt es in Schillers Gedicht »Hektors Abschied« (1800), das, wenn auch in manchem Einzelnen anders gefasst, schon in den *Räubern (2, 2)* erscheint. Ebenso zitieren wir aus »Hektors Abschied«:

Teures Weib, gebiete deinen Tränen!

und

Horch! der Wilde tobt schon an den Mauern.
In den *Räubern (2, 2)* steht statt »tobt« noch »rast«.

Friedrich von Schiller – Das Lied von der Glocke

Vivos voco, mortuos plango, fulgara frango.
»Die Lebenden rufe ich, die Toten beklage ich, Blitze breche ich« ist das Motto von Schillers »Lied von der Glocke« (1800). Zugleich ist es die Inschrift der größten Glocke im Münster zu Schaffhausen, die im Jahr 1486 gegossen wurde und das »geistige Vorbild« für Schillers Ballade

abgab, der zahlreiche technische Details einer Enzyklopädie entnehmen konnte, die auch besagte Glocke erwähnte.
Wohl kaum ein deutschsprachiges Gedicht hat so viele geflügelte Worte hervorgebracht wie Schillers »Lied von der Glocke«. Bis heute zitieren wir daraus, wenn auch oft mit einem Augenzwinkern:

Fest gemauert in der Erden.
(Vers 1)

Von der Stirne heiß
Rinnen muss der Schweiß,
Soll das Werk den Meister loben.
(Vers 5–7)

Doch der Segen kommt von oben.
(Vers 8)

Zum Werke, das wir ernst bereiten,
Geziemt sich wohl ein ernstes Wort.
(Vers 9 f.)

Wenn gute Reden sie begleiten,
Dann fließt die Arbeit munter fort.
(Vers 11 f.)

Das ist's ja, was den Menschen zieret,
Und dazu ward ihm der Verstand.
(Vers 17 f.)

Ihm ruhen noch im Zeitenschoße
Die schwarzen und die heitern Lose.
(Vers 53 f.)

Vom Mädchen reißt sich stolz der Knabe.
(Vers 58)

Errötend folgt er ihren Spuren
Und ist von ihrem Gruß beglückt.
(Vers 70 f.)

O zarte Sehnsucht, süßes Hoffen,
Der ersten Liebe goldne Zeit!
Das Auge sieht den Himmel offen,
Es schwelgt das Herz in Seligkeit.
(Vers 74–77)

Oh! dass sie ewig grünen bliebe,
Die schöne Zeit der jungen Liebe!
(Vers 78 f.)

Denn wo das Strenge mit dem Zarten,
Wo Starkes sich und Mildes paarten,
Da gibt es einen guten Klang.
(Vers 88–90)

Drum prüfe, wer sich ewig bindet,
Ob sich das Herz zum Herzen findet!
(Vers 91 f.). Vor allem Vers 92 wird oft parodiert: »Ob sich nicht doch was Bessres findet.«

Der Wahn ist kurz, die Reu' ist lang.
(Vers 93)

Ach, des Lebens schönste Feier
Endigt auch den Lebensmai,
Mit dem Gürtel, mit dem Schleier
Reißt der schöne Wahn entzwei.
(Vers 98–101)

Der Mann muss hinaus
ins feindliche Leben.
(Vers 106 f.)

Die Räume wachsen, es dehnt sich das Haus.
(Vers 115)

Und drinnen waltet die züchtige Hausfrau.
(Vers 116 f.)

Doch mit des Geschickes Mächten
Ist kein ewiger Bund zu flechten,
Und das Unglück schreitet schnell.
(Vers 144 ff.)

Wohltätig ist des Feuers Macht,
Wenn sie der Mensch bezähmt, bewacht.
(Vers 155 f.)

Wehe, wenn sie losgelassen!
(Vers 163)

Denn die Elemente hassen das Gebild der Menschenhand.
(Vers 167 f.)

Alles rennet, rettet, flüchtet.
(Vers 191)

Leer gebrannt ist die Stätte.
(Vers 211 f.)

In den öden Fensterhöhlen
Wohnt das Grauen.
(Vers 214 f.)

Ein süßer Trost ist ihm geblieben:
Er zählt die Häupter seiner Lieben,
Und sieh, ihm fehlt kein teures Haupt.
(Vers 224 f.); der letzte Vers wird oft parodiert: »Und sieh, es sind statt sechse sieben.«

Ach! vielleicht, indem wir hoffen,
Hat uns Unheil schon getroffen.
(Vers 233 f.)

Ach! die Gattin ist's, die teure.
(Vers 250)

Denn das Auge des Gesetzes wacht.
(Vers 299)

Heil'ge Ordnung,
Segensreiche Himmelstochter.
(Vers 300 f.)

Arbeit ist des Bürgers Zierde,
Segen ist der Mühe Preis.
(Vers 318 f.)

Holder Friede, süße Eintracht.
(Vers 322 f.)

Wenn die Glock' soll auferstehen,
Muss die Form in Stücken gehen.
(Vers 340 f.)

Wo rohe Kräfte sinnlos walten,
Da kann sich kein Gebild gestalten.
(Vers 350 f.); schon bei Horaz heißt es in den *Oden 3, 4, 65*: »Kraft ohne Weisheit stürzt durch die eigene Wucht«; → Seite 173.

Da werden Weiber zu Hyänen
Und treiben mit Entsetzen Scherz.
(Vers 366)

Gefährlich ist's, den Leu zu wecken,
Verderblich ist des Tigers Zahn;
Jedoch der schrecklichste der Schrecken,
Das ist der Mensch in seinem Wahn.
(Vers 374 ff.)

Friedrich von Schiller – Maria Stuart

Ein tiefer Sinn wohnt in den alten Bräuchen,
Man muss sie ehren
stammt aus Schiller, *Maria Stuart* (1800) *1, 7.*

Nicht Stimmenmehrheit ist des Rechtes Probe
heißt es in Schiller, *Maria Stuart 2, 3.*

Was man nicht aufgibt, hat man nie verloren
sagen wir nach Schiller, *Maria Stuart 2, 5.*

Lass mich der neuen Freiheit genießen,
Lass mich ein Kind sein, sei es mit!
sagt Maria Stuart in Schiller, *Maria Stuart 3, 1.*

Gehorcht der Zeit und dem Gesetz der Stunde
empfiehlt Graf Shrewsbury in Schiller, *Maria Stuart 3, 3.*

Ich bin besser als mein Ruf
heißt es in Schiller, *Maria Stuart 3, 4.*

Graf! Dieser Mortimer starb Euch sehr gelegen
sagt Baron von Burleigh in Schiller, *Maria Stuart 4, 6*; wir zitieren hingegen knapp: »Der starb Euch sehr gelegen.«

Der Lord lässt sich entschuldigen;
Er ist zu Schiff nach Frankreich
sagt Kent in den Schlussversen von Schiller, *Maria Stuart.*

Friedrich Schiller – Gedichte

**Das große gigantische Schicksal,
Welches den Menschen erhebt, wenn es den Menschen zermalmt**
stammt aus Schillers Gedicht »Shakespeares Schatten«, veröffentlicht in der Sammlung *Gedichte I* (1800).

**Freiheit ist nur in dem Reich der Träume,
Und das Schöne blüht nur im Gesang**
ist aus Schillers Gedicht »Der Antritt des neuen Jahrhunderts« (1801).

**Es liebt die Welt, das Strahlende zu schwärzen
Und das Erhab'ne in den Staub zu ziehn**
ist aus Schillers Gedicht »Das Mädchen von Orleans« (1801).

Friedrich von Schiller – Die Jungfrau von Orleans

Wie kommt mir solcher Glanz in meine Hütte?
zitieren wir nach Schiller, *Die Jungfrau von Orleans* (1801), Prolog, 2. Auftritt.

Du fragst nach Dingen, Mädchen, die dir nicht geziemen
heißt es im Prolog, 3. Auftritt; ebenso:

Mein ist der Helm, und mir gehört er zu.

Nichts von Verträgen! Nichts von Übergabe!

Sein Maß ist voll.

Ach! es geschehen keine Wunder mehr.

Lebt wohl ihr Berge, ihr geliebten Triften
entnehmen wir dem Monolog Johannas in Schiller, *Die Jungfrau von Orleans*, Prolog, 4. Auftritt.

Johanna geht, und nimmer kehrt sie wieder
ist der Schlussvers von Johannas Monolog.

Drum soll der Sänger mit dem König gehen,
Sie beide wohnen auf der Menschheit Höhen!
sagt König Karl VII. in Schiller, *Die Jungfrau von Orleans 1, 2*.

Kann ich Armeen aus der Erde stampfen?
heißt es in Schiller, *Die Jungfrau von Orleans 1, 3*.
Nach Plutarchs Cäsarbiographie (Kap. 33) rühmte sich Pompeius, es würden Scharen von Fuß- und Reitersoldaten aus der Erde steigen, sobald er mit dem Fuß auf den Boden Italiens stampfe.

Nichtswürdig ist die Nation, die nicht
Ihr Alles freudig setzt an ihre Ehre
zitieren wir Graf Dunois aus Schiller, *Die Jungfrau von Orleans 1, 5*.

Ein Schlachten war's, nicht eine Schlacht zu nennen
sagt Raoul in Schiller, *Die Jungfrau von Orleans 1, 9*.
Eine Gegenüberstellung von »pugna/proelium« (Schlacht) und »caedes« (Blutvergießen) findet sich schon bei *Livius 18, 16* und Tacitus (*Historiae 3, 77* und *4, 33*) u. a.

Von wannen kommt dir diese Wissenschaft?
fragt König Karl Johanna in Schiller, *Die Jungfrau von Orleans 1, 10*.
Ähnliche Worte verwendet Schiller auch in seiner Übersetzung von Shakespeares *Macbeth*: »Say from whence / You owe this strange intelligence? – Sagt, von wannen kam euch / Die wunderbare Wissenschaft?«

Unsinn, du siegst und ich muss untergehn!
klagt Talbot in Schiller, *Die Jungfrau von Orleans 1, 10*.

Mit der Dummheit kämpfen Götter selbst vergebens
zitieren wir Talbot aus Schiller, *Die Jungfrau von Orleans 3, 6*.

Die Waffen ruhn, des Krieges Stürme schweigen
heißt es in Schiller, *Die Jungfrau von Orleans 4, 1*; aus dieser Szene zitieren wir auch:

Ach, es war nicht meine Wahl!

Wie wird mir? Leichte Wolken heben mich!
sagt Johanna in Schiller, *Die Jungfrau von Orleans 5, 14*.

Kurz ist der Schmerz, und ewig ist die Freude
sind Johannas Schlussworte in Schiller, *Jungfrau von Orleans*.

Friedrich von Schiller – Gedichte

Liebe Freunde, es gab schönre Zeiten
Als die unsern – das ist nicht zu streiten!
Mit diesen Worten beginnt Schillers Gedicht »An die Freunde« (1802).

Des Weiteren zitieren wir daraus:

Wir, wir leben! Unser sind die Stunden
Und der Lebende hat Recht.

Und es herrscht der Erde Gott, das Geld
sagte Schiller in seinem Gedicht »An die Freunde« von London.

Neues – hat die Sonne nie gesehn.

Bretter, die die Welt bedeuten
ist die oft gebrauchte Umschreibung für das Theater.

Was sich nie und nirgends hat begeben,
Das allein veraltet nie!
ist der Schluss von Schillers Gedicht »An die Freunde«.

Hoher Sinn liegt oft in kind'schem Spiel
zitieren wir aus Schillers Gedicht »Thekla« (1802).

Freude war in Trojas Hallen
heißt es in Schillers Gedicht »Kassandra« (1802); ebenso:

Frommt's, den Schleier aufzuheben?

und

Nur der Irrtum ist das Leben,
und das Wissen ist der Tod.

Friedrich von Schiller – Die Braut von Messina

Der Not gehorchend, nicht dem eignen Trieb.
Mit diesen Worten beginnt Schiller, *Die Braut von Messina* (1803).

Ungleich verteilt sind des Lebens Güter
heißt es bei Schiller, *Die Braut von Messina 1, 3.*

Der Siege göttlichster ist das Vergeben
stammt aus Schiller, *Die Braut von Messina 1, 4.*

Ein jeder Wechsel schreckt den Glücklichen
lesen wir bei Schiller, *Die Braut von Messina 1, 7.*

Etwas fürchten und hoffen und sorgen
Muss der Mensch für den kommenden Morgen
stammt aus Schiller, *Die Braut von Messina 1, 8.*

Die ist es oder keine sonst auf Erden!
Es löst der Mensch nicht, was der Himmel bindet
heißt es bei Schiller, *Die Braut von Messina 2, 5* in Anlehnung an die berühmte Mahnung in Matthäus 19, 6: »Was Gott zusammengefügt hat, das soll der Mensch nicht scheiden«; → Seite 79.

Blendwerk der Hölle
sagen wir nach Schiller, *Die Braut von Messina 3, 4.*

Was sind Hoffnungen, was sind Entwürfe!
zitieren wir aus Schiller, *Die Braut von Messina 3, 5.*

Nicht an die Güter hänge dein Herz,
Die das Leben vergänglich zieren,
Wer besitzt, der lerne verlieren,
Wer im Glück ist, der lerne den Schmerz
heißt es in Schiller, *Die Braut von Messina 4, 4.*

Auf den Bergen ist Freiheit
wissen wir aus Schiller, *Die Braut von Messina 4, 7*.

Die Welt ist vollkommen überall,
Wo der Mensch nicht hinkommt mit seiner Qual
schreibt Schiller in *Die Braut von Messina 4, 7*.

Das Leben ist der Güter höchstes nicht,
Der Übel größtes aber ist die Schuld
heißt es in Schiller, *Die Braut von Messina 4, 7*.
In einem Brief (*An die Freunde 6, 4, 2*) schreibt Cicero: »Nec esse ullum malum praeter culpam – Es gebe kein Übel außer der Schuld.«

Friedrich von Schiller – Gedichte

An der Quelle saß der Knabe
lautet der erste Vers in Schillers Romanze »Der Jüngling am Bache« (1803).

Raum ist in der kleinsten Hütte
Für ein glücklich liebend Paar
stammt aus Schillers Gedicht »Der Jüngling am Bache« (1803). »Für eine Freundin hat die kleinste Hütte Raum«, heißt es in Wielands *Musarion* (1768), und in Leisewitz' Drama *Julius von Tarent* (1776; *2, 3*): »Diese Hütte ist klein; Raum genug zu einer Umarmung.«

Die kaiserlose, die schreckliche Zeit
lesen wir in Schillers Ballade »Der Graf von Habsburg« (1804).

Ausgestritten, ausgerungen
Ist der lange, schwere Streit
stammt aus Schillers Gedicht »Das Siegesfest« (1804), ebenso die folgenden Verse:

Denn nicht alle kehren wieder.

Ohne Wahl verteilt die Gaben,
Ohne Billigkeit das Glück,

Denn Patroklus liegt begraben,
Und Thersites kommt zurück!

Ja, der Krieg verschlingt die besten.
Dieses Wort geht auf Sophokles zurück, wo es in seiner Tragödie *Philoktet* heißt: »Nicht die schlechtesten Männer rafft gern der Krieg dahin, sondern immer die besten.«

Von des Lebens Gütern allen
Ist der Ruhm das höchste doch;
Wenn der Leib in Staub zerfallen,
Lebt der große Name noch.

Trink ihn aus, den Trank der Labe,
Und vergiss den großen Schmerz!
Wundervoll ist Bacchus' Gabe,
Balsam fürs zerrissne Herz.

Morgen können wir's nicht mehr,
Darum lasst uns heute leben!

Raum für alle hat die Erde
heißt es in Schillers Gedicht »Der Alpenjäger« (1804).

Friedrich von Schiller – Wilhelm Tell

Es lächelt der See, er ladet zum Bade
heißt es im Lied des Fischerknaben in Schiller, *Wilhelm Tell* (1804) *1, 1*; ebenso:

Der brave Mann denkt an sich selbst zuletzt.

Vom sichern Port lässt sich's gemächlich raten.

Da rast der See und will sein Opfer haben.

Ich hab' getan, was ich nicht lassen konnte.

Wann wird der Retter kommen diesem Lande?

Der kluge Mann baut vor
heißt es bei Schiller, *Wilhelm Tell 1, 2*; aus derselben Szene stammt:

Dem Mutigen hilft Gott!

Der Starke ist am mächtigsten allein
sagt Tell in Schiller, *Wilhelm Tell 1, 3*.

Ich bin der letzte meines Stamms
lesen wir in Schiller, *Wilhelm Tell 2, 1*. In Leopold Graf zu Stolbergs »Romanze« (1774) hieß es schon:
Er, der Letzte seines Stammes
weinte seiner Söhne Fall.

Ans Vaterland, ans teure, schließ dich an,
Das halte fest mit deinem ganzen Herzen,
Hier sind die starken Wurzeln deiner Kraft
ist aus Schiller, *Wilhelm Tell* (1804) *2, 1*; ebenso:

Es lebt ein anders denkendes Geschlecht.

Wir sind ein Volk, und einig wollen wir handeln
zitieren wir aus Schiller, *Wilhelm Tell 2, 2*.

Wir wollen sein ein einzig Volk von Brüdern,
In keiner Not uns trennen und Gefahr
heißt es im Rütlischwur in Schiller, *Wilhelm Tell 2, 2*.

Was da kreucht und fleucht.
Schiller, *Wilhelm Tell* (1804) *3, 1*. Bei Walther von der Vogelweide heißt es im Gedicht »Wahlstreit« (1198): »Was kriechet oder flieget«, und schon bei Homer (*Ilias 17, 447*) finden wir die Wendung »alles, was auf der Erde fliegt und kriecht«.

Früh übt sich, was ein Meister werden will
heißt es in Schiller, *Wilhelm Tell 3, 1*; aus dieser Szene stammen auch folgende Wendungen:

Die Axt im Haus erspart den Zimmermann

und

Wer gar zu viel bedenkt, wird wenig leisten.

Platz dem Landvogt!
heißt es in Schiller, *Wilhelm Tell 3, 3*; ebenso:

Hier gilt es, Schütze, deine Kunst zu zeigen.

Allzu straff gespannt, zerspringt der Bogen
sagt Rudenz in Schiller, *Wilhelm Tell 3, 3*. Diese Formulierung ist älteren Ursprungs.
So heißt es bei Grimmelshausen im *Simplizissimus* (1669) *4, 1*: »Wann man den Bogen überspannet, so muss er endlich zerbrechen.«
Dass der Bogen nicht ständig gespannt bleiben darf, wird schon von Herodot in übertragenem Sinne gesagt (*2, 173*), wenn der ägyptische König seine Trinkgelage entschuldigt, die ihn dann und wann von seiner eigentlichen Aufgabe, dem Regieren, fernhalten.

Das Alte stürzt, es ändert sich die Zeit,
Und neues Leben blüht aus den Ruinen
stammt aus Schillers *Wilhelm Tell 4, 2*.

Seid einig – einig – einig
fordert der sterbende Attinghausen in Schiller, *Wilhelm Tell 4, 2*.

Durch diese hohle Gasse muss er kommen,
Es führt kein andrer Weg nach Küßnacht
zitieren wir aus Schiller, *Wilhelm Tell 4, 3*; und aus derselben Szene:

Die Gelegenheit ist günstig.

Mach deine Rechnung mit dem Himmel, Vogt!
Fort musst du, deine Uhr ist abgelaufen.
In gärend Drachengift hast du
Die Milch der frommen Denkart mir verwandelt.

Es lebt ein Gott, zu strafen und zu rächen.

Auf dieser Bank von Stein will ich mich setzen.

Es kann der Frömmste nicht im Frieden bleiben,
Wenn es dem bösen Nachbar nicht gefällt.

Das ist Tells Geschoss.

Denn aufgelöst in diesem Augenblick
Sind aller Ordnung, aller Pflichten Bande.

Das Opfer liegt – die Raben steigen nieder.

Rasch tritt der Tod den Menschen an.
Dieser Gesang der barmherzigen Brüder beschließt den vierten Akt.

Friedrich Schiller – Demetrius

Man soll die Stimmen wägen und nicht zählen
heißt es bei Schiller, *Demetrius* (1805), 1. Aufzug.
Georg Christoph Lichtenberg bedauert (1775) im Hinblick auf die Verhältnisse im englischen Parlament, »dass wir so oft die Stimmen nur zählen. Wo man sie wägen kann, soll man es nie versäumen.« Schon in *Maria Stuart* schreibt Schiller in *2, 3*: »Nicht Stimmenmehrheit ist des Rechtes Probe.«
Gedanke und Form dieses geflügelten Wortes sind indes antiken Ursprungs: »Non enim numero haec iudicantur, sed pondere – So etwas wird nämlich nicht nach der Zahl, sondern nach dem Gewicht der Stimmen beurteilt«, heißt es bei Cicero (*Über die Pflichten 2, 22*), und »Numerantur enim sententiae, non ponderantur – Denn die Stimmen werden gezählt, nicht gewogen« bei *Plinius d. J. 2, 12*.

Was ist die Mehrheit? Mehrheit ist der Unsinn,
Verstand ist stets bei wenigen nur gewesen
ist aus Schillers unvollendet gebliebenem Trauerspiel *Demetrius* (1805) 1. Akt.

Friedrich August Wolf – 1759 bis 1824

In sieben Sprachen schweigen.

Das Wort wurde zuerst auf den klassischen Philologen Immanuel Bekker (1785–1871) gemünzt; Zelter schrieb an Goethe am 15. 3. 1830: »Nun muss ich schweigen (wie unser Philologus Bekker, den sie den Stummen in sieben Sprachen nennen).«

Nach Wilhelm Wackernagel (*Deutsches Lesebuch* Bd. 4, 1843, S. 54) war Immanuel Bekkers Lehrer Friedrich August Wolf der Urheber des geflügelten Wortes. In seinem Nekrolog auf Bekker aus dem Jahr 1872 nannte Karl von Halm als Urheber Friedrich Schleiermacher.

Nikolaus Sturm – 1760 bis 1819

Nach Kreuz und ausgestandnen Leiden

ist der Anfang eines Liedes von Nikolaus Sturm.

Johann Peter Hebel – 1760 bis 1826

Haust du meinen Juden, hau ich deinen Juden

ist eine Redensart, deren Ursprung nicht bekannt ist, zu der aber Johann Peter Hebel im *Schatzkästlein des rheinischen Hausfreundes* (1811) eine Geschichte erzählt, »Die zwei Postillione«: Die zwei Postillione hatten von zwei Handelsleuten stets schlechte Trinkgelder erhalten; um sie freigebiger zu machen, täuschten die Postillione einen Streit vor, in dem sie aber nicht sich schlugen, sondern einer den Fahrgast des andern.

August von Kotzebue – 1761 bis 1819

Es kann ja nicht immer so bleiben
Hier unter dem wechselnden Mond

ist der Anfang des Liedes »Trost beim Scheiden« (1802) von August von Kotzebue. Daraus zitieren wir auch die Worte:

Wir sitzen so fröhlich beisammen,
Wir haben einander so lieb.
Ach, wenn es doch immer so blieb(e).

Die jüngsten Kinder meiner Laune

ist der Sammeltitel einiger Schriften (1793–1797) von August von Kotzebue. »Das jüngste Kind meiner Laune«, nennt in Raimunds *Verschwender* der Tischler Valentin seine Tochter.

Krähwinkel
nennen wir ein spießbürgerliches Provinznest nach August von Kotzebues Komödie *Die deutschen Kleinstädter* (1803). Sein Zeitgenosse Jean Paul hatte den Begriff bereits 1801 in seiner Satire *Das heimliche Klaglied der jetzigen Männer* verwendet.

Immer langsam voran, immer langsam voran!
stammt aus dem Lied »Der Krähwinkler Landsturm«, das zum Teil bereits 1813 entstand, später vielfach umgeändert und erweitert worden ist.
Den abwertenden Ausdruck »Krähwinkel« hat August von Kotzebue bereits in seiner Komödie *Die deutschen Kleinstädter* (1803) verwendet.

Christian August Vulpius – 1762 bis 1827

Rinaldo Rinaldini
wurde zur stehenden Bezeichnung für einen »Räuberhauptmann« durch den Roman *Rinaldo Rinaldini, der Räuberhauptmann; eine romantische Geschichte unseres Jahrhunderts* (1797 ff.) von Christian August Vulpius.

In des Waldes tiefsten Gründen.
In den *Romanzen und Liedern über Rinaldini* (1800) von Vulpius beginnt die zweite Romanze: »In des Waldes düstern Gründen«; sie wurde zu einem Volkslied.
In Schillers Gedicht »Kassandra« (1802) lauten die Verse 21/22:
In des Waldes tiefste Gründe
flüchtete die Seherin.

Wir kommen doch morgen so jung nicht zusammen
entnehmen wir dem Lied »Dem Gott der Raben« (um 1790) von Christian August Vulpius.

Johann Gottfried Seume – 1763 bis 1810

Europens übertünchte Höflichkeit

stammt aus dem Gedicht »Der Wilde« (1793) von Johann Gottfried Seume. Dort heißt es:

Ein Kanadier, der noch Europens
übertünchte Höflichkeit nicht kannte.

Ebenfalls aus »Der Wilde« kennen wir:

Seht, wir Wilden sind doch bessre Menschen

sowie

Und er schlug sich seitwärts in die Büsche.

Wo man singt, da lass dich ruhig nieder,
Böse Menschen haben keine Lieder

stammt aus Seumes Gedicht »Die Gesänge« (1804); dort heißt es:

Wo man singet, lass dich ruhig nieder
ohne Furcht, was man im Lande glaubt;
wo man singet, wird kein Mensch beraubt;
Bösewichter haben keine Lieder.

Schon Luther sagt in seinem Gedicht »Frau Musica« (1543):

Hie kann nicht sein ein böser Mut,
wo da singen Gesellen gut.

Und Cervantes stellt im *Don Quijote* (1615) gegen Ende fest:

Wo Musik ist, da kann nichts Böses sein.

David Kalisch parodierte den Vers 1850 im *Humoristisch-satirischen Volkskalender* des *Kladderadatsch:*

Wo man raucht, da kannst du ruhig harren,
böse Menschen haben nie Cigarren.

Jean Paul – 1763 bis 1825

Die Erinnerung ist das einzige Paradies, woraus wir nicht vertrieben werden können

schreibt Jean Paul in seinem Roman *Die unsichtbare Loge* (1793), zum Teil wird auch ein Aufsatz Jean Pauls aus dem Jahr 1812 als Quelle dieses geflügelten Wortes genannt.

Flegeljahre
sagen wir nach einem vierbändigen Roman (1804 ff.) von Jean Paul.

Weltschmerz
gilt als Wortschöpfung Jean Pauls, der in seinem 1827 posthum erschienenen Werk *Selima oder Über die Unsterblichkeit* schreibt: »Nur sein [Gottes] Auge sah alle die tausend Qualen der Menschen bei ihren Untergängen. Diesen Weltschmerz kann er, so zu sagen, nur aushalten durch den Anblick der Seligkeit, die nachher vergütet.« Heinrich Heine (1797–1856) bezieht den Ausdruck auf den Menschen, wenn er über das Bild »Oliver Cromwell vor Karls I. Leiche« von Paul Delaroche (1797–1856) schreibt: »Welchen großen Weltschmerz hat der Maler hier mit wenigen Strichen ausgesprochen.«

Johann Martin Usteri – 1763 bis 1827

Freut euch des Lebens,
weil noch das Lämpchen glüht,
pflücket die Rose,
eh' sie verblüht!
ist die erste Strophe eines weit verbreiteten Liedes, das der Schweizer Dichter Johann Martin Usteri im Jahr 1793 schrieb.

Karl Müchler – 1763 bis 1857

Im kühlen Keller sitz' ich hier
ist der Anfang eines bis heute gern gesungenen Trinkliedes von Karl Müchler, das aus dessen Wechselgesang »Der Kritikaster und der Trinker« stammt und erstmals in der Berliner Zeitschrift *Eunomia* im Jahr 1801 abgedruckt wurde.

Ferdinand Huber – 1764 bis 1804

Marmorglatt und marmorkalt
nannte Ludwig Ferdinand Huber Goethes Trauerspiel *Die natürliche Tochter* in einer Besprechung in der Berliner Zeitung *Der Freimütige* 1803, S. 678. Aber schon 1776 hatte Herzog Karl August von Weimar die als Hofsängerin nach Weimar berufene Corona Schröter »marmorschön und marmorkalt« genannt.

Friedrich Schmidt zu Werneuchen – 1764 bis 1838

Sich freuen wie ein Stint.

Stint ist im Niederdeutschen der Name eines kleinen Fisches, der vor allem in der Ostsee gefangen wurde; sein Hin-und-her-Zappeln gab den Anlass zu Redensarten wie »besoffen« oder »verliebt wie ein Stint«, und so auch »sich freuen wie ein Stint«, was 1797 in dem Gedicht »Der Mai 1795« des Predigers Schmidt zu Werneuchen bezeugt ist:

O sieh, wie alles weit und breit
...
vom Storche bis zum Spatz sich freut,
vom Karpfen bis zum Stint!

Joachim Perinet – 1765 bis 1816

**Wer niemals einen Rausch gehabt,
Der ist kein braver Mann**

geht auf einen Vers in Wenzel Müllers Singspiel *Das Neu-Sonntagskind* (1794) zurück, dessen Texte der Wiener Schauspieler und Librettist Joachim Perinet schrieb. In Robert und Richard Keils *Deutschen Studentenliedern* steht ein Vorbild:

Denn wer sich scheut, ein Rausch zu han,
der will nicht, dass man ihn soll kennen,
und ist gewiss kein Biedermann.

Georg Schmidt von Lübeck – 1766 bis 1849

Dort, wo du nicht bist, dort ist das Glück

ist aus Schuberts Lied »Der Wanderer« (1816) nach »Des Fremdlings Abendlied« (1808) von Georg Schmidt von Lübeck. In den Gedichten des französischen Lyrikers Evariste de Parnys (1753–1814) heißt es:

La peine est aux lieux qu'on habite
et le bonheur où l'on n'est pas.
(Die Qual ist dort, wo man wohnt,
und das Glück, wo man nicht ist.)

Johann Jakob Wilhelm Bornemann – 1767 bis 1851

Im Wald und auf der Heide,
Da such' ich meine Freude,
Ich bin ein Jägersmann!

lautet der Anfang eines Jägerliedes (1816) von Johann Jakob Wilhelm Bornemann.

Johann Daniel Falk – 1768 bis 1826

Da bleibt kein Auge trocken

stammt aus dem Gedicht »Paul. Eine Handzeichnung« (1799) von Johann Daniel Falk.

Friedrich Kind – 1768 bis 1843

Komm doch näher, liebe Kleine!

stammt aus dem Gedicht »Der Christabend« (1810) von Friedrich Kind.

Ernst Moritz Arndt – 1769 bis 1860

Der Gott, der Eisen wachsen ließ,
Der wollte keine Knechte.

Mit diesen Worten beginnt das »Vaterlandslied« (1812) Ernst Moritz Arndts.

Was ist des Deutschen Vaterland?

lautet der erste Vers des Liedes »Des Deutschen Vaterland« (1813) von Ernst Moritz Arndt.

So weit die deutsche Zunge klingt

ist ebenfalls aus dem Gedicht »Des Deutschen Vaterland«.

Der Rhein, Deutschlands Strom, nicht Deutschlands Grenze

ist der Titel einer 1813 erschienenen Schrift Ernst Moritz Arndts; die Worte zieren das Denkmal Arndts in Bonn.

Friedrich Voigt – 1770 bis 1814

Noch einmal, Robert, eh' wir scheiden

stammt aus Friedrich Voigts Lied »Elisas Abschied«.

Friedrich Hölderlin – 1770 bis 1843

Wo aber Gefahr ist, wächst
Das Rettende auch
stammt aus Friedrich Hölderlins Gedicht »Patmos« (1803).

August Mahlmann – 1771 bis 1826

Weg mit den Grillen und Sorgen!
lautet der Anfang von August Mahlmanns Lied »Aufmunterung zur Freude« (1798).

Noch sind die Tage der Rosen
zitieren wir aus August Mahlmanns Lied »Aufmunterung zur Freude«. In dem in der zweiten Hälfte des 19. Jahrhunderts viel gelesenen lyrisch-epischen Gedicht *Waldmeisters Brautfahrt* (1851) von Otto Roquette werden die Worte als Kehrreim benutzt.

Ich denk' an euch, ihr himmlisch schönen Tage
ist der Anfangsvers eines Liedes von August Mahlmann in Beckers *Taschenbuch zum geselligen Vergnügen* (1802).

Mein Lebenslauf ist Lieb' und Lust
heißt es in August Mahlmanns »Weinlied« (1808).

sowie

Herein, herein, du lieber Gast!

Karl Gottlieb Samuel Heun – 1771 bis 1854

Der König rief, und alle, alle kamen
ist der Anfang eines von Karl Gottlieb Samuel Heun (Pseudonym: Heinrich Clauren) gedichteten Liedes (1813).

Friedrich Schlegel – 1772 bis 1829

Der Historiker ist ein rückwärts gekehrter Prophet
ist ein Wort Friedrich Schlegels, das er im ersten Band seiner Zeitschrift *Athenäum* (1798) unter »Fragmente« veröffentlichte.

Göttliche Grobheit
stammt aus einer Stelle in dem Roman *Lucinde* (1799) von Friedrich Schlegel, an der es heißt, es liege in der Natur des Mannes »ein gewisser tölpelhafter Enthusiasmus, der gern mit allem Zarten und Heiligen herausplatzt, nicht selten über seinen eigenen treuherzigen Eifer hinstürzt und mit einem Wort leicht bis zur Grobheit göttlich ist«.

Novalis – 1772 bis 1801

Die blaue Blume
wurde zum Symbol der Romantik; das Bild stammt aus dem Roman *Heinrich von Ofterdingen* (1802) von Novalis (d. i. Friedrich von Hardenberg).

Wenn ich ihn nur habe
wenn er mein nur ist
lautet der Anfang eines Gedichtes von Novalis, das im *Musenalmanach für 1802* erschienen ist.

Ludwig Tieck – 1773 bis 1853

Mondbeglänzte Zaubernacht
ist ein Losungswort der deutschen Romantik, geprägt von Ludwig Tieck im Prolog und am Schluss seines Lustspiels *Kaiser Oktavianus* (1804), das auf alten Stoffen beruht.

Adolf Müllner – 1774 bis 1829

Erkläret mir, Graf Oerindur,
Diesen Zwiespalt der Natur!
ist umgeformt aus:
Und erklärt mir, Oerindur,
diesen Zwiespalt der Natur
aus dem Drama *Die Schuld 2, 5* (1813).

Johann Georg Friedrich Messerschmidt – 1776 bis 1831

Blühender Unsinn
lautet der Titel eines Gedichtes von Johann Georg Friedrich Messerschmidt. 2002 hat Christoph Gutknecht *Lauter blühender Unsinn. Erstaunliche Wortgeschichten von Aberwitz bis Wischiwaschi* veröffentlicht.

Heinrich von Kleist – 1777 bis 1811

Das Leben ist viel wert, wenn man's verachtet

zitieren wir aus Heinrich von Kleists Drama *Die Familie Schroffenstein 4, 5* (1803).

Torheit, du regierst die Welt

stammt aus Heinrich von Kleists Erzählung *Michael Kohlhaas* (1808). 1984 erschien Barbara Tuchmanns *Die Torheit der Regierenden.*

Luise Brachmann – 1777 bis 1822

Was willst du, Fernando, so trüb und so bleich?

lautet der erste Vers des Gedichtes »Columbus« von Luise Brachmann.

Friedrich de la Motte-Fouqué – 1777 bis 1843

Frisch auf, zum fröhlichen Jagen.

So beginnt Friedrich de la Motte-Fouqués »Kriegslied für die freiwilligen Jäger« von 1813. Fouqués Dichtung geht auf ein Jägerlied von Gottfried Benjamin Hancke zurück.

Wenn alles eben käme,
Wie du gewollt es hast

ist der Anfang von Friedrich de la Motte-Fouqués »Trost«, zuerst veröffentlicht im *Frauentaschenbuch für 1816.*

Ludwig Robert – 1778 bis 1832

Die Macht der Verhältnisse

ist der Titel eines 1819 veröffentlichten Trauerspiels von Ludwig Robert.

Das Publikum, das ist ein Mann,
Der alles weiß und gar nichts kann.

Mit diesen Worten beginnt Ludwig Robert sein Gedicht »Das Publikum«; ursprünglich indes stammt die Sentenz von Matthias Claudius, der in seinem »Silbernen ABC« in *Asmus omnia sua secum portans oder Sämtliche Werke des Wandsbecker Boten* (1798) unter dem Buchstaben N schrieb:

Nichts ist so elend als ein Mann
der alles will und der nichts kann.

Clemens Brentano – 1778 bis 1842

Gute Leute und schlechte Musikanten

werden in E. T. A. Hoffmanns *Seltsamen Leiden eines Theaterdirektors* (1819) und in seinem *Kater Murr* (1820) sowie in Heinrich Heines *Ideen. Das Buch Le Grand* (1827, Kapitel 13) angeführt. Der Ausdruck geht auf Clemens Brentanos Satz im *Ponce de Leon 5, 2* (1804) zurück: »Diese schlechten Musikanten und guten Leute aber werden sich unter Eurer Anführung im Walde versammeln.« Eine ähnliche Wortverbindung findet sich schon im ersten Kapitel der Periklesbiographie von Plutarch.

Morgen muss ich fort von hier
Und muss Abschied nehmen

ist der Anfang eines Volksliedes in *Des Knaben Wunderhorn* (1808) von Clemens Brentano und Achim von Arnim (1781–1831), nach einer älteren Fassung aus dem 17. Jahrhundert.

Eine Mauer um uns baue

stammt aus Clemens Brentanos Gedicht »Die Gottesmauer«.

Friedrich Ludwig Jahn – 1778 bis 1852

Frisch, fromm, fröhlich, frei

ist der Wahlspruch der deutschen Turner, er stammt von Friedrich Ludwig Jahn.

Claus Harms – 1778 bis 1855

Not darf die Wehmutter des Glaubens, aber nicht seine Mutter sein

sagte der holsteinische Erweckungsprediger Claus Harms.

Karl Streckfuß – 1779 bis 1844

Das Unvermeidliche mit Würde tragen

stammt aus dem »Denkspruch« (in den *Gedichten*, 1811) von Karl Streckfuß, der als Dante-Übersetzer bekannt geworden ist.

Friedrich Heinrich von der Hagen – 1780 bis 1856

Kein Feuer, keine Kohle
Tut brennen so heiß,

Als wie heimliche Liebe,
Von der niemand nichts weiß

ist die erste Strophe eines Volksliedes, das zuerst in von der Hagens *Volksliedern* (1807) abgedruckt war (herausgegeben zusammen mit J. G. Büsching).

Sie konnten zusammen nicht kommen,
Das Wasser war viel zu tief

nach dem Volkslied »Es waren zwei Königskinder«, das aus dem späten Mittelalter stammt, zuerst gedruckt in von der Hagens *Volksliedern* (1807); ähnlich auch in *Des Knaben Wunderhorn*.

Wilhelm Gerhard – 1780 bis 1858

Landgraf, werde hart!

Dieser Imperativ stammt aus dem Gedicht »Der Edelacker« von Wilhelm Gerhard (1780–1858), das eine Erzählung aus der *Thüringischen Chronik* des Johannes Rothe (1421) aufgreift: Ludwig der Eiserne (1140–1172), der zweite Landgraf von Thüringen, war zu Beginn seiner Regierungszeit so nachlässig, dass das Volk unter dem Übermut der Mächtigen schwer zu leiden hatte. Einst verirrte sich der Landgraf auf der Jagd und übernachtete bei dem Schmied von Ruhla, der ihn nicht erkannte. Der Schmied arbeitete die Nacht durch, schimpfte dabei auf die Schwäche des Regenten und rief, immer wenn er auf das Eisen schlug: »Nun werde hart!« Seitdem führte der Landgraf ein strenges Regiment.

Auf Matrosen, die Anker gelichtet

sagen wir nach dem »Matrosenlied« (1817) von Wilhelm Gerhard; daraus zitieren wir auch:

Liebchen ade,
Scheiden tut weh!

Johann Rudolf Wyss – 1781 bis 1830

Herz, mein Herz, warum so traurig?

lautet der Anfang eines Liedes von Johann Rudolf Wyss d. J., das zuerst 1811 in Berner Mundart erschien. Manchmal wird das geflügelte Wort auch zusammen mit dem folgenden Vers angeführt: »Und was soll das Ach und Weh?«

Das ist die Zeit der schweren Not
ist ein Vers aus Adelbert von Chamissos scherzhaftem »Kanon« (1813), der lautet:
Das ist die schwere Zeit der Not,
das ist die Not der schweren Zeit,
das ist die schwere Not der Zeit,
das ist die Zeit der schweren Not.

Ich träum' als Kind mich zurücke
Und schüttle mein greises Haupt
stammt aus Adelbert von Chamissos Gedicht »Das Schloss Boncourt«.

Er, der herrlichste von allen
stammt aus Adelbert von Chamissos Gedichtzyklus *Frauen-Liebe und -Leben;* ebenso:

Ich kann's nicht fassen, nicht glauben

und

Nun hast du mir den ersten Schmerz getan,
Der aber traf.

Der Zopf, der hängt ihm hinten
entnehmen wir Adelbert von Chamissos Gedicht »Tragische Geschichte« (1822), in dem es einem »zu Herzen ging, dass ihm der Zopf so hinten hing«, aber alles Drehen nichts nützte.

Hört, ihr Herrn, so soll es werden:
Gott im Himmel wie auf Erden,
Und der König absolut,
Wenn er unsern Willen tut
lautet die dritte Strophe in Adelbert von Chamissos Gedicht »Nachtwächterlied« (1827).

Der Bauer ist kein Spielzeug!
ist aus Adelbert von Chamissos Gedicht »Das Riesen-Spielzeug« (1835), das erstmalig im *Deutschen Musenalmanach für 1835* veröffentlicht wurde (herausgegeben von Chamisso und Schwab).

Die Sonne bringt es an den Tag
ist der Titel eines Gedichtes von Adelbert von Chamisso.

Pius Alexander Wolff – 1782 bis 1828

Herrlich! Etwas dunkel zwar –
Aber 's klingt recht wunderbar

und

Leb wohl Madrid!
Nie wende sich dein Glück
ist aus dem Schauspiel *Preciosa 1, 5* (1810) von Pius Alexander Wolff, das sich durch Carl Maria von Webers Musik dazu (1821) lange auf den Spielplänen hielt; daraus sind auch die folgenden Wendungen:

Wird man wo gut aufgenommen,
Muss man nicht gleich wiederkommen
aus dem zweiten Vers heißt im Original (*2, 1*) jedoch: »Muss man ja nicht zweimal kommen.«

Einsam bin ich, nicht alleine.
... kann ich nur einmal
recht einsam sein,
dann bin ich nicht allein
heißt es im »Lied des Harfners« in Goethes *Wilhelm Meisters Lehrjahre 2, 13*.
In Ciceros Schriften *Über den Staat 1, 17, 27* und *Über die Pflichten 3, 1, 1* wird ein Wort des Publius Scipio überliefert: »Nunquam minus solum esse, quam cum solus esset. (Er sei niemals weniger allein, als wenn er allein sei.)«

Donnerwetter Parapluie!

Die Stelle in *3, 3* lautet:

Pedro: Parapluie!

Ambrosio: Flucht nicht so grässlich!

Pedro: Donnerwetter!

Pedro spricht gern in fremden Wörtern, und so wird das »Parapluie« von ihm aus »parbleu« verzerrt, das seinerseits aus »pardieu« entstand.

Max von Schenkendorf – 1783 bis 1817

Freiheit, die ich meine.

Mit diesen Worten beginnt Max von Schenkendorfs Lied »Freiheit« (1813), in dem »ich meine« so viel heißen soll wie »ich liebe«, während wir jetzt meist darunter verstehen: »wie ich sie auffasse«.

Muttersprache, Mutterlaut

stammt aus Max von Schenkendorfs Lied »Muttersprache« (1814).

Helmina von Chézy – 1783 bis 1856

Ach, wie ist's möglich dann,
Dass ich dich lassen kann

entstammt der Umdichtung des Liedes »Wie ist's möglich dann« einer Straßburger Liederhandschrift aus dem Jahr 1769, die Helmina (eigentlich Wilhelmine Christiane von Chèzy) für eine Aufführung (1812) ihres Schauspiels *Eginhart und Emma* vorgenommen hatte.

Karl Förster – 1784 bis 1841

Was vergangen, kehrt nicht wieder,
Aber ging es leuchtend nieder,
Leuchtet's lange noch zurück!

Mit diesen Worten beginnt das Gedicht »Erinnerung und Hoffnung« von Karl Förster.

Jacob (1785–1863) und Wilhelm (1786–1859) Grimm

Aschenbrödel

oder

Aschenputtel
nennen wir ein nur zu niedrigen Arbeiten herangezogenes Mädchen, das uns aus den *Kinder- und Hausmärchen* der Brüder Grimm (1812 bis 1822) bekannt ist. Dort darf das Mädchen nicht in einem Bett schlafen, sondern muss sich neben den Herd in die Asche legen. »Aschenbrödel« nannte man früher (so zum Beispiel schon Luther) die Kirchenjungen, der Name bedeutet »der in der Asche wühlt«.

Hans im Glück
aus den *Kinder- und Hausmärchen* der Brüder Grimm fällt trotz seiner Einfalt und ohne dass er sich darum bemüht das Glück in den Schoß.

Sieben auf einen Streich
stammt aus dem Märchen »Das tapfere Schneiderlein« und bezeichnet eine außergewöhnliche (Helden-)Tat.

Kreide fressen
nennen wir den Versuch, sich zu verstellen, nach dem Märchen »Der Wolf und die sieben Geißlein«.

Tischleindeckdich
ist eine gängige Metapher für unerwarteten Überfluss aus dem Nichts, die wir dem Märchen »Tischchen deck dich, Goldesel und Knüppel aus dem Sack« entnehmen.

Rumpelstilzchen
heißt das Männlein aus dem Walde in dem gleichnamigen Märchen, daraus stammt auch:

Ach, wie gut, dass niemand weiß,
dass ich Rumpelstilzchen heiß.

Armer Teufel
sagen wir nach dem Märchen »Der Teufel und seine Großmutter«.

Bruder Lustig
nennen wir einen unbeschwerten Zeitgenossen nach dem gleichnamigen Märchen.

Schlaraffenland
ist der Inbegriff eines Paradieses, in dem die Wünsche der Menschen im Überfluss erfüllt werden.

Ludwig Börne – 1786 bis 1837

Minister fallen wie Butterbrote: gewöhnlich auf die gute Seite
heißt es in Ludwig Börnes *Gesammelten Schriften 6* (1829) in Anlehnung an das jüdische Sprichwort »Butterbrot fällt aufs Ponim [deutsch: Gesicht]«.

Nichts ist dauernd als der Wechsel
sagte Ludwig Börne in seiner *Rede auf Jean Paul* (1825). Heinrich Heine (1797–1856) verwendete das Wort im Motto seiner *Harzreise* (1824).

Revolutionäre in Schlafrock und Pantoffeln
geht zurück auf Ludwig Börnes *Gesammelte Schriften 11* (1833), wo es in den *Briefen aus Paris* unter dem 4. November 1831 heißt: »Salvandy ist einer von den bequemen Carlisten, die in Pantoffeln und im Schlafrock die Rückkehr Heinrichs V. abwarten.«

Justinus Kerner – 1786 bis 1862

Wohlauf noch getrunken
Den funkelnden Wein!
ist der Anfang von Justinus Kerners »Wanderlied« (1812); ebenso zitieren wir daraus:

Ade nun, ihr Lieben!
Geschieden muss sein.

Preisend mit viel schönen Reden
ist aus Justinus Kerners Gedicht »Der reichste Fürst« aus dem *Morgenblatt für die gebildeten Stände* (1818); ebenso die Wendung:

»Herrlich«, sprach der Fürst von Sachsen.

Louis Angely – 1787 bis 1835

Darum keine Feindschaft nicht

(eigentlich: »Darum keene Feindschaft nich«) stammt aus der Komödie *Fest der Handwerker* des Schwankdichters und Komikers am Berliner Königstädtischen Theater Louis Angely; daraus zitieren wir auch die geflügelten Worte:

Allemal derjenige, welcher.

Mehr braucht man nicht, um glücklich zu sein.

Leute vom Bau.

Und das wird den Hals ja nicht kosten.

Heinrich Lami – 1787 bis 1849

Der Karnickel hat angefangen!

steht in der von dem Reimer und Kupferstecher Heinrich Lami in Verse gebrachten Geschichte »Eigennützige Dienstfertigkeit« (veröffentlicht 1828 in *Mixpickel und Mengemus, eingemacht von Heinrich Lami*), in der ein Pudel das lebende Kaninchen einer Marktfrau zerreißt. Obwohl der Besitzer des Pudels der Geschädigten bereitwillig zehnfachen Ersatz bietet, besteht diese darauf, dass er mit ihr »auf die Obrigkeit« geht. Ein Schusterjunge, der dem Streit zuhört, ergreift Partei für den Herrn und verspricht, gegen ein Trinkgeld zu bezeugen, »det der Karnickel hat angefangen«.

Ludwig Uhland – 1787 bis 1862

Droben stehet die Kapelle,
Schauet still ins Tal hinab

ist der Anfang von Ludwig Uhlands Gedicht »Die Kapelle« (1805).

Bei einem Wirte wundermild

heißt es in Ludwig Uhlands Lied »Einkehr« aus den *Wanderliedern 8.*

Das ist der Tag des Herrn!

zitieren wir aus »Schäfers Sonntagslied« (1807) von Ludwig Uhland; ebenso die folgende, viel und gern zitierte Wendung:

Ich bin allein auf weiter Flur.
Ich hatt' einen Kameraden,
Einen bessern findst du nit
ist der Anfang von Ludwig Uhlands Gedicht »Der gute Kamerad« (1809); daraus zitieren wir auch:

Im gleichen Schritt und Tritt.

Als wär's ein Stück von mir
stammt ebenfalls aus Ludwig Uhlands Gedicht »Der gute Kamerad« und wurde 1966 von Carl Zuckmayer (1896–1977) als Titel für seine Autobiographie verwendet.

Von einer aber tut mir's weh
stammt aus Ludwig Uhlands Gedicht »Abreise« (1811).

Die linden Lüfte sind erwacht
heißt es in dem Gedicht »Frühlingsglauben« (1812) von Ludwig Uhland; aus diesem Gedicht sind auch die geflügelten Worte:

Nun muss sich alles, alles wenden.

Die Welt wird schöner mit jedem Tag,
Man weiß nicht, was noch werden mag.

Singe, wem Gesang gegeben
sagen wir nach dem Gedicht »Freie Kunst« (1812) von Ludwig Uhland.

Denn was er sinnt, ist Schrecken, und was er blickt, ist Wut
ist aus Ludwig Uhlands Ballade »Des Sängers Fluch« (1814); ebenso:

Nimm alle Kraft zusammen, die Lust und auch den Schmerz.

Noch eine hohe Säule zeugt von verschwundner Pracht
Versunken und vergessen.
Der wackre Schwabe forcht sich nit
zitieren wir aus Ludwig Uhlands Gedicht »Schwäbische Kunde« (1814): »Als Kaiser Rotbart lobesam ...«; ebenso:

Viel Steine gab's und wenig Brot.

Zur Rechten sieht man wie zur Linken
Einen halben Türken heruntersinken.

Schwabenstreiche
kennen wir ebenfalls aus Ludwig Uhlands Gedicht »Schwäbische Kunde«, wo es im Anschluss an das zuvor zitierte Wort heißt:
Der Held bedacht' sich nicht zu lang:
»Die Streiche sind bei uns im Schwang,
Sie sind bekannt im ganzen Reiche,
Man nennt sie halt nur Schwabenstreiche.«

Untröstlich ist's noch allerwärts
stammt aus Uhlands Gedicht »Am 18. Oktober 1816«.

Deines Geistes hab' ich einen Hauch verspürt
zitieren wir nach Ludwig Uhlands Ballade »Bertran de Born« (1829).

Joseph von Eichendorff – 1788 bis 1857

Wem Gott will rechte Gunst erweisen,
Den schickt er in die weite Welt
ist der Anfang von Joseph von Eichendorffs Gedicht »Der frohe Wandersmann« (1822), das der Dichter in seine Erzählung *Aus dem Leben eines Taugenichts* (1826) aufnahm.

In einem kühlen Grunde,
Da geht ein Mühlenrad.
Mit diesen Worten beginnt Joseph von Eichendorffs Gedicht »Das zerbrochene Ringlein«. Das Gedicht ist in Eichendorffs Roman *Ahnung und Gegenwart* (1811) enthalten und wurde insbesondere durch die Vertonung (1814) von Friedrich Glück weithin bekannt. Wir gebrauchen heute umgangssprachlich die Formulierung »aus dem kühlen Grunde« im Sinne von »aus diesem ganz bestimmten einfachen Grund«, die aus Joseph von Eichendorffs Gedicht abgeleitet ist.

Laue Luft kommt blau geflossen,
Frühling, Frühling soll es sein!
heißt es zu Beginn von Eichendorffs Gedicht »Frische Fahrt« aus dem Roman *Ahnung und Gegenwart.*

Wer hat dich, du schöner Wald,
Aufgebaut so hoch da droben?
So beginnt Joseph von Eichendorffs Lied »Der Jäger Abschied« (1837), das 1840 von Felix Mendelssohn Bartholdy vertont wurde.

Wer in die Fremde will wandern,
Der muss mit der Liebsten gehen
ist aus Joseph von Eichendorffs Gedicht »Heimweh«.

Friedrich Rückert – 1788 bis 1857

Möge jeder still beglückt
Seiner Freuden warten!
Wenn die Rose selbst sich schmückt,
Schmückt sie auch den Garten
ist aus Friedrich Rückerts Gedicht »Welt und Ich« (1834).

Mein lieber Freund und Kupferstecher
soll Friedrich Rückert seinen Freund, den Kupferstecher im Bibliographischen Institut in Hildburghausen, Carl Barth (1787–1853), angesprochen haben.

Ferdinand Raimund – 1790 bis 1836

Da streiten sich die Leut' herum
Oft um den Wert des Glücks
ist der Anfang des »Hobellieds« aus Ferdinand Raimunds Märchenspiel *Der Verschwender* (1833); daraus zitieren wir die Wendung:

Das Schicksal setzt den Hobel an
Und hobelt alles gleich.

Ich bin dein Vater Zephises,
Und habe dir nichts zu sagen als dieses
ist aus Ferdinand Raimunds Zauberposse *Der Diamant des Geisterkönigs* (1824).

Und scheint die Sonne noch so schön,
Am Ende muss sie untergehn
formulierte Heinrich Heine in der Vorrede zur 2. Auflage seines *Buchs der Lieder* (1837) den Vers Ferdinand Raimunds um:
Scheint die Sonne noch so schön,
einmal muss sie untergehn
der in dessen Zaubermärchen *Der Bauer als Millionär 2, 6* (1826) steht.

So leb denn wohl, du stilles Haus
stammt aus Ferdinand Raimunds Märchenspiel *Der Alpenkönig und der Menschenfeind 1, 20* und *21* (1828).

Theodor Körner – 1791 bis 1813

Nur über meine Leiche geht der Weg
sagen wir nach Theodor Körners Drama *Hedwig 3, 10*; möglich, dass er dabei Herders Gedicht »Der Gastfreund« (»Nur über meinen Leichnam geht der Weg«) oder Schillers *Wallensteins Tod 5, 7* (»Erst über meinen Leichnam sollst du hingehn«) vor Augen hatte.

Vergiss die treuen Toten nicht!
ist aus Theodor Körners Gedicht »Aufruf« (1813).

Das ist Lützows wilde, verwegene Jagd
zitieren wir aus Theodor Körners Gedicht »Lützows wilde Jagd« (1813).

Das Volk steht auf, der Sturm bricht los
ist aus dem Gedicht »Männer und Buben« (1813) des »Dichters der Befreiungskriege« Theodor Körner. Joseph Goebbels gebrauchte am Schluss seiner Sportpalast-Rede vom 18. Februar 1943, in der er zum totalen Krieg aufrief, den Imperativ dieser Worte: »Nun Volk, steh auf, und Sturm brich los!« (→ Seite 447)

Der Freiheit eine Gasse!
steht in Theodor Körners Gedicht »Aufruf« von 1813. Der dort vorangehende Vers:
»Drück dir den Speer ins treue Herz hinein«
weist darauf hin, dass Körner die Heldentat Arnold von Winkelrieds in der Schlacht bei Sempach (1386) vor Augen hatte.
In Johannes von Müllers damals viel gelesenen *Geschichten schweizerischer Eidgenossenschaft* (1786–1808) hieß es, Winkelried habe zu seinen Kampfgenossen gesagt: »Ich will euch eine Gasse machen«, habe eine Menge der entgegengehaltenen Speere in seiner Brust begraben und so den Eidgenossen den siegbringenden Einbruch in die Reihen des Feindes ermöglicht.

Franz Grillparzer – 1791 bis 1872

Den Jüngling ziert Bescheidenheit
geht zurück auf Franz Grillparzers Drama *Die Ahnfrau* (1816), wo es heißt: »Ziert Bescheidenheit den Jüngling ...« Ob danach das viel gebrauchte »Bescheidenheit ist eine Zier, doch weiter kommt man ohne ihr« gebildet wurde, ist fraglich.

Weh dem, der lügt!
ist der Titel eines Lustspiels (1838) von Franz Grillparzer.

Capua der Geister
wird Wien in Grillparzers »Abschied von Wien« (1843) genannt; Capua war seinerzeit wegen seiner entnervenden Üppigkeit berühmt.

Der Weg der neueren Bildung geht
Von Humanität
Durch Nationalität
Zur Bestialität
schrieb Franz Grillparzer in *Einfälle und Inschriften* (1849).

Gustav Schwab – 1792 bis 1850

Urahne, Großmutter, Mutter und Kind
In dumpfer Stube beisammen sind.
Mit diesen bekannten Worten beginnt Gustav Schwabs Gedicht »Das Gewitter« (1828/29).

Der Reiter über den Bodensee
ist uns aus Gustav Schwabs Ballade »Der Reiter und der Bodensee« (nach einer schwäbischen Sage in den *Gedichten* 1828/29) bekannt. Sie erzählt die Geschichte eines Reiters, der, ohne sich einer Gefahr bewusst zu sein, über die Schneefläche des zugefrorenen Bodensees dahinjagt und tot vom Pferd sinkt, als er, am anderen Ufer angekommen, von der Waghalsigkeit seines Unternehmens erfährt.

Ludwig Giesebrecht – 1792 bis 1873

Links müsst ihr steuern!
ist aus Ludwig Giesebrechts Gedicht »Der Lotse« innerhalb der Dichtung »Der Notmann« *(Gedichte,* 1836), das über viele Schullesebücher Allgemeingut wurde.

Johann Ferdinand Rüthling – 1793 bis 1849

Ich liebe dir, ich liebe dich!
Wie's richtig is, ich weeß es nich,
Un 's is mich ooch Pomade.
Ich lieb' nich uf den dritten Fall,
Ich lieb' nich uf den vierten Fall,
Ich lieb' uf alle Fälle.
Komm her mein Kind, setz dir bei mir,
Dir stehn zu sehn, das jammert mir
stammt aus dem Gedicht »Mir und mich« im *Museum komischer Vorträge* des Berliner Hofschauspielers Johann Ferdinand Rüthling; daraus zitieren wir auch:

Was ist mich das, mein Kind, mit dich?
Du isst mich nich, du trinkst mich nich ...
Du bist mich doch nich krank?

So nimm dich doch und stipp dich ein,
Dann wird es dich bald besser sein.

August Binzer – 1793 bis 1868

Frei ist der Bursch!
ist der Kehrreim des Studentenliedes »Stoßt an! Eisenach lebe!«, das August Binzer 1817 dichtete.

**Wer die Wahrheit kennet und spricht sie nicht,
Der bleibt fürwahr ein erbärmlicher Wicht**
stammt ebenfalls aus August Binzers Studentenlied »Stoßt an! Eisenach lebe!«

Wir hatten gebauet ein stattliches Haus
ist der Anfang eines Liedes von August Binzer, das 1819 bei der Auflösung der Burschenschaft in Jena gesungen und 1821 ins *Kieler Kommersbuch* aufgenommen wurde.

Wilhelm Müller – 1794 bis 1827

Ich schnitt es gern in alle Rinden ein
ist der Anfang des Liedes »Ungeduld« aus dem Liederzyklus *Die schöne Müllerin* von Wilhelm Müller, den Franz Schubert vertonte.

Das Wandern ist des Müllers Lust
ist der Anfang des Liedes »Wanderschaft« in den *Siebenundsiebzig Gedichten aus den Papieren eines reisenden Waldhornisten* (1821–1824) von Wilhelm Müller.

Wilhelm August Wohlbrück – 1794/96–1848

**'s wird besser gehn, 's wird besser gehn,
Die Welt ist rund und muss sich drehn**
stammt aus Wilhelm August Wohlbrücks Text zu Heinrich Marschners Oper *Der Templer und die Jüdin* (1829).

Johann Bernhard Thiersch – 1794 bis 1855

Ich bin ein Preuße, kennt ihr meine Farben?
wurde 1830 zum Geburtstag des Preußenkönigs Friedrich Wilhelm III. von Johann Bernhard Thiersch für besagte Geburtstagsfeier der Harmoniegesellschaft am 3. August in Halberstadt gedichtet.

August von Platen – 1796 bis 1835

Nächtlich am Busento lispeln bei Cosenza dumpfe Lieder
lautet die Anfangszeile von August von Platens Gedicht »Das Grab am Busento« (1820), das die Geschichte des Gotenfürsten Alarich erzählt; des Weiteren zitieren wir daraus:

Allzu früh und fern der Heimat
mussten sie ihn hier begraben.

Dem ähnlich ist das weit verbreitete geflügelte Wort

Unrasiert und fern der Heimat
Es stammt aus der Soldatensprache des Ersten Weltkriegs. Vielleicht wurde der Ausdruck durch die Erinnerung an jenen Vers in August von Platens Ballade »Das Grab am Busento« veranlasst.

Annette von Droste-Hülshoff – 1797 bis 1848

Bei uns zu Lande auf dem Lande
zitieren wir aus dem Gedicht »Der Brief aus der Heimat« von Annette von Droste-Hülshoff.

Heinrich Heine – 1797 bis 1856

Aber fragt mich nur nicht, wie!
ist einem Vierzeiler von Heinrich Heine entnommen:
Anfangs wollt' ich fast verzagen
Und ich glaubt', ich trüg' es nie;
Und ich hab' es doch getragen, –
Aber fragt mich nur nicht: wie?
Er ist im *Buch der Lieder* unter den Liedern des Abschnitts »Junge Leiden« (1817–1821) zu finden und mit den Worten »An Karl von U. Ins Stammbuch« überschrieben. Umstritten ist, wer sich dahinter verbirgt.

Was schert mich Weib, was schert mich Kind?
ist aus Heinrich Heines Romanze »Die Grenadiere« im *Buch der Lieder*, Abschnitt »Junge Leiden«. Oft wird auch noch der übernächste Vers hinzugefügt:
Lass sie betteln gehn, wenn sie hungrig sind.

Die Mitternacht zog näher schon
lautet der Anfang von Heinrich Heines Gedicht »Belsazar« im *Buch der Lieder*, Abschnitt »Junge Leiden«. Oft wird gesagt: »Die Mitternacht rückt näher schon.«

Im wunderschönen Monat Mai
ist der Anfang eines Gedichtes aus dem »Lyrischen Intermezzo« (1822/23) in Heinrich Heines *Buch der Lieder*.

Auf Flügeln des Gesanges.
Damit beginnt ein Gedicht aus dem »Lyrischen Intermezzo« in Heinrich Heines *Buch der Lieder.*

Die Welt ist dumm, die Welt ist blind,
Wird täglich abgeschmackter!
lautet der Anfang eines Gedichtes von Heinrich Heine im *Buch der Lieder*, Abschnitt »Lyrisches Intermezzo«.

Wenn ich in deine Augen seh'
ist der Anfang eines Gedichtes von Heinrich Heine im *Buch der Lieder*, Abschnitt »Lyrisches Intermezzo«.

Die Tränen und die Seufzer,
Die kamen hintennach
stammt aus dem Gedicht »Wenn zwei voneinander scheiden« im Abschnitt »Lyrisches Intermezzo« (1822/23) von Heinrich Heines *Buch der Lieder*.

Ich grolle nicht, und wenn das Herz auch bricht
beginnt ein Gedicht aus dem »Lyrischen Intermezzo« in Heinrich Heines *Buch der Lieder.*

Es ist eine alte Geschichte
Doch bleibt sie immer neu
stammt aus Heinrich Heines Gedicht »Ein Jüngling liebt ein Mädchen« im *Buch der Lieder*, Abschnitt »Lyrisches Intermezzo«.

Mein Lieb', wir sollen beide elend sein
ist aus Heinrich Heines Gedicht »Ja, du bist elend« im *Buch der Lieder*, Abschnitt »Lyrisches Intermezzo«.

Ich unglücksel'ger Atlas! eine Welt,
Die ganze Welt der Schmerzen muss ich tragen
ist der Anfang eines Gedichtes von Heinrich Heine im *Buch der Lieder*, Abschnitt »Die Heimkehr« (1823/24).

Selten habt ihr mich verstanden,
Selten auch verstand ich euch;
Nur, wo wir im Kot uns fanden,
Da verstanden wir uns gleich
ist ein Vierzeiler aus dem Abschnitt »Die Heimkehr« in Heinrich Heines *Buch der Lieder.*

Ich weiß nicht, was soll es bedeuten,
Dass ich so traurig bin
ist der Anfang des gleichnamigen Liedes im Abschnitt »Die Heimkehr« von Heinrich Heines *Buch der Lieder.*

Und das hat mit ihrem Singen
Die Lorelei getan
ist der Schluss von Heinrich Heines Lied »Ich weiß nicht, was soll es bedeuten?«

Ein Tor ist immer willig,
Wenn eine Törin will
entnehmen wir Heinrich Heines Gedicht »Sei mir gegrüßt, du große, geheimnisvolle Stadt« im *Buch der Lieder*, Abschnitt »Die Heimkehr«.

Mensch, bezahle deine Schulden
heißt es in Heinrich Heines Gedicht »Mensch, verspotte nicht den Teufel« im *Buch der Lieder*, Abschnitt »Die Heimkehr«.

Du bist wie eine Blume
lautet der Anfang eines Gedichtes von Heinrich Heine im *Buch der Lieder*, Abschnitt »Die Heimkehr«.

Mir ist, als ob ich die Hände
Aufs Haupt dir legen sollt'
stammt aus Heinrich Heines Gedicht »Du bist wie eine Blume« im *Buch der Lieder,* Abschnitt »Die Heimkehr«.

Du hast Diamanten und Perlen
lautet der Anfang eines Gedichtes im Abschnitt »Die Heimkehr« von Heinrich Heines *Buch der Lieder.*

Mein Liebchen, was willst du mehr?
ist der Kehrreim des Gedichts »Du hast Diamanten und Perlen« im Abschnitt »Die Heimkehr« von Heinrich Heines *Buch der Lieder*.

Blamier mich nicht, mein schönes Kind,
Und grüß mich nicht unter den Linden;
Wenn wir nachher zu Hause sind
Wird sich schon alles finden
ist ein Vierzeiler aus Heinrich Heines *Buch der Lieder,* Abschnitt »Die Heimkehr«.

Die Leutnants und die Fähnderichs,
Das sind die klügsten Leute
heißt es im letzten Vers des Gedichtes »Mir träumt, ich bin der liebe Gott« im Abschnitt »Die Heimkehr« von Heinrich Heines *Buch der Lieder.*

Doktor, sind Sie des Teufels?
lautet der Schlussvers von Heinrich Heines Gedicht »Seegespenst« im *Buch der Lieder,* Abschnitt »Die Nordsee« (1825/26).

Thalatta! Thalatta!
(das Meer!) heißt es im Gedicht »Meergrüß« in »Die Nordsee«.

Und ein Narr wartet auf Antwort
ist der Schluss des Gedichtes »Fragen« im Abschnitt »Die Nordsee« von Heinrich Heines *Buch der Lieder.*

Wenn du eine Rose schaust,
Sag, ich lass' sie grüßen
sind die Schlussworte von Heinrich Heines Lied »Leise zieht durch mein Gemüt« im Abschnitt »Neuer Frühling« (1828–1831) der Sammlung *Neue Gedichte*.

Es fiel ein Reif in der Frühlingsnacht
ist der Anfang eines Gedichtes von Heinrich Heine, das unter dem Titel »Tragödie« am Ende des Abschnitts »Verschiedene« (1832–1839) in der Sammlung *Neue Gedichte* steht.

Sie sind verdorben, gestorben
Dieses geflügelte Wort stammt aus Heinrich Heines Gedicht »Es fiel ein Reif in der Frühlingsnacht« in der Sammlung *Neue Gedichte*, Abschnitt »Verschiedene«.

Blöde Jugendeselei
zitieren wir aus dem Gedichtzyklus »Yolanthe und Marie« in Heinrich Heines *Neuen Gedichten*.

Kein Talent, doch ein Charakter
ist der Schlussvers von »Kaput XXIV« in Heinrich Heines *Atta Troll* (1841/42).

Denk' ich an Deutschland in der Nacht,
Dann bin ich um den Schlaf gebracht
ist der Anfang von Heinrich Heines Gedicht »Nachtgedanken« in den *Zeitgedichten* (1839–1846).

Hans Ferdinand Maßmann – 1797 bis 1874

Ich hab' mich ergeben
Mit Herz und Hand
ist aus dem Lied »Gelübde« (1820) von Hans Ferdinand Maßmann.

August Heinrich Hoffmann von Fallersleben – 1798 bis 1874

Deutschland, Deutschland über alles,
Über alles in der Welt

sind die ersten Zeilen aus dem »Lied der Deutschen«, das August Heinrich Hoffmann von Fallersleben 1841 auf der damals zu England gehörenden Nordseeinsel Helgoland geschrieben hat.
1922 wurde das mit der Melodie von Josephs Haydns »Kaiser-Quartett« unterlegte Lied zur Nationalhymne des Deutsches Reiches erklärt. Nach 1945 wurden die beiden ersten Strophen nicht mehr gesungen, in denen es unter anderem heißt:

Von der Maas bis an die Memel,
Von der Etsch bis an den Belt.
...
Deutsche Frauen, deutsche Treue,
Deutscher Wein und deutscher Sang.

Einigkeit und Recht und Freiheit

heißt es im ersten Vers der dritten Strophe des »Liedes der Deutschen« von August Heinrich Hoffmann von Fallersleben, die seit 1991 offizielle Nationalhymne des wiedervereinigten Deutschland ist.
»Einigkeit und Recht und Freiheit« ist als nationales Erkennungszeichen auf den Rand der deutschen Zwei-Euro-Münzen geprägt.

Der größte Lump im ganzen Land,
Das ist und bleibt der Denunziant

schrieb Hoffmann von Fallersleben in seinen *Politischen Gedichten* (1843).

Du siehst mich an und kennst mich nicht

entnehmen wir einem Lied von August Heinrich Hoffmann von Fallersleben (1822).

Luise Hensel – 1798 bis 1876

Müde bin ich, geh' zur Ruh

Mit diesen berühmten Worten beginnt das Gedicht »Abendgebet« (1829) von Luise Hensel.

Karl von Holtei – 1798 bis 1880

Schier dreißig Jahre bist du alt,
Hast manchen Sturm erlebt

ist der Anfang des »Mantelliedes« aus Karl von Holteis Volksstück *Lenore* (1828).

Denkst du daran, mein tapfrer Lagienka?

Mit diesen Worten beginnt ein Lied aus dem Singspiel *Der alte Feldherr*, das Karl von Holtei im Jahr 1826 geschrieben hat.

Fordre niemand mein Schicksal zu hören!

Auch dies ist der Anfang eines Liedes aus dem Singspiel *Der alte Feldherr* von Karl von Holtei.

Volks-, Trink- und Studentenlieder

Sauft Wasser wie das liebe Vieh
Und meint, es sei Crambambuli

steht im *Leipziger Kommersbuch* von 1815 als 9. Strophe eines (1745 erschienenen) Liedes von Crescentius Koromandel (d.i. Christof Friedrich Wedekind): »Der Krambambulist, ein Lob-Gedicht über die gebrannten Wasser im Lachß zu Dantzig.« »Krambambuli« ist ein studentensprachliches Lautspiel, angelehnt an »Kranewitt« (Wacholder) und das rotwelsche »Blamp«, »Bembel« oder »Beembel« (geistiges Getränk).

Ich bin der Doktor Eisenbart

ist ein scherzhaftes Volkslied, teilweise schon vor 1745 bekannt, später vielfach verändert, zuerst im *Kommersbuch* von 1818 gedruckt.
Johann Andreas Eisenbart (1661–1727) war aber kein Quacksalber, sondern ein hervorragender Chirurg seiner Zeit.

Du, du liegst mir am Herzen

ist der Anfang eines Volksliedes, das um 1820 in Norddeutschland entstanden ist.

O alte Burschenherrlichkeit

ist der Anfang eines anonym 1825 in Berlin gedruckten Liedes mit dem Titel »Rückblicke eines alten Burschen«, als dessen Verfasser sich

1877 der als Sanitätsrat in Eschwege verstorbene Dr. Eugen Höfling (1808–1880) bekannte. Gleichwohl ist die Herkunft des Liedes bis heute nicht zweifelsfrei geklärt.

So streng sind dort die Bräuche

ist die Schlusszeile eines der nicht salonfähigen Verse um die »Wirtin an der Lahn«, deren Urheber, besser gesagt Anstifter (denn es wird noch immer daran gedichtet) unbekannt ist; er wird wohl in Studentenkreisen zu suchen sein.

Entschärft hat die Wirtin-Verse Curt Seibert in dem Bändchen *Das poetische Holzbein.* Hier heißt der betreffende Vers:

Frau Wirtin hat auch einen Inder,
der spielte Spiele wie die Kinder.
Trotz Asthma und Gekeuche
behielt er seinen Turban auf.
So streng sind dort die Bräuche.

Des Lebens Unverstand mit Wehmut zu genießen ist Tugend und Begriff

hat den Oberhofmarschall des Kurfürsten von Hessen, Hans Adolf von Thümmel (1851), zum Verfasser. Dessen Vers veranlasste einen Theologiestudenten zu folgender Parodie im Fremdenbuch der Rudelsburg:

Und wer des Lebens Unverstand
mit Wehmut will genießen,
der lehne sich an eine Wand
und strample mit den Füßen.

Kein schöner Land in dieser Zeit

heißt das nach wie vor beliebteste deutsche Abendlied.

Märchen aus Tausendundeiner Nacht

Sesam, öffne dich!

ist uns aus dem Märchen »Ali Baba und die vierzig Räuber« in der orientalischen Märchensammlung *Tausendundeine Nacht* vertraut geworden, die in Deutschland zuerst durch eine Übersetzung aus dem Französischen (durch Habicht, von der Hagen und Schall, 1826) einem breiten Publikum bekannt wurde.

Christian Dietrich Grabbe – 1801 bis 1836

Scherz, Satire, Ironie und tiefere Bedeutung

heißt ein Lustspiel von Christian Dietrich Grabbe, das er 1822 geschrieben hat, das jedoch erst weit nach seinem Tod im Jahr 1876 uraufgeführt wurde.

Johann Nepomuk Nestroy – 1801 bis 1862

Lumpazivagabundus

entnehmen wir dem Titel einer Zauberposse (1833) von Johann Nepomuk Nestroy: *Der böse Geist Lumpazivagabundus oder Das liederliche Kleeblatt*.

Einen Jux will er sich machen

ist der Titel einer Posse (1844) von Johann Nepomuk Nestroy, in deren Mittelpunkt der Handlungsgehilfe Weinberl steht, der sich auf Abenteuersuche in die Großstadt begibt.

Wilhelm Hauff – 1802 bis 1827

Morgenrot, Morgenrot,
Leuchtest mir zum frühen Tod

heißt es in »Reiters Morgengesang« (1824) von Wilhelm Hauff; daraus zitieren wir auch:

Ach, wie bald
Schwindet Schönheit und Gestalt.

Gestern noch auf stolzen Rossen
Heute durch die Brust geschossen.

Nikolaus Lenau – 1802 bis 1850

Lieblich war die Maiennacht

lautet der Anfangsvers des Liedes »Der Postillion« von Nikolaus Lenau.

Karl Simrock – 1802 bis 1876

An den Rhein, an den Rhein,
zieh' nicht an den Rhein,
Mein Sohn, ich rate dir gut

ist aus Karl Simrocks Lied »Warnung vor dem Rhein« (1839), das erstmals im *Rheinischen Jahrbuch für Kunst und Poesie* abgedruckt und rasch bekannt wurde.

Mein Herz ist wie ein Bienenhaus

stammt aus Karl Simrocks Vierzeiler »Weisel« (1863), der später zu einem Lied verändert und erweitert worden ist. Ähnlich heißt es schon bei Hans Sachs (*Gedichte*, 1560):
Dein hem das ist ein taubenhauß;
ein Lieb fleugt ein, die ander aus.

Wilhelm von Merckel – 1803 bis 1861

Gegen Demokraten
helfen nur Soldaten

heißt es am Schluss des Gedichtes »Die fünfte Zunft« von Wilhelm von Merckel, der es 1850 in seinen *Zwanzig Gedichten* veröffentlichte.

Eduard Mörike – 1804 bis 1875

Lass, o Welt, o lass mich sein!

heißt es in Eduard Mörikes Gedicht »Verborgenheit« (1832).

Doch in der Mitten liegt holdes Bescheiden

zitieren wir aus Eduard Mörikes volkstümlichem Gedicht »Gebet« (*Gedichte*, 1838).

Schweig stille, mein Herze!

lautet der Kehrreim in Eduard Mörikes Lied »Schön Rohtraut« *(Gedichte*, 1838).

Frühling lässt sein blaues Band
Wieder flattern durch die Lüfte.

Mit diesen Worten beginnt Eduard Mörikes Gedicht »Er ist's«.

Wilhelm Friedrich – 1804 bis 1879

Martha, Martha, du entschwandest

stammt aus der Oper *Martha* (1847 in Wien uraufgeführt) von Friedrich von Flotow, deren Text Wilhelm Friedrich (d.i. Wilhelm Friedrich Riese) geschrieben hat.

Adalbert Stifter – 1805 bis 1868

Das ist ein weites Feld

stammt entgegen einer weit verbreiteten Ansicht nicht aus Theodor Fontanes Roman *Effi Briest,* wo im letzten Satz der alte Briest zu seiner Frau sagt: »Ach, Luise, lass ... das ist ein *zu* weites Feld«, sondern aus Adalbert Stifters Roman *Nachsommer* (1857): »Da ist ein weites Feld, von dem ihr da redet ...«

Ernst von Feuchtersleben – 1806 bis 1849

Es ist bestimmt in Gottes Rat,
Dass man vom Liebsten, was man hat,
Muss scheiden.

Als Felix Mendelssohn Bartholdy den vor 1826 entstandenen »Grabgesang« Ernst von Feuchterslebens vertonte (1839), veränderte er die Anfangszeilen und gab ihnen die Form, in der sie heute zitiert werden. Feuchtersleben hatte ursprünglich geschrieben:
Dass man, was man am liebsten hat,
Muss meiden.

Wenn Menschen auseinandergehn
So sagen sie: Auf Wiedersehn!
Ja Wiedersehn!

ist der Schluss von Ernst von Feuchterslebens Gedicht »Grabgesang«.

Friedrich Halm – 1806 bis 1871

Zwei Seelen und ein Gedanke,
Zwei Herzen und ein Schlag

stammt aus dem Drama *Der Sohn der Wildnis* (1842) von Friedrich Halm (d.i. Eligius Franz Joseph Freiherr von Münch-Bellinghausen).

Friedrich Theodor Vischer – 1807 bis 1887

Die Tücke des Objekts
spielt in Friedrich Theodor Vischers Roman *Auch Einer* (1879) eine große Rolle. Es bezeichnet den Kleinkrieg mit alltäglichen Gegenständen.

Das Moralische versteht sich doch immer von selbst
ist ein beliebter Ausspruch des Helden in Friedrich Theodor Vischers Roman *Auch Einer.*

August Schnezler – 1809 bis 1853

Gold und Silber lieb' ich sehr,
Kann's auch gut gebrauchen
ist der Anfang eines Studentenliedes (1828) von August Schnezler, das 1843 in ein *Liederbuch des deutschen Volkes* aufgenommen wurde.

Heinrich Hoffmann – 1809 bis 1894

Struwwelpeter
ist uns allen wohlbekannt als Hauptfigur aus dem gleichnamigen Kinderbuch (1845) des Arztes Heinrich Hoffmann, der als Direktor der städtischen Nervenheilanstalt in Frankfurt/Main dort als Erster eine Abteilung für psychisch kranke Kinder einrichtete.
Aus Heinrich Hoffmanns *Struwwelpeter oder Lustige Geschichten und drollige Bilder für Kinder von 3-6 Jahren* sind eine Reihe von Formulierungen zu geflügelten Worten geworden; wir zitieren unter anderem:

Der Friederich, der Friederich,
Das war ein arger Wüterich
aus »Die Geschichte des bösen Friederich«.

Es ging spazieren vor dem Tor
Ein kohlpechrabenschwarzer Mohr.
Die Sonne schien ihm aufs Gehirn,
Da nahm er seinen Sonnenschirm
aus »Die Geschichte von den schwarzen Buben«.

Konrad! sprach die Frau Mama,
Ich geh' aus und du bleibst da
aus »Die Geschichte vom Daumenlutscher«.

Suppenkaspar

und

Ich esse keine Suppe! Nein!
Ich esse meine Suppe nicht!
Nein! Meine Suppe ess ich nicht
aus »Die Geschichte vom Suppenkaspar«.

Zappelphilipp

und

Und die Mutter blickte stumm
Auf dem ganzen Tisch herum
aus »Die Geschichte vom Zappelphilipp«.

Hans-Guck-in-die-Luft
ist ebenfalls eine weithin bekannte Figur aus Heinrich Hoffmanns *Struwwelpeter.*

Gustav Raeder – 1810 bis 1868

Weiter hat es keinen Zweck
ist aus Gustav Raeders Posse *Robert und Bertram oder die lustigen Vagabonden* (1859).

Meine Mittel erlauben mir das!
zitieren wir aus Gustav Raeders Zauberposse *Der artesische Brunnen* (1860).

Fritz Reuter – 1810 bis 1874

Olle Kamellen
heißt die autobiographische Romantrilogie (1859–1864) von Fritz Reuter.

Pomuchelskopp
ist eine Figur aus Fritz Reuters *Ut mine Stromtid*, die zum Inbegriff des dummen, selbstsüchtigen Emporkömmlings wurde.

Die Armut kommt von der Powerteh
sagen wir nach Onkel Bräsigs Rede in Fritz Reuters Roman *Ut mine Stromtid* (1863/64), deren Schlussworte lauten: »Die große Armut in der Stadt kommt von der großen Powerteh her!« Powerteh wird hier im Sinne von »knausern, geizig sein« verwendet.

Ferdinand Freiligrath – 1810 bis 1876

O lieb, so lang du lieben kannst
ist der Anfang des Gedichtes »Der Liebe Dauer« (1830, gedruckt 1841) von Ferdinand Freiligrath.

Ich kann den Blick nicht von euch wenden,
Ich muss euch anschaun immerdar
ist der Anfang des Gedichtes »Der Auswanderer« (1838) von Ferdinand Freiligrath.

Der Dichter steht auf einer höhern Warte
Als auf den Zinnen der Partei
zitieren wir aus Ferdinand Freiligraths Gedicht »Aus Spanien« (1841). Es ist zu vermuten, dass er jene Wendung aus Goethes *Noten und Abhandlungen zum Westöstlichen Diwan* (1819) kannte: »Der Dichter steht viel zu hoch, als dass er Partei machen sollte.«

Mein Herz ist im Hochland
lautet der Anfang eines Liedes von Robert Burns, 1835 von Ferdinand Freiligrath aus dem Englischen übertragen.

Trotz alledem und alledem
ist das von Ferdinand Freiligrath aus dem Englischen übersetzte »For a' that, and a' that« aus dem Gedicht »Is there for honest poverty« von Robert Burns.
Das Gedicht »Trotz alledem« beginnt in der Übersetzung Freiligraths mit den Versen:
Ob Armut euer Los auch sei,
Hebt hoch die Stirn, trotz alledem!
1848 veröffentliche Freiligrath in der *Neuen Rheinischen Zeitung*, herausgegeben von Karl Marx und Friedrich Engels, eine neue Fassung, die mit folgenden Versen beginnt:

Das war ’ne heiße Märzenzeit,
Trotz Regen, Schnee und alledem!
Seitdem ist die Bekräftigung »Trotz alledem« zum geflügelten Wort der deutschen Linken geworden. Die Vertonung des Gedichtes beruht auf der schottischen Melodie »Lady Mackintosh’s Reel« aus dem 18. Jahrhundert.

Adolf Glaßbrenner – 1810 bis 1876

Es ist die höchste Eisenbahn
stammt aus dem Schwank *Ein Heiratsantrag in der Niederwallstraße* (1847) des Berliner Satirikers Adolf Glaßbrenner, in dem der ohnehin zerstreute und jetzt von seinem Heiratsantrag verwirrte Briefträger Bornike plötzlich sagt: »Es ist die allerhöchste Eisenbahn, die Zeit ist schon vor drei Stunden anjekommen.«

Auch eine schöne Gegend!
In Adolf Glaßbrenners Heften *Berlin, wie es ist und – trinkt* (1832–1850) steht eine Anekdote von zwei Berliner Frauen, die einander fragen, wo ihre Söhne im Freiheitskrieg gefallen seien. Als die eine sagt: »Bei Leipzig«, antwortet die andere: »Ooch ’ne schöne Jejend.«
Angeblich soll der Berliner Schauspieler Unzelmann die Redensart schon 1813 geprägt haben. Am Abend des 23. 9. 1813 habe er die Nachricht vom Sieg bei Großbeeren erfahren und sie aus französischem Blickwinkel dem Publikum sofort von der Bühne herab mitgeteilt: »Wir begeben uns rückwärts nach Trebbin! Ooch eene schöne Jejend!«
Verbreitet aber wurde das Wort wohl am stärksten durch Heinrich Heine; im *Tannhäuser* heißt es:
Zu Hamburg sah ich Altona,
ist auch eine schöne Gegend.
In »Himmelfahrt« (*Letzte Gedichte*, 1853–1855) steht:
Berlin ist auch eine schöne Gegend.

Ick kann mir nich beklagen
singt der

Eckensteher Nante
in Adolf Glaßbrenners Heften *Berlin, wie es ist und – trinkt.*

Hermann Alexander Pistorius – 1811 bis 1877

Was kraucht dort in dem Busch herum?

Diese Frage stammt aus dem 1870 geschriebenen und damals rasch volkstümlich gewordenen »Kutschkelied« des Feldpredigers Hermann Alexander Pistorius, das sich auf einem bereits 1813 gesungenen Zweizeiler aufbaut:

Was kriecht denn da im Busch herum?
Ich glaub' es ist Napoleum.

Karl Gutzkow – 1811 bis 1878

Alles schon dagewesen

pflegt Rabbi Ben Akiba in Karl Gutzkows Tragödie *Uriel Acosta 4, 2* (1847) in immer neuen Abwandlungen zu wiederholen (vgl. *Prediger Salomo 1, 9*; S. 48).

Friedrich Güll – 1812 bis 1879

Gefroren hat es heuer,
Noch gar kein festes Eis

ist der Anfang eines Kinderliedes von Friedrich Güll.

Wer will unter die Soldaten,
Der muss haben ein Gewehr

ist aus *Kinderheimat in Bildern und Liedern* (1837) von Friedrich Güll.

Georg Büchner – 1813 bis 1837

Die Revolution ist wie Saturn, sie frisst ihre eigenen Kinder

heißt es in dem Drama *Dantons Tod* (1835) von Georg Büchner.

Friedrich Hebbel – 1813 bis 1862

Ich verstehe die Welt nicht mehr!

sind Meister Antons Schlussworte in Friedrich Hebbels Drama *Maria Magdalene* (1844).

Hermann von Gilm – 1813–1864

Wie einst im Mai

sagen wir nach Hermann von Gilms Lied »Allerseelen« (1844), in dem es heißt:

Stell auf den Tisch die duftenden Reseden,

die letzten roten Astern bring herbei,
und lass uns wieder von der Liebe reden,
wie einst im Mai.

Heinrich von Mühler – 1813 bis 1874

Grad aus dem Wirtshaus komm' ich heraus

ist der Anfang eines Studentenliedes, das Heinrich von Mühler (1860 bis 1872 preußischer Kultusminister) schrieb; daraus zitieren wir auch die beiden Verse:

Rechter Hand, linker Hand, beides vertauscht

und

Schäme dich, schäme dich, alter Gesell!

Matthäus Friedrich Chemnitz – 1815 bis 1870

Schleswig-Holstein, meerumschlungen

ist der Anfang des Heimatliedes von Schleswig-Holstein, das Matthäus Friedrich Chemnitz 1844 geschrieben hat.

Emanuel Geibel – 1815 bis 1884

Um des Kaisers Bart streiten

sagen wir wahrscheinlich nach dem Gedicht »Von des Kaisers Bart« von Emanuel Geibel, in dem es am Schluss heißt:
Zankt, wenn ihr sitzt beim Weine,
Nicht um des Kaisers Bart.
Das geflügelte Wort bezieht sich auf scheingelehrte Auseinandersetzungen, ursprünglich darüber geführt, ob die römisch-deutschen Kaiser Bärte trugen und welcher Art diese gewesen sein könnten. In Geibels Gedicht ist Friedrich Barbarossa Anlass des »Streites«.
Möglicherweise entstand die heute gebräuchliche Formulierung aber auch aus der Wendung »um den Geißenbart streiten«, einer Entlehnung aus dem Lateinischen: »De lana caprina rixari (Um Ziegenwolle streiten)«.

Fern im Süd das schöne Spanien

ist der Anfang von Emanuel Geibels Lied »Der Zigeunerbube im Norden« (1834).

O rühret, rühret nicht daran!
zitieren wir aus Emanuel Geibels Lied »Wo still ein Herz von Liebe glüht« (1840).

Gelobet seist du jederzeit, Frau Musika!
heißt es in Emanuel Geibels »Lob der edlen Musika« (1840); daraus stammt auch:

Eine Musikantenkehle, die ist als wie ein Loch.

Es muss doch Frühling werden
ist aus Emanuel Geibels Gedicht »Hoffnung« in den *Zeitstimmen* (1841).

Der Mai ist gekommen
kennen wir aus Emanuel Geibels Lied »Wanderschaft« (1841).

Wenn sich zwei Herzen scheiden
lauten die Anfangszeilen eines Gedichtes in Emanuel Geibels *Jugendgedichten* (1842/43).

Am deutschen Wesen soll die Welt genesen
geht auf Emanuel Geibels Gedicht »Deutschlands Beruf« (1861 geschrieben, 1871 in *Heroldsrufe* veröffentlicht) zurück und wurde von Kaiser Wilhelm II. zu einem geflügelten Wort gemacht, das in der Folge missverständlich zitiert wurde, denn bei Geibel heißt es:
Macht und Freiheit, Recht und Sitte,
Klarer Geist und scharfer Hieb
Zügeln dann aus starker Mitte
Jeder Selbstsucht wilden Trieb,
Und es mag am deutschen Wesen
Einmal noch die Welt genesen.

Karl Gerok – 1815 bis 1890

Blutige Witze
werden »fürchterliche Kalauer« genannt; in dem Vers:
Der Pöbel kürzt die Zeit mit blut'gen Witzen
aus dem Gedicht »Ave Caesar, morituri te salutant« (1859) von Karl Gerok ist das »blutig« noch in vollem Ernst gemeint.

Wolfgang Müller von Königswinter – 1816 bis 1873

Sie hat ihr Herz entdeckt

ist der Titel eines Lustspiels (1865) von Wolfgang Müller von Königswinter.

Gustav Freytag – 1816 bis 1895

Er kann schreiben rechts, er kann schreiben links

sagt man von einem Journalisten, der es ohne Gewissensbisse jeder Anschauung recht machen kann, nach dem Satz in Gustav Freytags Lustspiel *Die Journalisten* (1853): »Ich habe geschrieben links und wieder rechts. Ich kann schreiben nach jeder Richtung.«

Georg Herwegh – 1817 bis 1875

Die bange Nacht ist nun herum.

Mit diesen Worten beginnt das »Reiterlied« von Georg Herwegh in den *Gedichten eines Lebendigen* (1841).

Ich möchte hingehn wie das Abendrot

ist der Anfang der zweiten von Georg Herweghs »Strophen aus der Fremde«, zuerst in Rückerts *Musenalmanach* 1840 erschienen, dann in den *Gedichten eines Lebendigen* 1841. Sie endet mit:

Das arme Menschenherz muss stückweis brechen.

Alle Räder stehen still,
Wenn dein starker Arm es will

ist aus dem Bundeslied des Allgemeinen Deutschen Arbeitervereins, das 1863 von Georg Herwegh gedichtet wurde.

Karl Beck – 1817 bis 1879

An der schönen blauen Donau

stammt aus dem Gedicht »An der Donau« (1844) von Karl Beck. Eine Umdichtung von Josef Weyl (1821–1895) legte Johann Strauß seinem ersten Gesangswalzer zugrunde, der am 13. 2. 1867 unter dem Titel »An der schönen blauen Donau« zum ersten Mal vom Wiener Männergesangverein gesungen wurde.

Theodor Storm – 1817 bis 1888

Der eine fragt: Was kommt danach?
Der andre fragt nur: Ist es recht?
Und also unterscheidet sich
Der Freie von dem Knecht

ist ein Vierzeiler von Theodor Storm, den er im Jahr 1858 geschrieben hat; ebenfalls von ihm stammt:

Vom Unglück erst zieh ab die Schuld;
Was übrig ist, trag in Geduld!

Goldne Rücksichtslosigkeiten

ist aus Theodor Storms Gedicht »Für meine Söhne« (1854); darin heißt es:

Blüte edelsten Gemütes
Ist die Rücksicht; doch zu Zeiten
Sind erfrischend wie Gewitter
Goldne Rücksichtslosigkeiten.

Was du immer kannst, zu werden,
Arbeit scheue nicht und Wachen;
Aber hüte deine Seele
Vor dem Karrieremachen

ist aus Theodor Storms Gedicht »Für meine Söhne«; daraus zitieren wir auch:

Wenn der Pöbel aller Sorte
Tanzet um die goldnen Kälber,
Halte fest: du hast vom Leben
Doch am Ende nur dich selber.

Pole Poppenspäler

heißt eine Novelle von Theodor Storm.

Max Schneckenburger – 1819 bis 1849

Lieb Vaterland, magst ruhig sein
ist aus der »Wacht am Rhein« (1840) von Max Schneckenburger, die freilich erst 1870 volkstümlich wurde; daraus zitieren wir auch die berühmten Worte:

Es braust ein Ruf wie Donnerhall.

Gottfried Keller – 1819 bis 1890

Trinkt, o Augen, was die Wimper hält,
Von dem goldnen Überfluss der Welt
sind die Schlussverse von Gottfried Kellers »Abendlied« *(Neuere Gedichte,* 1851).

Das Fähnlein der sieben Aufrechten
heißt eine Novelle von Gottfried Keller aus dem Jahr 1860.

Kleider machen Leute
ist die wohl bekannteste Novelle (1874 erstmals veröffentlicht) von Gottfried Keller, deren Titel geflügelt wurde, wenngleich der Zusammenhang zwischen Kleidung und Status schon früher vielfach beim Namen genannt wurde, so von Friedrich von Logau in seinen *Sinngedichten* und von Quitilian in seiner *Redekunst 8, 5*: »Vestus virum reddit – Das Kleid macht den Mann.« (→ Seite 244).

Rudolf Löwenstein – 1819 bis 1891

Hänschen, Hänschen, denk daran,
Was aus dir noch werden kann!
stammt aus einem Kinderlied Rudolf Löwensteins.

Friedrich von Bodenstedt – 1819 bis 1892

Das Paradies der Erde
Liegt auf dem Rücken der Pferde,
In der Gesundheit des Leibes
Und am Herzen des Weibes
heißt es in Friedrich von Bodenstedts *Lieder des Mirza-Schaffy.*

Theodor Fontane – 1819 bis 1898

Ich hab' es getragen sieben Jahr,
Und ich kann es nicht tragen mehr!
Wo immer die Welt am schönsten war,
Da war sie öd und leer.

Mit diesen Worten beginnt Theodor Fontanes Ballade »Archibald Douglas« (*Balladen,* 1861); daraus stammt auch:

Der ist in tiefster Seele treu,
Wer die Heimat liebt wie du.

Genie ist Fleiß.

Theodor Fontane verfasste folgenden Spruch und betitelte ihn »Unter ein Bildnis Adolf Menzels« (1889):

Gaben, wer hätte sie nicht?
Talente – Spielzeug für Kinder.
Erst der Ernst macht den Mann,
Erst der Fleiß das Genie.

Wie Zieten aus dem Busch

ist der Schluss des Gedichts »Der alte Zieten« von Theodor Fontane; dessen letzte Strophe lautet:

Wie selber er genommen
Die Feinde stets im Husch,
So war der Tod gekommen
Wie Zieten aus dem Busch.

Irrungen Wirrungen

heißt ein Roman (1888) von Theodor Fontane.

Wer schaffen will, muss fröhlich sein

fordert Theodor Fontane in seinem Werk *Gedichte: Lieder und Sprüche.*

David Kalisch – 1820 bis 1872

's Geschäft bringt's mal so mit sich

ist aus David Kalischs *Berlin bei Nacht* (1850).

Was ich mir dafür kaufe!
Eigentlich ist es berlinerisch: »Wat ick mir dafor koofe!« (im Sinne von »Was ich mir daraus mache!«), und stammt aus der Posse *Berlin, wie es weint und lacht* (1858) *von David Kalisch.*

Darin bin ich komisch
zitieren wir aus der Posse *Der gebildete Hausknecht* (1858) von David Kalisch.

Karlchen Mießnick
ist der ewige Quartaner, den David Kalisch für die politisch-satirische Zeitschrift *Kladderadatsch* (1848–1944) schuf.

Ludwig Pfau – 1821 bis 1894

Biedermeier
Der Begriff geht zurück auf das Gedicht »Herr Biedermeier«, das Ludwig Pfau 1847 schrieb; darin heißt es:
Schau, dort spaziert Herr Biedermeier
Und seine Frau, den Sohn am Arm;
Sein Tritt ist sachte wie auf Eier,
Sein Wahlspruch: Weder kalt noch warm.
Das ist ein Bürger hoch geachtet,
Der geistlich spricht und weltlich trachtet;
...
O edles Haus! O feine Sitten!
Wo jedes Gift im Keim erstickt;
Wo nur gepflegt wird und gelitten,
Was gern sich duckt und wohl sich schickt.
O wahre Bildung ohne Spitzen!
Nur der Besitz kann dich besitzen
Anstand muss sein in Staat und Haus
Sonst – geht dem Geld der Wucher aus.
...

Victor von Scheffel – 1826 bis 1886

Alt Heidelberg, du feine!
heißt es in Victor von Scheffels *Trompeter von Säckingen, ein Sang vom Oberrhein* (1854); daraus zitieren wir auch:

Kater Hiddigeigei.

Warum küssen sich die Menschen?

Das ist im Leben hässlich eingerichtet,
Dass bei den Rosen gleich die Dornen stehn.

Zum Abschiednehmen just das rechte Wetter.

Es wär' so schön gewesen,
es hat nicht sollen sein.
Allerdings heißt es im 12. der »Lieder Jung Werners«:
Behüt dich Gott, es wär' zu schön gewesen,
behüt dich Gott, es hat nicht sollen sein!

Liebe und Trompetenblasen
Nützen zu viel guten Dingen
stammt ebenfalls aus Victor von Scheffels *Trompeter von Säckingen*.

Man spricht vom vielen Trinken stets;
Doch nie vom vielen Durste
heißt es in den »Liedern vom Rodenstein« in Victor von Scheffels Liedersammlung *Gaudeamus!* (1868). Daraus zitieren bzw. singen wir auch:

Sie kamen zu tief in die Kreide,
da war es natürlich vorbei
aus dem Lied »Der Ichthyosaurus«,

Mein bares Geld ging alles drauf
Im Lamm zu Niniveh
Aus dem Lied »Altassyrisch«,

Als die Römer frech geworden
aus der »Teutoburger Schlacht«,

Wohlauf, die Luft geht frisch und rein,
Wer lange sitzt, muss rosten
aus dem »Wanderlied«, wie auch:

Ich wollt', mir wüchsen Flügel,

Alles Irdische ist vergänglich
aus dem Lied »Die letzte Hose«,

Feuchtfröhlich
aus dem »Lied auf Perkeo«.

Friedrich Wilhelm Kaulisch – 1827 bis 1881

Wenn du noch eine Mutter hast,
So danke Gott und sei zufrieden.
So beginnt ein Lied (1851) von Friedrich Wilhelm Kaulisch.

Paul Heyse – 1830 bis 1914

Dummheit ist Gottesgabe
schrieb der Literatur-Nobelpreisträger (1910) Paul Heyse in seiner Novelle *Das Feenkind* (1868).

Wilhelm Raabe – 1831 bis 1910

Sieh nach den Sternen! Gib Acht auf die Gassen!
ist der Rat Wilhelm Raabes für ein sinnvolles Leben in seinem Roman *Die Leute aus dem Walde* (1863, gegen Ende des 13. Kapitels).

Wenn ihr wüsstet, was ich weiß, sprach Mohammed, so würdet ihr viel weinen und wenig lachen.
Dieser Satz Wilhelm Raabes ist das Motto zu seinem Roman *Abu Telfan* (1868).

Julius Stettenheim – 1831 bis 1917

Verzeihen Sie das harte Wort!
ist eine immer wieder vorgebrachte Redensart Wippchens, einer komischen Figur, die Julius Stettenheim geschaffen hat; *Wippchens sämtliche Berichte* erschienen seit 1873.

Wilhelm Busch – 1832 bis 1908

Ein Herz, was sich mit Sorgen quält,
Hat selten frohe Stunden
ist der Anfang eines Volksliedes, das Wilhelm Busch in den Jahren 1853/54 in Wiedensahl aufgezeichnet hat.

Drei Wochen war der Frosch so krank!
Jetzt raucht er wieder, Gott sei Dank!
sind die Schlussverse von Wilhelm Buschs Bildergeschichte *Die beiden Enten und der Frosch* (1860).

Diogenes der Weise aber kroch ins Fass
Und sprach: ja, ja, das kommt von das
zitieren wir aus Wilhelm Buschs Bildergeschichte *Diogenes und die bösen Buben von Korinth* (1860).

Max und Moritz
als Inbegriff ungezogener Jungen hat Wilhelm Busch in seiner *Bubengeschichte in sieben Streichen* (1865) unsterblich gemacht; daraus zitieren wir:

Aber wehe, wehe, wehe!
Wenn ich auf das Ende sehe!
(Vorwort)

Seht, da ist die Witwe Bolte,
Die das auch nicht gerne wollte.
(1. Streich)

Max und Moritz dachten nun:
Was ist hier jetzt wohl zu tun?
(1. Streich)

Meines Lebens schönster Traum
Hängt an diesem Apfelbaum.
(1. Streich)

Dieses war der erste Streich,
Doch der zweite folgt sogleich.
(1. Streich)

Dass sie von dem Sauerkohle
Eine Portion sich hole,

Wofür sie besonders schwärmt,
Wenn er wieder aufgewärmt.
(2. Streich)

Und vom ganzen Hühnerschmaus
Guckt nur noch ein Bein heraus.
(2. Streich)

Also lautet ein Beschluss:
Dass der Mensch was lernen muss.
(4. Streich)

Mit der Zeit wird alles heil,
Nur die Pfeife hat ihr Teil.
(4. Streich)

Gott sei Dank! Nun ist's vorbei
Mit der Übeltäterei.
(Schluss)

Der Sultan winkt – Zuleima schweigt
Und zeigt sich gänzlich abgeneigt
beginnt Wilhelm Buschs *Die Entführung aus dem Serail* (1867).

Hans Huckebein, der Unglücksrabe
ist der Held der gleichnamigen Bildergeschichte (1867) Wilhelm Buschs; er wurde zum Symbol aller Pechvögel.

Und die Moral von der Geschicht':
Bad' zwei in einer Wanne nicht
lautet der Schluss von Wilhelm Buschs Geschichte *Das Bad am Samstagabend* (1869).

Helene, sprach der Onkel Nolte,
Was ich schon immer sagen wollte
ist aus Wilhelm Busch, *Die fromme Helene* (1872); daraus zitieren wir auch:

Oh, hüte dich vor allem Bösen!
Es macht Pläsier, wenn man es ist,
Es macht Verdruss, wenn man's gewesen!
(2. Kapitel)

Helene denkt: »Dies will ich nun
Auch ganz gewiss nicht wieder tun.«
(2. Kapitel)

Und Franz war wirklich angenehm,
Teils dieserhalb, teils außerdem.
(4. Kapitel)

Doch jeder Jüngling hat wohl mal
'n Hang fürs Küchenpersonal.
(4. Kapitel)

Es saust der Frack.
(9. Kapitel)

Ein guter Mensch gibt gerne Acht,
Ob auch der andre was Böses macht.
(10. Kapitel)

Es ist ein Brauch von alters her:
Wer Sorgen hat, hat auch Likör.
(16. Kapitel)

Hier sieht man ihre Trümmer rauchen,
Der Rest ist nicht mehr zu gebrauchen.
(16. Kapitel)

Das Gute – dieser Satz steht fest –
Ist stets das Böse, das man lässt!
(Schluss)

Ach, der Tugend schöne Werke,
Gerne möcht ich sie erwischen,

Doch ich merke, doch ich merke,
Immer kommt mir was dazwischen
heißt der Schluss von Wilhelm Buschs Gedicht »Ach, wie geht's dem heilgen Vater!« in der *Kritik des Herzens* (1874).

Musik wird oft nicht schön gefunden,
Weil sie stets mit Geräusch verbunden
stammt aus Wilhelm Buschs Bildergeschichte »Der Maulwurf« in *Dideldum* (1874).

Denn hinderlich, wie überall,
Ist hier der eigne Todesfall
ist ebenfalls aus Wilhelm Buschs Bildergeschichte »Der Maulwurf« in *Dideldum* (1874).

Rotwein ist für alte Knaben
Eine von den besten Gaben
zitieren wir aus Wilhelm Buschs *Abenteuer eines Junggesellen* (1875); ebenso:

Knopp vermeidet diesen Ort
Und begibt sich weiter fort.

Gehabte Schmerzen, die hab ich gern.

Mit Verlaub, ich bin so frei.

Vater werden ist nicht schwer,
Vater sein dagegen sehr
heißt es in Wilhelm Buschs *Julchen* (1877); daraus stammt auch die bekannte Wendung:

Einszweidrei! Im Sauseschritt
Läuft die Zeit; wir laufen mit.

Enthaltsamkeit ist das Vergnügen
An Sachen, welche wir nicht kriegen
belehrt uns Wilhelm Busch in *Die Haarbeutel*, Einleitung (1878).

Aber hier, wie überhaupt,
Kommt es anders, als man glaubt
wissen wir aus *Plisch und Plum* (1882) von Wilhelm Busch; daraus zitieren wir auch:

Wer sich freut, wenn wer betrübt,
Macht sich meistens unbeliebt.

Tugend will ermuntert sein,
Bosheit kann man schon allein!

Die Freude flieht auf allen Wegen,
Der Ärger kommt uns gern entgegen
ist aus Wilhelm Buschs *Balduin Bählamm* (1883), 1. Kapitel.

Ach, reines Glück genießt doch nie,
Wer zahlen soll und weiß nicht wie
zitieren wir aus dem 4. Kapitel von Wilhelm Buschs *Maler Klecksel* (1884); aus diesem Stück stammen auch die folgenden geflügelten Worte:

Ein rechter Maler, klug und fleißig,
Trägt stets 'n spitzen Bleistift bei sich.
(6. Kapitel)

Ach, dass der Mensch so häufig irrt
Und nie recht weiß, was kommen wird!
klagt Wilhelm Busch in seinem Gedicht »Dunkle Zukunft« (in dem Gedichtband *Zu guter Letzt,* 1904).

Ein jeder Wunsch, wenn er erfüllt,
Kriegt augenblicklich Junge.
Dieses viel zitierte geflügelte Wort stammt aus Wilhelm Buschs Spruchgedicht »Niemals« in *Schein und Sein* (1909).

Hermann Salingré – 1833 bis 1879

Man muss die Feste feiern, wie sie fallen.
Diese Aufforderung stammt aus der Posse *Graupenmüller* (1865) des Berliners Hermann Salingré, ebenso die folgende Erkenntnis:

Et jibt sonne und et jibt sonne,
denn jibt's noch andere
– und det sind die schlimmsten.

Julius Rosen – 1833 bis 1892

O diese Männer!

lautet der Titel eines Lustspiels (1876) von Julius Rosen (d.i. Nikolaus Duffek), möglicherweise auf Desdemonas Ausruf beruhend: »Die Männer, o die Männer!« in Shakespeares *Othello 4, 3*.

Heinrich Wilken – 1835 bis 1886

Am grünen Strand der Spree

heißt es im Refrain eines Couplets aus Heinrich Wilkens Volksstück *Der große Wohltäter* (1874). In Anlehnung daran überschrieb der Journalist und Autor Hans Scholz (1911–1988) seinen Erinnerungsroman *Am grünen Strand der Spree* (1955).

Siegmund Haber – 1835 bis 1895

Ich kann es nicht anders leugnen

ist eine Redensart von Paula Erbswurst aus dem Witzblatt *Ulk,* das Siegmund Haber 1873 begründet hat; ebenso:

Doch ich will nicht vorgreifen.

und

Dies will ich ungelogen sein lassen.

Heinrich Pfeil – 1835 bis 1899

Still ruht der See

ist der Anfang eines Liedes von Heinrich Pfeil.

William Lewis Hertslet – 1839 bis 1898

Treppenwitz der Weltgeschichte

geht zurück auf den Titel des Buches *Der Treppenwitz der Weltgeschichte* (1882) von William Lewis Hertslet. »Der Geschichte fällt, gerade wie dem von der Audienz die Treppe herunterkommenden Bittsteller, ein pikantes, gerade passendes Wort ... fast immer erst hinterdrein ein«, sagt der Autor zur Erklärung.

Das Wort »Treppenwitz« ist dem französischen »esprit d'escalier« nachgebildet und wurde um die Mitte des 19. Jahrhunderts geläufig.

Paul Lindau – 1839 bis 1919

Bei Zigarren darf man den Preis ja sagen
ist aus dem Lustspiel *Maria und Magdalena* (1872) von Paul Lindau.

Der Zug nach dem Westen
heißt der erste Roman eines Berliner Romanzyklus, den Paul Lindau ab 1886 veröffentlichte.

Rudolf Baumbach – 1840 bis 1905

Keinen Tropfen im Becher mehr
sind die Anfangsworte des Liedes »Die Lindenwirtin« (1877) von Rudolf Baumbach.

Julius Stinde – 1841 bis 1905

Uns kann keiner!
Diese Redewendung taucht erstmals in Julius Stindes Roman *Die Familie Buchholz, 2. Teil* (1885) im Kapitel »Der erste April« auf. Dort spricht Onkel Fritz anlässlich eines Fackelzugs in Berlin zu Fürst Bismarcks Geburtstag begeistert vom Deutsch-Französischen Krieg 1870/71: »Uns kann keiner! Deutschland ist groß, wie es niemals zuvor gewesen, das verdanken wir dem Kaiser und seinem Kanzler.«

Mancher lernt es nie, und dann auch nur unvollkommen
stammt aus Julius Stindes Roman *Die Familie Buchholz, 2. Teil* aus dem Kapitel »Wie es so ganz anders kam«.

Friedrich Wülfing – 1842 bis 1899

Rin in die Kartoffeln, raus aus die Kartoffeln!
schrieb Friedrich Wülfing in seinem militärischen Scherz »Vom Manöver« in den *Fliegenden Blättern* Nr. 1885, November 1881, und kennzeichnete damit treffend jegliche Art von Wankelmütigkeit.

Heinrich Seidel – 1842 bis 1906

Nur einmal blüht im Jahr der Mai,
Nur einmal im Leben die Liebe
heißt es in einem Gedicht von Heinrich Seidel.

Feine Leute haben feine Sachen
ist der Titel eines Gedichtes von Heinrich Seidel, der durch den Roman *Leberecht Hühnchen* bekannt wurde:

Leberecht Hühnchen
wurde zum Inbegriff des genügsamen, dankbaren Menschen. Die von Heinrich Seidel geschaffene Gestalt ist die Hauptfigur in einer Novellenfolge, die ab 1880 erschien.

Karl May – 1842 bis 1912

Greenhorn
nennen wir nach Karl Mays *Winnetou*, Band 1 (1893), unerfahrene Zeitgenossen, wie der Autor sie zu Beginn des Romans charakterisiert: »Ein Greenhorn läuft, wenn es von einem irischen Paddy eine Ohrfeige bekommen hat, zum Friedensrichter, anstatt wie ein richtiger

Yankee
den Kerl auf der Stelle niederzuschießen ... Ein Greenhorn kauft Schießpulver, und wenn es den ersten Schuss tun will, erkennt es, dass man ihm gemahlene Holzkohle gegeben hat ...« (→ S. 493)

Die ewigen Jagdgründe
sind nach Karl May das Jenseits, die Heimat einer Indianer-Seele. In diesem Sinne wurde die Formulierung bei uns umgangssprachlich für das Ziel der »letzten Reise«.

Bertha von Suttner – 1843 bis 1914

Die Waffen nieder!
ist der Titel eines Romans von Bertha von Suttner, der 1889 erschien und für den Gedanken des Friedens warb. Die Verfasserin erhielt 1905 den Friedensnobelpreis.

Wilhelm Ruer – geb. 1848

An einem Sommerabend,
Im Schatten des heiligen Hains,
Da lagen auf Bärenhäuten
Zu beiden Ufern des Rheins
Verschiedene alte Germanen

heißt es in Wilhelm Ruers Trinklied »Tacitus und die alten Deutschen«, das er für die Leipziger Burschenschaft »Dresdensia« schrieb und das sich bis heute großer Beliebtheit erfreut – besonders wenn das Ambiente jenem in der Schlussstrophe beschriebenen gleicht:

Sie liegen auf Bärenhäuten
Und trinken immer noch eins.

Georg Bötticher – 1849 bis 1918

Zu beneiden sind die Knaben,
Welche einen Onkel haben

heißt es in Georg Böttichers humoristischer Sammlung *Allotria* (1893); daraus zitieren wir auch:

Und das Endergebnis war
Ein entsetzlicher Katarrh.

Fritz Mauthner – 1849 bis 1923

Nach berühmten Mustern

nannte Fritz Mauthner seine 1878 veröffentlichten Parodien.

Maximilian Bern – 1849 bis 1923

Die zehnte Muse

als Umschreibung für »Kabarett« geht zurück auf Maximilian Berns *Dichtungen furs Brettl und vom Brettl, aus vergangenen Jahrhunderten und aus unseren Tagen gesammelt* (1902) und knüpft an die aus der Antike überlieferten »neun Musen« an.

Oskar Walther – 1851 bis 1901

Komm herab, o Madonna Teresa

sind die Anfangsworte eines Walzers aus dem 1. Akt der Operette *Don Cesar* (1885) von Rudolf Dellinger (1857–1910), deren Libretto Oskar Walther geschrieben hat.

Edwin Bormann – 1851 bis 1912

Ein jedes Tierchen hat sein Pläsierchen

stammt von dem Leipziger Mundartdichter Edwin Bormann.

Oskar Blumenthal – 1852 bis 1917

Großstadtluft

überschrieb der Berliner Schriftsteller und Theaterkritiker Oskar Blumenthal ein Lustspiel (1891), das er gemeinsam mit Gustav Kadelburg (1891–1925) schuf.

Ludwig Ganghofer – 1855 bis 1920

Das Schweigen im Walde

heißt ein zweibändiger Heimatroman, den Ludwig Ganghofer 1899 veröffentlichte.

Ernst Ludwig Freiherr von Wolzogen – 1855 bis 1934

Kraftmeier

nennen wir einen zupackenden Zeitgenossen nach der Hauptfigur in Ernst Ludwig Freiherr von Wolzogens »humoristischem Musikanten-Roman« *Der Kraft-Mayr* (1897), mit dem er Franz Liszt (1811–1886) ein literarisches Denkmal setzte.

Hermann Sudermann – 1857–1928

Die Schmetterlingsschlacht

heißt ein Lustspiel von Hermann Sudermann aus dem Jahr 1895.

Das Glück im Winkel

ist der Titel eines Schauspiels (1916) von Hermann Sudermann.

Otto Ernst – 1862 bis 1926

Heiliger Bürokratius

kennen wir aus der Komödie *Flachsmann als Erzieher* (1901) von Otto Ernst (d. i. Otto Ernst Schmidt), in der es heißt: »Bei dem heiligen Bureaukrazius ist nichts unmöglich.«

Gerhart Hauptmann – 1862 bis 1946

Und wenn der ganze Schnee verbrennt

steht in Gerhart Hauptmanns Drama *Die Weber* (1892); der Volksmund setzte dazu: »Die Asche bleibt uns doch.«

Der deutschen Zwietracht mitten ins Herz!

ist ein Wort aus Gerhart Hauptmanns Drama *Florian Geyer* (1896), gesprochen in der Schlussszene des 1. Aktes.

Frank Wedekind – 1864 bis 1918

Frühlings Erwachen

ist der Titel eines sozialkritischen Dramas (1891) von Frank Wedekind, eine »Kindertragödie« um die Liebe zweier Vierzehnjähriger.

Das Fleisch hat seinen eigenen Geist

behauptet Frank Wedekind im Vorwort (»Über Erotik«) zu seinen Erzählungen *Feuerwerk*.

Cäsar Flalschlen – 1864 bis 1920

Hab Sonne im Herzen!
Ob's stürmt oder schneit

mahnt ein Vers des einst viel gelesenen Buches *Aus den Lehr- und Wanderjahren des Lebens* (1899) von Cäsar Flaischlen.

Otto Julius Bierbaum – 1865 bis 1910

Der Himmel ist blau, das Wetter ist schön,
Madame, wir wollen spazieren gehn!

heißt es in Otto Julius Bierbaums Gedicht »An Josefine«, das sich in seinen *Studenten-Beichten* (1893) findet.

Humor ist, wenn man trotzdem lacht.
Mit diesem Motto hat der aus Schlesien stammende Schriftsteller Otto Julius Bierbaum seine *Yankeedoodle-Fahrt und andere Reisegeschichten* (1910) versehen.

Ludwig Thoma – 1867 bis 1921

Lausbubengeschichten
überschrieb Ludwig Thoma seine Schilderungen *Aus der Jugendzeit* (1905).

Otto Reutter – 1870 bis 1931

In fünfzig Jahren ist alles vorbei
heißt der Refrain eines Couplets des humoristischen Vortragskünstlers Otto Reutter (d. i. Otto Pfützenreuter).

Ick wundre mir über jarnischt mehr
ist der Kehrreim eines Couplets von Otto Reutter.

Christian Morgenstern – 1871 bis 1914

Heilig halte die Ekstasen
stammt aus dem Vorspruch zu Morgensterns *Galgenliedern* (1905):
Lass die Moleküle rasen,
was sie auch zusammenknobeln!
Lass das Tüfteln, lass das Hobeln,
heilig halte die Ekstasen!
Aus den berühmten *Galgenliedern* stammt auch:

Die Möwen sehen alle aus,
Als ob sie Emma hießen
stammt aus dem »Möwenlied« in Christian Morgensterns *Galgenliedern*.

Weil, so schließt er messerscharf,
Nicht sein kann, was nicht sein darf
ist aus Christian Morgensterns Gedicht »Die unmögliche Tatsache«, das sich in *Palmström* (1910) findet.

Selig lächelnd wie ein satter Säugling
findet sich in dem Gedicht »Korf erfindet eine Art von Witzen« aus Christian Morgensterns *Palmström*, einer Fortsetzung seiner *Galgenlieder*.

Alles fügt sich und erfüllt sich,
Musst es nur erwarten können
Und dem Werden deines Glückes
Jahr und Felder reichlich gönnen
schreibt Christian Morgenstern in *Stufen* (1916).

Maximilian Böttcher – 1872 bis 1950

Krach im Hinterhaus
ist der Titel einer Komödie (1934) von Maximilian Böttcher, der 1936 auch einen gleichnamigen Roman veröffentlichte. 1940 erschien sein Roman *Krach im Vorderhaus*.

Paul Keller – 1873 bis 1932

Ferien vom Ich
nannte Paul Keller einen Roman, den er 1915 veröffentlichte.

Jakob Wassermann – 1873 bis 1934

Trägheit des Herzens
ist der Untertitel des Romans *Kaspar Hauser* (1909) von Jakob Wassermann.

Karl Kraus – 1874 bis 1936

Die letzten Tage der Menschheit
nannte Karl Kraus sein satirisches Monumentaldrama, das 1918/19 zunächst in der *Fackel* und 1922 als Buch erschien und mit der Habsburger-Monarchie und ihren Verhältnissen während des Ersten Weltkriegs ins Gericht geht. Wegen seiner Länge (das Werk erstreckt sich über 800 Seiten) und der extrem hohen Anzahl an auftretenden Personen (das Stück erfordert gut 500 Schauspieler) wurde bislang nur eine Kurzform auf die Bühne gebracht.

Rainer Maria Rilke – 1875 bis 1926

Herr: es ist Zeit. Der Sommer war sehr groß.
Leg deinen Schatten auf die Sonnenuhren,
und auf den Fluren lass die Winde los.

Befiehl den letzten Früchten voll zu sein;
gib ihnen noch zwei südlichere Tage,
dränge sie zur Vollendung hin und jage
die letzte Süße in den schweren Wein.

Wer jetzt kein Haus hat, baut sich keines mehr.
Wer jetzt allein ist, wird es lange bleiben,
wird wachen, lesen, lange Briefe schreiben
und wird in den Alleen hin und her
unruhig wandern, wenn die Blätter treiben.

Aus dem Gedicht »Herbsttag« von Rainer Maria Rilke, das er 1902 geschrieben und in die Sammlung *Buch der Bilder* (1906) aufgenommen hat, sind zahlreiche geflügelte Worte hervorgegangen.

Armut ist ein großer Glanz von innen

wird ironisch aus dem *Stundenbuch* (1906) Rainer Maria Rilkes zitiert.

Thomas Mann – 1875 bis 1955

Unordnung und frühes Leid

heißt eine meisterhaft geformte Erzählung von Thomas Mann aus dem Jahr 1926; es ist bis heute die einzige Formulierung aus dem umfangreichen Werk des Literatur-Nobelpreisträgers (1929), die zum geflügelten Wort wurde.

Hans Grimm – 1875 bis 1959

Volk ohne Raum

heißt ein nationalistischer und antisemitischer Roman (1925) von Hans Grimm; die Formulierung wurde in den Jahren zwischen den beiden Weltkriegen zum Schlagwort und zur Rechtfertigung einer deutschen Expansionspolitik.

Else Ury – 1877 bis 1943

Nesthäkchen
als Bezeichnung für das zuletzt geborene Kind einer Familie wurde durch Else Urys gleichnamige Kinderbuchreihe (1918–1932), die zu den Klassikern zählt, geflügelt.

Hermann Hesse – 1877 bis 1962

Der Steppenwolf
heißt ein Roman von Hermann Hesse, der 1927 erschien. Daraus zitieren wir:

Vaterlandsloser Geselle.
Der abwertende Begriff ist in der politischen Auseinandersetzung seit dem 19. Jahrhundert bis in die jüngste Vergangenheit auf die Sozialdemokratie gemünzt und geht zurück auf Karl Marx' Feststellung, wonach der Arbeiter kein Vaterland habe.

Das Glasperlenspiel
ist der geflügelt gewordene Titel eines Romans von Hermann Hesse aus dem Jahr 1943.

Stefan Zweig – 1881 bis 1942

Verwirrung der Gefühle
ist der Titel einer 1926 erschienenen Novellensammlung von Stefan Zweig.

Sternstunden der Menschheit
überschrieb Stefan Zweig einen Essay-Band, den er 1927 veröffentlichte.

Joachim Ringelnatz – 1883 bis 1934

Kuttel Daddeldu
heißt der Seemann, dessen Erlebnisse Joachim Ringelnatz (d.i. Hans Bötticher) in seiner gleichnamigen Gedichtsammlung (1920) schildert.

War einmal ein Bumerang;
War ein Weniges zu lang.

Bumerang flog ein Stück,
Aber kam nicht mehr zurück.
Publikum – noch stundenlang –
Wartete auf Bumerang.

Dieses Gedicht mit dem Titel »Bumerang« schrieb Joachim Ringelnatz 1920.

Den Kammerjäger Emanuel Pips
Vom linken Ufer des Mississipps

kennen wir aus Joachim Ringelnatz' *Kinderverwirrbuch* (1931), in dem ihm der Dichter zum 81. Geburtstag ein lyrisches Denkmal setzte.

Den Unterschied zwischen Mann und Frau
sieht man durchs Schlüsselloch genau

wusste schon Joachim Ringelnatz und gab dieses Wissen in seinem *Kinderverwirrbuch* (1931) an die nachfolgenden Generationen weiter.

Hugo Hirsch – 1884 bis 1961

Wer wird denn weinen, wenn man auseinandergeht,
Wenn an der nächsten Ecke schon ein andrer steht

ist aus der Operette *Die Scheidungsreise* (1918) von Hugo Hirsch; 1929 wurde ein deutscher Film unter diesem Titel uraufgeführt.

Walter Flex – 1887 bis 1917

Der Wanderer zwischen beiden Welten

ist der Titel einer Erzählung (1917) von Walter Flex, die den Untertitel »Erinnerungen an einen Kriegskameraden« trägt. Die Gedanken von Walter Flex, der in seinen Schriften den »Opfertod« verherrlichte, hatten große Wirkung auf die national, später nationalsozialistisch gesinnte Jugend im Deutschland der zwanziger und dreißiger Jahre.

Vicki Baum – 1888 bis 1960

Menschen im Hotel

heißt ein Kolportage-Roman von Vicki Baum, der 1929 erschienen ist und 1932 verfilmt wurde.

Kurt Tucholsky – 1890 bis 1935

Die Seele baumeln lassen
sagen wir nach Kurt Tucholskys Liebesgeschichte *Schloss Gripsholm* (1931), in der es zu Beginn des 6. Kapitels heißt: »Wir lagen auf der Wiese und baumelten mit der Seele.«

Paul Eipper – 1891 bis 1964

Tiere sehen dich an
ist der Titel eines Fotobuchs (1928) von Paul Eipper. Davon sind mehrere geflügelte Worte abgeleitet, wie zum Beispiel »Frauen sehen dich an«, »Kinder sehen dich an«.

Werner Bergengruen – 1892 bis 1964

Heile Welt
geht auf Werner Bergengruens Gedichtsammlung *Die heile Welt* zurück, die 1950 erschienen ist.

Hans Fallada – 1893 bis 1947

Kleiner Mann – was nun?
ist der Titel eines Romans (1922) von Hans Fallada (d.i. Rudolf Ditzen).

Wer einmal aus dem Blechnapf frisst
ist ein weiterer Roman aus der Feder von Hans Fallada, dessen Titel nach dem Erscheinen des Werks im Jahr 1934 schnell geflügelt wurde und die Probleme von Menschen beschreibt, die bereits hinter »schwedischen Gardinen« saßen und in eine bürgerliche Existenz zurückfinden wollten.

Bertolt Brecht – 1898 bis 1956

Trommeln in der Nacht
heißt ein 1919 geschriebenes und 1922 uraufgeführtes Stück von Bertolt Brecht.

Nur wer im Wohlstand lebt, lebt angenehm!
ist der Refrain der »Ballade vom angenehmen Leben« in der *Dreigroschenoper* (1928) von Bertolt Brecht.

Doch die Verhältnisse, sie sind nicht so
singt Peachum im Ersten Dreigroschen-Finale »Über die Unsicherheit menschlicher Verhältnisse« der *Dreigroschenoper* (1928) von Bertolt Brecht.

Erst kommt das Fressen, dann kommt die Moral
singt Mac im Zweiten Dreigroschen-Finale »Denn wovon lebt der Mensch?« der *Dreigroschenoper* (1928) von Bertolt Brecht.

Denn die einen sind im Dunkeln
Und die andern sind im Licht.
Und man siehet die im Lichte.
Die im Dunkeln sieht man nicht
heißt es am Schluss des *Dreigroschenfilms,* der 1930 nach Brechts *Dreigroschenoper* gedreht wurde.

Vorwärts und nicht vergessen
Worin unsre Stärke besteht!
Beim Hungern und beim Essen
Vorwärts, nie vergessen
Die Solidarität!
lautet der Refrain des »Solidaritätsliedes«, das Bertolt Brecht 1932 für den Film *Kuhle Wampe* schrieb; Hanns Eisler (1898–1962) hat den Text vertont.

Und weil der Mensch ein Mensch ist,
Drum will er was zu essen, bitte sehr!
ist der Anfang von Bertolt Brechts »Einheitsfrontlied«, das er 1934 geschrieben hat.

Mutter Courage
ist die tragende Figur in Bertolt Brechts Drama *Mutter Courage und ihre Kinder – Chronik aus dem dreißigjährigen Krieg,* das Brecht 1938/39 in Anlehnung an Hans Jakob Christoffel von Grimmelshausens (um 1622–1676) *Landstörzerin Courage* schrieb und das 1941 in Zürich mit Therese Giehse (1898–1975) in der Hauptrolle uraufgeführt wurde.

Die Mühen der Ebenen
stammt aus Brechts Epigramm »Wahrnehmung« (1949), dessen letzte Zeilen lauten:
Die Mühen der Gebirge liegen hinter uns
Vor uns liegen die Mühen der Ebenen.
Der 1981 in die Bundesrepublik übergesiedelte DDR-Autor Erich Loest legte 1978 einen Roman vor, der den Titel *Es geht seinen Gang oder Mühen in unserer Ebene* trug und die ausufernde Präsenz des Staates im Alltag seiner Bürger zum Thema machte.

Erich Maria Remarque – 1898 bis 1970

Im Westen nichts Neues
ist der Titel eines Romans über Fronterlebnisse im Ersten Weltkrieg von Erich Maria Remarque (1929), der ähnlich lautenden Formulierungen in den amtlichen Berichten des Großen Hauptquartiers entlehnt ist (zum Beispiel: »Von der Westfront ist nichts Neues zu melden«). Der Roman wurde 1930 in den USA erstmals verfilmt.

Erich Kästner – 1899 bis 1974

Einst haben die Kerls auf den Bäumen gehockt,
behaart und mit böser Visage.
Dann hat man sie aus dem Urwald gelockt
und die Welt asphaltiert und aufgestockt
bis zur dreißigsten Etage
heißt es in Erich Kästners Gedicht »Die Entwicklung der Menschheit« (1932).

Es gibt nichts Gutes
außer: Man tut es
ist ein viel zitiertes Bonmot aus der Feder von Erich Kästner, das sich in der Sammlung »Kurz und bündig. Epigramme« (1948) findet.

Josef Martin Bauer – 1901 bis 1970

So weit die Füße tragen
heißt die viel gelesene Geschichte eines deutschen Flüchtlings aus einem sibirischen Kriegsgefangenenlager, die Josef Martin Bauer 1955 veröffentlichte.

Heinz Erhardt – 1909 bis 1979

Noch ’n Gedicht

pflegte der Conférencier und Schauspieler Heinz Erhardt von einem seiner schelmischen, mit Wortwitz komponierten Gedichte zum nächsten überzuleiten.

Das Meer ist weit, das Meer ist blau,
im Wasser schwimmt ein Kabeljau.
Da kömmt ein Hai von ungefähr,
ich glaub von links, ich weiß nicht mehr,
verschluckt den Fisch mit Haut und Haar,
das ist zwar traurig, aber wahr. ...
Das Meer ist weit, das Meer ist blau,
im Wasser schwimmt kein Kabeljau

lautet eines jener zahllosen Gedichte von Heinz Erhardt, die viel und gern zitiert werden.

Max Frisch – 1911 bis 1991

Nun singen sie wieder

ist der Titel eines Stückes von Max Frisch, das den Untertitel »Versuch eines Requiems« trägt und 1945 uraufgeführt wurde.

Herr Biedermann und die Brandstifter

heißt das »Lehrstück ohne Lehre«, das der Schweizer Autor Max Frisch 1953 zunächst als Hörspiel, 1958 dann als Buch veröffentlichte.

Mein Name sei Gantenbein.

Diesen Roman hat Max Frisch 1964 vorgelegt; sein Titel wurde in vielfacher Abwandlung geflügelt.

Arno Schmidt – 1914 bis 1979

Die Gelehrtenrepublik

heißt ein Roman von Arno Schmidt aus dem Jahr 1957.

Zettels Traum

ist der Titel von Arno Schmidts wichtigstem Roman (1970).

Hans Baumann – 1914 bis 1988

Wir werden weiter marschieren,
wenn alles in Scherben fällt,
denn heute da hört uns Deutschland
und morgen die ganze Welt

heißt der Refrain eines Liedes, das der Schriftsteller Hans Baumann geschrieben hat und das im *Liederbuch der SS* abgedruckt war. Um den Machtanspruch der Nationalsozialisten zu betonen, wurde in der dritten Zeile oft »gehört« statt »da hört« gesungen. Der Autor Erich Ebermayer (1900–1970) benutzte diese abgewandelte Formulierung bewusst als Titel für seine Tagebücher, die er in zwei Bänden herausgab: *Denn heute gehört uns Deutschland* (1. Band, 1959), *... und morgen die ganze Welt* (2. Band, 1966).

C. W. Ceram – 1915 bis 1972

Götter, Gräber und Gelehrte

nannte C. W. Ceram (d.i. Kurt Wilhelm Marek) seinen »Roman der Archäologie« aus dem Jahr 1949.

Heinrich Böll – 1917 bis 1985

Gruppenbild mit Dame

heißt einer der großen Romane (1971) des Literatur-Nobelpreisträgers (1972) Heinrich Böll, der vielfach, auch in abgewandelter Form, zitiert wird.

Darüber hinaus wurden weitere Titel von ihm zu geflügelten Worten:

Wanderer, kommst du nach Spa ...
(Erzählung 1950, → Seite 124)

Wo warst du, Adam?
(Kurzroman, 1951)

Und sagte kein einziges Wort
(Roman, 1953)

Haus ohne Hüter
(Roman, 1954)

Doktor Murkes gesammeltes Schweigen
(Erzählung, 1958)

Ansichten eines Clowns
(Roman, 1963)

Die verlorene Ehre der Katharina Blum
(Erzählung, 1974)

Ende einer Dienstfahrt
(Roman, 1966)

Hans Hellmut Kirst – 1917 bis 1989

08/15
war ursprünglich die Typenbezeichnung für das leichte Maschinengewehr, das 1915 im deutschen Heer eingeführt wurde. Der Ausdruck wurde im Zweiten Weltkrieg zu einem Schlagwort für schematische Vorgänge oder in eintöniger Menge vorhandene Massenprodukte. Hans Hellmut Kirsts viel gelesene Romantrilogie *08/15* aus den Jahren 1954/55, die auch verfilmt wurde, machte den Ausdruck vollends geläufig.

Paul Celan – 1920 bis 1970

Der Tod ist ein Meister aus Deutschland
zitieren wir aus dem Gedicht »Todesfuge« von Paul Celan (d.i. Paul Antschel), das in der Sammlung *Mohn und Gedächtnis* enthalten ist, die der Autor 1952 veröffentlicht hat, nachdem er einen Teil der darin befindlichen Gedichte bereits 1948 herausgegeben und wieder zurückgezogen hatte. *Mohn und Gedächtnis* ist eine poetische Aufarbeitung des Holocaust, die den Tod durch industrielle Vernichtung in einem schwermütigen Grundton mit Zitaten aus der abendländischen Kulturgeschichte assoziiert.

Wolfgang Borchert – 1921 bis 1947

Draußen vor der Tür
heißt Wolfgang Borcherts aufrüttelndes Drama um einen Kriegsheimkehrer, das einen Tag nach dem Tod des Autors am 21. November 1947 in Hamburg uraufgeführt wurde.

Friedrich Dürrenmatt – 1921 bis 1990

Der Richter und sein Henker

heißt ein Kriminalroman des Schweizer Schriftstellers Friedrich Dürrenmatt aus dem Jahr 1952, den Maximilian Schell 1956 verfilmte.

Es geschah am helllichten Tag

heißt die Verfilmung (1958) des Dürrenmatt-Romans *Der Verdacht* (1953), in der Gert Fröbe (1913–1988) und Heinz Rühmann (1902 bis 1994) mitspielen.

Der Besuch der alten Dame

ist der Titel einer »tragischen Komödie« (1956) von Friedrich Dürrenmatt, in der ein Gemeinwesen sich seiner Ehrlosigkeit bewusst wird.

Johannes Mario Simmel – geb. 1924

Es muss nicht immer Kaviar sein

ist der Titel eines Romans (1960) des Erfolgsautors Johannes Mario Simmel.

Der Stoff, aus dem die Träume sind

ist ebenfalls ein Erfolgstitel von Johannes Mario Simmel (aus dem Jahr 1971), der in Anlehnung an ein Shakespeare-Zitat entstanden ist, das Ludwig Berger (1892–1969) als Titel für seine Autobiographie (1954) wählte: »We are such stuff, as dreams are made on (*Der Sturm 4, 1*) – Wir sind vom gleichen Stoff, aus dem die Träume sind.«

Die Antwort kennt nur der Wind.

Dieser Simmel-Titel geht wohl auf den Refrain des Protestliedes »Blowin' in the wind« zurück, das der amerikanische Sänger Bob Dylan bekannt machte. Darin heißt es: »The answer, my friend, is blowin' in the wind, the answer is blowin' in the wind – Die Antwort, mein Freund, kennt ganz allein der Wind, die Antwort kennt ganz allein der Wind.«

Ernst Jandl – 1925 bis 2000

manche meinen
lechts und rinks
kann man nicht
velwechsern.
werch ein illtum!

»lichtung« ist das wohl bekannteste Stück experimenteller Poesie des österreichischen Autors Ernst Jandl, dessen Lyrik erst durch den Vortrag ihre ganze Wirkung entfaltet.

Günter Grass – geb. 1927

Die Plebejer proben den Aufstand

sagen wir, auch in abgewandelter Form, nach dem Bühnenstück, das der Literatur-Nobelpreisträger Günter Grass als »deutsches Trauerspiel« 1966 veröffentlichte.

Walter Kempowski – geb. 1929

Uns geht's ja noch gold

betitelte Walter Kempowski seinen »Roman einer Familie« aus dem Jahr 1972.

Christa Wolf – geb. 1929

Der geteilte Himmel

nannte die DDR-Autorin Christa Wolf ihren Roman über die Folgen der deutschen Teilung aus dem Jahr 1963.

Michael Ende – 1929 bis 1995

Die unendliche Geschichte

nannte Michael Ende seinen Roman (1979) über die Lesereise des kleinen Bastian ins Land der Fantasie, die auch mit sehr großem Erfolg verfilmt wurde.

Ulrich Plenzdorf – geb. 1934

Die neuen Leiden des jungen W.

hieß ein Theaterstück des DDR-Autors Ulrich Plenzdorf in Anlehnung an Johann Wolfgang von Goethes *Die Leiden des jungen Werthers* (1774), das 1972 auf die Bühne kam.

Wolf Biermann – geb. 1936

Warte nicht auf bessre Zeiten
sang der Liedermacher Wolf Biermann, der 1965, nachdem sein Buch *Drahtharfe* und der Mitschnitt eines Konzerts in Westberlin in der Bundesrepublik erschienen waren, von der SED mit einem Auftritts- und Ausreiseverbot gefügig gemacht werden sollte:

Warte nicht auf bessre Zeiten
Warte nicht mit deinem Mut
Gleich dem Tor, der Tag für Tag
An des Flusses Ufer wartet
Bis die Wasser abgeflossen
Die doch ewig fließen, die doch ewig fließen.

Du, lass dich nicht verhärten
in dieser harten Zeit
Die allzu hart sind, brechen
Die allzu spitz sind, stechen
und brechen ab sogleich
ist die erste Strophe aus Wolf Biermanns Lied »Ermutigung«, das er dem Schriftsteller Peter Huchel (1903–1981) gewidmet hat, der 1962 zum Rücktritt von seiner Funktion als Chefredakteur der Literatur-Zeitschrift *Sinn und Form* gezwungen wurde, nachdem man ihm vorgeworfen hatte, der sozialistisch-realistischen Literatur zu wenig Aufmerksamkeit zu schenken.

Peter Handke – geb. 1942

Publikumsbeschimpfung
ist der provozierende Titel eines »Sprechstücks« von Peter Handke aus dem Jahr 1966, das den klischeehaften Gebrauch von Sprache kritisiert.

Die Angst des Tormanns beim Elfmeter
wird regelmäßig bemüht, seit Peter Handke seine gleichnamige Erzählung 1970 veröffentlichte.

Hans Sahl – 1902 bis 1993

Wir sind noch einmal davongekommen

wählte der Schriftsteller und Übersetzer Hans Sahl als Titel für Thornton Wilders Stück *The Skin of Our Teeth* (deutsch 1954).

Musik

Johann Martin Miller – 1750 bis 1814

Was frag' ich viel nach Geld und Gut,
Wenn ich zufrieden bin?

ist aus Johann Martin Millers Lied »Zufriedenheit« (1776), das Mozart vertont hat. Daraus stammt auch:

Je mehr er hat, je mehr er will.

Emanuel Schikaneder – 1751 bis 1812

Dies Bildnis ist bezaubernd schön

kennen wir aus Mozarts Oper *Die Zauberflöte* (1791), deren Text Emanuel Schikaneder unter Mitwirkung von Karl Ludwig Metzler geschrieben hat. Ebenfalls aus dieser Oper ist bekannt:

In diesen heil'gen Hallen kennt man die Rache nicht.

Zur Liebe will ich dich nicht zwingen.

Das höchste der Gefühle.

Friedrich Kind – 1768 bis 1843

Glaubst du, dieser Adler sei dir geschenkt?

stammt aus Carl Maria von Webers Oper *Der Freischütz* (1821), deren Text Friedrich Kind schrieb; daraus zitieren wir auch:

Leise, leise, fromme Weise.

Stürzt das Scheusal in die Wolfsschlucht!

Was gleicht wohl auf Erden dem Jägervergnügen?

Kommt ein schlanker Bursch gegangen.

Er war von je ein Bösewicht,
Ihn traf des Himmels Strafgericht.

Durch die Wälder, durch die Auen.

Samiel, hilf!

oder

Hilf, Samiel!

Nachtlager von Granada
nennt man ein in bunter Unordnung befindliches Lager nach der Oper *Das Nachtlager von Granada* (1834), deren Texte Friedrich Kind schrieb.

Franz Schubert – 1797 bis 1828

Die Unvollendete
nennen wir die Sinfonie Nr. 8 in h-Moll, die Franz Schubert im Jahr 1822 geschrieben hat.

Albert Graf von Schlippenbach – 1800 bis 1886

Andre Städtchen, andre Mädchen
ist aus dem Lied »In der Ferne« (mit dem Anfang: »Nun leb wohl, du kleine Gasse«), das Albert Graf von Schlippenbach schrieb und Friedrich Silcher vertonte.

Albert Lortzing – 1801 bis 1858

Oh, ich bin klug und weise,
Und mich betrügt man nicht
heißt es in Albert Lortzings erfolgreicher Oper *Zar und Zimmermann* (1837). Lortzing schrieb seine Texte selbst. Aus *Zar und Zimmermann* zitieren wir auch die drei folgenden Wendungen:

Es ist schon lange her,
das freut uns umso mehr.

Heil sei dem Tag, an welchem du bei uns erschienen!

O selig, o selig, ein Kind noch zu sein!
ist der Kehrreim des »Zarenliedes«.

Wir armen, armen Mädchen sind gar so übel dran
sagen wir nach Albert Lortzings Oper *Der Waffenschmied* (1846); ebenso:

Auch ich war ein Jüngling mit lockigem Haar.

Das war eine köstliche Zeit.

Richard Wagner – 1813 bis 1883

Blick' ich umher in diesem edlen Kreise
ist aus Richard Wagners Oper *Tannhäuser* (1845); ebenso:

O du mein holder Abendstern.

Nun sei bedankt, mein lieber Schwan!
heißt es in Richard Wagners Oper *Lohengrin* (1850); ebenso:

Nie sollst du mich befragen.

Walkürenritt
stammt aus Richard Wagners *Ring des Nibelungen*, Teil 2, »Die Walküre«.

Götterdämmerung
heißt der letzte Teil von Richard Wagners *Ring des Nibelungen* (Gesamterstaufführung 1876) und steht sprichwörtlich für »Untergang«.

Verachtet mir die Meister nicht
sagen wir nach Richard Wagners Oper *Die Meistersinger* (1868).

Richard Genée (1824–1895), Karl Haffner (1804–1876) und Friedrich Zell (1829–1895)

Glücklich ist, wer vergisst,
was nicht mehr zu ändern ist

ist aus der Operette *Die Fledermaus* (1874) von Johann Strauß, deren Texte Karl Haffner (d. i. Karl Schlachter) und Richard Genée geschrieben haben; daraus zitieren wir auch die Zeilen:

's ist mal bei mir so Sitte,
Chacun à son goût.

Du bist verrückt, mein Kind, du musst nach Berlin!

stammt aus Franz von Suppés (1820–1895) Operette *Fatinitza* (1876), deren Text Richard Genée und Friedrich Zell (d. i. Camillo Walzel) geschrieben haben.

Ach, ich hab' sie ja nur auf die Schulter geküsst

heißt es in Karl Millöckers (1842–1899) Operette *Der Bettelstudent* (1882), deren Text Richard Genée und Friedrich Zell geschrieben haben; aus diesem Stück stammt auch die Formulierung

Schwamm drüber.

Treu sein, das liegt mir nicht

ist aus der Operette *Eine Nacht in Venedig* (1883) von Johann Strauß (Sohn, 1825–1899), deren Text von Richard Genée und Friedrich Zell stammen.

Ignatz Schnitzer – 1839 bis 1921

Mein idealer Lebenszweck
Ist Borstenvieh, ist Schweinespeck

stammt aus der Operette *Der Zigeunerbaron* (1855) von Johann Strauß (Sohn, 1825–1899), deren Text Ignatz Schnitzer geschrieben hat.

Ludwig Held (1840–1903) und Moritz West (1840–1904)

Der Bürokrat tut seine Pflicht
Von neun bis eins! Mehr tut er nicht!

ist aus dem 2. Akt von Karl Zellers (1842–1898) Operette *Der Obersteiger* (1886), deren Text Ludwig Held und Moritz West (d.i. Moritz Nitzelberger) geschrieben haben.

Heinrich Bolten-Baecker – 1871 bis 1938

Das macht die Berliner Luft, Luft, Luft,
So mit ihrem holden Duft, Duft, Duft

singen wir nach Paul Linckes Operette *Frau Luna* (1898), deren Text Heinrich Bolten-Baecker geschrieben hat; aus der Schlussszene der Operette zitieren wir:

Schlösser, die im Monde liegen,
Sind wohl herrlich, lieber Schatz,
Doch um sich im Glück zu wiegen,
Baut das Herz den schönsten Platz.

Wenn auch die Jahre enteilen,
Bleibt die Erinnerung doch

ist aus der Operette *Im Reiche des Indra* (1899) von Paul Lincke (1866 bis 1946), deren Gesangstexte Heinrich Bolten-Baecker und Alfred Schönfeld (1859–1916) schrieben; daraus zitieren wir auch:

Heimlich still und leise ...

Bis früh um fünfe, süße Maus,
Da gehn wir sicher nicht nach Haus!

Evergreens, Schlager, Hits

Wer wird denn weinen, wenn man auseinandergeht?

heißt ein Schlager von Hugo Hirsch (1884–1961) aus dem Jahr 1929, der in dem gleichnamigen Film gesungen wird.

Ich bin von Kopf bis Fuß auf Liebe eingestellt

singt Marlene Dietrich in dem Film *Der blaue Engel* (1930), zu dem Friedrich Hollaender (1896–1976) Text und Musik schrieb. Der Film basiert auf Heinrich Manns 1905 erschienenem Roman *Professor Unrat oder Das Ende eines Tyrannen.*

Das gibt's nur einmal, das kommt nicht wieder!
heißt ein bekannter Schlager aus dem Film *Der Kongress tanzt* (1931); der Text dieses Schlagers stammt aus der Feder von Robert Gilbert (1899–1978), die Musik ist von Werner R. Heymann (1896–1961); aus diesem Schlager zitieren wir auch:

Das ist zu schön, um wahr zu sein.

Ich tanze mit dir in den Himmel hinein
ist ein viel gesungener Schlager von Hans-Fritz Beckmann (1909–1974, Text) und Friedrich Schröder (1910–1972, Musik) aus dem Film *Sieben Ohrfeigen* (1937) mit Lilian Harvey und Willy Fritsch.

Kann denn Liebe Sünde sein?
heißt ein Lied aus dem Film *Der Blaufuchs* (1938), dessen Text Bruno Balz (1902–1988) zur Musik von Lothar Brühne (1900–1958) geschrieben hat.

Das kann doch einen Seemann nicht erschüttern
ist ein Lied aus dem Film *Das Paradies der Junggesellen* (1939), der Text stammt von Bruno Balz (1902–1988), die Musik von Michael Jary (1906–1988).

Kinder, wie die Zeit vergeht!
ist einem Schlagertext aus dem Jahr 1941 entnommen, dessen Text von Peter Schwenn und Peter Schaeffers und dessen Musik von Friedrich Schröder stammt.

Geb'n Sie dem Mann am Klavier noch ein Bier, noch Bier
fordert der Jazz-Pianist Paul Kuhn (geb. 1928) seit 1955 und begründete damit seinen Ruhm.

Es gibt kein Bier auf Hawaii
ist ein zweiter Evergreen von Paul Kuhn aus den fünfziger Jahren, dessen Refrain bis heute bei einschlägigen Gelegenheiten gesungen wird.

Es gibt kein Bier auf Hawaii,
Es gibt kein Bier.
Drum fahr ich nicht nach Hawaii,
Drum bleib' ich hier.
Es ist so heiß auf Hawaii,
Kein kühler Fleck,
Und nur vom Hula Hula
Geht der Durst nicht weg.

Marmor, Stein und Eisen bricht
ist der Titel eines Schlagers aus der Feder von Christian Bruhn (geb. 1934, Musik) und Günter Loose (geb. 1927, Text), den Drafi Deutscher (1946–2006) 1965 bekannt gemacht hat - und umgekehrt.

Wunder gibt es immer wieder
ist ein weiterer Hit des Gespanns Bruhn/Loose aus dem Jahr 1970, den Katja Ebstein, die zeitweilig mit Christian Bruhn verheiratet war, sang.

Tränen lügen nicht
heißt ein Schlager, mit dem Michael Holm (d.i. Lothar Walter) in den Jahren nach 1974 großen Erfolg hatte.

Ein bisschen Frieden
wünschte sich die jugendliche Sängerin Nicole (geb. 1964) und gewann damit als erste Deutsche 1982, auf dem Höhepunkt der millionenfachen Proteste gegen die NATO-Nachrüstung mit Mittelstreckenraketen, völlig überraschend den Grand Prix d'Eurovision de la Chanson in Harrogate/Großbritannien.

Philosophie

Immanuel Kant – 1724 bis 1804

Der kategorische Imperativ
stammt aus Immanuel Kants *Grundlegung zur Metaphysik der Sitten* (1785). Dort wird im 2. Abschnitt derjenige ein kategorischer Imperativ (im Gegensatz zum hypothetischen) genannt, der eine Handlung »als

für sich selbst, ohne Beziehung auf einen andern Zweck, als objektiv notwendig« vorschreibt. In der *Kritik der praktischen Vernunft § 7* wird der kategorische Imperativ so formuliert: »Handle so, dass die Maxime deines Willens jederzeit zugleich als Prinzip einer allgemeinen Gesetzgebung gelten könne.«

Der bestirnte Himmel über mir und das moralische Gesetz in mir.
»Zwei Dinge erfüllen das Gemüt mit immer neuer zunehmender Bewunderung und Ehrfurcht, je öfter und anhaltender sich das Nachdenken damit beschäftigt: Der bestirnte Himmel über mir und das moralische Gesetz in mir«, heißt es im »Beschluss« von Kants *Kritik der praktischen Vernunft* (1788).

Georg Wilhelm Friedrich Hegel – 1770 bis 1831

Alles was ist, ist vernünftig
pflegt man nach dem Philosophen Georg Wilhelm Friedrich Hegel zu sagen, in dessen *Grundlinien der Philosophie des Rechtes* (1821) es heißt: »Was vernünftig ist, das ist wirklich; und was wirklich ist, das ist vernünftig.«

Arthur Schopenhauer – 1788 bis 1860

Heiraten heißt seine Rechte halbieren und seine Pflichten verdoppeln
behauptet Arthur Schopenhauer in seinem Hauptwerk *Die Welt als Wille und Vorstellung,* Bd. 2 (1844), Buch 4, Kap. 44.

Ludwig Feuerbach – 1804 bis 1872

Der Mensch ist, was er isst
schrieb Ludwig Feuerbach in seiner Anzeige von Moleschotts *Lehre der Nahrungsmittel für das Volk* (1850), wobei ihm Brillat-Savarins Aphorismus: »Dis-moi ce que tu manges, je te dirai ce que tu es – Sage mir, was du isst, und ich sage dir, was du bist« aus der Einleitung seiner *Physiologie des Geschmacks* (1825) vorgeschwebt haben mag. Den Gedanken finden wir schon bei Paracelsus.

Karl Marx – 1818 bis 1883

Die Philosophen haben die Welt nur verschieden interpretiert; es kömmt darauf an, sie zu verändern
forderte Karl Marx in der 11. seiner »Thesen über Feuerbach«, die er in der *Deutschen Ideologie* (1845/46) aufgestellt hat. Er wollte die Philosophie »vom Kopf auf die Füße stellen«.

Friedrich Nietzsche – 1844 bis 1900

Der Wille zur Tat
stammt aus Friedrich Nietzsches Schrift »Richard Wagner in Bayreuth« in den *Unzeitgemäßen Betrachtungen, 4. Stück* (1876). Diese Wendung zeigt den Einfluss, den Schopenhauers Werk *Die Welt als Wille und Vorstellung* (1819) auf Friedrich Nietzsche besaß.

Menschliches, Allzumenschliches
ist der Titel einer Schrift (1878) Friedrich Nietzsches.

Moralprediger
Diesen Begriff entnehmen wir Friedrich Nietzsches Schrift *Die fröhliche Wissenschaft* (1882).

Im echten Manne ist ein Kind versteckt:
das will spielen.
Auf, ihr Frauen, so entdeckt mir doch
Das Kind im Manne
heißt es in Friedrich Nietzsches *Also sprach Zarathustra*, 1. Teil (1883); daraus zitieren wir auch:

Du gehst zu Frauen? Vergiss die Peitsche nicht!
(1. Teil)

Nicht nur fort sollst du dich pflanzen, sondern hinauf!
(1. Teil)

Gelobt sei, was hart macht.
(3. Teil)

Jenseits von Gut und Böse
ist der Titel einer Schrift (1886) Friedrich Nietzsches, daraus zitieren wir auch:

Herden-Mensch.

Herdentier-Moral.

Herren-Moral.

Sklaven-Moral.

Der Wille zur Macht. Versuch einer Umwertung aller Werte
ist der Titel eines 1886 begonnenen, unvollendet gebliebenen Werkes von Friedrich Nietzsche. In der Formulierung »Wille zur Macht« zeigt sich der Einfluss Arthur Schopenhauers (1788–1860) auf die Philosophie Friedrich Nietzsches.

Die blonde Bestie
stammt aus Friedrich Nietzsches Schrift *Zur Genealogie der Moral 1, 10* (1887), wo »das Raubtier, die prachtvolle, nach Beute und Sieg schweifende blonde Bestie« genannt wird, die auf dem Grunde aller »vornehmen Rassen« nicht zu verkennen sei. Die »blonde Bestie« genieße nach Nietzsches Auffassung wie alle »vornehmen Rassen« das Vorrecht, »von allem sozialen Zwang« frei zu sein und als »frohlockendes Ungeheuer« in die »Unschuld des Raubtier-Gewissens« zurückzutreten.

Was mich nicht umbringt, macht mich stärker
heißt es in Friedrich Nietzsches Schrift *Götzen-Dämmerung oder Wie man mit dem Hammer philosophiert* im Abschnitt »Aus der Kriegsschule des Lebens« (1889).

Ernst Bloch – 1885 bis 1977

Das Prinzip Hoffnung
heißt das dreibändige Hauptwerk (1954–1959) des Philosophen Ernst Bloch.

Aufrechter Gang
ist ein Begriff aus der Philosophie Ernst Blochs, in dessen *Tübinger Einleitung in die Philosophie* (2 Bände, 1963/64) es heißt:
»Der Zielinhalt, das Zielbild im Naturrecht ist nicht das menschliche Glück, sondern aufrechter Gang, menschliche Würde, Orthopädie des aufrechten Gangs, also kein gekrümmter Rücken vor Königsthronen usw., sondern Entdeckung der menschlichen Würde, die eben gleichwohl zum großen Teil nicht aus den Verhältnissen abgeleitet wird, denen man sich anpasst, sondern ... von dem neuen, stolzen Begriff des Menschen als einem nicht kriecherischen, reptilhaften, vielmehr einem mit hoch erhobenem Kopf, was uns verpflichtet und uns vor den Tieren auszeichnet und unterscheidet.«

Karl Jaspers – 1887 bis 1969

Grenzsituation.
Der Begriff geht auf den Philosophen Karl Jaspers zurück, in dessen Werk *Psychologie der Weltanschauungen* (1919) es heißt: »Diese Situationen [Kampf, Tod, Zufall, Leiden, Schuld], die an der Grenze unseres Daseins überall gefühlt, erfahren, gedacht werden, nennen wir darum ›Grenzsituationen‹.«

Martin Heidegger – 1889 bis 1976

Die Sprache ist das Haus des Seins
ist ein Zitat aus der Schrift *Über den Humanismus* (1949) des Philosophen Martin Heidegger, dessen hermeneutisches Denken um die »Seinsfrage« kreist.

Geschichte und Politik

Heinrich IV. – 1056 bis 1106

Der Gang nach Canossa
wurde sprichwörtlich durch Kaiser Heinrichs IV. Bußgang nach Canossa, einer Felsenburg in Oberitalien, im Jahr 1077, um Papst Gregor VII. (reg. 1073–1085) milde zu stimmen und ihn aus dem Bann zu lösen, den er ein Jahr zuvor über den Kaiser verhängt hatte – anderenfalls, so hatten die Reichsfürsten entschieden, werde Heinrich abgesetzt. Der Gang nach Canossa war Teil des Investiturstreites, in dem Papsttum

und Kaiser um das Recht der Einsetzung von Bischöfen und Äbten rangen. Die Auseinandersetzungen endeten 1122 mit dem Wormser Konkordat.
Im Zusammenhang mit der päpstlichen Ablehnung des Kardinals Hohenlohe als deutscher Botschafter am Heiligen Stuhl erklärte Otto von Bismarck am 14. Mai vor dem Reichstag: »Nach Canossa gehen wir nicht.« Noch heute nennen wir ein erniedrigendes Nachgeben in einem Konflikt »den Gang nach Canossa antreten«.

Stauferzeit – 12. Jahrhundert

Hie Welf, hie Waiblingen!
stellt die Schlachtrufe der gegnerischen Welfen (Guelfen) und Staufer (Ghibellinen) zusammen; sie sollen zuerst 1140 in der Schlacht bei Weinsberg erhoben worden sein, historisch verbürgt ist diese Überlieferung nicht. Die Wendung wird auch in der Form zitiert: »Hie Welf, hie Waibling (oder Waiflinger)!« Waiblingen ist der Name einer staufischen Burg bei Stuttgart.

Georg von Sachsen – 1471 bis 1539

Wasch mir den Pelz und mach mir ihn nicht nass
sagte nach Johann Mathesius Herzog Georg von Sachsen zu Erasmus von Rotterdam, als dieser »eine verdrehte Antwort gab«.

Martin Luther – 1483 bis 1546

Hier stehe ich, ich kann nicht anders. Gott helfe mir, Amen!
Die Worte stehen am Lutherdenkmal in Worms (1868), sie erscheinen zuerst in der Wittenberger Ausgabe von Luthers Werken (1539–1558); der Reformator soll sie am 18. April 1521 vor dem Reichstag zu Worms als Antwort auf die Frage, ob er widerrufen wolle, gesprochen haben. Die historische Kritik ergab indes, dass er nur die damals üblichen Worte »Gott helfe mir, Amen!« gesagt hat.

Die Geister platzen aufeinander.
»Man lass die Geister aufeinanderplatzen«, schrieb Martin Luther am 21. 8. 1524 in einem Brief an die Fürsten zu Sachsen von dem aufrührerischen Geiste, der sich gegen Thomas Münzer und sein Treiben wendet.

Hans Sachs – 1494 bis 1576

Sobald das Geld im Kasten klingt,
Die Seele aus dem Fegfeuer springt!

ist in Anlehnung an die Verse von Hans Sachs aus dem Spruchgedicht »Die wittembergisch Nachtigall« (1523) entstanden:

Bald der Guldin im Kasten klinget
Die Seel sich auff gan hymel schwinget.

Hans Sachs legt die Worte den Ablasshändlern, unter ihnen Johann Tetzel, in den Mund.

Unbekannte Quelle

Ausgehen wie's Hornberger Schießen.

Die Redensart, auch in Friedrich Schillers Drama *Die Räuber* (→ Seite 298) gebraucht, heißt, dass trotz eifrigen Bemühens keine Wirkung bzw. kein Ergebnis erzielt werden konnte; ihre Herkunft ist umstritten.

Sie wird mit der Schwarzwaldstadt Hornberg in Verbindung gebracht: In einem Gefecht zwischen Hornberg und Villingen 1519 ergaben sich die Hornberger, nachdem sie über hundert Schuss ohne Wirkung verpulvert hatten. Eine andere Quelle berichtet, die Hornberger hätten das Böllerschießen zum Empfang ihres Landesherrn (genannt wird Eberhard Ludwig, 1677–1733) so oft geübt, dass kein Pulver mehr da gewesen sei, als dieser erschien; sie hätten dann vergeblich versucht, die Böllerschüsse durch donnerndes Gebrüll zu ersetzen. Es ist aber auch möglich, dass im »Hornberger Schießen« nur eine Ortsnamenscherzrede (wie in »Schlauberger«) enthalten ist und an ein Schützenfest gedacht war, bei dem der Hörnerschall mehr Aufsehen erregte als die Leistungen der Schützen.

Friedrich Wilhelm von Brandenburg-Preußen – 1620 bis 1688

Alter Schwede

als Anrede bei einer scherzhaften Verwarnung geht wohl auf die Zeit zurück, als die Schrecken des Dreißigjährigen Krieges überwunden, aber noch allseits in guter Erinnerung waren. Der Historiker Heinrich von Treitschke (1834–1896) erwähnt in einem Vortrag über die *Geschichte des preußischen Staates* (1879), dass Friedrich Wilhelm von Brandenburg-Preußen (reg. 1640–1688, »Der Große Kurfürst«) schwedische Soldaten als Rekrutenausbilder in seine Dienste nahm; sie wurden »die alten Schweden« genannt.

Friedrich Wilhelm I. von Preußen – 1688 bis 1740

Rocher de bronce – Fels von Erz

König Friedrich Wilhelm I. von Preußen (reg. 1713–1740, »der Soldatenkönig«) lehnte 1716 eine Mitwirkung des Preußischen Landtags bei einer festzusetzenden Steuer ab, wobei er zur Begründung seiner Haltung schrieb: »Ich stabiliere die Souveränität und setze die Krone fest wie einen rocher von bronce.«

Friedrich II. von Preußen – 1712 bis 1786

Gazetten müssen nicht geniert werden, wenn sie interessant sein sollen

sagte König Friedrich II. von Preußen (reg. 1740–1786, »Der Große«) zu seinem Kabinettsminister Graf Podewils, wie dieser an den Minister von Thulmeyer am 5. Juni 1740 schrieb.

Jeder soll nach seiner Fasson selig werden.

König Friedrich II. von Preußen schrieb 1740 an den Rand eines Berichts, in dem von Unzuträglichkeiten unter Katholiken und Protestanten berichtet und um Anweisungen für den Fiskus gebeten wurde: »Die Religionen Müsen alle Tolleriret werden und Mus der Fiscal nuhr das Auge darauf haben, das keine der andern abrug Tuhe, den hier mus ein jeder nach seiner Fasson Selich werden.«

Bis in die Puppen

ist eine ursprünglich Berliner Redensart und meint: »wer weiß, wie weit« und später auch: »wer weiß, wie lange«. Der Baumeister des Preußenkönigs Friedrichs II., Georg Wenzeslaus von Knobelsdorff (1699–1753), ließ auf Geheiß seines Herrn 1741 und in den folgenden Jahren am Großen Stern im Berliner Tiergarten Statuen aus der antiken Mythologie aufstellen. Die Berliner nannten sie »Puppen« und den Großen Stern »Puppenplatz«. Bis zu ihm war es für die Bewohner der Stadt damals ein ziemlich weiter Weg.

Der Fürst ist der erste Diener seines Staates

erscheint sechs Mal in den Werken Friedrichs des Großen, stets in französischer Form: »Un prince est le premier serviteur (auch: domestique) et le premier magistrat (auch: ministre) de l'État.« Es steht auch im *Politischen Testament* (1752) des Königs.

Massillon, der Hofprediger Ludwigs XIV., dessen Predigten Friedrich in seiner Jugend beeinflussten, sagte in einer Fastenpredigt für den Thronfolger: »Die Freiheit, welche die Fürsten ihren Völkern schuldig sind, ist die Freiheit der Gesetze; Ihr (der Herrscher) seid nur der Diener und Vollstrecker des Gesetzes.«
In der Schrift *Über die Milde* schreibt der Philosoph Seneca, der Staat gehöre nicht dem König, sondern der König dem Staat *(1, 19)*.
Und nach Sueton soll Kaiser Tiberius gesagt haben, »ein guter und Heil bringender Fürst müsse dem Staat dienen und der gesamten Bürgerschaft« (*Tiberius 29*).

Viel' Feind', viel' Ehr'!
1756 schrieb der Preußenkönig Friedrich II. an Schwerin: »Je mehr Feinde, desto mehr Ehre!« In einem preußischen Soldatenlied aus dieser Zeit heißt es:
Viele Feinde, viele Ehr',
das ist unsres Königs Lehr'!

Mit solchem Gesindel muss ich mich herumschlagen
rief der Preußenkönig Friedrich II. bei der Schlacht von Zorndorf (1758) aus, als ihm zerlumpte Kosaken als Kriegsgefangene vorgeführt wurden.

Gott ist immer mit den stärksten Bataillonen.
König Friedrich II. von Preußen schrieb am 8. Mai 1760 an die Herzogin Luise Dorothea von Gotha: »Dieu est pour les gros escadrons.«
In einem Brief der Madame de Sévigné (viele ihrer Briefe wurden schon zu ihren Lebzeiten in Abschriften verbreitet, dann 1697 und 1726 auch gedruckt) an ihre Tochter vom 22. Dezember 1673 heißt es: »La fortune est toujours pour les gros bataillons.«
Auch Voltaire (1694–1778) verwendete 1770 die Formulierung in einem Brief: »On dit que Dieu est toujours pour les gros bataillons.«

Dazu hat Buchholtz kein Geld
Johann August Buchholtz (1706–1793) war der Schatzmeister Friedrichs II. von Preußen, und dieser schrieb an den Rand einer Anfrage des Ministeriums vom 18. Dezember 1766 über die Instandsetzung der schadhaften Langen Brücke in Berlin: »Buchholtz hat kein Geld dazu.«

Auf den gleichen Buchholtz bezieht sich auch die Redensart: »Da kennen Sie Buchholtzen schlecht.«

Immer auf dem Posten – toujours en vedette
ist in den Schlussworten des *Exposé du gouvernement prussien* (1775/76) Friedrichs des Großen enthalten, in denen er Preußen ein Land nennt, »das, solange es nicht eine größere Konsistenz und bessere Grenzen haben wird, von Fürsten regiert werden muss, die immer auf dem Posten sein und die Ohren aufsperren müssen, sich von einem Tag zum andern gegen die verderblichen Pläne ihrer Feinde zu verteidigen«.

Ich bin es müde, über Sklaven zu herrschen
steht nach Eduard Vehse, *Geschichte der deutschen Höfe, Preußen 4*, Seite 175 (1851 ff.) in einer Kabinettsorder, die Friedrich der Große 1785 erließ.

Unbekannte Quelle

Wie Gott in Frankreich leben
das heißt: herrlich und in Freuden leben, wird manchmal aus der Zeit erklärt, in der Gott, durch die Französische Revolution abgesetzt, keine Aufgaben mehr zu erfüllen hatte. Eine andere Erklärung, nach der die Redensart auf Maximilian I. zurückgehen soll (»Wenn es möglich wäre, dass ich Gott sein könnte und zwei Söhne hätte, so müsste mir der älteste Gott nach mir und der andere König in Frankreich sein«), ist historisch nicht verbürgt.

Karl Josef Fürst von Ligne – 1735 bis 1814

Der Kongress tanzt.
Der österreichische Feldmarschall Karl Josef Fürst von Ligne sagte vom Wiener Kongress (1814 bis 1815): »Le congrès danse beaucoup, mais il ne marche pas – Der Kongress tanzt viel, aber er bewegt sich nicht.« Dieses Wort ist uns aus dem Briefwechsel der Gebrüder Jacob und Wilhelm Grimm überliefert (23. November 1814). 1931 wurde ein gleichnamiger Film uraufgeführt.

Friedrich Wilhelm Graf von der Schulenburg – 1742 bis 1815

Ruhe ist die erste Bürgerpflicht

war in der Bekanntmachung zu lesen, die der Minister Friedrich Wilhelm Graf von der Schulenburg am Tag nach der Schlacht bei Jena an die Straßenecken Berlins anschlagen ließ; sie lautete: »Der König hat eine Bataille verloren. Jetzt ist Ruhe die erste Bürgerpflicht. Ich fordere die Einwohner Berlins dazu auf. Der König und seine Brüder leben! Berlin, den 17. Oktober 1806. Graf v. d. Schulenburg.«

Gebhard Leberecht Blücher – 1742 bis 1819

Wie Blücher drauflosgehen.

Gebhard Leberecht Blücher, der seine militärische Laufbahn als Husar begonnen hatte, war als Oberbefehlshaber der Schlesischen Armee die treibende Kraft in den Befreiungskriegen gegen Napoleon. In der Völkerschlacht bei Leipzig am 19. Oktober 1813 nannten ihn die russischen Kosaken

Marschall Vorwärts.

Mögen die Federn der Diplomaten nicht wieder verderben, was das Volk mit so großen Anstrengungen errungen!

ist der Wortlaut eines Trinkspruchs, den der preußische Marschall Blücher nach der Schlacht bei Waterloo (1815) ausbrachte.

Maximilian I. von Bayern – 1756 bis 1825

Nordlichter.

Der Ausdruck kam während der Regentschaft des bayerischen Königs Maximilians I. (reg. 1806–1825) auf. Er holte – wie seine Nachfolger Ludwig I. (reg. 1825–1848) und Maximilian II. (reg. 1848–1864) – zur Förderung von Wissenschaft und Kunst zahlreiche Gelehrte und Künstler aus Norddeutschland nach München. Damit rief er den Widerspruch der Einheimischen hervor, die die Zugewanderten geringschätzig »Nordlichter« nannten.

Später gebrauchte der CSU-Vorsitzende Franz Josef Strauß (1915–1988) den Begriff zur Kennzeichnung unliebsamer Parteifreunde aus den norddeutschen Landesverbänden der Schwesterpartei CDU.

Ludwig van Beethoven – 1770 bis 1827

Ich will dem Schicksal in den Rachen greifen

schrieb der Komponist Ludwig van Beethoven in einem Brief vom 16. November 1801 an Dr. Franz Wegeler.

Friedrich Wilhelm III. von Preußen – 1770 bis 1840

Mit Gott für König und Vaterland.

In der Beilage III, Absatz 5 zu Friedrich Wilhelms III. *Verordnung über die Organisation der preußischen Landwehr* vom 17. März 1813 heißt es: »Jeder Landwehrmann wird als solcher durch ein Kreuz von weißem Blech mit der Inschrift ›Mit Gott für König und Vaterland‹ bezeichnet, welches vorn an der Mütze angeheftet wird.«

»Pro deo, rege et patria« war schon 1701 der Wahlspruch einer Landmiliz in Bernau bei Berlin.

Klemens Wenzel Fürst von Metternich – 1773 bis 1859

Italien (Deutschland) [ist] ein geographischer Begriff

(d. h. kein politischer!). Der Ausdruck stammt von dem österreichischen Staatskanzler Fürst von Metternich und spricht dessen Ablehnung der italienischen und deutschen Einigungsbestrebungen (in einem Brief an den Grafen Prokesch vom 19. November 1849) aus.

Aber schon bei Gutzkow, *Deutschland am Vorabend* (1848), werden S. 62 Völker erwähnt, »die unsere Nationalität bisher nur für einen geographischen Ausdruck« gehalten haben.

Und 1849 heißt es in den *Grenzboten* (1. Sem. 1, 449): »Will man die grande politique Metternichs fortsetzen, so muss man auch mit seinem Kalbe pflügen ... Damit Österreich kein Steinchen aus seinem bunten Mosaik verliere ... mussten Deutschland und Italien ›geographische Begriffe‹ bleiben.«

Ferdinand von Schill – 1776 bis 1809

Lieber ein Ende mit Schrecken als ein Schrecken ohne Ende!

rief der Freiheitskämpfer Ferdinand von Schill am 12. Mai 1809 auf dem Marktplatz von Arneburg an der Elbe der begeisterten Schar zu, die ihm von Berlin aus nachgezogen war, um sich gegen Napoleons Herrschaft zu erheben.

Die Redewendung knüpft an *Psalm 73, 19* an, in dem es heißt: »... ein Ende mit Schrecken nehmen.«

Carl von Clausewitz – 1780 bis 1831

Der Krieg ist die Fortsetzung der Politik mit anderen Mitteln
geht auf den Satz von Carl von Clausewitz in dessen Buch *Vom Kriege* (1832 erschienen) zurück: »Der Krieg ist nichts als die Fortsetzung des politischen Verkehrs mit Einmischung anderer Mittel.«

Ludwig Börne – 1786 bis 1837

Revolutionäre in Schlafrock und Pantoffeln.
Der Ausdruck geht auf Ludwig Börne zurück, der in seinen *Briefen aus Paris* unter dem 4. November 1831 schreibt: »Salvandy ist einer von den bequemen Carlisten, die in Pantoffeln und im Schlafrock die Rückkehr Heinrichs V. abwarten.«
Danach sagte der preußische Minister des Auswärtigen v. Manteuffel am 8. Januar 1851 in der ersten Kammer über eine mögliche Beamtenrevolution: »Ja, meine Herren, ich erkenne eine solche Revolution für sehr gefährlich, gerade weil man sich dabei in Schlafrock und Pantoffeln beteiligen kann, während der Barrikadenkämpfer wenigstens den Mut haben muss, seine Person zu exponieren.«

Ludwig Uhland – 1787 bis 1862

Mit einem Tropfen demokratischen Öls gesalbt.
Ludwig Uhland schloss seine Rede im Frankfurter Parlament am 22. Januar 1848 mit den Worten: »... es wird kein Haupt über Deutschland leuchten, das nicht mit einem vollen Tropfen demokratischen Öls gesalbt ist.«

David Hansemann – 1790 bis 1864

In Geldsachen hört die Gemütlichkeit auf
sagte der Abgeordnete David Hansemann in einer Sitzung des ersten Vereinigten Preußischen Landtags am 8. Juni 1847.

Gustav Adolf Rochus von Rochow – 1792 bis 1847

Der beschränkte Untertanenverstand
geht auf einen Brief des preußischen Innenministers von Rochow zurück, den ein unbekannt gebliebener junger Assessor der Behörde abgefasst haben soll. Der Anlass dazu war folgender: 1837 hob der König von Hannover die Verfassung seines Landes auf. Unter den sieben Göttinger Professoren, die dagegen protestierten, die so genannten

Göttinger Sieben

war Professor Albrecht aus Elbing, der deshalb, wie die andern auch, viele zustimmende Zuschriften erhielt. Die Abschrift einer solchen von Einwohnern der Stadt Elbing unterzeichneten Zuschrift wurde an den preußischen Innenminister gesandt, der in seiner Antwort sein »unwilliges Befremden« darüber ausdrückte und dann schrieb: »Es ziemt dem Unterthanen, seinem Könige und Landesherrn schuldigen Gehorsam zu leisten und sich bei Befolgung der an ihn ergehenden Befehle mit der Verantwortlichkeit zu beruhigen, welche die von Gott eingesetzte Obrigkeit dafür übernimmt; aber es ziemt ihm nicht, die Handlungen des Staatsoberhauptes an den Maßstab seiner beschränkten Einsicht anzulegen und sich in dünkelhaftem Übermuthe ein öffentliches Urteil über die Rechtmäßigkeit derselben anzumaßen ... Berlin, den 15. Januar 1838. Der Minister des Innern und der Polizei. von Rochow.«

Der Brief wurde noch im Januar 1838 in der *Hamburger Börsenhalle* veröffentlicht und machte schnell die Runde durch ganz Deutschland.

Joseph Meyer – 1796 bis 1856

Bildung macht frei!

war der Wahlspruch des Buchhändlers Joseph Meyer, der zusammen mit seiner Frau Minna 1826 in Gotha den Buchverlag Bibliographisches Institut begründete und *Meyers Konversations-Lexikon* erarbeitete und herausgab.

Wilhelm I. von Preußen – 1797 bis 1888

Moralische Eroberungen.

Am 8. November 1858 hielt der Prinzregent von Preußen, der nachmalige deutsche Kaiser Wilhelm I., eine Ansprache an das Ministerium, in der er laut einem Artikel in der *Nationalzeitung* wörtlich sagte: »In Deutschland muss Preußen moralische Eroberungen machen durch eine weise Gesetzgebung bei sich ...«

Bereits am 17. Mai 1847 hatte der Fürst Felix Lichnowsky den Zollverein eine »große moralische Eroberung des deutschen Geistes« genannt.

Danach wurde seit etwa 1890 der »moralische Erfolg« Mode.

Maximilian Harden schrieb im *Apostata* 1890: »Man hatte einen neuen Begriff erfunden, den ›moralischen Erfolg‹. Und es verging kein Tag, an dem nicht ein moralischer Erfolg erzielt worden wäre, daheim oder in Sansibar oder am Cap der Guten Hoffnung.«

Welch eine Wendung durch Gottes Fügung!
Das Wort geht auf die Depesche zurück, in der König Wilhelm I. von Preußen den Sieg bei Sedan der Königin meldete; diese schloss: »Welch eine Wendung durch Gottes Führung!«

Kommen Sie rein in die gute Stube!
Als Kaiser Wilhelm I. im September 1876 Leipzig besuchte, redete eine Leipziger Dame den ihrem Hause als Gast zugewiesenen Prinzen Friedrich Karl von Preußen an: »Königliche Hoheit, kommen Sie rein in die gute Stube!«

Ich habe jetzt keine Zeit, müde zu sein
waren, nach Bernhard Rogges Werk *Kaiser Wilhelm der Siegreiche* (1890), die letzten Worte Kaiser Wilhelms I.

Franz Graf von Gyuliai – 1798 bis 1868

Sich rückwärts konzentrieren
ist ein militärischer Fachausdruck aus dem Anfang des 19. Jahrhunderts. Er wurde zu einem geflügelten Wort, als nach dem Gefecht bei Palestro 1859 der Wortlaut eines Befehls des damaligen Kommandeurs der österreichischen Truppen in Italien bekannt geworden war. Franz Graf von Gyuliai hatte die Soldaten angewiesen, »sich rückwärts zu konzentrieren«. Der Rückzug war die einzige Möglichkeit zur Rettung, die seinen Truppen geblieben war.

Heinrich Leo – 1799 bis 1878

Hecht im Karpfenteich
nannte der Historiker und Publizist Heinrich Leo in einem Beitrag aus dem Jahr 1859 Napoleon III.
Bismarck gebrauchte den Ausdruck in seiner *Reichstagsrede vom 6. Februar 1888* und machte ihn damit volkstümlich.

Frisch-fröhlicher Krieg.
Der Ausdruck ging wohl von Heinrich Leo aus, der 1853 in einem Artikel für das *Volksblatt für Stadt und Land* schrieb: »Gott erlöse uns von der europäischen Völkerfäulnis und schenke uns einen frischen, fröhlichen Krieg, der Europa durchtobt, die Bevölkerung sichtet und das skrophulose Gesindel zertritt, was jetzt den Raum zu eng macht,

um noch ein ordentliches Menschenleben in der Stickluft führen zu können.«

Heinrich, Fürst Reuß zu Lobenstein und Ebersdorf – 1797 bis 1853

Prinzipienreiter

und

Auf einem Prinzip herumreiten
geht auf einen Erlass Heinrichs LXXII., Fürst Reuß zu Lobenstein und Ebersdorf (reg. 1825–1848), zurück, der im *Adorfer Wochenblatt* erschien, vom *Halleschen Courier* und der *Vossischen Zeitung* (18. September 1845) nachgedruckt wurde. Dort heißt es: »Seit 20 Jahren reite Ich auf einem Prinzip herum, d.h. Ich verlange, dass ein jeglicher bei seinem Titel genannt wird.«
Der Ausdruck »auf einem Prinzip herumreiten« ist eine Übersetzung des französischen »être à cheval sur un principe«.

Helmuth von Moltke – 1800 bis 1891

Getrennt marschieren, vereint schlagen
war ein Grundsatz der Strategie des preußisch-deutschen Generals Helmuth von Moltke. Der Satz stammt in dieser Form freilich nicht von ihm; in seinen *Verordnungen für die höhere Truppenführung* von 1869 heißt es: »Für die Operationen so lange wie irgend möglich in der Trennung zu beharren, für die Entscheidung rechtzeitig versammelt zu sein, ist die Aufgabe der Führung großer Massen.«

Glück hat auf die Dauer nur der Tüchtige.
Das viel zitierte Wort stammt von dem preußisch-deutschen General Helmuth von Moltke, der in seiner Abhandlung *Über Strategie* Folgendes (1871) schrieb: »An der unwiderstehlichen Gewalt der Verhältnisse scheitert selbst der beste Mann, und von ihr wird ebenso oft der mittelmäßige getragen. Aber Glück hat auf die Dauer doch zumeist wohl nur der Tüchtige.«

Wilhelm von Merckel – 1803 bis 1861

Gegen Demokraten
Helfen nur Soldaten

lautet der Schluss des Gedichtes »Die fünfte Zunft« (1848) von Wilhelm von Merckel. Im gleichen Jahr erschien eine Broschüre unter diesem Titel.

Adolf Heinrich Graf Arnim-Boitzenburg – 1803 bis 1868

Die Regierung muss der Bewegung stets einen Schritt voraus sein.

In der 1. Sitzung des Vereinigten Preußischen Landtags von 1848 am 2. April sagte der Präsident des damaligen Ministeriums, Adolf Heinrich Graf Arnim-Boitzenburg: »Das Ministerium hat sich ferner gesagt, dass ... es nicht ratsam sei, hinter den Erfahrungen ... zurückzubleiben, sondern, dass es besser sei, den Ereignissen um einen Schritt voranzugehen, damit nicht erst durch einzelne Konzessionen Einzelnes gegeben und immer wieder von dem Strom der Zeit überflutet werde, sondern damit das, was gewährt werden könne, auf einmal gegeben, Geltung und Dauer gewinne.«

Johann Jacoby – 1805 bis 1877

Das ist das Unglück der Könige, dass sie die Wahrheit nicht hören wollen

sagte Johann Jacoby am 2. November 1848 als Mitglied der von König Friedrich Wilhelm IV. empfangenen Abordnung der Berliner Nationalversammlung, nachdem der König die Forderung der Parlamentarier nach einem demokratischen Ministerium schweigend angehört und dann den Raum verlassen hatte.
Der Gedanke ist indes älter. In Johann Gottfried Herders Übertragung des *Cid (2, 32)* zum Beispiel heißt es, dass die Wahrheit den Königen nicht erst dann, wenn sie nicht mehr gefürchtet werden, gesagt wird, sondern auch zu andern Zeiten; »aber sie, sie hören nicht«.

Hans Viktor von Unruh – 1806 bis 1886

Passiver Widerstand

stammt aus der Revolutionszeit 1848. In der Nacht vom 9. zum 10. November 1848, als die Bürgerwehr und die Gewerke Berlins der Nationalversammlung bewaffneten Schutz anboten, sagte der damalige

Präsident der Nationalversammlung, Hans Viktor von Unruh: »Ich wäre entschieden der Meinung, dass hier nur passiver Widerstand geleistet werden könne und dass die wahre Entscheidung, welche durch die jetzigen Ratgeber der Krone hereingebrochen ist, in der Hand des Landes liege.« Im weiteren Verlauf seiner Rede wiederholte er: »Wir dürfen, wenn wir den Boden im Lande nicht verlieren wollen, den Gewaltschritten der Krone nur passiven Widerstand entgegensetzen.«

Maximilian II. von Bayern – 1811 bis 1864

Ich will Frieden haben mit meinem Volke

ist ein Wort des bayerischen Königs Maximilians II., mit dem er 1859 den Streit um die Anerkennung der Wahl des der Regierung nicht genehmen Professors Weis zum Bürgermeister in Würzburg beendete.

Richard Wagner – 1813 bis 1883

Deutsch sein heißt, eine Sache um ihrer selbst willen treiben

sagen wir nach dem Satz in Richard Wagners Schrift *Deutsche Kunst und deutsche Politik* (1867): »... was deutsch sei: nämlich, die Sache, die man treibt, um ihrer selbst und der Freude an ihr willen treiben ...«

Karl Marx (1818–1883) und Friedrich Engels (1820–1895)

Ein Gespenst geht um in Europa – das Gespenst des Kommunismus.

Mit diesen Worten beginnt das *Manifest der Kommunistischen Partei*, das Karl Marx und Friedrich Engels 1848 im Auftrag des »Bundes der Gerechten« in London veröffentlichten.

Die Geschichte aller bisherigen Gesellschaft ist die Geschichte von Klassenkämpfen

heißt es zu Beginn des Abschnitts »Bourgeois und Proletarier« im *Manifest der Kommunistischen Partei* von Karl Marx und Friedrich Engels.

Die Proletarier haben nichts ... zu verlieren als ihre Ketten. Sie haben eine Welt zu gewinnen

lauten die letzten Sätze des *Manifests der Kommunistischen Partei* von Karl Marx und Friedrich Engels, das mit dem Aufruf endet:

Proletarier aller Länder, vereinigt euch!
Scherzhaft benutzen diese Formel auch Vertreter anderer gemeinsamer Interessen, indem sie das Wort »Proletarier« durch entsprechend andere Anreden ersetzen.

Religion ist Opium für das Volk
ist ein von Lenin (1870–1924) falsch wiedergegebener Ausspruch von Karl Marx aus der Einleitung *Zur Kritik der Hegelschen Rechtsphilosophie* (1844), wo es heißt: »Die Religion ist der Seufzer der bedrängten Kreatur, das Gemüt einer herzlosen Welt, wie sie der Geist geistloser Zustände ist. Sie ist das Opium des Volkes.«
Arthur Schopenhauers (1788–1860) Wort, die Religion sei »eine Krücke für schlechte Staatsverfassungen« (in den *Parerga 2, 22*), geht in dieselbe Richtung.

Unbekannte Quellen

Die Gründe der Regierung kenne ich nicht; aber ich muss sie missbilligen
sagte der Abgeordnete Julius Kell in der Sitzung der sächsischen zweiten Kammer am 15. Februar 1849 im Hinblick auf die Weigerung der Regierung, dem Parlament gegenüber verbindliche Erklärungen abzugeben.

Unvorbereitet wie ich bin.
Mit diesen Worten leitete auf dem Bankett zur Vollendung des neuen Universitätsgebäudes in Halle 1834 der Bauleiter, Oberbaurat Matthias, seine Ansprache ein und zog nach einigem Stocken ein Manuskript aus der Brusttasche, um es abzulesen. Daraus entstand dann auch die Redensart: »Unvorbereitet wie ich mich habe.«

Mein Name ist Hase, ich weiß von nichts.
Der evangelische Theologe Karl Manfred von Hase erzählt in seinen Erinnerungen (*Unsere Hauschronik*, 1898), im Jahre 1855 habe ein Student, der einen anderen im Duell erschossen hatte, sich in Heidelberg von von Hases Bruder Victor die Legitimationskarte geliehen, um damit über die Grenze zu entkommen. Als die Flucht geglückt war, warf der Student die Karte fort; sie wurde als verdächtig an das Heidelberger Universitätsgericht eingesandt.

In der folgenden Untersuchung äußerte der junge Jurist Victor von Hase: »Mein Name ist Hase, ich verneine die Generalfragen, ich weiß von nichts.« Diese Formel verbreitete sich zunächst unter den Studenten und wurde dann allgemein beliebt.

Garantien, die das Papier nicht wert sind, auf dem sie geschrieben stehen
ist eine Wendung, die dem österreichischen Minister Graf v. Rechberg zugeschrieben wird; er soll sie 1861 in einer Depesche nach Berlin über die Anerkennung des neuen Königreichs Italien gebraucht haben.

Otto von Bismarck – 1815 bis 1898

Catilinarische Existenzen
sind Menschen wie Catilina, der in Rom durch Aufruhr an die Macht kommen wollte (»Catilinarische Verschwörung« 63 v. Chr.). Den Ausdruck prägte der nachmalige Kanzler des Deutschen Reiches Otto von Bismarck, als er am 30. September 1862 in einer Sitzung des Preußischen Abgeordnetenhauses sagte: »Es gibt zu viel catilinarische Existenzen, die ein Interesse an Umwälzungen haben.«
Der *Kladderadatsch* antwortete noch im selben Jahr:
Die kranken Recken, die vor allen Dingen
Das Junkerthum zu Ehren mir zu bringen
Bestrebt sind, heißen – glaub' ich – Exzellenzen.
Allein die Ciceronen dieser Zeiten,
Die Bürger, die für Recht und Freiheit streiten
Nennt man – ›catilinarische Existenzen‹.
Friedrich Nietzsche (1844–1900) schreibt in der *Götzen-Dämmerung* (1888): »Fast jedes Genie kennt als eine seiner Entwicklungen die ›catilinarische Existenz‹, ein Hass-, Rache- und Aufstandsgefühl gegen alles, was schon ist, was nicht mehr wird ... Catilina – die Präexistenz-Form jedes Cäsar.«
In derselben Sitzung prägte Otto von Bismarck die Formulierung

Eisen und Blut.
Wörtlich sagte er: »Nicht durch Reden und Majoritätsbeschlüsse werden die großen Fragen der Zeit entschieden – das ist der Fehler von 1848 und 1849 gewesen –, sondern durch Eisen und Blut.«
Die Zusammenstellung der beiden Wörter als Ausdruck für »Tötung«

oder »Krieg« ist aber alt und findet sich schon bei Quintilian *(Declamationes 350)*.

Und im 19. Jahrhundert lesen wir bei Ernst Moritz Arndt (1769–1860) in seinem Gedicht »Lehre an den Menschen« (1800):

Zwar der Tapfre nennt sich Herr der Länder
Durch sein Eisen, durch sein Blut.

Ferner finden wir bei Max von Schenkendorf (1783–1817) in seinem Gedicht »Das eiserne Kreuz« (1815):

Denn nur Eisen kann uns retten,
Und erlösen kann nur Blut
Von der Sünde schweren Ketten,
Von des Bösen Übermut.

Max Schneckenburger (1819–1849), der Dichter der »Wacht am Rhein«, spricht in seinem Aufsatz *Über Deutschland und die europäische Kriegsfrage (*1840) von einer »Eisen- und Blutkur«.

Ein Zeitungsschreiber ist ein Mensch, der seinen Beruf verfehlt hat.

Das Wort geht auf Otto von Bismarck zurück, der sich jedoch nicht in dieser Allgemeinheit geäußert hat. Er sagte in einer Ansprache von der oppositionellen Presse 1862, sie befinde sich zum großen Teil in Händen von Menschen, die ihren Lebensberuf verfehlt hätten. Dazu zählte er auch »Juden«.

Macht geht vor Recht.

Diese Formulierung geht ebenfalls auf Otto von Bismarck zurück, der am 27. Januar 1863 im Preußischen Abgeordnetenhaus sagte: »Konflikte, da das Staatsleben nicht still zu stehen vermag, werden zu Machtfragen; wer die Macht in Händen hat, geht dann in seinem Sinne vor.« Darauf entgegnete Maximilian Graf von Schwerin (1804–1872): »Ich erkläre, dass ich den Satz, in dem die Rede des Herrn Ministerpräsidenten kulminierte: ›Macht geht vor Recht ...‹ nicht für einen Satz halte, der die Dynastie in Preußen auf die Dauer stützen kann ... dass dieser Satz vielmehr umgekehrt lautet: Recht geht vor Macht.«

Bismarck wehrte sich in den Folgejahren mehrfach gegen diese Auslegung seiner Worte und bedauerte, dass seine Aussage falsch wiedergegeben wurde.

Bereits in der Luther-Übersetzung des Alten Testamentes findet sich im

Buch des Propheten Habakuk 1, 3 die folgende Formulierung: »Warum lässt du mich Bosheit sehen und siehst dem Jammer zu? Raub und Gewalt sind vor mir, es geht Gewalt vor Recht. Darum ist das Gesetz ohnmächtig, und die rechte Sache kann nie gewinnen.«
Möglicherweise hatte Otto von Bismarck diese Bibelstelle vor Augen, als er in einer Rede vor dem Reichstag am 1. April 1876 das Wort »Macht« durch »Gewalt« ersetzte.

Setzen wir Deutschland, sozusagen, in den Sattel! Reiten wird es schon können
sagte Otto von Bismarck zum Schluss einer Rede im Norddeutschen Reichstag, die er am 11. März 1867 hielt.

Dass ein Appell an die Furcht im deutschen Herzen niemals ein Echo finde
gab Otto von Bismarck im norddeutschen Zoll-Parlament am 18. Mai 1868 »dem Herrn Vorredner zu bedenken«.

Reptilienfonds.
Als im Preußischen Abgeordnetenhaus Anfang 1869 der Verdacht geäußert wurde, die Regierung benutze Gelder aus den beschlagnahmten Vermögen des Königs von Hannover und des Kurfürsten von Hessen (es handelte sich unter anderem um die Zinsen von immerhin 16 Millionen Taler) zur Bestechung der Presse und ähnlichen im Geheimen verfolgten Zwecken, antwortete der damalige Ministerpräsident Otto von Bismarck am 30. Januar 1869: »Ich bin nicht zum Spion geboren meiner ganzen Natur nach, aber ich glaube, wir verdienen Ihren Dank, wenn wir uns dazu hergeben, bösartige Reptilien zu verfolgen, bis in ihre Höhlen hinein, um zu beobachten, was sie treiben.«
Aus einer Rede Bismarcks im Reichstag am 9. Februar 1876 geht hervor, dass man sich inzwischen daran gewöhnt hatte, mit »Reptil« solche Zeitungen zu bezeichnen, die insgeheim von der Regierung unterstützt wurden.

Er lügt wie telegraphiert.
Am 13. Februar 1869 sagte Otto von Bismarck im Preußischen Herrenhaus: »Es wird vielleicht auch dahin kommen zu sagen: ›Er lügt wie telegraphiert‹« – nachdem man bisher gesagt hatte: »Er lügt wie ge-

druckt«, was sich frühestens bei Adelbert von Chamisso (1781–1838) belegen lässt.

Der ehrliche Makler
stammt aus einer Rede des Reichskanzlers Otto von Bismarck im Reichstag am 19. Februar 1878: »Die Vermittlung des Friedens denke ich mir nicht so, dass wir ... den Schiedsrichter spielen und sagen: so soll es sein, und dahinter steht die Macht des deutschen Reiches, sondern ich denke sie mir bescheidener, ja – ohne Vergleich im Übrigen stehe ich nicht an, Ihnen etwas aus dem gemeinen Leben zu zitieren – mehr die eines ehrlichen Maklers, der das Geschäft wirklich zustande bringen will.«

Ein braves Pferd stirbt in den Sielen
sagte Otto von Bismarck in der Reichstagssitzung am 4. März 1881, als er den Gedanken eines Rücktritts ablehnte.

Politische Brunnenvergiftung
nannte Otto von Bismarck in seiner Reichstagsrede am 24. Januar 1882 die bei Wahlen vorkommenden Lügen und Fälschungen.

Die Politik ist keine Wissenschaft, wie viele von den Herren Professoren sich einbilden, sondern eine Kunst
sagte Otto von Bismarck am 15. März 1884.

Wir Deutsche fürchten Gott, aber sonst nichts in der Welt
sagte Otto von Bismarck in der Reichstagsrede vom 6. Februar 1888.

Politik ist die Kunst des Möglichen.
Diese Formulierung geht auf Bismarck zurück, der sich in diesem Sinne mehrfach geäußert hat, zum Beispiel (nach Siman: *Fürst Bismarck nach seiner Entlassung*): »Die Deutschen können sich, weil sie eben noch kaum der politischen Kinderstube entwachsen sind, nicht daran gewöhnen, die Politik als eine Wissenschaft des Möglichen zu betrachten.«

Leichenbegräbnis erster Klasse
nannte Bismarck im dritten Band seiner *Gedanken und Erinnerungen,* der erst 1919 veröffentlicht wurde, die von Kaiser Wilhelm II. für ihn angeordneten militärischen Ehren bei seiner Entlassung am 18. März 1890.

Gustav Freytag – 1816 bis 1895

Cäsarenwahnsinn.

Das Wort, in dem auf Napoleon I. bezogenen »Kaiserwahnsinn« Johannes Scherrs (*Blücher und seine Zeit*, 8. Buch, Überschrift des 1. Kapitels) vorgebildet, findet sich zuerst in Gustav Freytags Roman *Die verlorene Handschrift* (1864). Verbreitet wurde der Ausdruck durch Ludwig Quiddes (1858–1941) Schrift gegen Wilhelm II., *Caligula, Studie über den römischen Caesarenwahnsinn* (1894).

Heinrich Bernhard Oppenheim – 1819 bis 1880

Kathedersozialismus.

1872 veröffentlichte der nationalliberale Nationalökonom und Politiker Heinrich Bernhard Oppenheim die Schrift *Der Kathedersozialismus.* In dieser wurden eine Reihe von Professoren der Nationalökonomie angegriffen, die das Eingreifen des Staates forderten, um die Lage der Arbeiterschaft zu verbessern.

Die bedeutendsten unter den Anhängern des »Kathedersozialismus«, die sich seit 1872 im Verein für Socialpolitik zusammengeschlossen hatten, waren Adolph Wagner, Gustav Schmoller und Lujo Brentano.

Rudolf Virchow – 1821 bis 1902

Kulturkampf

wurde durch den Mediziner Rudolf Virchow zu einem geflügelten Wort. Virchow gehörte zu den Gründern und Führern der Fortschrittspartei und war als Mitglied der Berliner Stadtverordnetenversammlung und des Preußischen Abgeordnetenhauses ein scharfer Gegner Otto von Bismarcks.

In einem von Virchow 1873 verfassten Wahlprogramm heißt es indes, seine Partei halte es für notwendig, »die Regierung in einem Kampfe zu unterstützen, der mit jedem Tag mehr den Charakter eines großen Kulturkampfes der Menschheit annimmt«. Der so genannte »Kulturkampf« war eine leidenschaftlich geführte Auseinandersetzung zwischen dem preußischen Staat und dem Katholizismus, der von 1872 bis 1887 andauerte und mit mehreren Abkommen beigelegt wurde, die das Deutsche Reich mit dem Vatikan schloss – im Wesentlichen gab der Staat, und damit letztlich Bismarck, klein bei.

Virchow hielt sich für den Urheber des Ausdrucks; dieser erschien aber schon 1840 in der Freiburger *Zeitschrift für Theologie* und in einem 1858 geschriebenen Aufsatz von Ferdinand Lassalle über Gotthold Ephraim Lessing.

Unbekannte Quellen

Vom Vornehmsten bis herab zum Künstler
entstand in der Sitzung des Deutschen Reichstages vom 25. Januar 1876, in der Graf Frankenberg sagte, dass im Palazzo Caffarelli, der deutschen Botschaft in Rom, »alle Gesellschaftsklassen, von den vornehmsten Fremden bis zu den dort einheimischen Künstlern (Unruhe und Heiterkeit links), ihren Zentralpunkt der Geselligkeit finden«.
In der weiteren Debatte griff Prof. Hänel das Wort in der Form auf: »Bis zu den Künstlern herunter«, eine Deutung, der Graf Frankenberg mit den Worten entgegentrat: »Wenn ich es gesagt haben soll, so verwahre ich mich entschieden dagegen, dass ich der Aristokratie der Kunst und des Geistes eine niedrigere Stufe einräumte als der Aristokratie des Blutes und der Geburt.« Das Protokoll verzeichnete daraufhin »Bravo«.

Politik verdirbt den Charakter
schrieb der Verleger Bernhard Brigl 1881 im Gründungsprospekt der Berliner Zeitung *Tägliche Rundschau.*
Der Ausspruch ist möglicherweise schon älter; in Gustav Freytags Lustspiel *Die Journalisten* (1853) heißt es in *2, 1*: »Rauchen Sie Tabak, mein Gemahl, so viel Sie wollen, es verdirbt höchstens die Tapeten, aber unterstehen Sie sich nicht, jemals eine Zeitung anzusehen, das verdirbt Ihren Charakter.«

Das lässt tief blicken
geht auf eine Rede des Abgeordneten Sabor in der Reichstagssitzung vom 17. Dezember 1884 zurück, in der dieser sagte: »Der Herr Reichskanzler will nicht, dass das Wahlrecht in dem Umfange, wie es jetzt besteht, gelten bleibe (Widerspruch rechts), und wenn man ihm darin nachgibt, ist er bereit, in eine Verfassungsänderung zu willigen, ist sogar bereit, die Diäten zu bewilligen. Das lässt tief blicken (Heiterkeit) in die Maschine, lässt einen Einblick tun in die geistige Werkstatt, in der die soziale Reform bereitet wird.«

Politik der Nadelstiche
stammt von dem Reichstagsabgeordneten Lentz (1884).

Gyula Andrassy – 1823 bis 1890

Eine Politik von Fall zu Fall

zu treiben wurde dem Grafen Gyula Andrassy (1871–1879 österreichischer Minister des Auswärtigen) als Grundsatz seiner Staatskunst von der Oppositionspresse vorgeworfen, nachdem er sich über die Berliner Verhandlungen vom Mai 1876 geäußert hatte, es sei nichts Bindendes hinsichtlich der Orientpolitik entschieden worden, sondern die Mächte hätten einfach beschlossen, sich über die Haltung zu Ereignissen im Orient von Fall zu Fall zu verständigen. Andrassy hat dieser Auffassung später widersprochen.

Franz Reuleaux – 1829 bis 1905

Billig und schlecht

nannte der deutsche Ingenieur und Begründer der wissenschaftlichen Maschinenlehre Franz Reuleaux die deutschen Erzeugnisse auf der Weltausstellung in Philadelphia 1876, in deren Jury er als Direktor der Gewerbeakademie Berlin saß. Seine Kritik, in den *Briefen aus Philadelphia* 1876 veröffentlicht, hatte großen Einfluss auf die weitere Entwicklung der deutschen Industrie.

Friedrich III. – 1831 bis 1888

Lerne leiden, ohne zu klagen!

ist ein Ausspruch, der Kaiser Friedrich III. (reg. 1888) zugeschrieben wird. Er wird gelegentlich scherzhaft auch umgekehrt: »Lerne klagen, ohnc zu leiden!«

Alfred von Schlieffen – 1833 bis 1913

Mehr sein als scheinen

ist ein Wort des Grafen Alfred von Schlieffen, das dieser 1903 bei seinem fünfzigjährigen Dienstjubiläum aussprach; das Wort blieb die Devise des Großen Generalstabs.

Macht mir den rechten Flügel stark

war der Grundgedanke in Alfred von Schlieffens *Denkschrift über die Offensivmaßnahmen eines Krieges gegen das mit England verbündete Frankreich* (»Schlieffenplan«, 1905).

Heinrich von Treitschke – 1834 bis 1896

Brustton der (tiefsten) Überzeugung.

Dieser Ausdruck war erstmals in dem Aufsatz *Fichte und die nationale Idee* (1870) des Historikers Heinrich von Treitschke zu lesen.

Männer machen die Geschichte

war die Überzeugung des Historikers Heinrich von Treitschke; das Wort stammt aus dem 1. Band seiner *Deutschen Geschichte im 19. Jahrhundert* (1879).

Bernhard Freiherr von Richthofen – 1836 bis 1895

Die janze Richtung passt uns nicht

sagte der Berliner Polizeipräsident Bernhard Freiherr von Richthofen am 23. Oktober 1890 zu dem damaligen Leiter des Lessingtheaters, Oskar Blumenthal, als es um das Aufführungsverbot von Sudermanns Stück *Sodoms Ende* ging.

Adolf Freiherr Marschall von Bieberstein – 1842 bis 1912

Die Flucht in die Öffentlichkeit

geht auf die Worte zurück, mit denen sich der Staatssekretär des Auswärtigen Amts Adolf Freiherr Marschall von Bieberstein in einem Prozess 1896 gegen Vertrauensmänner der politischen Polizei wandte: »Wenn diese Herren sich unterstehen, das Auswärtige Amt oder hohe Beamte oder mich anzugreifen ..., und ich erfahre davon, so flüchte ich mich in die Öffentlichkeit ...«

Hermann Knackfuß – 1848 bis 1915

Völker Europas, wahrt eure heiligsten Güter!

stand unter einer Zeichnung, die der Kunstprofessor Hermann Knackfuß nach einem Entwurf von Kaiser Wilhelm II. ausführte.

Bernhard von Bülow – 1849 bis 1929

Nibelungentreue

nannte Reichskanzler Bernhard von Bülow die Bündnistreue zwischen dem Deutschen Reich und Österreich-Ungarn in einer *Rede im Reichstag am 29. März 1909*.

Hermann Staub – 1856 bis 1904

Kommentar überflüssig.

Der Berliner Justizrat Hermann Staub hatte einen anerkannt kompetenten Kommentar zum Handelsrecht verfasst, auf den er sich in öffentlichen Verhandlungen jedoch niemals bezog und stattdessen die Tat und ihre rechtliche Würdigung so eindeutig benannte, dass nach seinen eigenen Worten ein »Kommentar überflüssig« war. Nach einer Anekdote soll später auf seinem Grabstein gestanden haben: Hier liegt Staub. Kommentar überflüssig.

Theobald von Bethmann-Hollweg – 1856 bis 1921

Freie Bahn dem Tüchtigen

geht auf den Reichskanzler (1909–1917) Theobald von Bethmann-Hollweg zurück, der am 28. September 1916 im Reichstag »freie Bahn für alle Tüchtigen« versprach.

Wilhelm II. – 1859 bis 1941

Ich führe euch herrlichen Zeiten entgegen

ist aus den Worten abgeleitet, die Kaiser Wilhelm II. (reg. 1888–1918) im Brandenburgischen Provinziallandtag am 24. Februar 1892 sagte: »Brandenburger, zu Großem sind wir noch bestimmt, und herrlichen Tagen führe ich euch noch entgegen.«

Volldampf voraus!

als Motto für ein unbekümmertes Vorwärtsschreiten stammt aus einem Telegramm, das Kaiser Wilhelm II. 1894 nach einem Schiffsunglück der Kriegsmarine verfasst hatte und in dem es hieß: »Ich werde den Gefallenen zur Erinnerung eine Gedächtnistafel in die Garnisonskirche zu Kiel stiften, und im Übrigen: Volldampf voraus!«

Blut ist dicker als Wasser

sagte Kaiser Wilhelm II. im Hinblick auf die Beziehungen zu England; es ist ein altes Sprichwort und sagt uns, dass Verwandtschaft stärker als ein trennendes Meer ist. Abgewandelt wird es auch in der Form »Blut ist dicker als Tinte« zitiert.

Pardon wird nicht gegeben.
In seiner berühmten »Hunnenrede« am 27. Juli 1900 in Bremerhaven anlässlich der Verabschiedung der nach China ausrückenden Truppen sagte Kaiser Wilhelm II. nach einer »offiziellen« Version: »Ihr wisst es wohl, ihr sollt fechten gegen einen verschlagenen, tapferen, gut bewaffneten, grausamen Feind. Kommt ihr an ihn, so wisst: Pardon wird nicht gegeben, Gefangene werden nicht gemacht. Führt eure Waffen so, dass auf tausend Jahre hinaus kein Chinese mehr es wagt, einen Deutschen scheel anzusehen. Wahrt Manneszucht. Der Segen Gottes sei mit euch, die Gebete eines ganzen Volkes; Meine Wünsche begleiten euch, jeden Einzelnen. Öffnet der Kultur den Weg, ein für alle Mal. Nun könnt ihr reisen! Adieu Kameraden!« In der »inoffiziellen« Version der Rede heißt es hingegen: »Kommt ihr vor den Feind, so wird derselbe geschlagen! Wer euch in die Hände fällt, sei euch verfallen! Wie vor tausend Jahren die Hunnen unter ihrem König Etzel sich einen Namen gemacht, der sie noch jetzt in Überlieferung und Märchen gewaltig erscheinen lässt, so möge der Name Deutscher in China auf tausend Jahre durch euch in einer Weise bestätigt werden, dass niemals wieder ein Chinese es wagt, einen Deutschen auch nur scheel anzusehen!«

Ich kenne keine Parteien mehr, ich kenne nur (noch) Deutsche
sagte Kaiser Wilhelm II. am 31. Juli 1914 vom Balkon des Berliner Schlosses mit Blick auf die bevorstehende Kriegserklärung des Deutschen Reiches an Frankreich, die am folgenden Tag ausgesprochen wurde.
Er wiederholte das Wort in seiner Thronrede am 4. August 1914 im Reichstag, nachdem das Reich am Vortag auch Russland den Krieg erklärt hatte.

Traugott von Jagow – 1865 bis 1941

Ich warne Neugierige
stand in einem Aufruf des Berliner Polizeipräsidenten Traugott von Jagow vom 13. Februar 1910 anlässlich einer bevorstehenden sozialdemokratischen Wahlrechtsdemonstration.

Hans von Seeckt – 1866 bis 1936

Es kommt nie ganz so schlimm, wie man fürchtet, und nie ganz so gut, wie man hofft

beschreibt Generaloberst Hans von Seeckt in seiner Schrift *Moltke* (1931) eine Erfahrung altgedienter Soldaten.

Rosa Luxemburg – 1871 bis 1919

Freiheit ist immer die Freiheit des anders Denkenden.

Dieses Gebot stammt aus der Feder von Rosa Luxemburg, die es in ihrer Schrift *Die russische Revolution* (posthum 1922) kritisch auf die Verhältnisse in Russland bezog: »Freiheit nur für die Anhänger der Regierung, nur für Mitglieder einer Partei – mögen sie noch so zahlreich sein – ist keine Freiheit. Freiheit ist immer die Freiheit des anders Denkenden.«

Friedrich Ebert – 1871 bis 1925

Der Geist von Weimar

»Jetzt muss der Geist von Weimar, der Geist der großen Philosophen und Dichter, wieder unser Leben erfüllen ... [es wird] in der ganzen Welt angenehm empfunden werden, wenn man den Geist von Weimar mit dem Aufbau des neuen Deutschen Reiches verbinde ...«, sagte der sozialdemokratische Abgeordnete Friedrich Ebert unter anderem in seiner Rede anlässlich der konstituierenden Sitzung der Nationalversammlung am 6. Februar 1919 in Weimar.

Arthur Moeller van den Bruck – 1876 bis 1925

Das Dritte Reich

Arthur Moeller van den Brucks gleichnamiges Buch (1922) und der Wunsch nationalistischer Kreise, nach dem ersten (962–1806) und dem zweiten Kaiserreich (1871–1918) ein drittes herbeizuführen, machten das Wort aktuell. Vornehmlich von Gegnern gebraucht, hat sich der Name zur Bezeichnung des nationalsozialistischen Regimes von 1933 bis 1945 nach dem Zweiten Weltkrieg durchgesetzt; gelegentlich wird er durch das ironische »Tausendjährige Reich« ersetzt.

Gustav Stresemann – 1878 bis 1929

Silberstreifen an dem sonst düsteren Horizont

sah der deutsche Außenminister (1923–1929) Gustav Stresemann für Deutschland nach dem Dawesplan, wie er in einer Rede am 17. Februar 1924 auf dem Parteitag der Deutschen Volkspartei in Elberfeld sagte.

Albert Grzesinski – 1879 bis 1947

Die Polizei – dein Freund und Helfer.

Dieser bis heute aktuelle Slogan geht auf den damaligen preußischen Innenminister Albert Grzesinski zurück, der in einem *Buch zur Großen Polizeiausstellung* in Berlin 1926 schrieb: »Nun hatte die Polizei-Ausstellung sich auch zum Ziel gesetzt, zu beweisen, dass die Polizei im modernen Volksstaat eine Volkspolizei ist und sein will, dass sie ihre Organisation, ihren Ausbau und ihre Ausbildung bewusst stellt unter die Devise: Freund, Helfer und Kamerad der Bevölkerung zu sein.«

Oswald Spengler – 1880 bis 1936

Der Untergang des Abendlandes

ist der Titel eines Buches, das der Historiker Oswald Spengler, versehen mit dem Untertitel »Umrisse einer Morphologie der Weltgeschichte« 1918 (Band I: *Gestalt und Wirklichkeit*) und 1922 (Band II: *Welthistorische Perspektiven*) veröffentlichte.

Ein Buch, an dem nichts stimmt außer den Seitenzahlen

nannte Oswald Spengler die Schrift *Mythus des XX. Jahrhunderts* von Alfred Rosenberg.

Ulk – 1898

Gehe nie zu deinemFerscht (Fürst), wenn du nicht gerufen werscht (wirst)

sagt man heute noch nach einem Ausspruch in der Zeitschrift *Ulk* 1898, Nr. 31.

Unbekannte Quelle

Dolchstoßlegende.

Die Legende, im Ersten Weltkrieg sei das deutsche Volk in der Heimat der kämpfenden Truppe (»im Felde unbesiegt«) in den Rücken gefallen und habe dadurch die Niederlage verschuldet, entstand zu Ausgang des Krieges in deutsch-nationalistischen Kreisen.

In einem Gespräch mit dem englischen General Sir Neil Malcolm Mitte November 1918 beklagte General Erich Ludendorff (1865–1937) die

Haltung der deutschen Regierung und des Volkes in der Heimat und bejahte die Frage, die der Engländer stellte: »Sie meinen also, dass Sie von rückwärts erdolcht wurden?« Bemerkenswert ist der Bericht des englischen Korrespondenten der *Neuen Zürcher Zeitung* vom 17. Dezember 1918, der die Meinung eines englischen Generals, einer Tageszeitung entnommen, wiedergibt: »Was die deutsche Armee betrifft, so kann die allgemeine Ansicht (in England!) in das Wort zusammengefasst werden: Sie wurde von der Zivilbevölkerung von hinten erdolcht.«

Der vormalige Chef der Obersten Heeresleitung Paul von Hindenburg (1847–1934) sprach erstmals am 19. November 1919 öffentlich vor einem Untersuchungsausschuss der Weimarer Nationalversammlung von einer »Dolchstoßlegende«.

Das Wort »Dolchstoßlegende« findet sich auch im Titel einer Schrift von Adolf Köster: *Fort mit der Dolchstoßlegende!* (1922).

Anton Drexler – 1884 bis 1942

Gemeinnutz geht vor Eigennutz

ist ein dem altdeutschen Gemeinderecht entnommener Grundsatz, der zu einem Schlagwort im *Parteiprogramm der NSDAP* (1920) wurde und schon im ersten Flugblatt der Partei, das Anton Drexler im Januar 1920 verfasste, enthalten war.

Richard Walter Oscar Darré – 1895 bis 1953

Blut und Boden

findet sich erstmals 1901 in einem Buch von Michael Georg Conrad *(Von Emile Zola bis Gerhart Hauptmann. Erinnerungen zur Geschichte der Moderne)*, wurde jedoch erst durch Richard Walter Oscar Darré zum geflügelten Wort: 1930 veröffentlichte der spätere Reichsbauernführer ein Buch unter dem Titel *Neuadel aus Blut und Boden* und lieferte damit einen wichtigen Beitrag zur Blut-und-Boden-Ideologie der Nationalsozialisten. Sowohl Oswald Spengler in seinem *Untergang des Abendlandes* (1923) als auch August Winnig in seinem Buch *Befreiung* (1926), das mit den Worten beginnt: »Blut und Boden sind das Schicksal der Völker«, haben den Begriff zuvor benutzt.

Gib uns vier Jahre Zeit ...

Die Formulierung stammt aus der ersten Regierungserklärung Adolf Hitlers (1889–1945) vom 1. Februar 1933: »Nun, deutsches Volk, gib uns die Zeit von vier Jahren, und dann urteile und richte uns!«
Diese Fassung wurde in den Bombennächten des Zweiten Weltkriegs unter dem Eindruck der in Schutt und Asche versinkenden deutschen Städte ironisch abgewandelt in: »Gebt mir vier Jahre Zeit, und ihr werdet Deutschland (oder: eure Städte) nicht wiedererkennen.«

Gleichschaltung

ist ein verharmlosender Begriff zur Kennzeichnung der nationalsozialistischen Machtsicherung in den ersten Monaten nach der »Machtergreifung«.
»Gleichschaltung« hieß: Ablösung von Länderregierungen (in diesem Zusammenhang ist der Begriff als Titel des so genannten »Gleichschaltungsgesetzes« bekannt geworden, das die Beziehungen zwischen Ländern und Reich regelte), Auflösung der politischen Parteien und Verbände, Entlassung von Beamten, Einflussnahme auf Medien und Kirchen.

Innere Emigration

steht für die geistige Haltung deutscher Schriftsteller, die während der nationalsozialistischen Herrschaft Deutschland nicht verließen, sondern versuchten, mit bescheidenen Mitteln Widerstand zu leisten. Zu diesen Schriftstellern zählten u.a. Werner Bergengruen, Jochen Klepper, Rudolf Hagelstange, Erich Kästner und Frank Thiess (1890 bis 1970), der den Begriff »innere Emigration« bereits 1933 prägte, als er angesichts der Bücherverbrennung für sich keinen anderen Weg mehr sah und seine Haltung in einem offenen Brief bekannt machte.

Kraft durch Freude.

Der Name der NS-Gemeinschaft »Kraft durch Freude« soll von Adolf Hitler selbst geprägt worden sein. Er wurde der Öffentlichkeit durch eine Anordnung des »Führers der deutschen Arbeitsfront«, Robert Ley, am 2. Dezember 1933 bekannt gegeben und vielfach nur mit den Anfangsbuchstaben »KdF« zitiert.

Kanonen statt Butter.

Das Wort kam 1936 anlässlich einer Rundfunkrede von Hermann Göring (1893–1946) auf, der im Zusammenhang mit der Wiederaufrüstung sagte: »Kanonen machen uns mächtig. Butter macht uns nur fett.«

Totaler Krieg.

Am 18. Februar 1943 hielt Reichspropagandaminister Joseph Goebbels (1897–1945) im Berliner Sportpalast eine Rede, in deren Verlauf er das Publikum in suggestiver Weise fragte: »Wollt ihr den totalen Krieg? Wollt ihr ihn, wenn nötig, totaler und radikaler, als wir ihn uns heute überhaupt noch vorstellen können?« Der Begriff steht seitdem für eine Kriegführung, die alle Bereiche des öffentlichen und privaten Lebens durchdringt.

Vorbild für die Formulierung Goebbels' war möglicherweise das Buch, das der ehemalige Chef des Deutschen Generalstabes im Ersten Weltkrieg, Erich Ludendorff (1865–1937), unter dem Titel *Der totale Krieg* 1935 veröffentlicht hatte.

Konrad Adenauer – 1876 bis 1967

Die Lage war noch nie so ernst

war ein durchaus ernst gemeintes Bonmot aus dem Munde des ersten Bundeskanzlers der Bundesrepublik Deutschland, Konrad Adenauer (1949–1963).

Keine Experimente

war das Motto Konrad Adenauers im CDU-Wahlkampf für die Bundestagswahl 1957, die den Unionsparteien CDU und CSU die absolute Mehrheit der Sitze brachte.

Theodor Heuss – 1884 bis 1963

Kollektivschuld

und

Kollektivscham.

Theodor Heuss, der erste Bundespräsident der Bundesrepublik Deutschland (1949–1959), prägte in der Diskussion um die historische Verantwortung des deutschen Volkes für die Verbrechen während der

Nazi-Herrschaft das Wort von der »Kollektivscham«, die er der »Kollektivschuld« entgegensetzte.

Nun siegt mal schön
sagte Bundespräsident Theodor Heuss 1959 in väterlichem Ton zu den Teilnehmern eines Bundeswehrmanövers.

Ludwig Erhard – 1897 bis 1977

Wirtschaftswunder.
Bundeswirtschaftsminister Ludwig Erhard (1949–1963) gilt als Vater des deutschen »Wirtschaftswunders« nach dem Zweiten Weltkrieg. Es begann, entgegen einer weit verbreiteten Auffassung, nicht schon mit der Währungsreform des Jahres 1948, sondern erst in den Jahren des Korea-Krieges (1950–1953) und führte bis Anfang der sechziger Jahre bei ständig steigenden Löhnen zur Vollbeschäftigung.
Erste Schatten fielen 1965/66 auf das »Wirtschaftswunder«, als eine Rezession den weiteren Aufschwung bremste. Über die Frage, wie der Krise beizukommen sei, kam es zu innenpolitischen Konflikten, in deren Verlauf Ludwig Erhard sein Amt als Bundeskanzler verlor, das er 1963 von Konrad Adenauer übernommen hatte.

Wohlstand für alle
ist der Titel eines Buches, das Ludwig Erhard 1957 veröffentlichte. Er beschreibt treffend die Zielsetzung seines Konzeptes der Sozialen Marktwirtschaft.

Maßhalten
ist ein Appell, den Bundeswirtschaftsminister Erhard seit Mitte der fünfziger Jahre in immer gleichen Formulierungen mehrfach an die Öffentlichkeit gerichtet hat. So sagte er am 7. September 1955 in einer Rundfunkansprache: »... so komme ich immer wieder auf das Maßhalten als wirtschaftliches Gebot.«

Johannes Robert Becher – 1891 bis 1958

Auferstanden aus Ruinen
sind die Anfangsworte der Nationalhymne der DDR, deren Text der Schriftsteller Johannes Robert Becher schrieb und deren Musik Hanns Eisler (1898–1962) komponierte. Die erste Strophe lautet:

Auferstanden aus Ruinen
und der Zukunft zugewandt,
lass uns dir zum Guten dienen,
Deutschland einig Vaterland.

Die Nationalhymne der DDR wurde erstmals am 7. Oktober 1949, dem Gründungstag der DDR, gesungen.

Deutscher Gewerkschaftsbund – 1958

Samstags gehört Vati mir

Mit diesem Slogan für die Fünf-Tage-Woche rief der DGB 1958 zu den 1.-Mai-Feiern auf. Das Plakat zeigte ein kleines Mädchen, dem diese Worte in den Mund gelegt wurden.

Walter Ulbricht – 1893 bis 1973

Niemand hat die Absicht, eine Mauer zu errichten.

Nachdem während des Frühjahrs 1961 die Zahl der Flüchtlinge aus der DDR von Monat zu Monat neue Höhen erreichte, sah sich die Führung der DDR zum Handeln gezwungen und versuchte vergeblich, die östlichen Bruderstaaten auf eine Teilung Deutschlands einzuschwören.

Nachdem die Pläne bekannt geworden waren, kam es am 15. Juni zu einer denkwürdigen Pressekonferenz, in deren Verlauf die Korrespondentin der *Frankfurter Rundschau* folgende Frage stellte: »Bedeutet die Bildung einer ›Freien Stadt‹ Ihrer Meinung nach, dass die Staatsgrenze am Brandenburger Tor errichtet wird? Und sind Sie entschlossen, dieser Tatsache mit allen Konsequenzen Rechnung zu tragen?«

Ulbricht antwortete ungerührt mit einer Lüge – wohl auch, um der Fluchtwelle nach Westen nicht noch mehr Schwung zu geben: »Ich verstehe Ihre Frage so, dass es Leute gibt, die wünschen, dass wir die Bauarbeiter der Hauptstadt der DDR dazu mobilisieren, eine Mauer aufzurichten. Die Bauarbeiter unserer Hauptstadt beschäftigen sich hauptsächlich mit Wohnungsbau, und ihre Arbeitskraft wird voll dafür eingesetzt. Niemand hat die Absicht, eine Mauer zu errichten.«

Der Mauerbau erfolgte in der Nacht vom 12. auf den 13. August 1961.

Spiegel-Affäre – 1962

Etwas außerhalb der Legalität.

»Offenbar ist hier auch so verfahren worden. Das ist, ich möchte einmal sagen, etwas außerhalb der Legalität«. Mit diesen Worten gestand Bundesinnenminister Hermann Höcherl (1912–1989) in der Fragestunde des Deutschen Bundestages zur Spiegel-Affäre am 8. November 1962, dass das Vorgehen gegen Rudolf Augstein und den *Spiegel* wegen des Artikels »Bedingt abwehrbereit« nicht den zu Gebote stehenden rechtsstaatlichen Verfahren entsprochen hatte. Besagter Artikel hatte über das Bundeswehrmanöver »Fallex« berichtet und auf schwer wiegende Mängel in der Bundeswehr hingewiesen. Die Bundesregierung hatte dies als Geheimnisverrat bezeichnet und die Verhaftung Rudolf Augsteins und Conrad Ahlers' verfügt.

Karl Schiller – 1911 bis 1994

Konzertierte Aktion.

Der damalige Bundeswirtschaftsminister Karl Schiller prägte diesen Begriff im Zusammenhang mit der Rezession der Jahre 1965/66. Er verstand darunter ein gesellschaftliches Bündnis aus Regierung, Gewerkschaften und Arbeitgebern, das sich über Maßnahmen zur Überwindung der Wirtschaftskrise verständigen sollte.

Mehr als dreißig Jahre später gewann Gerhard Schröder die Bundestagswahl 1998 unter anderem mit der Idee, ein

Bündnis für Arbeit

ins Leben zu rufen, in dem wiederum Regierung und Tarifpartner über Maßnahmen zum Abbau der Arbeitslosigkeit beraten sollten. Das Gremium traf sich in den Folgejahren mehrfach, ohne jemals greifbare Ergebnisse vorweisen zu können. Anfang 2003 stellte Bundeskanzler Gerhard Schröder das endgültige Scheitern des von ihm initiierten Bündnisses fest.

Dieter Hildebrandt – geb. 1927

Meinungen sind wie Grundstücke: Erstens sind sie zu teuer, und zweitens kann man nicht immer drauf bauen.

Politik ist nur der Spielraum, den die Wirtschaft ihr lässt.

Der berühmteste deutsche Kabarettist und Satiriker lieferte in seiner Fernsehsendung »Scheibenwischer« Giftpillen am laufenden Band.

Joschka Fischer – geb. 1948

Sie sind Geschichte, im guten und im schlechten Sinne, das haben Sie immer gewollt. Aber in Zukunft werden Sie nicht mehr sein – drei Zentner fleischgewordene Vergangenheit.

Der Vorsitzende der Grünen auf Bundeskanzler Helmut Kohl abzielend in einer seiner legendären Reden im Deutschen Bundestag 1995.

Eher werden Sie sich halbieren als die Arbeitslosigkeit

Ebenfalls an Bundeskanzler Kohl gerichtet, der 1997 verkündete, er werde bis zum Jahr 2000 die Arbeitslosenzahlen halbieren.

Studentenbewegung – 60er Jahre

Unter den Talaren Muff von 1000 Jahren.

Mit dieser Losung begann 1967 der Protest der Studenten gegen die verkrusteten Verhältnisse an den deutschen Universitäten, der sich später zu einer politischen Protestbewegung gegen den Vietnam-Krieg und das »kapitalistische System« ausweitete.

Der lange Marsch durch die Institutionen

war die Strategie der Studentenbewegung nach 1968, die damit die Hoffnung verband, mit Hilfe der (staatlichen) Institutionen, die man eigentlich bekämpfte, die angestrebten gesellschaftlichen Veränderungen durchsetzen zu können.

Der Begriff ist ursprünglich chinesischer Herkunft: 1934/35 legte die kommunistische Rote Armee Mao Zedongs (1893–1976) in einer Gewaltanstrengung, die als »Der Lange Marsch« in die Geschichte einging, 12 500 Kilometer zurück und schuf damit die Grundlage für den endgültigen Sieg der Revolution 1949.

Schreibtischtäter.

Das Wort fand während der Studentenunruhen rasche Verbreitung, während es ursprünglich wohl im Zusammenhang mit den Nürnberger Kriegsverbrecherprozessen geprägt worden war. Prototyp des Schreibtischtäters ist der SS-Obersturmbannführer Adolf Eichmann (→ Seite 500), der die Transporte der jüdischen Bevölkerung in die Vernichtungslager Ostmitteleuropas organisierte.

1987 bezeichnete der *Spiegel* den aus dem »Frühschoppen« bekannten

WDR-Journalisten Werner Höfer wegen seiner nationalsozialistischen Vergangenheit als »Schreibtischtäter«.

Willy Brandt – 1913 bis 1992

Mehr Demokratie wagen.

Unter dieses Motto stellte der neu gewählte sozialdemokratische Bundeskanzler Willy Brandt sein ersten Regierungsprogramm in seiner ersten Regierungserklärung im Herbst 1969. Es war auch ein Angebot an die studentische Protestbewegung.

Nun wächst zusammen, was zusammengehört

ist das in den Folgejahren viel zitierte Wort Willy Brandts, das er im Herbst 1989, als die Maueröffnung in Berlin erfolgt war, im Hinblick auf die bevorstehende Wiedervereinigung der beiden deutschen Staaten prägte.

DDR-Protestbewegung – 1989

Wir sind das Volk

skandierten die Demonstranten der DDR-Bürgerbewegung auf ihren verbotenen Protestzügen im Herbst 1989.

Auf den berühmt gewordenen »Montagsdemonstrationen« in Leipzig erfuhr der Slogan eine entscheidende Veränderung; dort hieß es bald:

Wir sind ein Volk.

Wende.

Das Wort hat in zweifacher Bedeutung Bekanntheit erlangt: 1982 sprach die neue CDU/CSU-FDP-Koalition unter Helmut Kohl und Hans-Dietrich Genscher von einer geistig-moralischen Wende, die es nach dreizehn Jahren sozialliberaler Koalition nun zu vollziehen gelte.

Sieben Jahre später versuchte die neue DDR-Führung unter Egon Krenz mit einer »Wende«, wie sie ihre Anstrengungen nach dem Sturz Honeckers nannte, noch zu retten, was längst verloren war.

Auf der Demonstration am 4. November 1989 in Ostberlin forderte die Schriftstellerin Christa Wolf, es dürfe nicht bei einem »Wendemanöver« bleiben.

All jene im Regierungsapparat, die sich in den Wochen nach Hone-

ckers Sturz allzu heftig von der Vergangenheit lossagten, wurden in der Öffentlichkeit fortan als »Wendehals« bezeichnet.
Die Bevölkerung der DDR griff ihrerseits den Begriff »Wende« auf und verstand darunter einen grundlegenden Wandel in Staat und Gesellschaft.

Roland Koch – geb. 1959

brutalstmöglich.

Auf einer Pressekonferenz zu Beginn des Jahres 2000 musste der hessische Ministerpräsident und CDU-Landesvorsitzende Roland Koch einräumen, dass sein Landesverband Schwarzgeld-Konten in der Schweiz unterhalten habe. Die Rolle, die Roland Koch selbst dabei gespielt hatte, und sein Kenntnisstand waren der Öffentlichkeit zu diesem Zeitpunkt noch nicht bekannt. So stellte er sich an die Spitze der Entrüsteten und versprach, die Vorgänge »brutalstmöglich« aufzuklären.

Wissenschaft

Rechtssammlung – Mittelalter

Wer zuerst kommt, mahlt zuerst

ist ein Rechtsgrundsatz aus dem *Sachsenspiegel*, der ältesten Rechtssammlung des deutschen Mittelalters, die Eike von Repgow zusammengestellt hat (um 1225).

Zahlenmystik – frühe Neuzeit

Eine böse Sieben

war ursprünglich die Trumpfkarte eines seit dem Ende des 15. Jahrhunderts bezeugten Kartenspiels (»Karnöffelspiel«). Sie zeigte als Bild ursprünglich den Teufel, später aber ein böses Weib.
In Johann Sommers *Ethographia mundi* (2. Teil, S. 15) wird die Bezeichnung auf eine Frau übertragen: »Ist denn deine Frau so eine böse Sieben?«
Die Zahl Sieben war seit alters eine besondere Zahl, sie konnte Gutes oder Böses bedeuten; bei der »bösen Sieben« standen wohl auch die sieben Todsünden Pate.

Johann Friedrich Benzenberg – 1777 bis 1846

Zahlen beweisen.

oft erweitert zu »Zahlen beweisen, sagt Benzenberg«, müsste eigentlich heißen: »Zahlen entscheiden«; denn so steht es an vielen Stellen der Schriften des rheinischen Physikers und Publizisten Johann Friedrich Benzenberg.

Wissenssammlung und Wissensvermittlung

Brockhaus.

Der Verleger Friedrich Arnold Brockhaus (1772–1823) war der Stammvater des enzyklopädischen Lexikons, das unter der Bezeichnung »Brockhaus« seit Beginn des 19. Jahrhunderts weite Verbreitung findet.
Friedrich Arnold Brockhaus gründete 1805 einen Verlag in Amsterdam, erwarb 1808 die Rechte an einem Konversationslexikon, das er um zwei Ergänzungsbände erweiterte (1809/1811), und begründete damit eine Tradition enzyklopädischer Wörterbücher, die bis heute andauert und ihre Fortsetzung in CD-ROM-Ausgaben gefunden hat.

Baedeker.

nennen wir einen ausführlichen, gut recherchierten Reiseführer nach dem Verleger Karl Baedeker (1801–1859). Dieser gründete 1827 in Koblenz unter seinem Namen einen Verlag für Reisehandbücher und erwarb von Johann August Klein (1778–1831) die Rechte an dessen Beschreibung *Rheinreise von Mainz bis Cöln* (1832), die das Vorbild für alle nachfolgenden Baedeker-Titel abgab.

Büchmann.

Der Name des Autors selbst wurde zum geflügelten Wort, seit Georg Büchmann (1822–1884) seinen *Zitatenschatz des deutschen Volkes* 1864 vorlegte; wir bezeichnen demnach einen Menschen, der gern und oft zitiert als »Büchmann«.

Duden.

Konrad Dudens (1829–1911) *Vollständiges orthographisches Wörterbuch der deutschen Sprache* (1880) wurde unter seiner Kurzform »Der Duden« zum Synonym für deutschsprachige orthographische Wörterbücher und ist nach wie vor die unumschränkte Autorität in allen Fragen der Rechtschreibung.

Albrecht Ritschl – 1822 bis 1889

Werturteil.

Der Begriff wurde in der Diskussion über die Schrift *Rechtfertigung und Sühne* (drei Bände, 1870–1874) des protestantischen Theologen Albrecht Ritschl geprägt.

Sigmund Freud – 1856 bis 1939

Das Unbehagen an der Kultur

ist eine scherzhafte Verdrehung des Titels einer Schrift (*Das Unbehagen in der Kultur),* die der Begründer der Psychoanalyse, Sigmund Freud, 1930 veröffentlicht hat.

Dolf Sternberger – 1907 bis 1989

Aus dem Wörterbuch des Unmenschen

heißt ein Buch, das der Heidelberger Politologe Dolf Sternberger zusammen mit Gerhard Storz (1898–1983) und Wilhelm Emanuel Süskind (1901–1970) im Jahr 1957 veröffentlicht hat.

Robert Jungk – 1913 bis 1994

Die Zukunft hat schon begonnen

ist der Titel eines viel beachteten Buches (1951) von Robert Jungk, in dem er sich mit den Einflüssen der technischen Entwicklung auf moderne Gesellschaften beschäftigt.

Umwelt – 20. Jahrhundert

Die Welt, in der wir leben.

Die seit 1952 in der amerikanischen Zeitschrift *Life* präsentierte »Naturgeschichte unserer Erde« erschien unter dem Titel *The World We Live in* in Buchform. Die deutsche Ausgabe *(Die Welt, in der wir leben, 1956)* war ein Bestseller.

Atomkraft? Nein danke!

erschien 1975 erstmals als Aufschrift auf einem Emblem (gelber Kreis mit roter lachender Sonne) der Protest-Bewegung, die den Bau eines Kernkraftwerkes im südbadischen Wyhl verhindern wollte, und wurde schon bald zum Markenzeichen der deutschen Anti-Atomkraft-Bewegung. Der Slogan stand für einen von weiten Teilen der Bevölkerung getragenen Unwillen gegen die friedliche Nutzung der Atomkraft und die damit verbundenen (Rest-)Risiken und symbolisierte auf diese Weise einen gewaltfreien, aber in der Sache entschiedenen Widerstand der anwachsenden Bürgerbewegung.

Alexander (1908–1982) und Margarete (geb. 1917) Mitscherlich

Die Unfähigkeit zu trauern

nannten die Psychoanalytiker Alexander und Margarete Mitscherlich ihr Buch (1967) über die »Grundlagen kollektiven Verhaltens« (so der Untertitel).

Kunst

Johann Joachim Winckelmann – 1717 bis 1768

Edle Einfalt und stille Größe

sei das Wesen der griechischen Kunst und Literatur, schrieb der Archäologe und Kunstgelehrte Johann Joachim Winckelmann in seiner Erstlingsschrift *Gedanken über die Nachahmung der griechischen Werke in der Mahlerei und Bildhauer-Kunst* (1755).

Johann Karl August Musäus – 1735 bis 1787

Das Volk der Dichter und Denker

als Bezeichnung für die Deutschen findet sich erstmals in der Vorrede zu den *Volksmärchen* (1782) des Johann Karl August Musäus, wo es heißt: »Was wäre das enthusiastische Volk unserer Denker, Dichter, Schweber, Seher ohne die glücklichen Einflüsse der Fantasie?« In Saul Aschers *Germanomanie* (1815) werden »die Denker und Dichter, welche Deutschlands Kultur im 18. Jahrhundert auf eine hohe Stufe der Bildung emporgehoben«, erwähnt. 1837 widmete der englische Schriftsteller Edward George Bulwer-Lytton (1803–1873), der Verfasser der *Letzten Tage von Pompeji,* seinen Roman *Ernest Maltravers* »to the great German people, a race of thinkers and of critics«.

Richard Wagner – 1813 bis 1883

Zukunftsmusik

nannten Richard Wagners Kritiker die musikalische Richtung des umstrittenen Komponisten, die er in seiner Schrift *Das Kunstwerk der Zukunft* (1850) vorstellte.

Wenn Sie eine Kunst haben wollen, so haben Sie eine.
In dieser Form werden die Worte zitiert, die Richard Wagner nach der Aufführung der *Götterdämmerung* am 18. 8. 1876 in Bayreuth sprach: »Sie haben jetzt gesehen, was wir können; wollen Sie jetzt? – Und wenn Sie wollen, werden wir eine Kunst haben.«

Drittes Reich – 1933 bis 1945

Entartete Kunst.
Der Begriff geht auf eine gleichnamige Wanderausstellung zurück, die erstmals am 19. Juli 1937 in München gezeigt wurde und bis 1941 in zwölf weiteren Großstädten zu sehen war. In ihr waren Meisterwerke der modernen Kunst vertreten, die zuvor aus Galerien und Museen entwendet worden waren und später in vielen Fällen zur Devisenbeschaffung ins Ausland verkauft wurden.
Ziel der Ausstellung war, das so genannte »gesunde Volksempfinden« im Hinblick auf die Kunst zu schärfen und die Werke zeitgenössischer Künstler von Weltrang verächtlich zu machen.

Gesellschaft und Zeitgeschehen

Bier, das nicht getrunken wird, hat seinen Beruf verfehlt
geht auf den Publizisten Alexander Meyer zurück, der als Abgeordneter im Preußischen Abgeordnetenhaus 1880 bei einer Beratung über die Besteuerung alkoholischer Getränke sagte: »Spiritus stellt man her zu den verschiedensten Zwecken und nur zum verhältnismäßig kleineren Teil für den menschlichen Konsum; Bier wird nur zu dem Zweck gebraut, um getrunken zu werden, und dasjenige Bier, was nicht getrunken wird, hat eben seinen Beruf verfehlt.«

Wolkenkratzer
als Übersetzung des englisch-amerikanischen Begriffes »skyscraper« ist seit Beginn des 20. Jahrhunderts in Deutschland gebräuchlich und umschreibt bildhaft die Größe moderner Hochhäuser in den amerikanischen Großstädten. So heißt es 1908 in *Meyers Großem Konversationslexikon* über Wolkenkratzer, das seien »Turmhäuser«, »Geschäftshäuser von riesiger Höhe ... in den Geschäftsvierteln der amerikanischen Weltstädte«.

»Wolkenkratzer« taucht auch in Franz Kafkas (1883–1924) Roman *Amerika* (1912/13) auf.

Otto Normalverbraucher
hieß ein Kriegsheimkehrer (gespielt von Gert Fröbe, 1913–1988) in dem Nachkriegsfilm *Berliner Ballade* aus dem Jahr 1948, der auf dem Kabarett-Programm *Schwarzer Jahrmarkt* basiert.

Das Wunder von Bern
nennt man bis heute die damals völlig unerwartete Tatsache, dass die deutsche Fußball-Nationalmannschaft 1954 das Endspiel gegen die hoch favorisierten Ungarn, denen sie in der Vorrunde deutlich unterlegen waren, mit 3 : 2 Toren gewann und damit erstmals den Titel des Fußballweltmeisters nach Deutschland holen konnte. Die Mannschaft um Kapitän Fritz Walter und Bundestrainer Sepp Herberger waren fortan

die Helden von Bern.

Gott hat mitgeholfen
titelte die *BILD-Zeitung* am Tag nach der Rettung von elf Bergleuten, die ein Grubenunglück in Lengede/Westfalen in einer Luftblase überlebt hatten und mit Hilfe einer so genannten Dahlbusch-Bombe nach mehreren Tagen erfolglosen Bemühens am 7. November 1963 geborgen werden konnten (»Wunder von Lengede«).

Deine Frau (Dein Kind, Dein Mann), das unbekannte Wesen
war eine Illustriertenserie überschrieben, mit der Oswalt Kolle (geb. 1928) Mitte der sechziger Jahre erstmals öffentlich Sexualaufklärung betrieb. Die Artikel erschienen später als Buch und wurden verfilmt.

Ellbogengesellschaft.
Der Begriff geht wohl auf den CDU-Politiker Helmut Kohl zurück, der den damaligen Bundeskanzler Helmut Schmidt 1976 den »Prototyp dieser Ellbogengesellschaft der Bundesrepublik Deutschland« nannte. 1982 wurde der Begriff zum »Wort des Jahres« erkoren, und 1997 erklärte der Ministerpräsident von Niedersachsen, Gerhard Schröder: »Die Bundesrepublik darf sich nicht zu einer Gesellschaft formieren,

in der nur die eine Chance haben, die ihre Ellbogen zu gebrauchen wissen, sich also ohne Rücksicht auf die anderen durchsetzen.«

Peanuts
nannte 1994 der damalige Vorstandssprecher der Deutschen Bank, Hilmar Kopper, in einer Pressekonferenz einen Verlust von 50 Millionen DM, den sein Arbeitgeber durch die Pleite des Frankfurter Baulöwen Jürgen Schneider erlitten hatte.

Film

Ein Lied geht um die Welt
heißt ein Film (in dem das gleichnamige Lied gesungen wird) über einen Tenor aus dem Jahr 1933. Der Hauptdarsteller, der Tenor Joseph Schmidt, emigrierte wegen seines jüdischen Glaubens noch im selben Jahr.

Die Unschuld vom Lande
geht auf den gleichnamigen Film zurück, der 1933 in die Kinos kam.

Es war eine rauschende Ballnacht
heißt ein Unterhaltungsfilm (1939) über den russischen Komponisten Peter Iljitsch Tschaikowsky (1840–1893).
Bekannt geworden ist vor allem ein Lied, das Zarah Leander (1907 bis 1981) mit ihrer bekannt tiefen Stimme in diesem Film gesungen hat:

Nur nicht aus Liebe weinen.

Die Frau meiner Träume
lautet der Titel eines Musikfilms aus dem Jahr 1943 mit Marika Rökk in der Hauptrolle, die das Lied singt:

In der Nacht ist der Mensch nicht gern alleine
(Text: Walter Dehmel, 1909–1971; Musik: Franz Grothe, 1908–1982).

Große Freiheit Nr. 7
ist der Titel eines Films (1944) von Helmut Käutner (1908–1980), der im Hamburger Vergnügungsviertel St. Pauli spielt. Darin singt Hans Albers (1891–1960) das bekannte Lied

Komm auf die Schaukel Luise.
Weitere Filme mit viel sagenden Titeln von Helmut Käutner sind:

Wir machen Musik
aus dem Jahr 1942;

Des Teufels General
(1955) über den NS-Fliegergeneral Harras, gespielt von Curd Jürgens, der auf einem gleichnamigen Theaterstück von Carl Zuckmayer (1896 bis 1977) beruht und dieses Stück weithin bekannt machte;

Der Hauptmann von Köpenick
(1956) der ebenfalls auf ein Zuckmayer-Stück (aus dem Jahr 1931) zurückgeht und der historischen Figur des Schusters Wilhelm Voigt (1849–1922; gespielt von Heinz Rühmann) und seinem Kampf gegen die Widrigkeiten des wilhelminischen Bürokratismus und Militarismus ein Denkmal setzte. Voigts Geniestreich, als Gardehauptmann verkleidet das Rathaus von Köpenick mit einer Hand voll Soldaten zu besetzen und sich den Stadtsäckel zu sichern, bezeichnen wir als »Köpenickiade«.

Es liegt was in der Luft
versprach ein Unterhaltungsfilm aus dem Jahr 1950, in dem Hans Moser nuschelte.

Keine Angst vor großen Tieren
sagen wir nach dem Titel des gleichnamigen Films aus dem Jahr 1953.

Wenn der weiße Flieder wieder blüht
heißt ein Film mit Magda Schneider und Willy Fritsch aus dem Jahr 1954, in dem auch das gleichnamige Lied gesungen wird.

Halbstarke.
Der Ausdruck geht auf eine Erzählung von Will Tremper zurück, die 1956 mit Horst Buchholz und Karin Baal in den Hauptrollen verfilmt wurde. Halbstarke werden seitdem in herabsetzender Weise Jugendliche genannt, die sich gegen die Erwachsenen und ihre Konventionen auflehnen.

Zur Sache Schätzchen
heißt es seit dem gleichnamigen Film (1968), den May Spils (geb. 1941) mit Uschi Glas und Werner Enke drehte.

Jagdszenen aus Niederbayern
machte ein gegen den Strich gebürsteter, sozialkritischer Heimatfilm von Peter Fleischmann aus dem Jahr 1968 bekannt, der auf einem Theaterstück (1966) von Martin Sperr (1944–2002) beruht.

Angst essen Seele auf
heißt ein Film (1974) von Rainer Werner Fassbinder (1945–1982), der den Alltag von Gastarbeitern kritisch beleuchtet.

Jeder für sich und Gott gegen alle
ist der Titel eines Films (1974), in dem Werner Herzog die Geschichte des Findelkindes Kaspar Hauser erzählt.

Fernsehen

Hätten Sie's gewusst?
fragte der Sportreporter und Quizmaster Heinz Maegerlein (1911 bis 1998) seine Kandidaten zwischen 1958 und 1969 in der gleichnamigen Quizsendung der ARD.

Einer wird gewinnen
versprach der Schauspieler und Quizmaster Hans-Joachim Kulenkampff (1921–1998) seinen Kandidaten aus sechs europäischen Ländern, die zwischen 1964 und 1987 in der ARD gegeneinander antraten.

Der Goldene Schuss
hieß die erste erfolgreiche ZDF-Show, in deren Mittelpunkt eine Armbrust stand. Zunächst der niederländische Entertainer Lou van Burg und später der Schweizer Sänger Vico Torriani moderierten die Unterhaltungssendung, die von 1964 bis 1970 regelmäßig ausgestrahlt wurde und sich großer Beliebtheit erfreute.
Im übertragenen Sinne ist der »goldene Schuss« die letzte, todbringende Heroinspritze, die sich ein Drogenabhängiger setzt.

Feuer breitet sich nicht aus, hast du Minimax im Haus
hieß es schon vor dem Ersten Weltkrieg in einem Werbespruch. Dass es damit nicht getan ist, zeigt die Erweiterung des Slogans durch findige Wortakrobaten: »Minimax ist großer Mist, wenn du nicht zu Hause bist.«

Keine Feier ohne Meyer
sagte der Volksmund in den fünfziger Jahren über die Produkte des Berliner Spirituosen-Herstellers Meyer & Co. AG.

So nötig wie die Braut zur Trauung ist Bullrich-Salz für die Verdauung
machte der allzeit kreative Volksmund in den fünfziger Jahren aus dem holprigen Werbespruch: »Nach dem Essen Bullrich-Salz nicht vergessen.«

Mach mal Pause
riet eine Werbeanzeige von Coca-Cola in den fünfziger Jahren. Der Slogan wurde von Hubert Strauf Mitte der fünfziger Jahre geschaffen und die damit verbundene Werbekampagne von der Agentur Die Werbe in Essen entwickelt.

Dahinter steckt immer ein kluger Kopf
weiß die *Frankfurter Allgemeine Zeitung* über die Leser ihres Blattes zu berichten – der »kluge Kopf« tauchte erstmals 1957 in einem Verlagsprospekt auf, und mittlerweile hat er sogar ein weibliches Pendant.

Bauknecht weiß, was Frauen wünschen.
Mit diesem Motto warb der Stuttgarter Elektrogeräte-Hersteller Bauknecht ab 1957 für seine Produkte.

Der Duft der großen weiten Welt
umgab die Konsumenten, wenn sie zu Peter-Stuyvesant-Zigaretten griffen; der Slogan war ab 1959 prägend für die Zigarettenmarke.

Wer wird denn gleich in die Luft gehen ...
»... greife lieber zu HB«, sprach die Stimme aus dem Off in einem Comic-TV-Werbespot der Agentur Gramm & Grey aus dem Jahr 1959. Das HB-Männchen verzweifelte in den Folgejahren noch oft an den Tücken des Alltags, bevor ihn eine HB-Zigarette mit seinem Dasein versöhnte.

Pack den Tiger in den Tank.
Die Gleichsetzung des Esso-Konzerns mit dem freundlichen Tiger geht auf den Beginn des 20. Jahrhunderts zurück, doch erst 1959 wurde das Tier zu neuem Leben erweckt, als ein Werbefachmann besagte Aufforderung textete und damit den Grundstein für eine überaus erfolgreiche Kampagne legte, die in der Bundesrepublik zwischen 1965 und 1968 lief. Nach der Ölkrise 1973/74 erregte der Esso-Konzern mit einer weiteren Image-Kampagne Aufsehen: 1974 erblickte der Klassiker

Es gibt viel zu tun. Packen wir's an
das Licht der Werbewelt, bevor Esso Mitte der achtziger Jahre erneut den Tiger »auspackte«.

Mit fünf Mark sind Sie dabei
hieß das Motto der Fernsehlotterie »Ein Platz an der Sonne«, die zugunsten des »Hilfswerks Berlin« erstmals 1960 ausgestrahlt wurde (→ Seite 523).

Neckermann macht's möglich
hieß es erstmals im Winterkatalog 1960/1961 des gleichnamigen Versandhauses, dessen Inhaber Josef Neckermann (1912–1992) mit der Gründung des Unternehmens im Jahr 1948 eine der erstaunlichsten Karrieren des Wirtschaftswunders begann.

Aus Erfahrung gut
beschrieb der Elektrogeräte-Hersteller AEG seine Produkte seit den sechziger Jahren; gewitzte Zeitgenossen persiflierten diese auf den Firmennamen abgestimmte Wendung in vielerlei Formen, u. a.: »Auspacken. Einpacken. Gutschrift.«

Aus deutschen Landen frisch auf den Tisch.
Mit diesem Versprechen startete die Gesellschaft für Absatzförderung der Deutschen Landwirtschaft e. V. 1961 die Vermarktung ihrer Produkte in Warenhausketten.

Auf diese Steine können Sie bauen
verspricht die Bausparkasse Schwäbisch Hall seit Anfang der sechziger Jahre, als die ersten Früchte des Wirtschaftswunders geerntet werden konnten und viele Zeitgenossen sich nichts sehnlicher wünschten als »die eigenen vier Wände«.

Und läuft und läuft und läuft ...
wurde dem VW-Käfer nachgesagt – das viel zitierte Prädikat wurde dem legendären Auto aus Wolfsburg in einer Werbekampagne des Jahres 1962 verliehen.

Nie war er so wertvoll wie heute
behauptet man seit 1962 von dem Melissenextrakt »Klosterfrau Melissengeist«.

Der nächste Winter kommt bestimmt
stellte die Rheinische Braunkohlenbrikett-Verkauf GmbH 1963 fest.

Weißer Riese
heißt seit 1965 ein Waschmittel der Firma Henkel.

Alle reden vom Wetter – wir nicht
behauptete 1966/67 die Deutsche Bundesbahn und riet: »Fahr lieber mit der Bundesbahn.« Die Kampagne, entwickelt von der Werbeagentur McCann-Erickson in Frankfurt/Main, erntete viel Lob und wurde mehrfach ausgezeichnet. Vielleicht auch deshalb wurde sie vom Sozialistischen Deutschen Studentenbund persifliert, der in der Hochzeit der Studentenunruhen 1968 ein Plakat drucken ließ, das den Wetter-Slogan über den Porträts der »roten Götter« Marx, Engels, Lenin und Mao Zedong zeigt.

Ich geh' meilenweit für Camel Filter
gestand ab 1970 ein begeisterter Raucher der gleichnamigen Zigarette.

Nur Fliegen ist schöner
behauptete die Adam Opel AG 1970 in ihrer Werbekampagne für den Opel GT, die die Werbeagentur McCann-Erickson in Frankfurt/Main entwickelt hatte.

Die zarteste Versuchung, seit es Schokolade gibt
wird seit 1972 von einer lila Kuh angepriesen und von Suchard produziert: Milka.

Nichts ist unmöglich
war ab 1985 der Werbeslogan für Toyota-Autos, doch erst als 1992 sprechende Affen den Slogan sangen, machte er die Automarke mit einem Schlag bundesweit bekannt.

Man gönnt sich ja sonst nichts
erklärte der beliebte Schauspieler Günther Strack ab 1987 und genehmigte sich einen Malteserkreuz Aquavit.

Bei ARD und ZDF sitzen Sie in der ersten Reihe
hieß eine Gemeinschaftswerbung von ARD und ZDF im Jahr 1989. Das Plakat zeigte eine Fußballszene, womit die Stoßrichtung klar war: Im selben Jahr hatte RTL die Senderechte an der Fußball-Bundesliga erworben.

Skandinavien

Literatur

Ludvig Holberg – 1684 bis 1754

Kannegießer

ist im übertragenen Sinne ein politisierender Schwätzer; das Wort geht zurück auf das Lustspiel *Den politiske Kandestøber* (1723; deutsch: *Der politische Kannegießer*, 1742) des dänischen Dichters und Historikers Ludvig Baron von Holberg; davon abgeleitet sind »Kannegießerei« und »kannegießern«.

Hans Christian Andersen – 1805 bis 1875

Die Prinzessin auf der Erbse

ist der Titel eines Märchens aus der Sammlung *Eventyr, fortalte for børn* (1835–1848; deutsch: *Märchen*) des dänischen Autors Hans Christian Andersen.

»Die Prinzessin auf der Erbse« ist der Inbegriff eines übertrieben empfindsamen, andere mit seinen Launen tyrannisierenden Menschen.

Des Kaisers neue Kleider

ist ebenfalls ein Andersen-Märchen, das von falscher Eitelkeit erzählt.

Das hässliche Entlein

stammt auch aus der Märchensammlung von Hans Christian Andersen und berichtet von einem ausgegrenzten Entlein, das sich in einen wunderschönen Schwan verwandelt.

Henrik Ibsen – 1828 bis 1906

Man stirbt nicht mitten im fünften Akt

heißt es in dem Schauspiel *Peer Gynt* (Fünfter Akt), das der norwegische Dramatiker Henrik Ibsen 1867 vorgelegt hat.

Die Stützen der Gesellschaft
ist der deutsche Titel von Henrik Ibsens Gesellschaftsstück *Samfundets Støtter* (1877), das mit seiner Gesellschaftskritik das moderne Theater begründete.

Dreieckiges Verhältnis
stammt aus Henrik Ibsens symbolistischem Drama *Hedda Gabler 2, 1* (1890). Wir sprechen heute zumeist von einem

Dreiecksverhältnis.

In Schönheit sterben
sagen wir ebenfalls nach Henrik Ibsens *Hedda Gabler*, Schlussszene.

Knut Hamsun – 1859 bis 1952

Segen der Erde
heißt der Roman *Markens Grøde* (1917) des norwegischen Autors Knut Hamsun (d. i. Knut Pedersen), für den er 1920 den Literaturnobelpreis erhielt, auf Deutsch.

Trygve Gulbranssen – 1894 bis 1962

Und ewig singen die Wälder
ist der Titel des dritten Teils einer in Deutschland viel gelesenen Romantrilogie (1933–1935) des Norwegers Trygve Gulbranssen über ein Bauerngeschlecht.

Astrid Lindgren – 1907 bis 2003

Pippi Langstrumpf
heißt die Titelheldin aus Astrid Lindgrens erfolgreicher Kinderbuch-Serie über ein rothaariges, sommersprossiges Mädchen, das mit ihrem Affen, Herrn Nilson, ohne Eltern in der »Villa Kunterbunt« lebt und die bürgerlich geordneten Verhältnisse ihrer Umwelt auf liebenswerte Weise in Frage stellt.

Philosophie

Søren Kierkegaard – 1813 bis 1855

Die Krankheit zum Tod

ist der Titel einer Schrift, die der dänische Theologe, Philosoph und Schriftsteller Søren Kierkegaard unter dem Pseudonym »Anti-Climacus« 1849 veröffentlichte.

Geschichte und Politik

Vidkun Quisling – 1887 bis 1945

Quisling

nennen wir heute einen verräterischen Politiker. Der Ausdruck geht auf den Norweger Vidkun Quisling zurück, der 1933 zum Führer der faschistischen Partei aufstieg und im April 1940 sowie von 1942 bis 1945 Ministerpräsident seines Landes war. In dieser Zeit arbeitete er eng mit den deutschen Besatzern zusammen und teilte deren politische Zielsetzungen. 1945 wurde Vidkun Quisling als Kollaborateur verhaftet, verurteilt und hingerichtet.

Kunst

Ingmar Bergman – geb. 1918

Szenen einer Ehe

ist der deutsche Titel eines Films (*Scener ur ett äktenskap*, 1973) des schwedischen Film- und Theaterregisseurs Ingmar Bergman, der aus einer sechsteiligen Fernsehserie hervorgegangen ist und die Fragwürdigkeit fester Beziehungen aufzeigt.

Großbritannien und USA

Literatur

Sir Edward Coke – 1551 bis 1633

My home is my castle – Mein Haus ist meine Burg

ist die Umformung eines Rechtsspruches von Sir Edward Coke, der in seinen *Institutes 3, 162* die Verteidigung des Hauses begründet: »For a man's house is his castle – Denn eines Mannes Haus ist seine Burg.«

Philipp Sidney – 1554 bis 1586

Meine bessere Hälfte – My better half

soll zuerst der Dichter Philipp Sidney in seinem Roman *The Countesse of Pembroke's Arcadia* (1590) gesagt haben.

William Shakespeare – 1564 bis 1616
König Heinrich VI.

Ich sage wenig, denke desto mehr –
I hear, yet say not much, but think the more

heißt es in Shakespeares historischem Drama *König Heinrich VI. 3, 4* (um 1590).

Komödie der Irrungen

Komödie der Irrungen – The comedy of errors

ist der Titel eines Lustspiels von William Shakespeare (um 1591).

William Shakespeare – Verlorene Liebesmüh

Liebes-Leid und -Lust

ist der deutsche Titel der Schlegel-Tieck'schen Übersetzung (1833) von Shakespeares Komödie *Love's Labour's Lost* (um 1592).

Verlorene Liebesmüh

ist der üblich gewordene deutsche Titel von William Shakespeares Komödie *Love's Labour's Lost,* der rasch zum geflügelten Wort wurde.

William Shakespeare – König Richard III.

Der Winter unseres Missvergnügens – The winter of our discontent

heißt es in William Shakespeares Drama *König Richard III. 1, 1* (um 1593). Aus demselben Stück zitieren wir:

Ich bin nicht in der Gebelaune heut' – I am not in the giving vein today.

(4, 2)

Ein Pferd! Ein Pferd! Mein Königreich für 'n Pferd! – A horse! A horse! My kingdom for a horse!

heißt es *5, 4*; meist sagt man verkürzend »ein Königreich«.

William Shakespeare – Ein Sommernachtstraum

Des Dichters Aug' in schönem Wahnsinn rollend – The poets eye, in a fine frenzy rolling.

William Shakespeare verwendet diesen Ausdruck in seinem Stück *A Midsummer Night's Dream 5, 1* (um 1594; deutsch: *Ein Sommernachtstraum*). »Schöner Wahnsinn« als »amabilis insania« existiert schon bei Horaz *(Oden 3, 4)*.

Ebenfalls nach dem *Sommernachtstraum* verwendet man:

Das ist der Anfang vom Ende – That is the true beginning of our end

(5, 1); auch gern französisch zitiert: »C'est le commencement de la fin«, was Talleyrand (zu seinem eigenen Erstaunen) von der Schlacht bei Leipzig (1813) gesagt haben soll.

Gut gebrüllt, Löwe! – Well roared, lion!

zitieren wir aus Shakespeares *Sommernachtstraum 5, 1*.

William Shakespeare – König Richard II.

Das bittre Brot der Verbannung essen – Eating the bitter bread of banishment

heißt es in William Shakespeares historischem Drama *König Richard II. 3, 2* (um 1595).

William Shakespeare – Romeo und Julia

Romeo

heißt der Titelheld in Shakespeares *Romeo und Julia* (um 1595) und bezeichnet bis heute einen jungen Liebhaber. Daraus zitieren wir:

Was ist ein Name? Was uns Rose heißt,
Wie es auch hieße, würde lieblich duften –
What's in a name? that which we call a rose,
by any other name would smell as sweet.
(2, 2)

Es war die Nachtigall und nicht die Lerche – It was the nightingale and not the lark.
(3, 5)

William Shakespeare – Der Kaufmann von Venedig

Nicht für einen Wald von Affen! – Not for a wilderness of monkeys!

heißt es in Shakespeares viel gespieltem Drama *The Merchant of Venice 3, 1* (um 1595; deutsch: *Der Kaufmann von Venedig*). Daraus zitieren wir auch:

Königlicher Kaufmann – Royal merchant.
(3, 2)

Ich steh' hier auf meinem Schein – I stay here on my bond.
(4, 1)

William Shakespeare – König Heinrich IV.

Das bessere Teil der Tapferkeit ist Vorsicht – The better part of valour is discretion

sagt Falstaff in William Shakespeares *König Heinrich IV.*, 1. Teil, *5, 4* (um 1596).

Heißsporn – Hotspur

ist der Beiname Heinrich Percys im 1. Teil von William Shakespeares *König Heinrich IV.* und wird seitdem zur Bezeichnung eines Draufgängers oder einer besonders energiegeladenen Persönlichkeit verwendet.

Falstaff.
Die Figur aus William Shakespeares *König Heinrich IV.* dient bis heute als Inbegriff des feisten, unangenehmen Aufschneiders.
Als Schwerenöter taucht Falstaff auch in mehreren Opern auf (u.a. Ditter von Dittersdorf, Otto Nicolai und Giuseppe Verdi).

Ich könnte besser einen Bessern missen – I could have better spared a better man
sagt in William Shakespeares *König Heinrich IV.*, 1. Teil, *5, 4* der Prinz von dem totgeglaubten Falstaff.

Kanonenfutter.
Der Begriff leitet sich von Falstaffs »Food for powder« (Futter für Pulver) aus William Shakespeares *König Heinrich IV.*, 1. Teil, *4, 2* ab.

Welt in Waffen – World in arms
zitieren wir aus William Shakespeares *König Heinrich IV.*, 1. Teil, *5, 1*.

Dein Wunsch war des Gedankens Vater, Heinrich – Thy wish was father, Harry, to that thought
heißt es in William Shakespeares *König Heinrich IV.*, 2. Teil *4, 4*. Der Satz geht zurück auf Caesar (→ Seite 163).

William Shakespeare – Viel Lärm um nichts, etwa 1598

Viel Lärm um nichts – Much ado about nothing
ist der Titel einer Shakespeare-Komödie (um 1598).

William Shakespeare – König Heinrich V.

Das ist der Humor davon – Ther' is the humour of it
heißt es in William Shakespeares Drama *König Heinrich V., 2, 1* (um 1599); auch in *Die lustigen Weiber von Windsor 2, 1*.

William Shakespeare – Julius Cäsar

Er denkt zu viel, die Leute sind gefährlich – He thinks too much, such men are dangerous
zitieren wir aus William Shakespeares *Julius Cäsar 1, 2* (um 1599). Ebenso:

Lasst wohlbeleibte Männer um mich sein, mit glatten Köpfen, und die nachts gut schlafen – Let me have men about me that are fat, sleekheaded men, and such as sleep o'night.
(1, 2)

Last not least – Zuletzt, nicht zumindest.
»Tho' last, not least in love – Zuletzt, doch nicht der letzte meinem Herzen«, sagt Antonius in *Julius Cäsar 3, 1*.
Im *König Lear* (1605; 1, 1) nennt Lear seine Tochter Cordelia »the last, not least – die jüngste, nicht geringste«.

Unheil, du bist im Zuge, nimm, welchen Lauf du willst! – Mischief, thou art afoot, take thou what course thou wilt!
spricht Antonius (in *3, 2*) diese Worte, die wir zumeist verkürzt zitieren: »Nun, Unheil, nimm deinen Lauf!«

Denn Brutus ist ein ehrenwerter Mann;
das sind sie alle, alle ehrenwert –
For Brutus is an honourable man,
So are they all, all honourable men
sagt Antonius in seiner berühmten Leichenrede auf Cäsar, *3, 2*.

Bei Philippi sehen wir uns wieder
sagen wir frei nach *Julius Cäsar 4, 3* (»Nun, zu Philippi will ich denn dich sehen«); hier stützt sich William Shakespeare auf Plutarchs *Caesar*, Kapitel 59: »Bei Philippi wirst du mich sehen.«

William Shakespeare – Hamlet

Mit einem heitern, einem nassen Aug' – With one auspicious and a dropping eye
heißt es in William Shakespeares *Hamlet 1, 2* (um 1601).
Aus *Hamlet* zitieren wir auch die folgenden geflügelten Worte:

O schmölze doch dies allzu feste Fleisch! – O! that this too too solid flesh would melt!
(1, 2)

Schwachheit, dein Nam' ist Weib! – Frailty, thy name is woman!
(1, 2)

Es war ein Mann, nehmt alles nur in allem, ich werde nimmer seinesgleichen sehen – He was a man, take him for all in all, I shall not look upon his like again.
(1, 2)

Du kommst in so fragwürdiger Gestalt? – Thou com'st in such a questionable shape?
(1, 4)

Etwas ist faul im Staate Dänemark – Something is rotten in the state of Denmark.
(1, 4)

Ich wittre Morgenluft – I scent the morning air
(1, 5) wird von Gottfried August Bürger (1748–1794) in seiner Ballade »Lenore« übernommen. Es bedeutet hier wie bei Shakespeare, dass die Stunde naht, in der die Geister verschwinden müssen, während es heute im Sinn von »Ich spüre, jetzt kommt eine günstige Zeit für mich« gebraucht wird.

Es gibt mehr Ding' im Himmel und auf Erden, Horatio, als Eure Schulweisheit sich träumen lässt – There are more things in heaven and earth, Horatio, than are dreamt of in our philosophy.
(1, 5)

Die Zeit ist aus den Fugen – The time is out of joint. *(1, 5)*

Mehr Inhalt, weniger Kunst! – More matter, with less art!
(2, 2)

In der Kürze liegt die Würze.
Bei William Shakespeare, *Hamlet 2, 2* heißt es: »Therefore, since brevity is the soul of wit ..., I will be brief. – Weil Kürze denn des Witzes Seele ist ..., fass ich mich kurz.«

Zweifle an der Sonne Klarheit,
zweifle an der Sterne Licht,
zweifl', ob lügen kann die Wahrheit,
nur an meiner Liebe nicht –
Doubt thou, the stars are Eire,
doubt that the sun doth move,
doubt truth to be a liar!
But never doubt, I love.
(2, 2)

An sich ist nichts weder gut noch böse; das Denken macht es erst dazu – There is nothing either good or bad, but thinking makes it so.
(2, 2)

Ist dies schon Tollheit, hat es doch Methode – Though this be madness, yet there is method in it.
(2, 2)

Kaviar für das Volk – Caviar for the general.
(2, 2)

Behandelt jeden Menschen nach seinem Verdienst, und wer ist vor Schlägen sicher? – Use every man after his desert, and who should 'scape whipping?
(2, 2)

Was ist ihm Hekuba, was ist er ihr, dass er um sie soll weinen? – What's Hecuba to him, or he to Hecuba, that he should weep for her?
(2, 2) In Homers *Ilias 6, 449 ff.* sagt Hektor zu seiner Frau, das künftige Leid seiner Mutter bekümmere ihn nicht so sehr als ihres. Gelegentlich sagt man auch: »Das ist ihm Hekuba!«, d. h., das ist ihm gleichgültig.

Sein oder Nichtsein, das ist hier die Frage – To be or not to be, that is the question.
(3, 1)

Ein Ziel, aufs Innigste zu wünschen – A consummation devoutly to be wish'd.
(3, 1)

Das unentdeckte Land, von des Bezirk kein Wandrer wiederkehrt – The undiscovered country from whose bourn no traveller returns.
(3, 1)

Der angebor'nen Farbe der Entschließung wird des Gedankens Blässe angekränkelt – And thus the native hue of resolution is sicklied o'er with the pale cast of thought.
(3, 1)

O welch ein edler Geist ist hier zerstört! – O what a noble mind is here o'erthrown!
(3, 1)

Ach, armer Yorick! – Alas, poor Yorick!
(5, 1)

In Bereitschaft sein ist alles – The readiness is all.
(5, 2) Meist sagt man: **Bereit sein ist alles.**

Der Rest ist Schweigen – The rest is silence.
sind Hamlets letzte Worte *(5, 2)*.

William Shakespeare – Troilus und Cressida

Worte, Worte, nichts als Worte – Words, words, more words
entnehmen wir William Shakespeares *Troilus und Cressida 5, 3* (um 1601).

William Shakespeare – Maß für Maß

Zahn der Zeit – Tooth of time
heißt es nach Shakespeare in seiner Komödie *Maß für Maß 5, 1* (um 1604). In Deutschland lesen wir diese Formulierung zuerst bei Johann Christoph Gottsched (1700–1766) in dem Gedicht »An den Generalleutnant v. Schulenburg bei dem Antritt des 1725. Jahres«. Übrigens findet

sich die »scharfzahnige Zeit« bereits bei dem griechischen Dichter Simonides (gest. 468 v. Chr.).

William Shakespeare – Wie es euch gefällt

Die ganze Welt ist ein Theater – All the world's a stage.

William Shakespeare, *As You Like It 2, 7* (um 1604; deutsch: *Wie es euch gefällt*), übernimmt diesen Vergleich aus früheren Quellen, so aus der Inschrift am Globe Theater in London: »Totus mundus agit histrionem.«

William Shakespeare – Othello

Othello.

Der Name des Titelhelden von Shakespeares Stück *Othello* (1604) steht bis heute für einen krankhaft eifersüchtigen Ehemann. Aus diesem Stück zitieren wir auch:

Tu Geld in deinen Beutel! – Put money in thy purse!

(1, 3)

Hast du zur Nacht gebetet, Desdemona? – Have you prayed tonight, Desdemona?

Die drohenden Worte spricht William Shakespeares Othello zu seiner Frau *(5, 2)*.

William Shakespeare – König Lear

Denn der Regen, der regnet jeglichen Tag – For the rain it raineth every day

heißt es in William Shakespeares *König Lear 3, 2* (um 1605). In *Was ihr wollt* bildet der Vers den Refrain des Schlussliedes, schließlich erreichte er den Gipfel der Volkstümlichkeit im Trinklied Falstaffs: »Als Büblein klein an der Mutter Brust« in Otto Nicolais Oper *Die lustigen Weiber von Windsor* (1849).

Kundiger Thebaner – Learned Theban

sagen wir nach William Shakespeare, *König Lear 3, 4*. Ebenso:

Jeder Zoll ein König – Every inch a King.

(4, 6)

Narr des Glücks – Fool of Fortune.
(4, 6) Diese Formulierung finden wir ähnlich auch in *Romeo und Julia 3, 1.*

William Shakespeare – Antonius und Kleopatra

Wenn mich das Alter auch nicht schützt vor Torheit, doch wohl vor dem Kindischsein – Though age from folly could not give me freedom, it does from childishness
stammt aus William Shakespeares später Tragödie *Antonius und Kleopatra 1, 3* (um 1607), oft verkürzt zitiert als »Alter schützt vor Torheit nicht«.

William Shakespeare – Macbeth

Komme, was kommen mag, die Stunde rinnt auch durch den rau'sten Tag – Come what come, may time and the hour run through the roughest day
heißt es in William Shakespeares *Macbeth 3* (um 1608) und in Schillers Übersetzung (1800, dort *1, 7*), die statt »rinnt« allerdings »rennt« sagt.

Alle Wohlgerüche Arabiens – All the perfumes of Arabia
sagen wir nach William Shakespeares *Macbeth 5, 1.*

John Milton – 1608 bis 1674

Das verlorene Paradies – Paradise Lost.
Das bedeutendste Werk von John Milton wurde unter diesem Titel 1667 erstmals gedruckt. Es entstand in den Jahren 1658–1665.

Henry More – 1614 bis 1687

Vierte Dimension.
Henry More stellt in seinem Werk *Encheiridion metaphysicum* von 1671 die Behauptung auf, Körper hätten lediglich drei Dimensionen, Geister jedoch besäßen vier. Diese Vorstellung wurde von zahlreichen Autoren übernommen.

Daniel Defoe – 1660 bis 1731

Robinsonaden
nennen wir Geschichten von Seereisen und Entdeckerabenteuern nach dem Roman *Robinson* von Daniel Defoe, der 1761 erschien und angeblich auf wahren Begebenheiten beruhte.

Robinson
wird seit Defoes *Robinson Crusoe* auch derjenige genannt, der allein auf einer einsamen Insel (meist in der Südsee) oder überhaupt in der Einsamkeit lebt.

Jonathan Swift – 1667 bis 1745

Liliput
wird heute im Deutschen für die verschiedensten besonders kleinen Dinge verwendet. Ursprünglich handelt es sich um den Namen eines Märchenlandes mit nur daumengroßen Bewohnern, die Jonathan Swift in seinem heute noch gern gelesenen Jugendroman *Gullivers Reisen* (1726) beschreibt.

Joan Arbuthnot – 1675 bis 1735

John Bull.
Dieser Name als Bezeichnung des englischen Volkes stammt aus Joan Arbuthnots politischer Satire *The History of John Bull* (1712).
Weit verbreitet wurde die Bezeichnung erst durch George Colmans Schauspiel *John Bull* (1805), das in Karl Blums Übertragung auch in Deutschland (1825) aufgeführt wurde.

Charles Macklin – 1697 bis 1797

Ein Mann von Welt – The Man of the World
ist der Titel einer Komödie von Charles Macklin, die ab 1781 mit sehr großem Erfolg in London aufgeführt wurde.

James Thomson d. Ä. – 1700 bis 1748

Rule, Britannia, Britannia rule the waves,
Britons never, never shall be slaves
– Herrsche, Britannia, über die Wogen [die Weltmeere],
Briten werden niemals Sklaven sein
heißt es im Refrain des Liedes »Rule, Britannia« von James Thomson dem Älteren. Ursprünglich war es Teil des Schauspiels *Alfred*, das 1740 uraufgeführt wurde.
Heute ist es eines der populärsten patriotischen Lieder des Vereinigten Königreichs.

Benjamin Franklin – 1706 bis 1790

Early to bed and early to rise
makes a man healthy, wealthy and wise –
Früh zu Bett und früh aufstehen
macht gesund, reich und klug.

Dieses Sprichwort findet sich zuerst in John Clarkes Sprichwörtersammlung *Paroemiologia (*1639). Zu seiner Verbreitung trug besonders bei, dass es von Benjamin Franklin in seinem *Weg zum Reichtum* (1767) angeführt wurde.

Der Gedanke ist schon in einer antiken Schrift ausgesprochen (*Oeconomia 1, 6, 5;* etwa 250–200 v. Chr.): »Nachts, d. h. in aller Frühe aufstehen ist sowohl für die Gesundheit wie für die Wirtschaft wie für das Philosophieren von Nutzen.«

Time is money – Zeit ist Geld.

So heißt es zuerst in Benjamin Franklins *Ratschlägen an einen jungen Kaufmann* (1748). In Francis Bacons *Essays* (1620) heißt es im Abschnitt »Of Dispatch«: »Time is the measure of business, as money is of wares: and business is bought at a deare hand, where there is small dispatch – Zeit ist das Maß der Arbeit wie Geld das Maß der Waren, und Arbeit wird teuer, wo wenig Eile dabei ist.«

Schließlich soll (nach Diogenes Laertius) schon der griechische Philosoph Theophrast (um 372–287 v. Chr.) die Zeit einen »kostbaren Aufwand« genannt haben.

Dreimal umziehen ist so schlimm wie einmal abbrennen –
Three removes are as bad as a fire.

So beschreibt Benjamin Franklin eine allgemein menschliche Erfahrung in seinem *Der Weg zum Reichtum* (1767).

Samuel Johnson – 1709 bis 1784

Der Weg zur Hölle ist mit guten Vorsätzen gepflastert – Hell is paved with good intentions.

So sagte Samuel Johnson nach James Boswells Biographie *Life of Johnson* (1887).

In der *Braut von Lammermoor* (1819) führt Walter Scott den Ausspruch auf einen englischen Theologen zurück; wahrscheinlich ist der Dichter George Herbert (1593–1644) gemeint, der in seinem Werk *Jacula prudentium* (Ausgabe von 1651, S. 11) schreibt: »Hell is full of good meaning and wishings - Die Hölle ist voll von guten Absichten und Wünschen.« Vielleicht darf man auch die Bibelstelle *Jes. Sir. 21, 11* heranziehen: »Die Gottlosen gehen zwar auf einem feinen Pflaster, des Ende der Höllen Abgrund ist.«

Lawrence Sterne – 1713 bis 1768

Hobby.

»Hobby horse«, Steckenpferd, nennt Laurence Sterne in seinem Roman *The Life and Opinions of Tristram Shandy* (1760) die kleinen Marotten, an denen der Einzelne seine Freude hat und an denen kein Außenstehender Anstoß nehmen sollte.

Oliver Goldsmith – 1728 bis 1774

Weltbürger.

Weltbürger oder Briefe eines in London weilenden chinesischen Philosophen an seine Freunde im Osten lautet der deutsche Titel eines Buches von Oliver Goldsmith. Es erschien zuerst 1760 in London, 1781 auch in deutscher Sprache.

Richard Brinsley Sheridan – 1751 bis 1816

Lästerschule.

Der Begriff ist dem Titel der Komödie *The school for scandale* (1777) von Richard Brinsley Sheridan entnommen.

Thomas Campbell – 1777 bis 1844

Künftige Ereignisse werfen ihre Schatten voraus - Coming events cast their shadows before

stammt aus Thomas Campbells *Lochiel's Warnung* und findet sich danach im Motto von Lord Byrons (1788–1824) Elegie »Dantes Prophezeiung« (1819).

Thomas Moore – 1779 bis 1852

Letzte Rose.

Der als Ausdruck sentimentaler Nostalgie verwendete Begriff ist als »Last rose of summer« der Titel eines Liedes von Thomas Moore, das in seine Sammlung *Irische Melodien* (1808) eingegangen und durch Flotows Oper *Martha* bekannt geworden ist.

George Gordon Noel Lord Byron – 1788 bis 1824

Fare thee well, and if for ever,
then for ever, fare thee well! –
Lebe wohl, und wenn für immer,
dann für immer, lebe wohl!

So beginnt Lord Byrons Abschiedsgedicht (1816) an seine Frau.

Ich erwachte eines Morgens und fand, ich war berühmt! – I awoke one morning and found myself famous!

sagte Lord Byron nach Thomas Moore (*Letters and Journals,* 1830), nachdem er die beiden ersten Gesänge von *Childe Harold's Pilgrimage* (1812; deutsch: *Ritter Harolds Pilgerfahrt*) veröffentlicht hatte und dadurch einem breiten Publikum bekannt geworden war.

James Fenimore Cooper – 1789 bis 1851

Der letzte Mohikaner – The last of the Mohicans

ist der Titel eines Romans (1826) in der Reihe der *Lederstrumpf-Geschichten* des amerikanischen Erzählers James Fenimore Cooper.

Lederstrumpf.

Auch diese Bezeichnung für einen in der Wildnis lebenden Trapper entstammt den *Lederstrumpf-Geschichten* von James Fenimore Cooper, die insgesamt fünf Romane umfassen.

Thomas Carlyle – 1795 bis 1881

Arbeiten und nicht verzweifeln – Work and despair not.

Dieses Motto wählte Thomas Carlyle zum Thema seiner Rede bei der Übernahme des Rektorats der Universität Edinburgh 1866. Eine deutsche Auswahl aus Carlyles Werken mit diesem Titel (seit 1902) trug das ihre zur Verbreitung des Ausdrucks bei.

Industriekapitäne.

Auch den Begriff »Captains of Industry« finden wir bei Carlyle, und zwar in seinem Buch *Past and Present*, das 1843 erschien.

Thomas Haynes Bayly – 1797 bis 1839

Lang, lang ist's her – Long, long ago

ist der Titel eines Liedes, das von Thomas Haynes Bayly geschrieben und komponiert wurde. Es beginnt mit den Worten: »Sag mir das Wort, das so gern ich gehört.«

Mary Wollstonecraft Shelley – 1797 bis 1851

Frankenstein.

Mit einem Wissenschaftler dieses Namens griff Mary Wollstonecraft Shelley den Typus des Menschen wieder auf, der von seiner eigenen wissenschaftlichen Neugier aufs Grausamste eingeholt wird. In dem Roman *Frankenstein or The Modern Prometheus*, der 1818 in London erschien (deutsch: *Frankenstein oder Der moderne Prometheus*, 1912), wird von einem Wissenschaftler in Ingolstadt erzählt, der aus Leichenteilen einen Menschen zusammenbaut, den er zum Leben erweckt und der sich bald gegen seinen Schöpfer wendet.

Edward George Bulwer-Lytton – 1803 bis 1873

Die letzten Tage von Pompeji – The Last Days of Pompeii

heißt ein historischer Roman (1834) von Edward George Bulwer-Lytton, der nach seinem Erscheinen zum Bestseller avancierte und auch verfilmt wurde; dieser Titel wird in vielen Varianten zitiert.

William Makepeace Thackeray – 1811 bis 1863

Jahrmarkt der Eitelkeit – Vanity Fair

ist der Titel einer Romansatire von William Makepeace Thackeray, die 1847 erschien.

Snob.

Der abwertende Begriff des »Snobs« und das davon abgeleitete Wort »Snobismus« stammen aus William Makepeace Thackerays *Book of Snobs*, das 1849 in Buchform erschien, nachdem es zuvor in den Jahren 1846 bis 1849 als Artikelserie in der satirischen Zeitschrift *Punch* veröffentlicht worden war.

Harriet Beecher Stowe – 1811 bis 1896

Onkel Toms Hütte

ist der deutsche Titel (amerikan.: *Uncle Tom's Cabin, or Life Among the Lowly*, 1852) eines Romans von Harriet Beecher Stowe, der die harten Daseinsbedingungen der schwarzen Sklaven in den USA beschreibt. Gerade im Berliner Kleingartenmilieu wurde der Begriff für Gartenlauben häufig verwendet, auch in manchen deutschen Ferienorten wurde er als Name von kleinen Sommerhäusern sehr beliebt. Eine in Berlin-Zehlendorf gelegene Gaststätte gleichen Namens gab einer S-Bahn-Station ihren Namen, die ihrerseits später zur Namensgeberin eines ganzen Berliner Wohnviertels wurde.

Charles Dickens – 1812 bis 1870

Heimchen am Herd – Cricket on the Hearth

ist der gern zitierte Titel einer Weihnachtserzählung von Charles Dickens, die der Autor 1846 in Paris veröffentlichte.

Lewis Carroll – 1832 bis 1898

Alice im Wunderland – Alice in Wonderland

heißt ein Kinderbuch (1865) von Lewis Carroll; der Titel wird bis heute in den verschiedensten Zusammenhängen zitiert.

Henry Morton Stanley – 1841 bis 1904

Dunkler Erdteil.

Diese Bezeichnung für den afrikanischen Kontinent lässt sich auf den Reisebericht von Henry Morton Stanley zurückführen, der unter dem Titel *Through the Dark Continent* 1878 erschien. Die bereits im selben Jahr erschienene deutsche Übersetzung trug den Titel *Durch den dunklen Weltteil.*

Bram Stoker – 1847 bis 1912

Dracula.

Der Vampir-Roman von Bram Stoker (1897) wurde zum Prototyp eines ganzen literarischen Genres, der Namensträger zum Stammvater aller fiktiven Vampire.

Robert Louis Stevenson – 1850 bis 1894

Dr. Jekyll und Mr. Hyde

Die Bezeichnung für Personen mit zweifelhaftem Doppelleben führt sich auf den Titelhelden von Robert Louis Stevensons Roman *The Strange Case of Dr. Jekyll and Mr. Hyde* (1886) zurück, in dem nicht nur eine grauenhafte Geschichte erzählt, sondern auch mit der Doppelmoral der bürgerlichen Gesellschaft ins Gericht gegangen wird.

Die Schatzinsel.

Nach dem Roman *Treasure Island* (1883; deutsche Ausgabe 1897) benennt unsere Fantasie noch heute Südseeinseln, auf denen sagenhafte Piratenschätze vermutet werden.

Oscar Wilde – 1854 bis 1900

Jeder tötet, was er liebt – Each man kills the thing he loves

ist ein Vers aus Oscar Wildes Dichtung *The Ballad of Reading Gaol – Die Ballade vom Zuchthaus zu Reading*, die 1898 erstmals als Buch erschien. Wilde variiert den Satz in diesem Werk mehrmals.

Scholem Alechem – 1859 bis 1916

Wenn ich einmal reich wär – If I were a rich man.

Aus dem Musical *Fiddler on the Roof* (deutsch: Anatevka), das nach den jiddischen Tewje-Geschichten von Scholem Alechem (eigentlich Schalom Rabinowitsch) entstand und 1964 uraufgeführt wurde, wird häufig die Liedzeile »Wenn ich einmal reich wär« zitiert.

Arthur Conan Doyle – 1859 bis 1930

Sherlock Holmes.

Der Name einer Romanfigur von Arthur Conan Doyle wird häufig benutzt, um einen begabten Detektiv oder allgemein eine findige Person zu bezeichnen.

Israel Zangwill – 1864 bis 1926

Schmelztiegel – Melting Pot.

Die Bezeichnung »Schmelztiegel« zur Kennzeichnung des Vielvölkerstaates USA geht auf das Drama *The Melting Pot* (1914) des englischen Zionisten und Autors Israel Zangwill zurück.

Jack London – 1876 bis 1916

Ruf der Wildnis

zitieren wir nach dem Roman von Jack London *The Call of the Wild*, der 1903 erschien und dessen deutsche Übersetzung 1929 zunächst unter dem Titel *Wenn die Natur ruft* vorlag.

Eugene O'Neill – 1888 bis 1953

Trauer muss Elektra tragen.

Der deutsche Titel dieses Stücks von Eugene O'Neill, 1931 unter dem Titel *Mourning Becomes Electra* uraufgeführt, wird ebenso häufig zitiert wie

Eines langen Tages Reise in die Nacht

desselben Autors, das unter dem Titel *Long Days Journey into Night* 1956 zur Uraufführung kam.

James Mallahan Cain – 1892 bis 1977

Wenn der Postmann zweimal klingelt.

Der Titel des Romans von James Mallahan Cain, der auch mehrmals verfilmt wurde, lautet im Original *The Postman Always Rings Twice*. Er erschien 1934 in New York, in Deutschland 1957 zunächst unter dem Titel *Die Rechnung ohne den Wirt*.

Bekannt wurde auch der gleichnamige Film aus dem Jahr 1980 mit Jack Nicholson in der Hauptrolle.

Aldous Huxley – 1894 bis 1963

Schöne neue Welt - Brave New World

ist der Titel einer kritischen Romanutopie von Aldous Huxley, die 1932 erschien. Zitiert wird dieser Titel zumeist mit ironischem Unterton, also ganz im Sinne Huxleys, der in dem Roman eine »vollkommene«, in unseren Augen jedoch totalitäre Zukunftsgesellschaft beschreibt.

Thornton Wilder – 1897 bis 1975

Unsere kleine Stadt

ist der deutsche Titel (1944) des Stückes *Our Town* (1938) von Thornton Wilder.

Ernest Hemingway – 1899 bis 1961

Wem die Stunde schlägt.

Der deutsche Titel des Romans über den Spanischen Bürgerkrieg von Ernest Hemingway, *For Whom the Bell Tolls*, der 1940 erschien und dessen deutsche Übersetzung 1941 veröffentlicht wurde, wird häufig und immer wieder abgewandelt zitiert.

Der alte Mann und das Meer.

Ebenso häufig und vielfältig wird der deutsche Titel der Hemingway-Erzählung *The Old Man and the Sea* (1952) verwendet.

Vladimir Nabokov – 1899 bis 1977

Lolita

ist der Titel eines Aufsehen erregenden Romans (1955) des aus Russland stammenden amerikanischen Schriftstellers Vladimir Vladimirowitsch Nabokov.

Lolita nennen wir danach Mädchen, die mit ihrer Sexualität kokettieren.

Margaret Mitchell – 1900 bis 1949

Vom Winde verweht.

Gone with the Wind ist der Originaltitel des 1936 erschienenen Romans von Margaret Mitchell.

John Steinbeck – 1902 bis 1968

Von Mäusen und Menschen

ist der deutsche Titel eines Stücks (1937) von John Steinbeck, *Of Mice and Men.*

Die Früchte des Zorns

zitieren wir nach dem deutschen Titel eines Romans (1939) von John Steinbeck (1939); *Grapes of Wrath* ist nicht zuletzt wegen des Welterfolgs der Verfilmung zur sprichwörtlichen Redewendung geworden. Er zitiert seinerseits bereits die *Offenbarung des Johannes 14–16*.

Jenseits von Eden.

In diesem Roman, der erstmals 1952 unter dem Titel *East of Eden* erschien (deutsche Ausgabe 1953), hat Steinbeck den Kain-und-Abel-Stoff neu verarbeitet.

Der Roman wurde 1955 mit James Dean in der Hauptrolle verfilmt und dadurch weithin bekannt.

George Orwell – 1903 bis 1950

1984.

Nach dem bedeutenden utopischen Roman von George Orwell, *Nineteeneightyfour* (1949), bezeichnet die Jahreszahl im Titel die Schreckensvorstellung eines totalitären Staates. Ebenso aus diesem Roman stammt die sprichwörtlich gewordene Figur des

Big Brother.

Der »große Bruder«, der alle beobachtet, hat in jüngster Zeit durch zweifelhafte TV-Experimente beklemmende Aktualität gewonnen.

Graham Greene – 1904 bis 1991

Der dritte Mann – The Third Man

ist der Titel eines Romans von Graham Greene, der 1949 erschien (deutsche Ausgabe 1951) und durch die Verfilmung mit Orson Welles im gleichen Jahr zu Weltruhm gelangte.

Ian Fleming – 1908 bis 1964

Lizenz zum Töten.

Einer der bekannten und vor allem in der Filmversion berühmt gewordenen 007-Romane des britischen Autors Ian Fleming trägt den Titel *Licence to Kill.* Die Redewendung wird vielfältig verwendet und immer wieder auch abgewandelt.

In aller Munde ist auch der besonders bei Frauen beliebte Titelheld von Flemings Romanen, der sich immer mit den Worten

Mein Name ist Bond, James Bond

vorstellt. Dieser Satz wird heute ebenfalls in vielen abgewandelten Formen gebraucht.

Ebenfalls aus der 007-Reihe von Ian Fleming:

Leben und sterben lassen – Live and let die

Du lebst nur zwei Mal – You only live twice.

Eric Malpass – 1910 bis 1996

Morgens um sieben ist die Welt noch in Ordnung – Morning's at Seven

lautet der im Deutschen viel zitierte Titel des Bestsellers von Eric Malpass (1965).

Tennessee Williams – 1911 bis 1983

Endstation Sehnsucht

ist der deutsche Titel des Tennessee-Williams-Stückes *A Streetcar Named Desire* (1947), das 1951 mit Vivian Leigh in der Hauptrolle auch erfolgreich verfilmt wurde.

Die Katze auf dem heißen Blechdach.

Ebenfalls ein Stück von Williams ist *The Cat on a Hot Tin Roof* aus dem Jahr 1955, das verfilmt wurde und auf diese Weise zu Weltruhm gelangte.

Cyril Northcote Parkinson – 1919 bis 1993

Parkinsons Gesetz

sagen wir nach Cyril Northcote Parkinsons *Parkinson's Law or The Pursuit of Progress* (1957); es handelt sich um eine Sammlung satirischer Essays, in denen der Autor den Fallstricken der Bürokratie einen Spiegel vorhält.

Arthur Miller – 1915 bis 2005

Alle meine Söhne – All My Sons

ist einer der Titel (1947, deutsche Ausgabe 1948) des amerikanischen Dramatikers Arthur Miller, die häufig zitiert werden. Das gilt auch für die beiden Stücke, die kritisch mit dem »American Dream« umgehen:

Tod eines Handlungsreisenden – Death of a Salesman

(1949, deutsche Ausgabe 1950)

Nicht gesellschaftsfähig – The Misfits

(1961)

Pete Seeger – geb. 1919

Sag mir, wo die Blumen sind – Where have all the flowers gone
ist der viel zitierte Titel eines Liedes von Pete Seeger, das 1961 entstand und seitdem zum weltweit gesungenen Antikriegslied geworden ist. Der deutsche Text, der unter anderem von Marlene Dietrich gesungen wurde, stammt von Max Colpet (1905–1998).

James Jones – geb. 1921

Verdammt in alle Ewigkeit
ist der deutsche Titel des Romans *From Here to Eternity* (1951) von James Jones. Er wurde vor allem durch die Hollywood-Verfilmung aus dem Jahr 1953 bekannt.

Norman Mailer – geb. 1923

Die Nackten und die Toten – The Naked and the Dead
ist der Titel des ersten Romans von Norman Mailer, der 1948 in Toronto erschien (deutsche Ausgabe 1950). Der Roman erzählt von den Erlebnissen des Autors aus dem Zweiten Weltkrieg im Pazifik.

Edward Albee – geb. 1928

Wer hat Angst vor Virginia Woolf?
ist der deutsche Titel eines Stücks (1962, deutsche Ausgabe 1963) von Edward Albee: *Who's Afraid of Virginia Woolf?*, das das Kinderlied »Wer hat Angst vorm bösen Wolf?« parodiert.

Alan Sillitoe – geb. 1928

Die Einsamkeit des Langstreckenläufers – The Loneliness of the Long-Distance Runner
heißt eine Erzählung (1959, deutsche Ausgabe 1967) des britischen Autors Alan Sillitoe.

Milan Kundera – geb. 1929

Die unerträgliche Leichtigkeit des Seins
wird in vielen abgewandelten Versionen zitiert und oft genug geradezu verballhornt. Der Roman des im mährischen Brünn geborenen Exil-Tschechen erschien unter dem englischen Titel *The Unbearable Lightness of Being* zuerst 1984 in Kanada, im gleichen Jahr auch in Deutschland. 1987 wurde der Roman von Ph. Kaufman (USA) verfilmt.

John Osborne – 1929 bis 1994

Blick zurück im Zorn.

Look Back in Anger heißt das Stück von John Osborne, das 1956 uraufgeführt wurde, im Original.

Zornige junge Männer.

Der Typus des zornigen jungen Mannes ist ebenfalls diesem Stück entnommen.

John Le Carré – geb. 1931

Der Spion, der aus der Kälte kam.

Der Spionageroman *The Spy Who Came in from the Cold* des britischen Schriftstellers John Le Carré erschien 1963 (deutsche Ausgabe 1964) und wurde ein Welterfolg.

Thomas Harris – geb. 1940

Das Schweigen der Lämmer

Auch der deutsche Titel des Romans von Thomas Harris *The Silence of the Lambs* (1990) wurde vor allem durch die Verfilmung (1994) bekannt und ist seither in aller Munde.

Philosophie

Thomas Morus – 1480 bis 1535

Utopie.

Dieser Begriff, der aus dem griechischen »ou« = »nicht« und »topos« = »Ort« zusammengesetzt ist, wird nach der von Thomas Morus verfassten Schrift *De optimo rei publicae statu deque nova insula Utopia* (1516; deutsch: Über den besten Zustand des Staates und über die neue Insel Utopia) verwendet.

Geschichte und Politik

Johann I. Ohneland – 1167 bis 1216

Magna Charta.

Magna Charta Libertatum wird jene »Große Urkunde der Freiheiten« genannt, die der despotisch regierende englische König Johann I.

Ohneland nach zahlreichen Niederlagen und Misserfolgen 1215 auf Druck der Barone erließ. Damit wurde die Macht des Königs begrenzt. Die Magna Charta gilt als Ausgangspunkt der europäischen Verfassungsentwicklung. Heute dient der Begriff zur Kennzeichnung einer Erklärung, einer Resolution, eines Gesetzes o. Ä., das eine weit über tagesaktuelle Fragen hinausgehende Bedeutung besitzt.

Edward III. – 1327 bis 1377

Honi soit qui mal y pense – Ein Schelm, wer Schlechtes dabei denkt

steht als Losung auf dem höchsten britischen Orden, dem so genannten »Hosenband-Orden« (»The Most Noble Order of the Garter«), den der englische König Edward III. wahrscheinlich im Jahr 1348 stiftete. Höchstens 26 Ordensträger erlauben die Vergaberegeln; nach dem Tod müssen die Insignien zurückgegeben werden.

Über den Ursprung des Ordens wird erzählt, dass König Edward III. auf einem Hofball das Strumpfband, das seine Geliebte Alix Salisbury beim Tanzen verloren hatte, aufhob, den lächelnden Zeugen des Vorfalls mit besagten Worten begegnete und hinzufügte, so mancher werde danach streben, dieses Strumpfband künftig tragen zu dürfen.

John Ball – hingerichtet 1381

Als Adam grub und Eva spann, wer war denn da ein Edelmann? – When Adam delved and Eve span, who was then the gentleman?

Dieses sozialkritische, gegen die Aristokratie gerichtete Wort soll der englische Priester John Ball, einer der Anführer des großen mittelalterlichen Bauernaufstandes, am 13. Juni 1381 gesagt haben, nachdem ihn die Bauern aus dem Kerker befreit hatten. Der Historiker Hellmut Diwald schreibt dazu: »Der Prediger John Ball brachte all das in leidenschaftliche Formulierungen, wozu die Geschundenen selbst nicht in der Lage waren. Seine Forderungen ... bedeuteten einen theoretischen Umsturz von Gottes Ordnung.« John Ball wurde 1381 hingerichtet.

Thomas Cartwright – 1535 bis 1603

Puritaner.

Der englische Theologe Thomas Cartwright gilt als Begründer und geistiger Führer der »Puritaner«, einer radikalen Strömung der englischen Reformation, die stark calvinistisch geprägt war. Danach nennen wir heute noch sittenstrenge, prüde Menschen »Puritaner« oder belegen sie mit dem Adjektiv »puritanisch«.

William Camden – 1551 bis 1623

Gleichgewicht der Kräfte – Balance of Power

wurde als politisches Schlagwort erstmals von dem britischen Historiker William Camden in der von ihm verfassten *History* genannt. Seit der großen Allianz gegen Frankreich (1689–1697), die sich auf die Personalunion England-Holland stützte, wurde der Begriff zum Leitbild der englischen Außenpolitik, die sich gegen jede Macht wendete, die in Kontinentaleuropa eine Vorherrschaft anstrebte.

USA – 17./18. Jahrhundert

Yankees

wurden ab Ende des 17. Jahrhunderts die Bewohner Neuenglands scherzhaft genannt, wohl in Anspielung auf »Jan Kaas«, den Spitznamen der Holländer (→ Seite 390).

Im Sezessionskrieg 1861–1865 war es ein Schimpfwort, mit dem die Südstaatler die Nordstaatler belegten. Im Ausland gilt der Begriff »Yankee« als abwertende Bezeichnung für die Staatsbürger der USA.

Robert Walpole – 1676 bis 1745

Jeder Mensch hat seinen Preis

geht auf den englischen Staatsmann Sir Robert Walpole zurück, von dem sein Biograph Coxe sagt: »Redefloskeln verachtete er. Die Auslassungen vorgeblicher Patrioten schrieb er ihren oder ihrer Angehörigen eigennützigen Absichten zu und sagte von ihnen: ›Alle diese Leute haben ihren Preis.‹«

Benjamin Franklin – 1706 bis 1790

Ça ira – Das wird (schon) gehen

pflegte Benjamin Franklin, der nach der Unabhängigkeitserklärung der Vereinigten Staaten 1776 als deren Gesandter nach Paris geschickt worden war, zu antworten, wenn man ihn nach den Fortschritten der Revolution in Amerika fragte.

Drei Mal wiederholt bildet das Wort den Anfang des neben der *Marseillaise* (→ Seite 529) bekanntesten französischen Revolutionsliedes, dessen Text im Auftrag Lafayettes von dem Straßensänger Ladré verfasst wurde: »Ah! ça ira, ça ira, ça ira! Les aristocrates à la lanterne!«

Edward Boscawen Viscount of Falmouth – 1711 bis 1761

Blaustrumpf-Gesellschaft

nannte der britische Admiral Edward Boscawen Gesellschaften, in denen das intellektuelle Gespräch gepflegt wurde, nach Benjamin Stillingfleet (1702–1771), der zu diesen Treffen stets blaue Strümpfe trug.

Später hat sich die Bedeutung des Wortes ins Negative verändert und als »Blaustrümpfe« bezeichnete man abwertend Frauen, die sich ganz und gar »unweiblich« gaben und ausschließlich geistigen Interessen folgten.

John Montagu Earl of Sandwich – 1718 bis 1792

Sandwich

nennen wir zwei zusammengeklappte, mit Butter bzw. Margarine bestrichene Brotscheiben und einem beliebigen Belag. Der Ausdruck geht zurück auf den 4. Earl of Sandwich, der sich, um den Spieltisch nicht verlassen zu müssen, ein Stück Braten servieren ließ, das zwischen zwei Scheiben Brot gepackt war.

William Lynch – 1742 bis 1820

Lynchjustiz

d.i. »Volksjustiz«, eine Rechtsprechung ohne gesetzliche Grundlage; die Herkunft des Begriffes ist nicht eindeutig geklärt.

Häufig wird der aus Virginia stammende Hauptmann William Lynch genannt, der um 1780 eine eigenmächtige Rechtsprechung ausübte. Andere Quellen nennen den Ende des 18. Jahrhunderts in North Carolina tätigen Richter John Lynch oder den bis 1782 in Virginia urteilenden Richter Charles Lynch. Schließlich wird auch der gegen Ende des 15. Jahrhunderts in Galway/Irland regierende Bürgermeister Walter Lynch genannt, dessen Geschichte Jürgen Lodemann 1976 (1996 überarbeitet) zu einem historischen Roman verdichtet hat.

Horatio Nelson – 1758 bis 1805

England expects every man to do his duty – England erwartet, dass jeder Mann seine Pflicht tun wird

geht auf Admiral Horatio Nelsons Tagesbefehl an die Flotte in der Schlacht bei Trafalgar (21. 10. 1805) zurück, in der die britische die französisch-spanische Flotte vernichtete und Großbritannien für mehr als ein Jahrhundert die Weltherrschaft über die Meere sicherte. Nelson fiel in dieser Schlacht.

Samuel Wilson – 1766 bis 1854

Uncle Sam

als Personifizierung der USA geht zurück auf den New Yorker Samuel Wilson, der wegen seines gewinnenden Wesens von seinen Zeitgenossen »Uncle Sam« genannt wurde.

Während des zweiten Krieges Englands gegen Nordamerika von 1812 bis 1814 war er Proviantinspektor im englischen Heer und zeichnete mit großer Gewissenhaftigkeit die Lieferungen an die USA mit »U.S.« – das wurde als Absender »Uncle Sam« gelesen.

Sir Arthur Wellesley, Herzog von Wellington – 1769 bis 1852

Ich wollte, es würde Nacht, oder die Preußen kämen

soll Sir Arthur Wellesley, Herzog von Wellington, während der Schlacht bei Waterloo (18. 6. 1815) gesagt haben, als er nur noch mühsam den heftigen Angriffen Napoleons standhalten konnte.

Waterloo

ist die britische Bezeichnung jener Schlacht im Jahr 1815, in der die Koalition aus Engländern und Preußen unter den beiden Feldherren Wellington und Blücher die Franzosen unter Napoleon entscheidend geschlagen hat.

Die Namensgebung beruht auf der Entscheidung Wellingtons, sein Hauptquartier in der Nähe der belgischen Ortschaft Waterloo (heute ein Teil Brüssels) aufzuschlagen. Danach sagen wir noch heute

Sein Waterloo erleben,

wenn wir eine schwere Niederlage kennzeichnen.

George Bryan Brummell – 1778 bis 1840

Dandy

und

Dandytum.

Als »Dandy« bezeichnen wir einen übertrieben modisch gekleideten Mann. Der Begriff ist möglicherweise indischen Ursprungs: »dandi« war ein hoher Beamter des Indian Civil Service (»Stockträger«). Der Begriff wurde nach den Napoleonischen Kriegen auf die Angehörigen des Adels angewandt, die sich durch Kleidung und Lebensstil hervortaten.

Das »Dandytum« entwickelte sich aus einem Kreis reicher junger Adliger, die sich um den Bürgerlichen George Bryan Brummell geschart hatten und sich durch Überheblichkeit, Müßiggang und Verschwendungssucht auszeichneten.

Stephen Decatur – 1799 bis 1820

Right or wrong, my country – Recht oder Unrecht – es ist mein Vaterland

ist der Wahlspruch bedenkenloser Patrioten und geht auf den amerikanischen Admiral Stephan Decatur (1779–1820) zurück, der in einem Trinkspruch 1816 in Norfolk gesagt hat: »Our country! In her intercourse with foreign nations, may she always be in the right, but our country, right or wrong!«

Abraham Lincoln – 1801 bis 1865

Es ist nicht gut, die Pferde zu wechseln, während man den Fluss überquert – It is not best to swap horses while crossing the river

sagte der Präsident der Vereinigten Staaten Abraham Lincoln in einer Antwort an die National Union League vom 9. Juni 1864.

William Gladstone – 1809 bis 1898

Hands off! – Hände weg!

warnte der englische Premierminister William Gladstone Österreich, als es 1878 die benachbarten, ehemals osmanischen Provinzen Bosnien und Herzegowina besetzte.

Theodore Parker – 1810 bis 1860

Regierung des Volkes durch das Volk für das Volk.

In einer Rede auf der Anti-Slavery Convention in Boston 1850 sagte der amerikanische Politiker Theodore Parker (1810–1860): »A democracy, that is a government of all the people, by all the people, for all the people – Demokratie bedeutet: Regierung des Volkes durch das Volk für das Volk.«

Austen Henry Layard – 1817 bis 1894

Der richtige Mann am richtigen Platz – The right man in the right place

geht auf eine Rede zurück, die der englische Archäologe und Staatsmann Austen Henry Layard am 15. Januar 1855 im Unterhaus hielt und worin er sagte: »Ich habe immer geglaubt, dass Erfolg das unvermeidliche Ergebnis sein werde, wenn man sowohl dem Landheere wie der Flotte freie Bewegung gönnte und wenn wir den rechten Mann abordneten, um die rechte Stelle zu füllen.«

Charles Cunningham Boycott – 1832 bis 1897

Boykott.

Der Begriff geht zurück auf den britischen Gutsverwalter Charles Cunningham Boycott, den die irische Landliga wegen seiner Unnachgiebigkeit und Härte gegen die einheimischen Pächter zum Verlassen Irlands zwang.

Dorman B. Eaton – 1882

Public Relations – Öffentlichkeitsarbeit

tauchte als Begriff in den USA erstmals im Jahr 1882 auf zum Zwecke der Legitimierung des amerikanischen »Big Business«, das von Seiten sozialkritisch eingestellter Journalisten angefeindet wurde.

1937 übernahm die Marketing-Abteilung von Krupp den Begriff, der in Deutschland indes erst nach dem Zweiten Weltkrieg im Sinne einer zeitgemäßen Beeinflussung der öffentlichen Meinung in Abgrenzung von der nationalsozialistischen »Propaganda« Verbreitung fand.

Englische Außenhandelsgesetzgebung – 1887

Made in Germany – Hergestellt in Deutschland

verdankt seinen Ursprung dem englischen Gesetz *The Merchandise Marks Act* von 1887, das allen im Ausland hergestellten Waren mit englischen Namen oder Schutzmarken die Einfuhr verweigerte. Darin hieß es: »... es sei denn, diesem Namen oder dieser Schutzmarke wurde eine genaue Bezeichnung des Landes hinzugefügt, in dem die Ware hergestellt oder hervorgebracht wurde.«

In den Ausführungsbestimmungen wurde dieser Sachverhalt eindeutig erläutert: »So ist es zum Beispiel erwünscht, dass zur Bezeichnung des Ursprungs deutsche Waren, die den Namen ›John Brown‹ tragen, mit der Hinzufügung ›Made in Germany‹ versehen werden.« Die Angabe »Germany« sei allein nicht ausreichend, um den Absichten des Gesetzes Rechnung zu tragen, vielmehr ist es »durchaus erforderlich, die Aufschrift ›Made in Germany‹ zu setzen«.

Max Goldberger – 1848 bis 1913

(Amerika –) das Land der unbegrenzten Möglichkeiten.

Diese Redewendung stammt von dem deutschen Schriftsteller Ludwig Max Goldberger, der nach einer Studienreise durch die USA in einem Zeitungsinterview (*New Yorker Staats-Zeitung* vom 3. Juni 1902) gefragt wurde, welche Eindrücke er gewonnen habe. Seine Antwort wurde rasch zum geflügelten Wort: »Europa muss wach bleiben. Die Vereinigten Staaten sind das Land der unbegrenzten Möglichkeiten.«

Frauenbewegung – Anfang 20. Jahrhundert

Suffragetten

nannte man die englischen Frauenrechtlerinnen, die in den Jahren vor dem Ersten Weltkrieg für das Frauenwahlrecht eintraten. Der Begriff ist vom lateinischen »suffragium« (Stimmrecht) abgeleitet. Heute wird die Bezeichnung »Suffragette« abwertend auf Frauen angewendet, die sich für feministische Ziele einsetzen.

Thomas Woodrow Wilson – 1856 bis 1924

Selbstbestimmungsrecht der Völker.

Dieser Grundsatz der internationalen Politik wurde von dem amerikanischen Präsidenten Woodrow Wilson (reg. 1912–1920) geprägt. In zahlreichen Reden zur Rechtfertigung des amerikanischen Kriegseintritts im Zusammenhang mit seiner 14-Punkte-Erklärung vom 8. Januar 1918, auf der Pariser Friedenskonferenz und im Werben für die Idee eines »Völkerbundes« sprach er immer wieder davon, dass es das Recht aller Völker sei, ihre inneren Angelegenheiten in eigener Souveränität zu regeln.

Ervin Wardman – 1865 bis 1923

Yellow Press

nennen wir trivialen Sensationsjournalismus. Der Ausdruck geht zurück auf die beim Publikum sehr beliebte Comicserie »The Yellow Kid«, die ab 1894 in der New Yorker Zeitung *The World* erschien. Ihr Schöpfer, der Zeichner Richard Felton Outcult (1863–1928), wurde bald vom Konkurrenzblatt *New York Journal* abgeworben, was zu heftigen Auseinandersetzungen in der New Yorker Presselandschaft führte und den Journalisten Ervin Wardman veranlasste, in einem Kommentar beide Zeitungen als »Yellow Press« abzuqualifizieren.

Neville Chamberlain – 1869 bis 1940

Den Omnibus verpasst.

Am 4. April 1940 sagte der damalige englische Premierminister Neville Chamberlain mit Blick auf die bevorstehende Ausweitung des Krieges durch Deutschland: »Es war zu erwarten, dass der Feind die anfängliche Überlegenheit ausnutzen würde, um zu versuchen, Frankreich zu überwältigen, ehe wir die Mängel ausgeglichen hätten. Das ist nicht geschehen. Hitler hat den Omnibus verpasst.«

Appeasement – Beschwichtigung

Mit diesem Wort kennzeichnen wir die Politik des britischen Premierministers Neville Chamberlain gegenüber dem Deutschen Reich, Italien und Spanien in den dreißiger Jahren, die dem Expansionsdrang der faschistischen Diktaturen nachgab, um den Frieden zu erhalten. Seitdem wird jede nachgiebige Politik gegenüber autoritären Regimen mit diesem Ausdruck kritisiert.

Bernard Mannes Baruch – 1870 bis 1965

Kalter Krieg – Cold War

ist ein politischer Begriff für die Rivalität der Supermächte USA und Sowjetunion und ihrer jeweiligen Bündnisse unterhalb der Schwelle militärischer Auseinandersetzungen zwischen 1947 (Truman-Doktrin) und 1991 (Zerfall der Sowjetunion). Höhepunkte des Kalten Krieges waren der Korea-Krieg 1950–1953, der Mauerbau in Berlin 1961 und die Kuba-Krise 1962. Die Auswirkungen des Kalten Krieges wurden ab 1963 durch Entspannungsbemühungen gemildert, die eine Reihe von bi- und multilateralen Verträgen hervorbrachten.

Winston Churchill – 1874 bis 1965

Business as usual
(Das Geschäftsleben geht ruhig weiter)
sagte der britische Politiker Winston Churchill am 9. November 1914 und fügte hinzu: »Mag sich die Landkarte von Europa auch noch so viel verändern.«

Blut, Schweiß und Tränen
stellte der neue Premierminister Winston Churchill in seiner Unterhausrede dem britischen Volk in Aussicht, als er am 13. Mai 1940 die Regierung übernahm: »I have nothing to offer but blood, toil, tears and sweat – Ich habe nichts zu bieten außer Blut, Mühe, Tränen und Schweiß.«

Der Eiserne Vorhang
ist ein bildhafter Ausdruck, den bereits der deutsche Reichspropagandaminister Joseph Goebbels in der Zeitschrift *Das Reich* vom 25. Februar 1945 verwendet, der britische Staatsmann Winston Churchill jedoch erst populär gemacht hat. Er sagte am 5. März 1946 in einer *Ansprache im Westminster College* in Fulton (USA): »From Stettin in the Baltic to Trieste in the Adriatic an iron curtain has descended across the continent – Von Stettin an der Ostsee bis Triest an der Adria hat sich ein eiserner Vorhang quer durch Europa gesenkt.«
Im Theater trennt der eiserne Vorhang die Bühne vom Zuschauerraum.

Hannah Arendt – 1906 bis 1975

Die Banalität des Bösen.
Das Wort prägte die in die USA emigrierte deutschstämmige Historikerin und Soziologin Hannah Arendt, als sie ihrem Buch *Eichmann in Jerusalem* (1964) den Untertitel »Ein Bericht von der Banalität des Bösen« gab (→ Seite 451).

Richard Milhouse Nixon – 1913 bis 1994

Watergate

ist ein Synonym für verbrecherische Machenschaften und spektakuläre Skandale in der Politik: 1972 hatte die Demokratische Partei ihre Wahlkampfzentrale in einem Washingtoner Büro- und Hotelkomplex mit Namen »Watergate« eingerichtet. Mit Wissen des amtierenden US-Präsidenten Richard M. Nixon brachen im Juni 1972 Mitglieder des Komitees zur Wiederwahl Nixons in die Räume der Demokratischen Partei ein und installierten Abhöranlagen. Zwei Journalisten der *Washington Post* deckten den Skandal 1973 auf. Im Zuge weiterer Ermittlungen wurde die Verstrickung Nixons immer konkreter, und der Präsident versuchte das Ermittlungsverfahren mit illegalen Mitteln zu durchkreuzen. Daraufhin wurde ein so genanntes Impeachment-Verfahren zur Amtsenthebung eingeleitet. Dem kam Nixon mit seinem Rücktritt 1974 zuvor. Die umstrittene Begnadigung durch seinen Nachfolger Gerald Ford bewahrte ihn vor Strafverfolgung.

John Fitzgerald Kennedy – 1917 bis 1963

Ich bin ein Berliner

sagte der US-Präsident John F. Kennedy zum Schluss seiner Rede am 26. Juni 1963 vor dem Schöneberger Rathaus in Berlin. Nur diese vier Worte, deren Lautschrift er notiert hatte, sprach er auf Deutsch: »Alle freien Menschen, wo immer sie leben mögen, sind Bürger dieser Stadt Westberlin, und deshalb bin ich als freier Mann stolz darauf, sagen zu können: Ich bin ein Berliner.« Damit brachte er die Selbstverpflichtung der USA zum Ausdruck, die Freiheit Berlins nach dem Mauerbau 1961 auch künftig zu garantieren.

Martin Luther King – 1929 bis 1968

I have a dream – Ich habe einen Traum

sagte der schwarze Bürgerrechtler Martin Luther King mehrfach in seiner Rede anlässlich des »Marsches auf Washington« am 28. August 1963.

In dieser Rede entwickelte er die Vision von einer gerechten Gesellschaft, in der Schwarze und Weiße gleichberechtigt nebeneinander leben: »Ich habe einen Traum, dass eines Tages auf den roten Hügeln von Georgia die Söhne früherer Sklaven und die Söhne früherer Sklavenhalter miteinander am Tisch der Brüderlichkeit sitzen können ...«

Wissenschaft

Charles Darwin – 1809 bis 1882

Kampf ums Dasein – Struggle for life.

Der Begriff stammt aus dem Titel des Hauptwerkes von Charles Darwin: *On the Origin of Species by Means of Natural Selection or the Preservation of Favoured Races in the Struggle for Life – Über den Ursprung der Arten durch natürliche Zuchtwahl oder die Erhaltung begünstigter Formen im Kampf ums Dasein* (1859).

Vordem hatte Robert Malthus in seinem Essay *On the Principles of Population – Versuch über das Bevölkerungsgesetz* (1798) vom »struggle of existence« gesprochen.

Arthur Cecil Pigou – 1877 bis 1959

Lebensqualität.

Der Begriff, der den individuellen privaten Lebensstandard bezeichnet, wird auf den Volkswirt Arthur Cecil Pigou zurückgeführt, der ihn in seinem grundlegenden Werk zur Wohlfahrtsökonomik *Wealth and Welfare* (1912) zuerst benutzte.

Martin Ensslin – geb. 1918

Absurdes Theater

ist ein literaturwissenschaftlicher Begriff zur Kennzeichnung moderner Theaterstücke vor allem aus den fünfziger Jahren, die durch absurde Dialoge und Handlungen die Sinnentleerung der heutigen Welt aufzeigen. Zu den Hauptvertretern des »absurden Theaters« zählen Samuel Beckett (→ Seite 522), Eugène Ionesco, Jean Genet und Harold Pinter.

Der Gattungsbegriff »absurdes Theater« wurde von dem britischen Kritiker und Schriftsteller Martin Ensslin durch seine programmatische Schrift *The Theatre of the Absurd* (1961; deutsch: *Das Theater des Absurden*, 1967) geprägt.

Bemannte Raumfahrt – 1969/1970

Dies ist ein kleiner Schritt für einen Menschen, ein riesiger Sprung für die Menschheit – That's one small step for a man, one giant leap for mankind

sagte der US-Astronaut Neil Armstrong, als er am 20. Juli 1969 die Mondfähre verlassen hatte und als erster Mensch seinen Fuß auf den Boden des Mondes setzte.
Wir kommentieren damit Leistungen, die auf den ersten Blick unbedeutend erscheinen, sich in der Gesamtschau jedoch als umwälzende Handlungen erweisen.

Houston, wir haben ein Problem – Houston we've had a problem

funkte Apollo-13-Commander James A. Lovell an das NASA-Kontrollzentrum, 55 Stunden nachdem er zusammen mit zwei anderen Astronauten am 11. April 1970 vom Kennedy Space Center zur dritten bemannten Landung auf dem Mond gestartet war.
Das »Problem« war eine Explosion an Bord des Service-Moduls, die u. a. zum Verlust von Flüssigsauerstoff führte. Die Mannschaft rettete sich in die Mondlandefähre, wo die Versorgung mit Sauerstoff einigermaßen aufrechterhalten werden konnte. Die drei Astronauten mussten ihre Reise fortsetzen, da eine direkte Rückkehr zur Erde nicht möglich war, und den Mond umrunden und kehrten nach 5 Tagen und 22 Stunden mit einer manuell geflogenen Landung wohlbehalten zur Erde zurück.
Die Funkbotschaft von James A. Lovell ist als geflügeltes Wort mittlerweile weltweit verbreitet und wird zitiert, um ein gravierendes Problem in lakonischer Kürze anzukündigen.

Club of Rome – 1972

Die Grenzen des Wachstums – The Limits of Growth

war der Titel einer globalen Bestandsaufnahme, die vom Club of Rome, dem Wissenschaftler unterschiedlicher Nationen und Disziplinen angehörten, 1972 vorgelegt wurde und auf die Endlichkeit der Rohstoffe und die Gefahren ihrer ungehinderten Ausbeutung hinwies.
Der Bericht des Club of Rome trug dazu bei, den Gedanken ökologischen Wirtschaftens zu befördern, der nach der Ölkrise 1973/74 mit den autofreien Sonntagen immer mehr Anhänger fand und bereits

wenige Jahre später zur Gründung so genannter »grüner« Parteien führte, die die Anliegen der Öko-Protestbewegung in die Parlamente trug.

Gesellschaft und Zeitgeschehen

Nathaniel Parker Willis – 1806 bis 1867

Die oberen Zehntausend

werden zuerst am 11. 11. 1844 in einem Leitartikel des New Yorker *Evening Mirror* von Nathaniel Parker Willis genannt. Statt »the upper ten thousand« sagt man im Englischen gewöhnlich nur »the upper ten«, in den USA meist »the four hundred«.

Henry Ford – 1863 bis 1947

Fließband.

1913 führte der Automobil-Pionier Henry Ford die Fließbandarbeit ein, als zur Beschleunigung der Produktion des Ford-T-Modells fest stationierte Arbeiter Einzelteile an das Chassis anbauten, während dieses von einem Seil gezogen an ihnen vorbeirollte. Das Fließband wurde zum Symbol der Industriegesellschaft.

Vance Packard – 1914 bis 1996

Die geheimen Verführer – The Hidden Persuaders

nannte der amerikanische Publizist Vance Packard die Massenmedien in seinem gleichnamigen Buch aus dem Jahr 1957.

Neil Postman – geb. 1914

Wir amüsieren uns zu Tode – Amusing Ourselves to Death

befürchtete der amerikanische Medienkritiker Neil Postman in seinem gleichnamigen Buch aus dem Jahr 1985.

Woody Allen – geb. 1935

Das Schwierige am Leben ist es, Herz und Kopf dazu zu bringen zusammenzuarbeiten. In meinem Fall verkehren sie noch nicht mal auf freundschaftlicher Basis.

Der mehrfach Oscar-prämierte amerikanische Filmregisseur und Schauspieler verkörperte in seinen Filmen stets am besten den Typ des desorientierten, an der Komplexität des Lebens scheiternden Stadtneurotikers.

Frank Zappa 1940 bis 1993

Wir sind nur scharf aufs Geld –We're only in it for the money!

Der sicher anarchischste und innovativste amerikanische Musiker und Leiter der Band The Mothers of Invention hat in seinen gesellschaftskritischen Texten nicht nur die amerikanische Großmachtpolitik angeprangert, sondern auch – u.a. mit diesem Titel einer seiner zahlreichen Platten – die stetig zunehmende Kommerzialisierung der Hippiebewegung.

Bürgerrechtsbewegung – 1960er Jahre

Black Power

forderte der radikale Teil der schwarzen Bürgerrechtsbewegung in den sechziger Jahren. Der Begriff wurde 1965/66 von Adam Clayton Powell und seinen Mitstreitern geprägt.

Er geht jedoch auf einen gleichnamigen Roman von R. Wright aus dem Jahr 1955 zurück und formuliert den Anspruch der Schwarzen auf Gleichberechtigung in Politik, Gesellschaft und Kultur.

Hippie-Bewegung – 1960er Jahre

Make Love not War

propagierte die Hippiebewegung in der zweiten Hälfte der sechziger Jahre. Sie rekrutierte sich aus antibürgerlich eingestellten Jugendlichen, nahm ihren Ausgang in den USA mit dem Protest gegen den Vietnam-Krieg und hatte in allen westlichen Industriestaaten Anhänger, wo sie der

Flower-Power

huldigte und eine sanfte Revolution predigte. Höhepunkt der Flower-Power war das Open-Air-Festival in Woodstock 1969.

Werbung

Die Stimme seines Herrn – His Master's Voice

geht auf einen Werbeslogan zurück, der bereits 1899 in Umlauf kam und die Klangtreue von Grammophon-Platten im Zusammenwirken mit einem Messingtrichter anpries.

Eine Anekdote berichtet über die Entstehung des Slogans Folgendes: Ende des 19. Jahrhunderts lebte in London der Bühnenbildner Marc Barraud mit seinem Foxterrier-Mischling Nipper. Barraud hatte eine Schwäche für Phonographen: Er zeichnete von ihm gesprochene Texte auf, die er anschließend wiedergab. Nachdem Barraud verstorben war und sein Bruder Hund und Phonograph bei sich aufgenommen hatte, entdeckte dieser, dass Nipper, sobald der Phonograph spielte, vor dem Messingtrichter saß und der Stimme seines Herrn lauschte. Als Kunstmaler hielt Francis Barraud diese Szene fest und verkaufte das Bild 1899 zu Werbezwecken an die »Grammophone Company«, die sofort Kopien in Umlauf brachte.
Heute wird das Signum von der »EMI – Electric and Musical Industries Ltd« als Label auf CDs verwendet.

Film

Dick und Doof – Laurel & Hardy
ist der deutsche Titel einer Slapstick-Reihe mit Stan Laurel und Oliver Hardy, die zwischen 1927 und 1940 in den USA gedreht und ab 1949 auch in Deutschland gezeigt wurde.

As time goes by
heißt das bekannte Lied aus dem antifaschistischen Emigranten-Epos *Casablanca* mit Humphrey Bogart und Ingrid Bergman, den Michael Curtiz 1942 in die amerikanischen Kinos brachte. Daraus zitieren wir:

Spiel es einmal Sam, zur Erinnerung ...
Es handelt sich dabei um die Aufforderung Ilsas (Ingrid Bergman) an den Pianisten Sam, noch einmal »As time goes by« zu spielen; der Volksmund machte daraus: Spiel's noch einmal, Sam.

Ich seh dir in die Augen, Kleines
sagt der Besitzer von Rick's Café Américain, Rick Blaine, in unterschiedlichen Varianten mehrfach zu Ilsa, mit der er Jahre vorher in Paris eine Liebesbeziehung hatte, bevor er am Tag des deutschen Einmarsches nach Casablanca floh.

Verhaften Sie die üblichen Verdächtigen
fordert der Präfekt Renault seine Untergebenen auf, nachdem der von ihm gedeckte Rick Blaine den deutschen Major Strasser auf dem Flugplatz erschossen hat, um die Flucht von Ilsa Lund zu Victor Laszlo nicht zu gefährden.

Louis, ich glaube, das ist der Beginn einer wunderbaren Freundschaft
sagt Rick Blaine zu Präfekt Renault in der Schlussszene des Filmes *Casablanca.*

Ein Amerikaner in Paris – An American in Paris.
Unter diesem Titel, der einem gleichnamigen Musikstück von George Gershwin entnommen ist, kam 1951 ein Musical-Film mit Gene Kelly in der Hauptrolle in die amerikanischen Kinos, 1952 war die synchronisierte Fassung auch in Deutschland zu sehen.

High Noon
nennen wir im übertragenen Sinne den Augenblick, in dem zwei Kontrahenten sich zum »showdown« gegenübertreten.
Diese Situation ist die Schlüsselszene in Fred Zinnemanns gleichnamigem Westernklassiker (deutsch: Zwölf Uhr mittags) aus dem Jahr 1952, in dem Gary Cooper und Grace Kelly die Hauptrollen spielen.

Ein Herz und eine Krone
sagen wir nach dem amerikanischen Unterhaltungsfilm *Roman Holiday* aus dem Jahr 1953, in dem Gregory Peck einen Journalisten spielt, der mit einer nicht näher bezeichneten ausländischen Prinzessin (gespielt von Audrey Hepburn) einen turbulenten Tag in Rom erlebt.

Blondinen bevorzugt – Gentlemen Prefer Blondes
heißt ein Film mit Marilyn Monroe, den Howard Hawks 1953 fertig stellte.

Die Wüste lebt – The Living Desert
ist der Titel eines Naturfilms von Walt Disney aus dem Jahr 1954.

Wir sind keine Engel – We're No Angels
stellen die entflohenen Schwerverbrecher (gespielt von Peter Ustinov, Humphrey Bogart und Aldo Ray) fest, nachdem sie in den Haushalt einer Kaufmannsfamilie geraten sind, denn statt sich dort das Geld für die Fortsetzung ihrer Flucht zu beschaffen, helfen sie der Familie aus ihren Schwierigkeiten und kehren, enttäuscht von der Schlechtigkeit der Welt, reumütig ins Gefängnis zurück. Michael Curtiz hat diese schwarze Komödie 1954/55 inszeniert.

An einem Tag wie jeder andere – The Desperate Hours
heißt ein Film (1955) von William Wyler nach einer Vorlage von Joseph Hayes.

Denn sie wissen nicht, was sie tun – Rebel without a Cause
nannte Nicholas Ray seinen Film aus dem Jahr 1955, in dem James Dean die Hauptrolle spielt.

Manche mögen's heiß – Some Like It Hot
ist eine Travestiekomödie (1959) des deutschstämmigen Regisseurs Billy Wilder, in der Tony Curtis und Jack Lemmon eine Mädchenband außer Rand und Band bringen. Das Objekt ihrer Begierde wird von Marilyn Monroe gespielt.

Bonnie and Clyde
erzählt die Geschichte des Gaunerpärchens Clyde Barrow und Bonnie Parker zur Zeit der großen Wirtschaftskrise in den USA während der dreißiger Jahre. Arthur Penn inszenierte den Film, der 1967 in die Kinos kam, als romantischen Traum von Freiheit, der in der Seele aller Amerikaner verankert ist.

Unheimliche Begegnung der dritten Art
nennt Steven Spielberg die Landung von Außerirdischen in seinem Film *Close Encounters of the Third Kind* (1977); der deutsche Titel des Films wurde rasch zum geflügelten Wort.

Das Imperium schlägt zurück – The Empire Strikes Back
ist eine Fortsetzung von *Star Wars – Krieg der Sterne* (1976) aus dem Jahr 1979 (Regie: Irvin Kershner), die an den Erfolg des Vorgängerfilms nicht anknüpfen konnte.

Der mit dem Wolf tanzt – Dances with Wolves
Der Titel dieses Films aus den Jahren 1989/90, in dem Kevin Costner sowohl Regie führte als auch die Hauptrolle spielte, ist im Deutschen zum vielfach abgewandelten geflügelten Wort geworden. Der Film ist eine Hommage an die Urbevölkerung Nordamerikas und zugleich eine von künstlerischer Kraft geprägte Wiederbelebung des Genres »Western« jenseits aller gängigen Klischees.

Frankreich

Literatur

Johannes Buridan – 1295 bis 1358

Buridans Esel

zitieren wir, um das Problem der Willensfreiheit zu beschreiben: Ein Esel steht in gleichem Abstand von zwei Heubündeln und verhungert, weil er, von beiden gleichermaßen angezogen, sich nicht für eines entscheiden kann.

Der scholastische Philosoph Johannes Buridan, der an der Universität Paris lehrte, hat dieses Beispiel offenbar nicht selbst angeführt, zumindest findet sich in seinen Schriften kein Hinweis darauf. Augenscheinlich ist das Bild älteren Ursprungs.

Schon bei Dante heißt es im *Paradies* zu Anfang des 4. Gesangs: »Zwischen zwei gleich entfernten und gleich anlockenden Speisen würde der Mensch eher sterben, als dass er bei Willensfreiheit eine davon an die Zähne brächte.«

Und schließlich sagte schon Aristoteles *(Über den Himmel 2, 13)*: »Ebenso was über einen heftig Hungernden und Dürstenden gesagt wird, wenn er gleich weit von Speise und Trank absteht, denn auch dieser muss in Ruhe verharren.«

Unbekannte Quelle – 15. Jahrhundert

Um auf besagten Hammel zurückzukommen

stammt aus der französischen *Farce von Maître Pathelin,* die um 1465 von einem unbekannten Verfasser aufgezeichnet wurde: Der Advokat Pathelin kauft bei einem Händler Tuch, ohne es zu bezahlen. Als der Händler kommt, um die Schuld einzutreiben, liegt Pathelin zu Bett, und seine Frau schwört, dass ihr Mann schon seit Wochen krank liege und nicht der sein könne, der das Tuch gekauft habe. Bald darauf klagt der Händler gegen einen Schäfer auf gestohlene Hammel, und Pathelin übernimmt die Verteidigung des Schäfers. Als ihn der Händler sieht, gerät er in Verwirrung und vermischt beständig seine Klage über die Hammel mit der, dass er um den Kaufpreis des Tuches geprellt wurde. Vergeblich versucht der Richter, ihn mit den Worten »Sus, revenons à ces moutons! - Hör doch, kommen wir auf diese Hammel zurück!« zum Thema des Prozesses zurückzuführen, und muss schließlich die Klage abweisen.

François Villon – 1431 bis 1461

Wo ist der Schnee des vergangenen Jahres? - Où sont les neiges d'antan?

heißt es im Kehrreim der »Ballade der Damen der Vorzeit« des Sängers und Dichters François Villon.

François Rabelais – 1494 bis 1553

L'appetit vient en mangeant - Der Appetit kommt beim Essen

zitieren wir aus dem *Gargantua* (1535) von François Rabelais.

Clément Marot – 1495 bis 1544

Im Übrigen aber der beste Kerl der Welt.

In seiner Epistel *Au Roy pour avoir esté desrobé* (1531) erzählt Clément Marot, wie ihn sein Diener bestohlen habe, und sagt von ihm, er sei ein »Fresser, Trunkenbold, ein unverschämter Lügner, ein falscher Spieler, Spitzbube, Flucher, Lästerer, dem man auf hundert Schritt anriecht, er werde an den Galgen kommen, übrigens der beste Kerl der Welt (... au demeurant le meilleur fils du monde)«.

Pierre Charron – 1541 bis 1603

Das eigentliche Studium der Menschheit ist der Mensch

heißt es in Goethes (1749-1832) *Wahlverwandtschaften* (1809). Es ist die Übersetzung von Alexander Popes (1688-1744) »The proper study of mankind is man« im *Essay on Man (Versuch über den Menschen,* 1733), *2, 1.*

Es heißt aber schon im *Traité de la sagesse* (1601) des französischen Theologen und Moralisten Pierre Charron: »La vraie science et le vrai étude de l'homme, c'est l'homme.«

Honoré d'Urfé – 1568 bis 1625

Seladon

nennen wir einen schmachtenden Liebhaber nach der Figur des Céladon in Honoré d'Urfés Roman *Astrée* (1619). Heute nennen wir jadegrünes Porzellan aus Asien danach.

Pierre Corneille – 1606 bis 1684

Zu Ende war der Kampf, es mangelte an Kämpfern – Et le combat cessa faute de combattants

sagt Don Rodrigo, genannt der Cid, in Pierre Corneilles tragischer Komödie *Le Cid 4, 3* (1636).

Lasst uns Freunde sein, Cinna! – Soyons amis, Cinna!

bietet Augustus in Pierre Corneilles Tragödie *Cinna 5, 3* (1640) dem Lucius Cornelius Cinna an, dem er auf Rat seiner Ehefrau Livia das Leben geschenkt hat.

Jeder Augenblick im Leben ist ein Schritt zum Tode hin – Chaque instant de la vie est un pas vers la mort

heißt es in Pierre Corneilles Tragödie *Tite et Bérénice 5, 1* (1670, deutsch: *Titus und Berenice*).

Jean de La Fontaine – 1621 bis 1695

Die Kastanien aus dem Feuer holen – Tirer les marrons du feu

sagen wir nach der Fabel *Le singe et le chat* (deutsch: *Der Affe und die Katze*) von Jean de La Fontaine, die zahlreiche Vorgänger kennt.

Molière – 1622 bis 1673

Tartuffe

ist nach Molières (eigentlich Jean Baptiste Poquelin) Lustspiel *Tartuffe ou l'imposteur* (1664 uraufgeführt) ein weit verbreiteter Ausdruck für einen Scheinheiligen geworden.

Tu l'as voulu, George Dandin – Du hast es gewollt, George Dandin

zitiert man bei einem selbst verschuldeten Missgeschick nicht ganz wörtlich aus Molières *George Dandin* (1668) *1, 9*, wo es heißt: »Vous l'avez voulu, George Dandin, vous l'avez voulu – Du hast es so haben wollen, George Dandin, du hast es so haben wollen.« Aus Schillers *Wallensteins Tod 3, 13* zitieren wir: »Du hast's erreicht, Octavio!« (→ Seite 317)

Der eingebildete Kranke – Le malade imaginaire

ist der Titel einer Komödie von Molière (1673).

Um ihrer schönen Augen willen.
In Molières *Les précieuses ridicules* (*Die lächerlichen Preziösen*, 1659) heißt es in Szene 16: »Et si vous les voulez aimer, ce sera, ma foi, pour leurs beaux yeux – Und wenn ihr sie lieben wollt, so soll's nur um ihrer schönen Augen willen geschehen.« Das erklären die verschmähten Liebhaber ihren Angebeteten nach der Entlarvung ihrer Diener, die sich als Marquis und Vicomte ausgegeben hatten, um das Herz der Damen zu gewinnen.

Nicolas Boileau-Despréaux – 1636 bis 1711

Corriger la fortune – Das Glück verbessern
ist uns vertraut aus Gotthold Ephraim Lessings (1729–1781) *Minna von Barnhelm* (1763), wo es der Falschspieler Riccaut de la Marlinières zu seiner Rechtfertigung gebraucht *(4, 2)*. Der Ausdruck findet sich jedoch zuerst in der *5. Satire* von Nicolas Boileau-Despréaux. Moliére sagt einmal »corriger le hazard« *(Schule der Frauen 4,8)*.
Lateinisch finden wir den Gedanken schon bei Terenz in *Die Brüder 4, 7, 21ff.:* »Das Leben der Menschen ist wie ein Würfelspiel: Wenn der höchste Wurf nicht fällt, verbessert man den Zufallswurf durch Kunst.«

Ein Dummkopf findet immer einen noch Dümmeren, der ihn bewundert – Un sot trouve toujours un plus sot qui l'admire
heißt ein oftmals abgewandeltes Wort im Schlussvers des zweiten Gesangs von Nicolas Boileau-Despréaux' *Art poétique*.

Jean Racine – 1639 bis 1699

Wer am Freitag lacht, wird am Sonntag weinen – Tel qui rit vendredi, dimanche pleurera
stammt aus Jean Racines Satire *Les plaideurs* (1669, deutsch: *Die Prozesssüchtigen*).

Philippe Néricault Destouches – 1680 bis 1754

Abwesende sind immer im Unrecht – Les absents ont toujours tort
heißt es in Philippe Néricault Destouches' Stück *L'obstacle imprévu* (1718, deutsch: *Das unvorhergesehene Hindernis*).

Die Kritik ist leicht, und die Kunst ist schwer – La critique est aisée, et l'art est difficile
stammt aus Philippe Néricault Destouches' Komödie *Le glorieux 2, 5* (1732, deutsch: *Der Ruhmredige*).

Nolant de Fatouvilles – Ende 17. Jahrhundert

Tout comme chez nous – Ganz wie bei uns
entstand aus dem »C'est tout comme ici« aus dem Lustspiel *Arlequin, empereur dans la lune* (1684) von Nolant de Fatouvilles.
Jener Arlequin schildert dem Doktor, dessen Tochter er heiraten will, die Bewohner des Mondes, wobei jede Einzelheit von den Anwesenden mit einem »Tout comme chez nous« kommentiert wird.

Abbé d'Allainval – gest. 1753

Embarras de richesse – Verlegenheit des Reichtums
ist eine Verlegenheit, in die man durch Überfluss gerät; die Formulierung entstammt dem Titel einer Komödie des Abbé d'Allainval aus dem Jahr 1726.

Voltaire – 1694 bis 1778

Tous les genres sont bons, hors le genre ennuyeux – Alle Künste sind gut, ausgenommen die langweilige Kunst
heißt es in der Vorrede des Lustspiels *L'enfant prodigue (Das Wunderkind,* 1736, gedruckt 1738) von Voltaire (eigentlich François Marie Arouet).

Thron und Altar
als Symbole für weltliche und kirchliche Herrschaft erscheinen in dieser Verbindung zuerst in Voltaires Tragödie *Le fanatisme, ou Mahomet le prophète* (1743 veröffentlicht): »J'associai ma vie à ses travaux immenses: Des trônes, des autels en sont les récompenses – Ich weihe mein Leben unermesslichen Arbeiten: Throne und Altäre sind der Lohn« in *1, 4* sowie: »Malgré les soins de l'autel et du trône – Trotz der Sorgen um Altar und Thron« in *2, 3*.

In dieser besten aller möglichen Welten – Dans ce meilleur des mondes possibles
entnehmen wir dem ersten Kapitel von Voltaires Roman *Candide, ou l'optimisme* (1759; deutsch: *Candide oder Der Optimismus*). Er ist eine

satirische Antwort auf Gottfried Wilhelm Leibniz' (1646–1716) *Theodizee* (1710), in der es heißt: »Gott hätte die Welt nicht erschaffen, wäre sie nicht unter allen möglichen die beste.«

Fable convenue – ausgemachte Fabel.
Voltaire schrieb in seinem kleinen Roman *Jeannot et Colin* (1764): »Toutes les histoires anciennes, comme le disait un de nos beaux esprits, ne sont que des fables convenues – Alle alten Geschichten sind, wie einer unserer Schöngeister gesagt hat, nichts weiter als ausgemachte Fabeln«, d. h. Geschichten, deren Wahrheit anzuerkennen man übereingekommen ist. Der von Voltaire zitierte Schöngeist soll Bernard de Fontenelle (1657–1757) sein.

Wenn es keinen Gott gäbe, müsste man einen erfinden – Si Dieu n'existait pas, il faudrait l'inventer
ist aus Voltaires *Epître à l'auteur du livre des trois imposteurs (Brief an den Autor des Buchs von den drei Betrügern,* 1769). In freigeistigen Kreisen des 18. Jahrhunderts wurden Moses, Christus und Mohammed oft »die drei Betrüger« genannt.
Voltaire mag zu seinem Satz von den *Sermons 1, 93. Predigt* (1712) des Erzbischofs von Canterbury, John Tillotson (1630–1694), angeregt worden sein. Dort heißt es: »Gottes Existenz ist ... so notwendig für das Glück der Menschheit, dass ..., wäre er nicht ein an und für sich notwendiges Wesen, es fast scheinen könnte, dass er eigens zu Nutz und Frommen der Menschen geschaffen sei.«
Tillotson seinerseits bezog sich auf den Satz des Theologen Thomas Tully (lat. Tullius, 1620–1679): »Dii immortales ad usum hominum fabricati paene videntur – Fast scheint es, als seien die unsterblichen Götter zum Nutzen der Menschen erschaffen.«

Jeanne-Marie Le Prince de Beaumont – 1711 bis 1780

La belle et la bête – Die Schöne und das Biest
zitieren wir aus Jeanne-Marie Le Prince de Beaumonts Nacherzählung des Amor-und-Psyche-Stoffes in ihrem *Magasin des enfants.* Jean Cocteau verfilmte das Märchen 1946 unter demselben Titel (deutsch: *Es war einmal*). Inzwischen wird der Stoff auch als Musical aufgeführt.

Jean-Jacques Rousseau – 1712 bis 1788

Öffentliche Meinung – Opinion publique

stammt aus Jean-Jacques Rousseaus Briefroman *Julie ou la nouvelle Héloise* (1761; deutsch: *Julie oder die neue Heloise*): »Je distingue dans ce qu'on appelle honneur celui qui se tire de l'opinion publique, et celui qui dérive de l'estime de soi-même – Ich mache einen Unterschied zwischen jener Ehre, die auf der öffentlichen Meinung beruht, und jener, die auf Selbstachtung gegründet ist.«

Zurück zur Natur! – Retour à la nature!

Dieses Schlagwort fasst die Absichten zusammen, die Jean-Jacques Rousseau mit seinem Entwicklungsroman *Emile, ou de l'éducation* (1762; deutsch: *Emile oder Über die Erziehung*) verfolgte.

Pierre Augustin Caron de Beaumarchais – 1732 bis 1799

Wer betrügt hier wen?

fragen wir nach einem berühmten Wort aus dem Lustspiel *La précaution inutile ou le barbier de Séville* (1775; deutsch: *Der Barbier von Sevilla oder Die nutzlose Vorsicht*) von Pierre Augustin Caron de Beaumarchais. Dort heißt es in *3, 2*: »Qui diable est-ce donc qu'on trompe ici? – Wer, zum Teufel, wird denn hier betrogen?«

Die Komödie diente als Vorlage für die bekannte Rossini-Oper *Der Barbier von Sevilla.*

Besser sein als sein Ruf

stammt aus Pierre Augustin Caron de Beaumarchais' Komödie *La folle journée ou le mariage de Figaro* (1785; deutsch: *Der tolle Tag oder Die Hochzeit des Figaro*), wo Figaro auf den Vorwurf, ihm eile ein abscheulicher Ruf voraus, antwortet: »Et si je vaux mieux qu'elle [réputation]? – Und wenn ich nun besser bin als mein Ruf?«

Das Stück lieferte die Handlung für Mozarts Oper »Die Hochzeit des Figaro«.

Louis Sébastian Mercier – 1740 bis 1814

Les extrêmes se touchent – Die Gegensätze (Extreme) berühren sich

ist im *Tableau de Paris* (1782–1788) von Louis Sébastian Mercier die Überschrift des 348. Kapitels im vierten Band.

In anderer Form taucht die Formulierung freilich schon früher auf. Zuerst in den *Caractères* (1687) von Jean de La Bruyère (1645–1696), wo es heißt: »Une gravité trop étudiee devient comique; ce sont comme des extrémités qui se touchent – Eine allzu einstudierte Würde wird komisch; es sind sozusagen äußerste Gegensätze, die sich berühren.«
Dann finden wir einen ähnlich Gedanken in Blaise Pascals (1623–1662) *Pensées sur la religion* (posthum 1692): »Les sciences ont deux extrémités qui se touchent – Die Wissenschaften besitzen zwei Gegensätze, die sich berühren.«
Der Gedanke hatte schon im Altertum sprichwörtliche Form angenommen (»extremitates aequalitates«, »nimitates aequalitates«, »extrema frequenter una habitant«) und geht auf die aristotelische *Eudemische Ethik 3, 7, 1234* zurück.

Pierre Marc Gasson Duc de Lévis – 1764 bis 1830

Adel verpflichtet – Noblesse oblige

stammt aus den *Maximes et réflexions sur différents sujets de morale et de politique* (1808) des Herzogs de Lévis.

Madame de Staël – 1766 bis 1817

Alles verstehen heißt alles verzeihen – Tout comprendre c'est tout pardonner.
Die Redewendung geht auf Madame de Staël (eigentlich Anne Louise Germaine Baronne de Staël-Holstein) zurück, die in ihrem Roman *Corinne, ou l'Italie* (1807) schreibt: »Tout comprendre rend très indulgent – Alles verstehen macht sehr nachsichtig.«
In Theodor Fontanes (1819–1898) Roman *Frau Jenny Treibel* (1892) wird, ohne einen Beleg dafür anzuführen, im 7. Kapitel behauptet, die französische Schriftstellerin George Sand (1804–1876) habe die Redewendung in Umlauf gebracht.

Charles Guillaume Etienne – 1778 bis 1845

Man kehrt immer zur ersten Liebe zurück

heißt es in einer Romanze der Oper *Joconde* (1814) des Pariser Opernkomponisten Nicolas Isouard; der Text ist von Charles Guillaume Étienne:
Et l'on revient toujours
à ses premiers amours.

Honoré de Balzac – 1799 bis 1850

La comédie humaine – Die menschliche Komödie

nannte Honoré de Balzac die Gesamtheit seiner Romane seit der ersten Gesamtausgabe (1842–1848) in Anlehnung an die *Göttliche Komödie* des Italieners Dante Alighieri, → Seite 552. Damit verbunden war der Anspruch, mit seinem Werk eine Gesamtschau des damaligen menschlichen Lebens vorgelegt zu haben.

La femme de trente ans – Die Frau von dreißig Jahren

wurde sprichwörtlich durch den so betitelten Roman Honoré de Balzacs (1831).

Paul Gavarni – 1801 bis 1866

Enfant terrible – schreckliches Kind.

Les enfants terribles nannte der Zeichner Paul Gavarni (eigentlich Sulpice Guillaume Chevalier) eine seiner komischen Bilderfolgen.

Alexandre Dumas d. Ä. – 1802 bis 1870

Cherchez la femme! – Sucht die Frau (die dahinter steckt)!

sagt ein Pariser Polizeibeamter in Alexandre Dumas' d. Ä. Drama *Les mohicans de Paris* (1864).

Als englisches Sprichwort zitiert Seume (1763–1810) in seinem *Spaziergang nach Syrakus* (1802): »Wo irgend Zank ist, da ist immer ein Weib im Spiele.« In Samuel Richardsons (1689–1761) Roman *The History of Sir Charles Grandison* (7 Bde., 1754) heißt es: »Such a plot must have a woman in it – Hinter solchem Anschlag muss eine Frau stecken.« In Juvenals *Satiren* lesen wir *(6, 242 f.)*: »Nulla fere causa est, in qua non femina litem moverit. – Kaum gibt es einen Prozess, in dem nicht ein Weib den Streit veranlasst hätte.«

Die drei Musketiere – Les trois mousquetaires

ist der Titel eines Romans (1844) von Alexandre Dumas d. Ä.

Victor Hugo – 1802 bis 1885

Le roi s'amuse – Der König amüsiert sich

ist der Titel eines Dramas von Victor Hugo (1832), das die Grundlage für Giuseppe Verdis (1813–1901) Oper *Rigoletto* (1851) war, deren Libretto Francesco Maria Piave (1810–1876) geschrieben hat.

Théodore (1806 bis 1872) und Hippolyte (1807 bis 1882) Cogniard

Chauvinismus

als Bezeichnung für übersteigerten Nationalstolz geht zurück auf Chauvin, einen Rekruten aus der Komödie *La cocarde tricolore* (1831 im Theater Folies dramatiques uraufgeführt) der Gebrüder Théodore und Hippolyte Cogniard.

Charles Baudelaire – 1821 bis 1867

Die Blumen des Bösen – Les fleurs du mal

heißt ein Gedichtzyklus (1857) von Charles Baudelaire.

Henri Murger – 1822 bis 1861

Boheme

als Bezeichnung für ein Künstlerleben, das sich nicht den bürgerlichen Konventionen fügt, geht auf den Roman *Scènes de la vie de bohème* (1851) von Henri Murger zurück, auf dem Giacomo Puccinis (1858 bis 1924) Oper *La Bohème* (1896) beruht.

Bohemien

heißt dann der nicht bürgerlich lebende Künstler, Literat oder Student, der ein sogenanntes Zigeunerleben führt (zur Deutung dieses Begriffes siehe weiter unten Henry Meilhac und Ludovic Halévy: »Die Liebe von Zigeunern stammt«).

Alexandre Dumas d. J. – 1824 bis 1895

Halbwelt – Demimonde

geht auf den Titel des Theaterstücks *Le demimonde* (1855) von Alexandre Dumas d. J. zurück, der den Begriff jedoch nicht in seiner heutigen Bedeutung verstanden wissen wollte. Er bezeichnete damit die Klasse der Ausgestoßenen, Ausgegrenzten, vornehmlich Frauen, die der Liebe wegen einen Fehltritt begangen haben.

Die Kameliendame

ist ein Roman (1848) von Alexandre Dumas d. J., der der Pariser Kurtisane Marie Duplessis ein literarisches Denkmal setzte und Giuseppe Verdi (1813–1901) als Vorlage für seine Oper *La Traviata* (1853) diente. Dumas arbeitete den Stoff auch als Drama aus, das bei seiner Uraufführung 1852 für Furore sorgte.

Henry Meilhac (1832 bis 1897) und Ludovic Halévy (1834 bis 1908)

Auf in den Kampf, Torero! – Toréador, en garde!
ist aus Escamillos Auftrittslied in der Oper *Carmen* (1875) von Georges Bizet (1838–1875), deren Text Henry Meilhac und Ludovic Halévy (d. i. Henry Aaron Lévy) nach einer Novelle von Prosper Mérimée (1803 bis 1870) geschrieben haben.
Aus *Carmen* zitieren wir auch:

Die Liebe von Zigeunern stammt.
Der französische Originaltext von Henry Meilhac und Ludovic Halévy lautet: »L'amour est enfant de Bohême – Die Liebe ist ein Kind Böhmens.«
Diese Deutung beruht auf der damals in Frankreich verbreiteten Annahme, die »Zigeuner« stammten ursprünglich aus Böhmen.

Edmond de Goncourt – 1822 bis 1896

Document humain – Zeugnis des Menschlichen.
Dieser Ausdruck ist erstmals im Vorwort des Romans *La Faustin* (1882, deutsch: *Juliette Faustin*) von Edmond de Goncourt zu lesen.

Émile Zola – 1840 bis 1902

Ein Kunstwerk ist ein Stück Schöpfung, gesehen durch die Brille eines Temperaments – Une œuvre d'art est un coin de la création vue à travers un tempérament
schrieb Émile Zola im ersten Band seiner Abhandlungen über zeitgenössische Literatur *Mes haines* (*Was ich hasse,* 1866).

Die Bestie im Menschen – La bête humaine
ist der Titel des 17. Bandes des Romanzyklus *Les Rougon-Macquart. Histoire naturelle et sociale d'une famille sous le second empire* (1871 ff.), deutsch: *Die Rougon-Macquart. Natur- und Sozialgeschichte einer Familie unter dem 2. Kaiserreich*) von Émile Zola.

Guy de Maupassant – 1850 bis 1893

Bel ami – Schöner Freund
heißt ein Roman (1885) von Guy de Maupassant über einen Frauenschwarm; demnach sprechen wir von einem »Liebling der Frauen«. Theo Mackebens (1897–1953) Lied »Du hast Glück bei den Frau'n, bel

ami« aus dem Film *Bel ami* (1939) machte das Wort in Deutschland weithin bekannt.

Henri Micard und François de Jouvenot – Ende 19. Jahrhundert

Fin de Siècle

nannten Henri Micard und François de Jouvenot ihre 1888 zuerst in Paris aufgeführte Komödie, in der sie die Blasiertheit einer krankhaft-nervösen Generation auf die Bühne brachten.

1890 veröffentlichte Hermann Bahr (1863–1934) unter diesem Titel eine Novelle. 1892 heißt es in Max Nordaus Schrift *Entartung:* »So töricht das Wort ›fin de siècle‹ sein mag, die Geistesbeschaffenheit, die es bezeichnen soll, ist in den führenden Gruppen tatsächlich vorhanden. Die vorherrschende Empfindung ist die eines Untergehns, eines Erlöschens. ›Fin de siècle‹ ist ein Beicht-Bekenntnis und zugleich eine Klage.«

Die Zeitschrift *Grenzbote* schrieb 1900: »Von einem alternden und geistig verarmenden Volke geprägt ... ist die alberne Phrase vom fin de siècle auch außerhalb Frankreichs die Losung aller gelangweilten Schwachköpfe geworden ...« Jenseits aller Polemik dient der Begriff heute zur Kennzeichnung einer gesamteuropäischen literarischen Epoche.

Marcel Proust – 1871 bis 1922

Auf der Suche nach der verlorenen Zeit – A la recherche du temps perdu

zitieren wir den Titel eines siebenteiligen Romanzyklus von Marcel Proust, den der Autor zwischen 1909 und seinem Tod im Jahr 1922 geschrieben hat und der in fünfzehn Bänden zwischen 1913 und 1927 erschienen ist.

Dieses mächtige Werk schildert das verzweifelte Bemühen, die einmal zerronnene Zeit des eigenen Lebens kraft der Erinnerung in die Gegenwart zurückzuholen.

À la recherche du temps perdu zählt zu den großen Romanen des 20. Jahrhunderts. Ein Teil wurde unter dem Titel *Eine Liebe von Swann* 1984 von Volker Schlöndorff verfilmt.

Antoine de Saint-Exupéry – 1900 bis 1944

Terre des hommes

nannte Antoine de Saint-Exupéry seine Erlebnisberichte (1939; deutsch: *Wind, Sand und Sterne*) aus der Pionierzeit der Fliegerei, die zur Hymne auf die Freiheit über den Wolken gerieten.

»Terre des hommes« ist zugleich der Name einer 1959 in Lausanne gegründeten internationalen, nichtstaatlichen Hilfsorganisation, die Kindern in Not hilft und entsprechende Projekte in den Entwicklungsländern unterhält und fördert.

Der kleine Prinz

ist ein Märchen (1943; franz.: *Le petit prince*) von Antoine de Saint-Exupéry, in dem der Autor seine Ethik vorstellt. Wir zitieren daraus:

Man sieht nur mit dem Herzen gut. Das Wesentliche ist für die Augen unsichtbar – On ne voit bien qu'avec le cœur. L'essentiel est invisible pour les yeux.

Jean-Paul Sartre – 1905 bis 1980

Die Hölle, das sind die anderen – L'enfer, c'est les autres

sagen wir nach Jean-Paul Sartres Drama *L'enfer, c'est les autres* (1944 uraufgeführt; deutsche Uraufführung 1949: *Geschlossene Gesellschaft*).

Samuel Beckett – 1906 bis 1989

Warten auf Godot

ist der deutsche Titel eines Dramas (uraufgeführt 1953; franz.: *En attendant Godot*) von Samuel Beckett, das der aus Irland stammende und in Frankreich lebende Autor in französischer Sprache schrieb (→ Seite 502, Absurdes Theater).

Georges Arnaud – geb. 1917

Lohn der Angst – Le salaire de la peur

heißt ein erfolgreicher Roman (1950; deutsch 1953 unter dem zitierten Titel) von Georges Arnaud, der die Geschichte eines Nitroglyzerin-Transports in Guatemala erzählt. Der Stoff wurde 1952 von Henri-Georges Clouzot unter dem gleichen Titel sowie 1977 von dem amerikanischen Regisseur William Friedkin unter dem Titel *Wages of Fear* verfilmt.

Philosophie

Blaise Pascal – 1623 bis 1662

Juste milieu – Richtige Mitte

findet sich zwar schon in Blaise Pascals *Pensées sur la religion* (posthum 1692), wurde aber erst im 19. Jahrhundert durch den »Bürgerkönig« Louis-Philippe (1773–1850, reg. 1830–1848) als Kennzeichen seiner Regierung zum geflügelten Wort.

Nach dem *Moniteur* vom 31. 1. 1831 sagte der König: »Nous chercherons à nous tenir dans un juste milieu également éloigné des excès du pouvoir populaire et des abus du pouvoir royal – Wir werden uns bemühen, die richtige Mitte zu halten zwischen den Auswüchsen der Volksherrschaft und dem Missbrauch der königlichen Macht.«

Ein Platz an der Sonne

geht wohl auch auf Blaise Pascals *Pensées sur la religion* (posthum 1692) zurück, wurde in Deutschland aber erst Ende des 19. Jahrhunderts geläufig, als Kaiser Wilhelm II. 1896 zum 25. Jubiläum der Reichsgründung auch für Deutschland »einen Platz an der Sonne« forderte und damit auf die mangelnde Präsenz des Reiches in der internationalen (Kolonial-)Politik anspielte. 1928 veröffentlichte die russische Autorin Vera Michailowna Inber unter diesem Titel einen autobiographischen Roman, und lange nach dem Zweiten Weltkrieg warb die ARD-Fernsehlotterie mit diesem Slogan um Mitspieler.

Jean-Jacques Rousseau – 1712 bis 1788

Der Mensch ist frei geboren und liegt doch überall in Ketten – L'homme est né libre, et partout il est dans les fers.

Mit diesen Worten beginnt Jean-Jacques Rousseau sein politisch-philosophisches Hauptwerk *Du contrat social* (1762; deutsch: *Der Gesellschaftsvertrag*), das die Auseinandersetzungen um eine demokratische Staatsverfassung während der Französischen Revolution inspirierte.

Jean-Paul Sartre – 1905 bis 1980

Das Sein und das Nichts – L'être et le néant

ist der Titel des Hauptwerks der existenzialistischen Philosophie von Jean-Paul Sartre, das im Jahr 1943 erschien. Der Existenzialismus französischer Prägung fand in den fünfziger Jahren vor allem unter jüngeren Menschen Anklang, nicht zuletzt durch den zentralen Gedanken, dass der Mensch in seiner Freiheit dazu verurteilt ist, sein Leben zu entwerfen und Verantwortung für sein Handeln zu übernehmen.

Geschichte und Politik

Jean de Roye – 1425 bis 1495

Chronique scandaleuse.

Die *Skandalchronik* fasst die Ereignisse während der Regierungszeit König Ludwigs XI. von Frankreich (1423–1483, reg. 1461–1483) zusammen und wurde von Jean de Roye, dem Sekretär des Herzogs von Bourbon, Johannes' II., geschrieben. Der Begriff »Chronique scandaleuse« erscheint erstmals auf dem Titelblatt der Ausgabe von 1611, war jedoch schon in den Jahrzehnten davor bekannt.

Karl VIII. von Frankreich – 1470 bis 1498

Tel est notre plaisir – Das ist unser Wille

findet sich zuerst in einer Anordnung König Karls VIII. von Frankreich vom 12. März 1497, auch als »bou plaisir – gnädiger Wille«.

Pierre Bayard – 1476 bis 1526

Ritter ohne Furcht und Tadel – Chevalier sans peur et sans reproche

wird der französische Ritter Pierre Bayard genannt, der sich auf den italienischen Schlachtfeldern unter den französischen Königen Karl VIII., Ludwig XII. und Franz I. auszeichnete.

Wir finden die Bezeichnung mehrfach in einer 1527 erschienenen Beschreibung seiner Taten *(La tres ioyeuse plaisante et récréative hystoire composée par le loyal serviteur des faiz gestes triumphes et prouesses du bon chevalier sans paour et sans reprouche, le gentil seigneur de Bayart).*

Franz I. von Frankreich – 1515 bis 1547

Alles ist verloren, nur die Ehre nicht – Tout est perdu, fors l'honneur.

Diese Redewendung geht auf Franz I. zurück: »Von allem ist mir nur die Ehre geblieben und das Leben«, umschrieb der französische König

seine Situation nach der Niederlage und seiner Gefangennahme in der Schlacht bei Pavia (1525) in einem Brief an seine Mutter.
Lange Zeit glaubte man, der Brief habe nur diesen einen Satz enthalten, weshalb die Redewendung zu einem Musterbeispiel lakonischer Ausdrucksweise wurde. Der Brief war in der Tat kurz gehalten, umfasste jedoch einige Sätze mehr.

Théodore Aggripa d'Aubigné – 1550 bis 1630

Einen Staat im Staate bilden – Faire un Estat dans l'Estat
heißt es in der Schrift *Du devoir des roys et des subjects* von Théodore Aggripa d'Aubigné, die zwischen 1610 und 1620 verfasst, aber erst in den *Œuvres complètes* (1877) veröffentlicht wurde.
Die Formulierung bezieht sich auf die Hugenottenkämpfe am Ende des 16. Jahrhunderts und gibt der Furcht der Katholiken vor einer Erfüllung der protestantischen Forderungen nach politischem Einfluss Ausdruck, der dazu führen würde, dass ein Staat im Staate entsteht.

Heinrich IV. von Frankreich – 1553 bis 1610

Paris ist eine Messe wert – Paris vaut bien une messe
soll der künftige König Frankreichs, Heinrich von Navarra, bei seinem Einzug in Paris gesagt haben, denn der Protestant musste zum Katholizismus übertreten, um die Krone empfangen zu können.
Andere Quellen nennen Heinrichs Berater Maximilien de Béthune als Urheber.

Sonntags soll jeder Bauer sein Huhn im Topf haben
geht auf den französischen König Heinrich IV. zurück, der einer Anekdote zufolge gesagt haben soll, sein Ziel sei, dass es jedem Bauern in seinem Königreich möglich sein müsse, ein Huhn in seinem Kochtopf zu haben.
Daraus entwickelte sich dann die Redewendung: »Je veux que le dimanche chaque paysan ait sa poule au pot – Ich wünsche, dass sonntags jeder Bauer sein Huhn im Topf hat.«

Toujours perdrix! – Jeden Tag Rebhuhn!
beklagte sich einmal der Beichtvater König Heinrichs IV. von Frankreich, nachdem ihm der König tagelang nur Rebhühner hatte auftischen lassen. Der König erwiderte: Nachdem er von ihm wegen sei-

ner vielen Liebschaften getadelt worden sei, habe er ihm nur einmal die Notwendigkeit der Abwechslung klar machen wollen.

Ludwig XIV. von Frankreich – 1643 bis 1715

L'État c'est moi – Der Staat bin ich

soll König Ludwig XIV. von Frankreich am 13. 4. 1655 im Parlament dem Präsidenten zugerufen haben, als dieser vom Staatsinteresse sprach – es gibt indes keine Hinweise in den Parlamentsakten auf diese Begebenheit.
Unabhängig von ihrer historischen Verbürgtheit gilt die Aussage heute als deutlichster Ausdruck für den fürstlichen Absolutismus der Neuzeit.

François Gayot de Pitaval – 1673 bis 1743

Cause célèbre – Ein berühmter Prozess

ist nach unserem Sprachgebrauch eine Sache, die Aufsehen erregt.
Die Wendung findet sich im Titel der Sammlung von Kriminalfällen des Rechtsgelehrten François Gayot de Pitaval, die in Paris seit 1743 erschien: *Causes célèbres et intéressantes avec les jugements des cours souveraines qui les ont décidées.*
Nach dem Herausgeber wurden später vergleichbare Sammlungen von Kriminalfällen genannt: *Der neue Pitaval* (1842–1865; 1869); *Pitaval der Gegenwart* (1903–1913).

Montesquieu – 1689 bis 1755

Sturm im Wasserglas

geht auf alte Vorbilder zurück. »Excitare fluctus in simpulo – Stürme im Schöpflöffel erregen« war zu Ciceros Zeit sprichwörtlich (Cicero, *Von den Gesetzen 3, 16*).
Athenäus lässt im *Gastmahl der Gelehrten 8, 19* einen Flötenspieler die Tonmalerei eines Zitherspielers, der einen Seesturm nachahmen will, mit den Worten verspotten: »Er habe in einem siedenden Kochtopf schon einen größeren Sturm gehört.«
Honoré de Balzac (1799–1850) schreibt im *Le curé de Tours* (1896, deutsch: *Pfarrer von Tours*) den Ausdruck »tempête dans un verre d'eau« dem Philosophen Montesquieu (eigentlich Charles de Secondat, Baron de la Brède et de Montesquieu) zu, der mit diesem Bild die Wirren in der Zwergrepublik San Marino beschrieben haben soll.

Sturm im Wasserglas ist auch der Titel einer Komödie von Bruno Frank (1930).

Voltaire – 1694 bis 1778

Tant de bruit pour une omelette! – So viel Lärm um einen Pfannkuchen!

Voltaire (eigentlich François Marie Arouet) erzählt von dem Dichter Jacques Vallée, Seigneur Desbarreaux (1599–1673), folgende Anekdote: Desbarreaux bestellte an einem Freitag, also einem Fastentag, in einem Wirtshaus einen Eierkuchen mit Speck, während ein Gewitter am Himmel stand. Widerstrebend trug der Wirt das Gericht auf und sank, als es plötzlich donnerte, vor Entsetzen in die Knie. Da ergriff der Dichter den Eierkuchen, warf ihn zum Fenster hinaus, um den Wirt zu beruhigen, und sagte ärgerlich: »Tant de bruit pour une omelette!«

Je n'en vois pas la nécessité – Ich sehe die Notwendigkeit nicht

soll nach einem Brief von Voltaire der während der Regentschaft Ludwigs XV. (1723–1774) mit der Überwachung des Pariser Buchhandels beauftragte Graf d'Argental dem Literaten Abbé Desfontaines (1685 bis 1745) erwidert haben, als der wegen einer Rüge geklagt hatte: »Aber ich muss doch leben, Exzellenz.«

In Jean-Jacques Rousseaus (1712–1788) *Emile, ou de l'éducation* (1762; → Seite 516), ist es ein Minister, der diese Worte sagt.

Und nach dem *Commentaire historique sur les œuvres de l'auteur de la Henriade* ist es der Polizeichef von Paris, d'Argenson, der einen Schriftsteller mit dieser Bemerkung zurechtweist.

Ecrasez l'infâme – Nieder mit dem unwürdigen (Aberglauben)

findet sich häufig in Voltaires Briefen aus den Jahren 1759–1768, oft als Unterschrift (»Ecr. l'inf. ...« oder »Ecrlinfs« – um die Briefzensur zu umgehen).

Voltaire meinte damit »l'infâme superstition – den unwürdigen Aberglauben«, den die katholische Kirche verbreitete, nicht jedoch die Religion als solche.

Marquise du Deffand – 1697 bis 1780

Il n'y a que le premier pas qui coûte – Es kommt nur auf den ersten Schritt an

sagte Marquise du Deffand (eigentlich Marie Anne de Vichy-Chamrond, Marquise du Deffand) zu Kardinal Polignac, als dieser die Länge des Weges hervorhob, den der auf dem Montmartre enthauptete heilige Dionysius bis nach Saint-Denis (heute ein Vorort von Paris) mit seinem Haupt in den Händen zurücklegte.

Jean Claude Marie Vincent, Seigneur de Gournay – 1712 bis 1759

Laissez faire, laissez passer (oder aller)! – Lasst nur machen, lasst nur geschehen!

Der Leitsatz des (vor allem wirtschaftlichen) Liberalismus geht auf den französischen Großkaufmann Jean Claude Marie Vincent zurück. Er soll ihn 1758 in einer Versammlung von Physiokraten ausgesprochen haben. Der Ausspruch (manchmal noch mit dem Zusatz versehen: »Le monde va de lui-même – Die Welt dreht sich von selbst«) beruht auf dem Grundsatz, den diese Wirtschaftstheoretiker dem damals herrschenden merkantilistischen Wirtschaftssystem mit seiner staatlichen »Planwirtschaft« entgegenstellten: dass nämlich in der Wirtschaft eine »natürliche« Ordnung herrschen müsse, die am besten durch den Freihandel gewährleistet sei.

Marquise de Pompadour – 1720 bis 1764

Nach uns die Sintflut! – Après nous le déluge!

soll Jeanne Antoinette Poisson, Marquise de Pompadour, gesagt haben, nachdem die französische Armee 1757 von Friedrich dem Großen bei Roßbach geschlagen worden war.

Der Gedanke ist schon im Altertum geäußert worden. Die Sentenz eines unbekannten griechischen Dichters: »Nach meinem Tode geh die Welt in Flammen auf!«, ist mehrfach (zum Beispiel von Cicero in der Schrift *Über das höchste Gut und Übel 3, 19, 64*) überliefert.

Kaiser Tiberius soll es nach *Dio Cassius 48, 23* mit Vorliebe gebraucht haben. Und Nero sagte nach Suetons *Nero 39*, als es einst in seiner Gegenwart angeführt wurde: »Vielmehr schon, während ich lebe«, und steckte Rom in Brand.

Sébastien Roch Nicolas Chamfort – 1741 bis 1794

Krieg den Palästen! Friede den Hütten! – Guerre aux châteaux! Paix aux chaumières!

Die Parole stammt von dem französischen Schriftsteller Sébastien Roch Nicolas Chamfort, der sie als Schlachtruf für die in feindliche Länder eindringenden französischen Revolutionsheere vorschlug.

In Deutschland hat *Der hessische Landbote* von Georg Büchner (1813 bis 1837) ab 1834 für die Verbreitung dieses revolutionären Wortspiels gesorgt, allerdings in der umgekehrten Form: »Friede den Hütten! Krieg den Palästen!«

Emanuel Joseph Sieyès – 1748 bis 1836

Sans phrase – Ohne Redensarten.

In der Sitzung des Konvents am 17. 1. 1793 soll Emanuel Joseph Sieyès, nachdem andere lange Reden darüber gehalten hatten, nur mit den Worten: »La mort, sans phrases!«, für die Hinrichtung König Ludwigs XVI. gestimmt haben.

Nach dem *Moniteur* vom 20. 1. 1793 hingegen sagte er überhaupt nur: »La mort.« 1815 wurde Sieyès als Königsmörder verbannt.

Joseph Rouget de Lisle – 1760 bis 1836

Allons, enfants de la patrie! – Auf, Kinder des Vaterlandes!

lauten die ersten Zeilen der *Marseillaise*, die der Straßburger Offizier Joseph Rouget de Lisle 1792 als Lied der Rheinarmee geschrieben hat (der Verfasser der Melodie ist strittig).

Erstmals gesungen wurde die »Marseillaise« am 30. Juli 1792, als ein Freiwilligenbataillon aus Marseille in Paris einrückte. Im Jahr 1795 per Dekret und ununterbrochen seit 1879 war bzw. ist das Lied französische Nationalhymne.

Französische Revolution – 1789 bis 1794

Freiheit, Gleichheit, Brüderlichkeit – Liberté, Egalité, Fraternité

forderten die Revolutionäre in Frankreich 1789. 1793 wurde die Losung zur verbindlichen Inschrift auf den öffentlichen Gebäuden im Département Paris erklärt. Die II. Republik (1848–1852) übernahm die Losung, und die III. Republik (1871–1940) erklärte sie zur Maxime des Staates.

Menschen- und Bürgerrechte.

Am 26. August 1789 beschlossen die Abgeordneten der »Verfassunggebenden Nationalversammlung« die *Erklärung der Menschen- und Bürgerrechte*, die von der *Declaration of Rights* (Virginia, 1776) und der amerikanischen *Declaration of Independence* vom 4. Juli 1776 inspiriert war und fortan jedem männlichen Bürger politische Freiheit und Sicherheit vor staatlicher Willkür garantierte.

1791 veröffentlichte die Frauenrechtlerin Olympe de Gouges (1748 bis 1793) die von ihr als Kritik an der Revolutionsregierung verstandene *Erklärung der Rechte der Frau und der Bürgerin.*

Die Aussagen der französischen Menschenrechtserklärung fanden weltweit Eingang in alle demokratischen Verfassungen. 1948 verabschiedeten die Vereinten Nationen die *Allgemeine Erklärung der Menschenrechte* (→ Alle Menschen sind gleich, S. 222).

Jeunesse dorée – Goldjugend

werden reiche junge Leute genannt, die einen unbeschwerten Lebenswandel pflegen. Der Ausdruck geht zurück auf die männliche Jugend von Paris, die sich nach Robespierres Sturz 1794 zum Vorkämpfer einer Gegenrevolution aufwarf und von ihren jakobinischen Gegnern verunglimpfend als »jeunesse dorée« bezeichnet wurde.

Und willst du nicht mein Bruder sein,
so schlag ich dir den Schädel ein!

Die genaue Herkunft des Verses ist ungeklärt; er soll in der Revolution 1848 entstanden sein und knüpft offenbar an die Losung der französischen Jakobiner »La fraternité ou la mort!« an.

Die deutsche Fassung machte Reichskanzler Fürst Bernhard von Bülow (1849–1929, reg. 1900–1909) bekannt, als er sie während einer Sitzung des Deutschen Reichstages im Dezember 1903 seinem Kontrahenten August Bebel (1840–1913) zurief.

Perfides Albion

war ursprünglich ein Schlagwort der Französischen Revolution, das die Enttäuschung der republikanischen Franzosen über den Beitritt Englands zur antirevolutionären Koalition der europäischen Mächte nach der Hinrichtung des französischen Königs Ludwigs XVI. am 21. Januar 1793 zum Ausdruck brachte.

Die Bezeichnung »Albion« für Britannien ist möglicherweise vorkeltischen Ursprungs; sie taucht bereits im 4. Jahrhundert n. Chr. bei dem römischen Dichter Avienus in seiner Beschreibung der westeuropäischen Küsten *(De ora maritima)* auf.
Im 13. Jahrhundert spricht Otto von Sankt Blasien in seiner *Chronica* (1209/10), die die *Gesta Friderici* des Otto von Freising bis zur Kaiserkrönung Ottos IV. im Jahr 1209 fortführt, im Zusammenhang mit dem Verhalten des Richard Löwenherz bei der Eroberung Akkos (1191) von »anglica perfidia«.

Marianne
nannten sich ursprünglich republikanisch gesinnte Geheimbünde im Frankreich der Restaurationszeit (1815–1848) nach einer populären Frauengestalt der Französischen Revolution.
Heute personifiziert »Marianne« die französische Republik, u. a. als Büste in vielen Gemeinden und Städten und auf jedem Rathaus (»Mairie«).
Die »Marianne« wird in der Regel mit der Phrygiermütze dargestellt, die während der Französischen Revolution ein Sinnbild der Freiheit war. Ihr Vorbild ist möglicherweise ein allegorisches Gemälde von Antoine Gros aus dem Jahr 1792, das eine Frau mit einer entblößten Brust und einem Stab mit einer Phrygiermütze zeigt und mit folgenden Worten untertitelt ist: »La France républicaine offrant son sein à tous les Français – Das republikanische Frankreich gibt seine Brust allen Franzosen.«
Das Motiv taucht später u. a. bei Eugène Delacroix (1798–1863) in dessen Gemälde »Die Freiheit führt das Volk« (1830) auf, in dem die Freiheit als kämpferische Frau mit einer Trikolore und einer Muskete dargestellt wird. In Liedern, Karikaturen und Plakaten ist Marianne bis heute allgegenwärtig.

Henri Grégoire – 1750 bis 1831

Wandalismus (auch Vandalismus).
Den Ausdruck »Wandalismus« im Sinne von »Zerstörungswut« gebrauchte zuerst der Bischof von Blois, Henri Grégoire, in einem Bericht an den Konvent vom 31. 8. 1794 über die Zerstörungen der Jakobiner in den Kirchen seines Bezirks.
Er geht auf den germanischen Stamm der Wandalen und dessen Plün-

derung Roms im Jahre 455 n. Chr. zurück. Das Verhalten der Wandalen war durchaus nicht übler als das aller Eroberer im Altertum. Aber in der Erinnerung der Römer lebten sie als Urbild räuberischer Barbaren fort.
In altfranzösischen Heldengedichten erscheinen sie als Zerstörer von Kunstwerken, wir treffen sie als solche bei Voltaire an und dann auch in Deutschland, zuerst bei Schubart (1772).

Joseph de Maistre – 1754 bis 1821

Jedes Volk hat die Regierung, die es verdient – Toute nation a le gouvernement qu'elle mérite
schrieb der damalige Gesandte Sardiniens in Sankt Petersburg, Graf Joseph de Maistre, mit Blick auf die Gesetze, die Zar Alexander I. kurz zuvor erlassen hatte, in einem Brief vom 15./27. 8. 1811. Darin äußerte er die Befürchtung, dass besagte Gesetze das Wohl des Volkes kaum mehrten, wenn dieses ihrer nicht wert sei.

Charles Maurice Duc de Talleyrand – 1754 bis 1838

Die Sprache ist dem Menschen gegeben, um seine Gedanken zu verbergen – La parole a été donnée à l'homme pour déguiser sa pensée
sagte Charles Maurice Duc de Talleyrand 1807 in einer Unterredung dem spanischen Gesandten, der Talleyrands zugunsten Spaniens gemachte Versprechungen einforderte.
Der Ausspruch erscheint als eine witzige Umkehrung des Satzes von Molière: »La parole a été donnée à l'homme pour expliquer sa pensée – Die Sprache ist dem Menschen gegeben, um seine Gedanken auszudrücken« *(Le mariage forcé 6)*.
In *Ideen. Das Buch Le Grand* (1826) schreibt Heinrich Heine (1797 bis 1856) den Ausspruch in der Form »Les paroles sont faites pour cacher nos pensées – Die Worte sind dazu da, unsere Gedanken zu verbergen« dem Polizeiminister Joseph Fouché zu.
Ähnliche Formulierungen finden sich aber auch schon früher, und der Gedanke ist bereits im Altertum ausgesprochen worden, zum Beispiel von Plutarch in der Schrift *Von der rechten Art des Hörens* (Kap. 7): »Die meisten Sophisten brauchen die Worte als dichten Schleier für die Gedanken.«

Kaffee muss heiß sein wie die Hölle, schwarz wie der Teufel, rein wie ein Engel und süß wie die Liebe
soll Talleyrand gesagt haben. Freilich findet sich dafür kein Beleg.

Surtout pas de zèle! – Vor allen Dingen keinen Eifer!
wird ebenfalls Talleyrand zugeschrieben, oft auch als »Pas trop de zète – Nur nicht zu viel Eifer.«

Ludwig XVIII. von Frankreich – 1755 bis 1824

Pünktlichkeit ist die Höflichkeit der Könige – L'exactitude est la politesse des rois
ist ein viel zitiertes Wort König Ludwigs XVIII. von Frankreich (reg. 1814–1824).

Claude Henri de Rouvroy Comte de Saint-Simon – 1760 bis 1825

Ôte-toi de là, que je m'y mette! – Heb dich weg von da, damit ich mich dahin setze!
steht im *Catéchisme des industriels* (1823) des französischen Sozialtheoretikers Saint-Simon. Vor ihm sprach Filippo Pananti da Mugello in seinem zuerst 1808 in London erschienenen *Il poeta di teatro (2, 14)* von der Ursache der Revolutionen:
Doch scheint mir alles drauf hinaus zu gehen,
zu sagen: Pack dich fort, ich will hier stehen!
Vielleicht war die Stelle *Jesaja 49, 20* in der *Vulgata* Vorbild: »Angustus est mihi locus, fac spatium mihi, ut habitem – Der Raum ist mir zu eng; mach mir Platz, dass ich wohnen kann.« (nach Martin Luther)

Chevalier de Panat – 1762 bis 1834

Personne n'a su ni rien oublier, ni rien apprendre – Niemand hat es verstanden, etwas zu vergessen noch etwas zu lernen
schrieb 1796 der französische Konteradmiral de Panat über die Aristokraten, die am liebsten wieder die Zustände, wie sie vor der Revolution bestanden hatten, hergestellt haben wollten. Bisweilen wird die Formulierung auch Talleyrand zugeschrieben.
Die Sentenz ist in der folgenden Form geflügelt geworden:

Sie haben nichts gelernt und nichts vergessen – Ils n'ont rien appris ni rien oublié.

Joseph Fouché – 1763 bis 1820

Das ist mehr als ein Verbrechen, das ist ein Fehler – C'est plus qu'un crime, c'est une faute

soll der Polizeiminister Joseph Fouché zur Hinrichtung des Herzogs von Enghien durch den Konsul Bonaparte (1804) geäußert haben. Das Wort wird auch Talleyrand (1754–1838) zugeschrieben.

François René Vicomte de Chateaubriand – 1768 bis 1848

Päpstlicher sein als der Papst

sagen wir nach François René Vicomte de Chateaubriand, der in seiner Schrift *La monarchie selon la charte* (1816) die Wendung »Il ne faut pas être plus royaliste que le roi – Man muss nicht königlicher gesinnt sein als der König« auf die Zeit der Regentschaft König Ludwigs XVI. datierte.

Le roi est mort, vive le roi! – Der König ist tot, es lebe der König!

war der Titel einer Flugschrift, die François René Vicomte de Chateaubriand nach dem Tod König Ludwigs XVIII. im Jahr 1824 veröffentlichte. Es ist zugleich der Ruf, mit dem in Frankreich ein Herold traditionell den Tod des Königs und die Thronbesteigung des nachfolgenden Herrschers verkündete.

Der Ausruf sollte – wie das lateinische »rex non moritur – der König stirbt nicht« – zum Ausdruck bringen, dass in einer Erbmonarchie der Thronfolger in dem Augenblick, da der bisherige König gestorben ist, Inhaber der Krone wird, ohne dass es dazu einer besonderen Ernennung bedarf.

Napoleon Bonaparte – 1769 bis 1821

La grande Nation – Die große Nation

nannte General Napoleon Bonaparte die Franzosen in dem Aufruf, den er 1797 beim Verlassen Italiens an die Italiener richtete. Er wiederholte es oft und hat noch auf St. Helena gegenüber Las Casas darauf bestanden, das Wort geprägt zu haben.

Nach jüngeren Untersuchungen hat Napoleon Bonaparte dem Ausdruck aber nur die nötige Bekanntheit verschafft, um geflügelt zu werden.

So ist die Bezeichnung schon vor Napoleon Bonaparte dem französischen Volk beigelegt worden (zum Beispiel in den *Unterhaltungen deutscher Ausgewanderter* von Goethe, 1793/95).

Von diesen Pyramiden blicken vierzig Jahrhunderte auf euch herab – Du haut de ces pyramides quarante siècles vous contemplent
soll Napoleon Bonaparte seinen Soldaten vor der Schlacht an den Pyramiden am 21. Juli 1798 zugerufen haben. Historisch verbürgt ist das indes nicht, wenngleich zahlreiche Quellen in unterschiedlicher Form die Worte zitieren. Napoleon Bonaparte hat selbst die oben zitierten Worte sowie eine kürzere Variante seinen Memoirenschreibern diktiert:

Soldats, quarante siècles vous regardent – Soldaten, vierzig Jahrhunderte sehen euch an.

Die Politik ist das Schicksal
sagte Napoleon Bonaparte zu Johann Wolfgang von Goethe (1749–1832) am 2. 10. 1808 in Erfurt, als das Gespräch auf die damalige Mode der »Schicksalsdramen« kam.

Der Marschallstab im Tornister
stammt aus der napoleonischen Zeit. Napoleon soll selbst gesagt haben: »Tout soldat français porte dans sa giberne le bâton de maréchal de France – Jeder französische Soldat trägt in seiner Patronentasche den Stab eines Marschalls von Frankreich.«

Wer die Jugend hat, hat die Zukunft
geht angeblich auf Napoleon Bonapartes Worte zurück, die er 1811, seinen neugeborenen Sohn, den Herzog von Reichstadt, auf den Armen, vom Balkon des Louvre rief: »L'avenir est à moi.«

Die Sonne von Austerlitz – Le soleil d'Austerlitz.
Als am 5. 9. 1812 an der Moskwa die Sonne aufging, rief Napoleon Bonaparte seinen Offizieren mit den Worten »Voilà le soleil d'Austerlitz! – Das ist die Sonne von Austerlitz!«, die siegreiche Schlacht gegen die österreichischen und russischen Truppen (»Dreikaiserschlacht«, 1805) ins Gedächtnis.

Vom Erhabenen zum Lächerlichen ist nur ein Schritt – Du sublime au ridicule il n'y a qu'un pas

sagte Napoleon Bonaparte während der Flucht aus Russland zum Gesandten in Warschau, de Pradt.

Die Redewendung ist indes älter und findet sich schon bei dem französischen Schriftsteller Marmontel (1723–1799): »Le ridicule touche au sublime.«

Und bei Thomas Paine (1737–1809) in *The Age of Reason* (1794, deutsch: *Das Zeitalter der Vernunft*) heißt es: »Wenn Schriftsteller und Kritiker vom Erhabenen sprechen, so sehen sie nicht, wie nahe es an das Lächerliche grenzt.«

Pierre Cambronne – 1770 bis 1842

Die Garde stirbt, aber sie ergibt sich nicht.

Napoleon Bonapartes General Pierre Cambronne soll in der Schlacht bei Waterloo (1815) auf die britische Aufforderung, sich zu ergeben, geantwortet haben: »La garde meurt et ne se rend pas – Die Garde stirbt und ergibt sich nicht.«

Obwohl der General, der bei Waterloo schwer verwundet gefangen genommen wurde, entschieden bestritt, die Äußerung jemals getan zu haben, wurden die Worte als Inschrift auf das Denkmal gesetzt, das ihm von seiner Geburtsstadt Nantes errichtet wurde.

Nach Fournier (*L'esprit dans l'histoire,* 2. Ausg. Paris 1860) hat der Journalist Balison de Rougemont das Wort am 19. 6. 1815 im *L'Indépendant* abdrucken lassen.

Nach Houssaye (*La garde meurt et ne se rend pas. Histoire d'un mot historique,* Paris 1907) hat besagter Journalist das Wort in einem Artikel des *Journal général de France* vom 24. 6. 1815 mit dem General in Verbindung gebracht.

Charles Fourier – 1772 bis 1837

Das Recht auf Arbeit – Le droit au travail

ist eine politische Forderung, die der sozialistische Theoretiker Charles Fourier in seiner *Théorie des quatres mouvements et des destinées générales* (1808) aufstellte.

Das »Recht auf Arbeit« ist seitdem eine zentrale Forderung der Arbeiterbewegung.

Selbst der deutsche Reichskanzler Otto von Bismarck (1815–1898) schloss sich dieser Auffassung an, als er im Reichstag am 9. Mai 1884 sagte: »Geben Sie dem Arbeiter das Recht auf Arbeit.«

Narcisse Achille Salvandy – 1795 bis 1856

Tanz auf dem Vulkan.

Das Wort, das sich auf den bevorstehenden Sturz der Bourbonen-Monarchie bezieht, geht zurück auf den französischen Gesandten in Neapel, Narcisse Achille Salvandy, der am 5. 6. 1830 auf einem Ball, den der Herzog von Orléans im Palais Royal in Paris gab, zu seinem Gastgeber sagte: »Das ist ein ganz neapolitanisches Fest, Prinz, wir tanzen auf einem Vulkan« – was dann am nächsten Tag schon in den Zeitungen stand.

Nicht ganz zwei Monate später brach die Julirevolution aus.

»Nous marchons sur des volcans«, sagte nach Hippolyte Taine schon 1794 Robespierre.

Marie Edme Patrice Maurice Comte de MacMahon – 1808 bis 1892

J'y suis, j'y reste! – Hier bin ich, und hier bleib ich!

Im Krimkrieg nahm der französische General MacMahon (der spätere Marschall und Staatspräsident) mit seinen Truppen den Malakoff von Sewastopol ein (1855). Als ihm der Oberbefehlshaber mitteilen ließ, die Russen wollten das Werk in die Luft sprengen, schrieb er mit Bleistift auf ein Stück Papier: »J'y suis, et j'y reste«, und ließ es seinem Vorgesetzten überbringen.

Pierre Joseph Proudhon – 1809 bis 1865

Eigentum ist Diebstahl – La propriété c'est le vol

schreibt Pierre Joseph Proudhon in *Qu'est-ce que c'est que la propriété? ou: Recherches sur le principe du droit et du gouvernement (Was ist Eigentum? oder: Untersuchungen über das Prinzip des Rechts und der Regierung,* Paris 1840).

Schon einige Zeit zuvor, nämlich 1780, heißt es in den *Recherches philosophiques sur le droit de propriété et sur le vol (Philosophische Untersuchungen über das Recht des Eigentums und über den Diebstahl)* von Jacques Pierre Brissot de Warville (1754–1793): »La propriété exclusive est un vol dans sa nature – Das ausschließliche Eigentum ist seiner Natur nach ein Diebstahl.«

Außerdem sei hier festgehalten, dass bereits die Weisheitssprüche im Anhang von Jehuda Ibn Tibbons *Ermahnungsschrift* aus dem 13. Jahrhundert sagen, dass Eigentum – gemeint ist hier Geld – Diebstahl sei.

Léon Gambetta – 1838 bis 1882

Niemals davon sprechen, immer daran denken – Toujours y penser, jamais en parler

geht zurück auf Staatspräsident Léon Gambetta, der am 16. 11. 1871 sagte: »... ne parlons jamais de l'étranger, mais qu'on comprenne, que nous y pensons toujours – ... sprechen wir niemals so von ihr [der Würde der Besiegten], als sei sie uns fremd, sondern so, dass deutlich wird, wir denken immer an sie.«

Émile Zola – 1840 bis 1902

J'accuse! – Ich klage an!

Unter diesem Titel veröffentlichte Émile Zola am 13. Januar 1898 einen Artikel in der Zeitschrift *Aurore*. In der Form eines offenen Briefes an den Präsidenten der Französischen Republik bezichtigte er die Justiz, in der sogenannten Dreyfus-Affäre aufgrund antisemitischer Vorurteile gegen den jüdischen Generalstabsoffizier Alfred Dreyfus ein falsches Urteil gefällt zu haben.

Außenpolitik – 1871 bis 1914

Revanchismus

wurde das französische Streben nach Vergeltung für die im Krieg gegen Preußen/Deutschland 1870/71 erlittene Niederlage und den damit verbundenen Verlust Elsass-Lothringens genannt. Allgemein wird der Ausdruck heute zur Kennzeichnung jeglicher Politik verwendet, die eine Rückkehr zu Verhältnissen anstrebt, wie sie vor einer Niederlage im Krieg geherrscht haben.

III. Republik – 1936

Volksfront – Front populaire

nennen wir ein breites Bündnis linker Parteien. Die Bezeichnung geht zurück auf ein französisches Vorbild: Bereits ab 1934 arbeiteten dort die Linken zusammen, um autoritäre Bestrebungen abzuwehren. 1936 schließlich gewann ein Bündnis aus Sozialisten und Radikalsozialisten die Wahlen und bildete unter Léon Blum (1872–1950, Sozialist; Ministerpräsident 1936–1938) eine Regierung, die von den Kommunisten toleriert wurde.

Zur selben Zeit gab es eine Volksfront-Bewegung in Spanien, die ebenfalls ab 1936 die Regierung stellte, im Spanischen Bürgerkrieg die Regierungsgewalt aber an die Falange unter dem faschistischen General Francisco Franco (1892–1975) verlor.

Schließlich ist die Volksfront-Bewegung in Chile zu nennen, die von 1938 bis 1947 den Präsidenten stellte. In Chile blieb der Volksfront-Gedanke am längsten lebendig und führte nach zwei erfolglosen Versuchen 1970 zum Wahlsieg des Linksbündnisses unter Salvador Allende (1908–1973).

Charles de Gaulle – 1890 bis 1970

Frankreich hat eine Schlacht verloren. Aber Frankreich hat nicht den Krieg verloren! – La France a perdu une bataille! Mais la France n'a pas perdu la guerre!

Mit diesen Worten begann der französische General Charles de Gaulle seine berühmte Rundfunk-Ansprache aus dem Exil in England an das von Deutschland besetzte Frankreich, die von der BBC am 18. Juni 1940 ausgestrahlt wurde.

Diese Rede wurde tausendfach gedruckt und kursierte sowohl in England, um Emigranten zum Widerstand zu ermutigen, als auch in der französischen Résistance. Sie endete mit den Worten, die zum Markenzeichen de Gaulles wurden:

Vive la France! – Es lebe Frankreich!

Besatzungszeit – 1940 bis 1945

Kollaboration

Das Wort bezieht sich in kritischer Weise auf die Zusammenarbeit des Vichy-Regimes unter Marschall Pétain mit den deutschen Besatzern nach der Besetzung Frankreichs im Mai/Juni 1940. Unter den Mitgliedern der Résistance galt der Begriff »collaborateur« als Schimpfwort. In dieser abwertenden Bedeutung hat er später Eingang in die deutsche Sprache gefunden.

Wissenschaft

Georges Louis Leclerc Comte de Buffon – 1707 bis 1788

Le style c'est l'homme – Wie der Stil, so der Mensch

entstand aus den Worten des Naturforschers Georges Louis Leclerc Comte de Buffon, der in seiner Antrittsrede in der Académie française 1753 sagte: »Le style est l'homme même.«

Émile Coué – 1857 bis 1926

Es geht mir von Tag zu Tag besser

sagen wir nach dem französischen Apotheker Émile Coué. Die von ihm entwickelte Methode mit ihrem Spruch: »Mit jedem Tage geht es mir in jeder Hinsicht besser und besser«, den der Patient täglich morgens und abends wie eine Litanei zwanzig Mal sprechen soll, um sein Unterbewusstsein positiv zu färben, hat Coué seit 1910 erfolgreich angewendet und durch Hypnose, Suggestion und Anweisung zu Autosuggestion vielfache Heilerfolge erzielt.

Kunst

Victor Cousin – 1792 bis 1865

L'art pour l'art – Kunst für die Kunst.

Die Kunst habe keinen Maßstäben zu dienen außer ihren eigenen – das war eine Forderung Victor Cousins, die er 1818 in einer Vorlesung an der Pariser Universität Sorbonne erhoben hat. Sie wurde dann vor allem von dem Dichter Théophile Gautier (1811–1872) vertreten (siehe die Vorrede zu seinem Roman *Mademoiselle de Maupin*, 1835).

Gesellschaft und Zeitgeschehen

Roulett

Rien ne va plus – Nichts geht mehr

verkündet der Croupier, wenn er beim Roulett die Kugel ins Spiel gibt, denn dann darf nicht mehr gesetzt werden, und das Schicksal nimmt seinen Lauf.

Simone de Beauvoir – 1908 bis 1986

Das andere Geschlecht – Le deuxième sexe

ist der Titel eines Buches (1949; deutsch 1951) von Simone de Beauvoir, das rasch zum Standardwerk der feministischen Literatur wurde.

Edith Piaf – 1915 bis 1963

Non! Je ne regrette rien – Nein! Ich bedaure nichts

sang die in Paris gebürtige Chansonsängerin Edith Piaf, die dank ihrer kraftvollen Stimme als »Spatz von Paris« jahrzehntelang weltweit große Erfolge feierte, unter anderem mit den Chansons »Milord« und »La vie en rose«.

René Goscinny – 1926 bis 1977

Die spinnen, die Römer

ist eine Erfahrung, die der tapsige Obelix während seiner Abenteuer mit Asterix immer wieder machen muss.
Die beiden sind die Hauptfiguren der Comic-Serie *Asterix* ... von René Goscinny (Text) und Albert Uderzo (Zeichnungen), die seit 1959 in Frankreich und seit 1967 in Deutschland erscheint.

Gilbert Bécaud – 1927 bis 2001

Monsieur hunderttausend Volt

nennt man den ob seiner unbändigen Energie sprühenden Chansonnier Gilbert Bécaud (eigentlich François Silly), der mit Liedern wie »Nathalie« und »Le jour où la pluie viendra – Am Tag als der Regen kam« Welterfolge feierte.

Film

Unter den Dächern von Paris – Sous les toits de Paris

erzählt eine poetische Romanze zwischen einem Mädchen und einem Straßensänger. René Clair ist mit seinem ersten Tonfilm aus dem Jahr 1930 eine meisterhafte Schilderung aus dem Milieu der kleinen Leute in Paris gelungen.

Kinder des Olymp – Les enfants du paradis

ist ein französischer Filmklassiker aus dem Jahr 1945 (die Dreharbeiten hatten bereits 1943 begonnen), dessen Drehbuch Jacques Prévert geschrieben hat und bei dem Marcel Carné Regie führte. Der Film erzählt von der lebenslangen ausweglosen Liebe der Garance zu dem Pantomimen Baptiste.

Rififi
als Synonym für ein gescheitertes Verbrechen sagen wir nach dem Film *Du rififi chez les hommes* (deutsch: *Rififi*) aus dem Jahr 1955. Er erzählt die Geschichte von vier Gangstern und ihrem großen Einbruch, der zunächst gelingt. Doch der Fehler eines dieser Gangster macht den Erfolg aller zunichte.

Die Helden sind müde – Les héros sont fatigués
heißt ein Thriller (1955) von Yves Ciampi, in dem unter anderem Curd Jürgens, Gert Fröbe und Yves Montand mitspielen.

Die Liebenden von Pont-Neuf – Les amants du Pont-Neuf
ist der Titel eines ergreifenden Liebesfilms, in dessen Mittelpunkt ein Clochard, eine erblindende Frau und die älteste Seine-Brücke von Paris stehen. Leos Carax hat den Film zwischen 1988 und 1991 gedreht.

Spanien und Lateinamerika

Literatur

Ignatius von Loyola – 1491 bis 1556

Niemals ein gutes Werk verschieben, weil es nur unbedeutend sei, im Gedanken, zu gelegener Zeit größere Werke zu tun.
Das mahnte der Gründer des Jesuitenordens, Ignatius von Loyola, in den *Geistlichen Briefen* an die Scholastiker in Alcalá um 1541 an.

Miguel de Cervantes Saavedra – 1547 bis 1616

Don Quijote
ist der Titelheld des Romans *Don Quijote von la Mancha.* Er gibt den Namen für Idealisten, die sich beim Zusammenstoß mit der rauen Wirklichkeit nur Beulen zuziehen, auch für solche, die noch etwas verfechten wollen, was die Welt längst abgetan hat.

Rosinante
wurde von Don Quijote in *Don Quijote 1, 1* als ein »erhabener, volltönender und bedeutungsvoller Name« für sein Pferd, einen elenden Klepper, gewählt. Dabei griff er zurück auf »rocín (Klepper)« und »ante (früher)«.

Dulcinea
ist die »Angebetete« des Helden in *Don Quijote.*

Mit Windmühlen kämpfen
sagen wir nach *Don Quijote 1, 1, 8*. Dort hält Cervantes Held Don Quijote Windmühlen für Riesen und rennt mit angelegter Lanze gegen sie an, was freilich übel ausgeht.
Wir gebrauchen die Sentenz, wenn jemand aussichtslos gegen etwas oder jemanden Übermächtiges kämpft, das oder der nur in seiner Einbildung, nicht jedoch in der Wirklichkeit ein Feind ist.

Der Ritter von der traurigen Gestalt
wird Don Quijote von Sancho Pansa genannt, weil er »wahrhaftig die jämmerlichste Gestalt« war, die Sancho je in seinem Leben gesehen

hatte. Don Quijote nimmt den Beinamen an, weil das »alle Ritter der Vorzeit getan haben«.
Cervantes verspottet damit die Namensgebung in den beliebten Ritterromanen seiner Zeit.

Die Habenden und die Habenichtse – El tenir y el no tenir
lautet die Klasseneinteilung der Menschen in *Don Quijote 2, 20.*

Eifersucht ist eine Leidenschaft, die mit Eifer sucht, was Leiden schafft.
Diese Sentenz stammt aus *La guarda cuydadosa (Der wachsame Posten).* Dort sagt ein Soldat: »O zelos, zelos! Quan mejor os llamaran duelos, duelos!« Daraus wurde in der deutschen Übersetzung: »O Eifersucht, Eifersucht, du Leidenschaft, die mit Eifer sucht, was Leiden schafft.«

Juan Ruiz de Alarcón y Mendoza – um 1581 bis 1639

Die Gewohnheit ist gewiss eine zweite Natur, kaum kann man sie vor dem Tod verlieren.
So schreibt der spanische Dramatiker im *Buch von rechter Liebe.*

Zweifeln wir nicht an dem, was der Weise sagt, denn am Werk erkennt man den Weisen und seine Worte.
Dies finden wir ebenfalls im *Buch von rechter Liebe.*

Pedro Calderón de la Barca – 1600 bis 1681

Öffentliches Geheimnis
ist uns ein Begriff, seit Friedrich Wilhelm Gotter 1781 seine Übersetzung von Carlo Gozzis Komödie *Il pubblico secreto* (1769) unter dem Titel *Das öffentliche Geheimnis* herausbrachte. Gozzi seinerseits hatte den Titel des Lustspiels *El secreto a voces* von Calderón übernommen. Das Wort berichtet ein Geheimnis, das keines ist.

Don Juan
als Frauenliebling und Verführer geht auf Don Juan Tenorio zurück, den Helden des spanischen Dramas *El burlador de Sevilla y convidado de piedra (Der Spötter von Sevilla und der steinerne Gast*) aus dem Jahr 1630, das Gabriel Téllez (Tirso de Molina) zugeschrieben wird.

Der Stoff wanderte in verschiedenen Bühnenfassungen durch ganz Europa, bis er in Mozarts Oper *Don Giovanni* aus dem Jahr 1787 seine bedeutendste Gestaltung gefunden hatte.

Das Leben ein Traum – La vida es sueño

heißt ein Schauspiel von Calderón aus dem Jahr 1635.
»Eines Schattens Traum sind die Menschen« steht schon in den *Pythischen Oden 8, 136* des griechischen Dichters Pindar. Auch im Fernen Osten ist diese Vorstellung geläufig. Der Philosoph Dschuang Dsi (um 350 v. Chr.) träumte, er sei ein Schmetterling, und fragte sich nach dem Erwachen, ob er nun ein Mensch sei, der geträumt habe, ein Schmetterling zu sein, oder ein Schmetterling, der jetzt träume, ein Mensch zu sein.
Der italienische Dichter Petrarca schrieb in einem Brief: »Das ganze Leben scheint mir nichts anderes zu sein als ein leichter Traum.«
Und ein Gemälde Böcklins aus dem Jahr 1888 trägt die Unterschrift »Vita somnium breve – Das Leben ein kurzer Traum«.

Bei Hofe, Herr, das wollt ihr bedenken, gilt andre Sitte als im Bergrevier.

So spricht der 2. Kammerherr im Schauspiel *Das Leben ein Traum*.

Träume sind Schäume

stammt aus *Das Leben ein Traum*, wo es in der deutschen Übersetzung heißt: »Das höchste Erdengut erscheint nur klein, das ganze Leben nichts als ein Traum, und Träume – sind Schäume.«

Edle Sünden darf man wohl verzeihen

kennen wir ebenfalls aus diesem Schauspiel.

Ultima Ratio – Das letzte Mittel.

In Calderóns Stück *In diesem Leben ist alles wahr und alles Lüge*, das vor 1644 entstand, dort werden Pulver und Blei als »ultima razón de reyes (letztes Mittel der Könige)« bezeichnet.
Ludwig XIV. wählte danach um 1650 als Aufschrift für die französischen Geschütze die lateinische Inschrift »ultima ratio regum – letztes Mittel der Könige«.
In Preußen erscheint »ultima ratio regis – letztes Mittel des Königs«

als Kanonen-Inschrift ab 1742. Alle Bronzegeschütze Friedrichs des Großen trugen sie.

El gran teatro del mundo – Das große Welttheater
ist der Titel eines Fronleichnamsspiels von 1645, das Pedro Calderón de la Barca 1645 herausbrachte.

Angel de Saavedra, Duque de Rivas – 1791 bis 1845

Die Macht des Schicksals
ist der Titel der deutschen Übersetzung des Dramas *Don Álvaro o la fuerza del sino* von 1835. Es diente als Vorlage für den Text der gleichnamigen Oper von Giuseppe Verdi.

Federico García Lorca – 1898 bis 1935

Bluthochzeit – Bodas de sangre
ist der Titel einer Tragödie aus dem Jahr 1933, die sich mit der Blutrache auseinandersetzt und von der Heirat der Kinder aus zwei verfeindeten Familien handelt.

Alejandro Casona – 1903 bis 1965

Bäume sterben aufrecht – Los árboles mueren de pie.
Das zitieren wir nach dem Titel eines Dramas, das 1949 erstmals aufgeführt wurde. Die Bäume versinnbildlichen Standhaftigkeit in schweren Zeiten.

Pablo Neruda – 1904 bis 1973

Ich bekenne, ich habe gelebt
ist der deutsche Titel der Autobiographie des chilenischen Lyrikers und Literatur-Nobelpreisträgers (1971).

Octavio Paz – 1914 bis 1998

Lieben ist kämpfen, und wenn zwei sich küssen, verändert sich die Welt
ist ein bekanntes Zitat des mexikanischen Lyrikers und Diplomaten, das bei uns gegen Ende der 70er Jahr des 20. Jahrhunderts durch die Friedensbewegung Verbreitung fand.

Gabriel García Márquez – geb. 1927

Hundert Jahre Einsamkeit – Cien años de soledad

ist der Titel des wohl bekanntesten Romans des kolumbianischen Literatur-Nobelpreisträgers (1982) aus dem Jahr 1967.

Jaime Gild de Biedma – 1930 bis 1990

Legenden sind der Weihrauch, der über der Geschichte schwebt

stammt aus der Feder des bekannten spanischen Lyrikers.

Isabel Allende – geb. 1942

Das Geisterhaus

ist der Titel eines weltbekannten Romans, der sich mit den Verhältnissen in Chile bis in die Zeit der Diktatur Pinochets auseinandersetzt. Der Titel wurde nach seinem Erscheinen in Deutschland 1984 als Bild für einen Unrechtsstaat benutzt.

Javier Marías – geb. 1951

Mein Herz so weiß

ist der in Deutschland bekannteste Roman des jungen spanischen Autors, der in seinen Werken das Lebensgefühl des modernen Menschen zum Ausdruck bringt.

Philosophie

Teresa von Ávila – 1515 bis 1582

Es ist ganz gewiss, dass man viele Freunde hat, wenn man keines Menschen bedarf.

So steht es in *Weg der Vollkommenheit* der bekannten spanischen Ordensfrau und Mystikerin.

Juan de la Cruz – 1552 bis 1591

Zwei zusammen können mehr als einer allein

stammt aus den *Merksätzen von Licht und Liebe* des Mystikers und Kirchenlehrers.

Wer nichts will, hat alles
lesen wir in *Der Berg der Vollkommenheit*, dem Hauptwerk des christlichen Philosophen des 16. Jahrhunderts.

Baltasar Gracián y Morales – 1602 bis 1658

**Das Wissen ist lang,
das Leben ist kurz**
sagen wir nach einem Ausspruch des spanischen Jesuiten und Schriftstellers Gracián aus seinem *Handorakel und die Kunst der Weltklugheit* von 1647: »Das Wissen ist lang, das Leben ist kurz, und wer nichts weiß, der lebt auch nicht.«

Gemeiniglich darf man, um sich die Achtung zu erhalten, nicht sehr geliebt sein. Die Liebe ist verwegener als der Hass.
Diese Weisheit finden wir im *Handorakel*. Ebenso:

Die Reife des Geistes zeigt sich in der Langsamkeit des Glaubens.

Alles hat der, welcher sich aus dem nichts macht, woran ihm nichts liegt.

Das letzte Glück ist zu philosophieren.

Ohne zu lügen, nicht alle Wahrheiten sagen.
Diese Sentenz über den schwierigen Umgang mit der Wahrheit finden wir im *Handorakel* des spanischen Philosophen Baltasar Gracián y Morales.

Miguel de Unamuno y Jugo – 1864 bis 1936

Unruhe ist die erste Menschenpflicht
formulierte der baskische Philosoph und Schriftsteller.

Neid ist die Mutter der Demokratie
war eine viel diskutierte Ansicht Unamunos, die aus der Zeit nach dem Zweiten Weltkrieg stammt.

José Ortega y Gasset – 1883 bis 1955

Der Aufstand der Massen –
La rebelión de las masas
ist der Titel eines 1930 erschienenen Buches des spanischen Kulturphilosophen, das sich mit den Problemen des »Zeitalters der Massen« beschäftigt.

Revolution ist nicht Barrikade;
Revolution ist ein Geisteszustand.
So eine bekannte Feststellung des spanischen Philosophen über das Wesen der Revolution aus *Aufstand der Massen*.

Geschichte und Politik

Christoph Kolumbus – 1451 bis 1506

Neue Welt.
Die von Kolumbus entdeckten überseeischen Gebiete so zu bezeichnen geht zurück auf das Motto, das Ferdinand V. 1493 dem Wappen des Kolumbus hinzufügte: »Por Castilla y por León nuevo mundo alló Colon. (Für Kastilien und León fand Kolumbus eine neue Welt.)«
In deutscher Sprache finden wir den Begriff erstmals als Titel einer Übersetzung von Amerigo Vespuccis Brief *De nova antarctica* von Matthis Hüpfauf aus dem Jahr 1505, die da heißt *Von der Nüwen Welt*.

Ei des Kolumbus.
Diesen Ausdruck für eine überraschend einfache Lösung verdanken wir einer Begebenheit, von der uns Girolamo Benzoni in seiner *Historia del mondo nuovo* aus dem Jahr 1565 berichtet. Danach ließ Kolumbus, als bei einem Gastmahl die Rede auf die angeblich einfache Entdeckung Amerikas kam, ein Ei bringen und forderte die Anwesenden auf, es auf die Spitze zu stellen. Keiner bis auf Kolumbus brachte das zustande: Er drückte einfach die Spitze des Eis ein und stellte es auf den Tisch.
Diese Tat wird von verschiedenen Autoren unterschiedlichen Urhebern zugeschrieben, letztlich hat sich aber Kolumbus in der Namensgebung durchgesetzt.

Ignatius von Loyola – 1491 bis 1556

Kadavergehorsam

Der Begriff entwickelte sich aus einem Zitat aus den *Constitutiones Societas Jesu* von 1534, der Verfassung des Jesuitenordens. Dort schreibt Loyola den Ordensmitgliedern strikten Gehorsam gegenüber den Vorgesetzten vor: »... perinde ac si cadaver essent, quod quoquo versus ferri et quacumque ratione tractari se sinit (als wären sie ein Leichnam, der sich überallhin tragen und auf jede beliebige Weise behandeln lässt).«

Kaiser Karl V. – 1500 bis 1558

In meinem Reich geht die Sonne nicht unter

wird – historisch nicht belegt – dem Kaiser und König von Spanien und Rom zugeschrieben.

Schiller legte in *Don Carlos 1, 6* aus dem Jahr 1787 diese Worte Kaiser Karls Sohn Philipp II. in den Mund: »Die Sonne geht in meinem Staat nicht unter.«

Friede von Cambrésis – 1559

Natürliche Grenzen.

Dieser Begriff geht zurück auf einen Ausspruch des spanischen Unterhändlers bei den Verhandlungen zum Frieden von Cambrésis vom 2. April 1559. Dort standen sich Frankreich auf der einen und Spanien und England auf der anderen Seite gegenüber. Der Vertreter Frankreichs, der Herzog von Montmorency, erhob Anspruch auf das Piemont. Das wurde von Spanien zurückgewiesen, da »... les montagnes constituent des frontières naturelles (... die Berge natürliche Grenzen bilden).«

Die Vorstellung vom Rhein als natürlicher Grenze zwischen Deutschland und Frankreich ist uns ebenfalls geläufig. Wir finden sie erstmals bei Napoleon III., der seinerseits auf ein Argument von Sieyès aus dem Jahr 1793 zurückgreift.

Emilio Mola – 1887 bis 1937

Die fünfte Kolonne – La quinta columna

nennen wir nach einem Ausspruch des faschistischen Generals eigene Agenten im Gebiet des Feindes. Als Mola 1936 mit vier Truppenteilen gegen das noch von den republikanischen Truppen gehaltene Madrid anstürmte, bezeichnete er in einer Rundfunkansprache die Anhänger des Faschismus in der Stadt als »la quinta columna«.

Dolores Ibárruri Gómez – 1895 bis 1989

No pasarán! - Sie werden nicht durchkommen!

Die Parole wurde von »La pasionaria«, wie ihre Anhänger sie nannten, in ihren leidenschaftlichen Rundfunkreden im Frühsommer 1936 gegen die Faschisten im Spanischen Bürgerkrieg geprägt. Der Satz ist Ausdruck des Durchhaltewillens der republikanisch gesinnten Kräfte.

Fidel Castro – geb. 1926

Die Revolution kennt keine Triebe; denn die Revolution ist ein Trieb.

Diese Sentenz stammt aus einer Rede des kubanischen Staatspräsidenten.

Ernesto »Che« Guevara – 1928 bis 1967

Venceremos - Wir werden siegen

ist sowohl politisches Schlagwort als auch der Titel einer Schrift aus dem Jahr 1968 über den kubanischen Freiheitskampf, die in Deutschland im Zuge der Studentenrevolte zu Beginn der 70er Jahre des 20. Jahrhunderts rasch Verbreitung fand.

Kunst

Pablo Picasso – 1881 bis 1973

Kunst wäscht den Staub des Alltags von der Seele.

Das meinte einer der größten Künstler des 20. Jahrhunderts.

Pedro Almodóvar – geb. 1951

Frauen am Rande des Nervenzusammenbruchs

ist seit dem Erfolg des Films aus dem Jahr 1988 in aller Munde.

Auch der Titel eines jüngeren Werkes des spanischen Erfolgsregisseurs Pedro Almodóvar, der in seinen Arbeiten den Spannungsbogen zwischen sexueller Begierde und Todesangst thematisiert, ist auf dem besten Weg, unter den jungen Großstadtbewohnern des 21. Jahrhunderts zum Schlagwort zu werden (»Sprich mit ihr«, 2002).

Italien

Literatur

Plinius – 23 bis 79

(Il) dolce far niente – Das süße Nichtstun.

Dieses Wort ist für uns Inbegriff italienischer Lebensart und hat wohl seine Wurzeln im lateinischen Ausspruch »illud iucundum nil agere (jenes süße Nichtstun)« des jüngeren Plinius in *8. Buch, Brief 9.*

Übrigens sagte schon der römische Staatsmann Cicero in seiner Schrift *Vom Redner 2, 24*: »Nihil agere delectat. (Nichtstun ist angenehm.)«

Guido Guinizelli – um 1230 bis um 1276

Im edlen Herzen nur wohnt wahre Liebe – Al cor gentil rempaira sempre amore

ist der Titel einer bedeutenden Dichtung des Anführers der Bologneser Dichterschule.

Dante Alighieri – 1265 bis 1321

Inferno

ist das italienische Wort für »Hölle«. Von dieser »Hölle« sprechen wir nach der Überschrift des ersten Teils von Dantes Göttlicher Komödie (Divina commedia).

Nel mezzo del cammin di nostra vita – Auf unsres Lebensweges Mitte

zitieren wir nach den Anfangsversen von *Die göttliche Komödie (Divina commedia),* die der große Dichter erst kurz vor seinem Tode vollendete.

Lasciate ogni speranza, voi ch'entrate – Lasst jede Hoffnung hinter euch, ihr, die ihr eintretet.

So lautet der letzte Vers der Inschrift über der Höllenpforte in der *Göttlichen Komödie, Hölle 3, 9.*

Nessun maggior dolore che ricordarsi del tempo felice nella miseria – Kein größrer Schmerz als sich erinnern an die Zeit des Glücks im Unglück.

So lesen wir in *Göttliche Komödie, Hölle 5, 121*.

Im *Trost der Philosophie 2, 4* von Boethius heißt es in ähnlichem Sinn: »Von allem, was Unglück heißt, ist die unseligste Art die, glücklich gewesen zu sein.«

Auch in der *Summa theologiae 2, 36, 1* des Thomas von Aquin finden wir diesen Gedanken: »Memoria praeteritorum bonorum, in quantum sunt amissa, causat tristitiam.«

Francesco Petrarca – 1304 bis 1374

In Wahrheit sind wir alle Staub und Schatten

stammt aus dem Liederbuch *Il canzoniere* von 1470 des großen italienischen Lyrikers und Humanisten Francesco Petrarca.

Giovanni Boccaccio – um 1313 bis 1375

Die Menschen neigen eher dazu, das Schlechte zu glauben als das Gute

finden wir in der zwischen 1348 und 1353 entstandenen Novellensammlung *Das Dekameron (Decamerone)*.

Alle Dinge, die über Maß und Ziel hinausgehen, sind von kurzer Dauer.

Das sagen wir nach *Das Dekameron (Decamerone)* des berühmten italienischen Dichters.

Ludovico Ariosto – 1474 bis 1533

Vom Schlaf zum Tod ist ein kleiner Weg

lesen wir in dem Epos in 46 Gesängen *Der rasende Roland (Orlando furioso)* von 1516, das weit über Italien hinaus Verbreitung fand.

Michelangelo Buonarroti – 1475 bis 1564

Du tratest durch die Augen in mich ein

schrieb der uns mehr als Bildhauer und Maler bekannte Michelangelo in seinen *Sonetten an Vittoria Colonna*: »Du tratest durch die Augen in mich ein und zwangst mich so, mich mächtig auszubreiten.«

Torquato Tasso – 1544 bis 1599

Freie Meinungen in freien Worten
forderte der gefeierte Dichter in seinem Kreuzzugsepos *Das befreyte Jerusalem* aus dem Jahr 1581.

Giacomo Girolamo Casanova – 1725 bis 1798

Casanova,
Dieser Verführer der Frauen ist uns seit den autobiographischen Schilderungen der erotischen Abenteuer Giacomo Girolamo Casanovas in Buchform ein Begriff.

Gift in den Händen eines Weisen ist ein Heilmittel, ein Heilmittel in den Händen des Toren ist Gift.
Diese Sentenz finden wir in der *Geschichte meines Lebens* des Abenteurers und Schriftstellers.

Lorenzo da Ponte – 1749 bis 1838

Cosi fan tutte – So machen's alle
ist der Titel von Mozarts komischer Oper aus dem Jahr 1790, deren Text Lorenzo da Ponte schrieb.

Will der Herr ein Tänzchen mit mir wagen
fragen wir nach der deutschen Übersetzung von Hermann Levi des Textes der Mozart-Oper *Figaros Hochzeit 1, 2*: »Will der Herr Graf ein Tänzchen nun wagen, mag er's mir sagen, ich spiel ihm auf.«

Ihr, die ihr die Triebe des Herzens kennt, sprecht, ist es Liebe, was hier so brennt?
Das kennen wir ebenfalls aus der deutschen Übersetzung von *Figaros Hochzeit 2, 3.*

Endlich naht sich die Stunde
finden wir ebenfalls in *Figaros Hochzeit 4, 10.*

Leporello
ist eine Figur aus *Don Giovanni,* einer Mozart-Oper, zu der da Ponte den Text verfasst hat (zur Vorlage → Don Juan, S. 544). Die deutsche Übersetzung stammt von Johann Friedrich Rochlitz (1769–1842).

Heute bezeichnen wir damit ein ziehharmonikaartig gefaltetes kleines Heft, nach dem »kleinen Register« der Geliebten Don Juans, das Leporello Donna Elvira zeigt.

Keine Ruh' bei Tag und Nacht
sagen wir nach *Don Giovanni 1, 1.*

Aber in Spanien tausendunddrei
spielt auf die 1003 angeblichen Liebschaften des Don Juan an und stammt aus der »Registerarie« des Leporello in *Don Giovanni 1.*

Reich mir die Hand, mein Leben, komm auf mein Schloss mit mir!
So steht es in *Don Giovanni 1, 18.*

Sonst hast du keine Schmerzen?
Diese Frage geht zurück auf einen Vers aus *Don Giovanni 2, 8*: »Weiter hast du keine Schmerzen?«

Christoph Martin Wieland – 1733 bis 1813

Con amore – Mit (Lust und) Liebe.
Diesen Ausdruck gebraucht Wieland in seinem Gedicht *Der neue Amadis 6, 23*. Aufschlussreich ist die Stelle in seiner Übersetzung *Horazens Briefe 2, 107* von 1782, wo er »gaudent scribentes« mit »sie schreiben con amore« übersetzt und in einer Anmerkung hinzufügt, es sei »noch nicht viel über zehn Jahre, dass dieser Ausdruck von einem unsrer Schriftsteller ... importiert ... worden ist«.

Francesco Maria Piave – 1810 bis 1876

La donna è mobile – Oh, wie so trügerisch sind Weiberherzen!
So übersetzte Grünbaum aus Giuseppe Verdis Oper *Rigoletto* von 1851. Dort heißt es: »La donna è mobile qual piuma al vento. (Leicht beweglich ist die Frau, wie eine Feder im Wind.)«
Den Text schrieb Piave nach Victor Hugos Drama *Le roi s'amuse (Der König amüsiert sich)*. Victor Hugo benutzte einen altfranzösischen Vers leicht verändert: »Souvent femme varie, bien fol qui s'y fie! (Oft ist das Weib wankelmütig, ein schöner Narr, der ihm vertraut!)«

Und schon in Vergils *Aeneis* heißt es über die Frauen: »Varium et mutabile semper femina.«

Ruggiero Leoncavallo – 1858 bis 1919

Lache, Bajazzo!

Diese Aufforderung stammt aus der Oper *Der Bajazzo (Pagliacci)*, die im Jahr 1892 uraufgeführt wurde. Der deutsche Text stammt von Ludwig Hartmann.

Giacomo Puccini – 1858 bis 1924

Wie eiskalt ist dies Händchen!

Diese Sentenz stammt aus Puccinis Oper *La Bohème* aus dem Jahr 1896, deren Text von Ludwig Hartmann in die deutsche Sprache übertragen wurde.

Luigi Bartolini – 1892 bis 1963

Es geht im Leben darum, Verlorenes wiederzufinden

steht in dem Roman *Fahrraddiebe* aus dem Jahr 1946. Die Erzählung bildete die Vorlage für einen Film von Vittorio de Sica.

Giuseppe Tomasi di Lampedusa – 1896 bis 1957

Ein Haus, in dem man alle Räume kennt, ist nicht wert, bewohnt zu werden

zitieren wir aus dem autobiographisch-historischen Roman *Der Leopard (Il Gattopardo)*, der erst nach dem Tode des Schriftstellers im Jahr 1958 veröffentlicht wurde.

Dario Fo – geb. 1926

Offene Zweierbeziehung

ist der inzwischen Allgemeingut gewordene Titel eines Theaterstücks aus dem Jahr 1983. Dario Fo erhielt 1997 den Literaturnobelpreis für sein Lebenswerk.

Philosophie

Niccolò Machiavelli – 1469 bis 1527

Die Menschen vergessen schneller den Tod des Vaters als den Verlust des Erbes.
Das kennen wir aus *Der Fürst (Il Principe).* Ebenso:

Die Welt ist voller Pöbel.

Es ist der gewöhnliche Fehler des Menschen, bei gutem Wetter nicht an den Sturm zu denken.

Eins ergibt das andere und Zeit bringt Rat.
Diese Sentenz finden wir in *Mandragola.*

Man sollte nie versuchen, durch Gewalt zu siegen, wo man es durch Betrug vermag.
Diesen Grundsatz vertrat Machiavelli in *Das Leben des Castruccio Castracani.*

Niemand wird ein hinkendes Pferd gern reiten, denn es strengt zu sehr den Reiter an
steht in seinem *Brief an die Zehn* vom 11. 4. 1505.

Giordano Bruno – 1548 bis 1600

Si non è vero, è (molto) ben trovato – Wenn es nicht wahr ist, ist es (sehr) gut erfunden
steht in dem Werk *Gli eroici furori 2, 3* des italienischen Philosophen und Wissenschaftlers.

Francesco De Sanctis – 1817 bis 1883

Der Glaube schwindet, und es entsteht die Philosophie
lesen wir in *Über die Wissenschaft und das Leben,* dem Hauptwerk des Politikers und Literaturhistorikers De Sanctis.

Giacomo Leopardi – 1798 bis 1835

Die Vernunft ist ein Licht

sagen wir nach den *Gedanken aus dem Zibaldone*. Dort steht: »Die Vernunft ist ein Licht. Davon will und soll die Natur erleuchtet, jedoch nicht in Brand gesteckt werden.«

Geschichte und Politik

Vincenzo Gioberti – 1801 bis 1852

L'Italia farà da se

(Italien macht sich von selbst)

wird von manchen Quellen dem italienischen Politiker Gioberti zugeschrieben. Auf jeden Fall stammt die Sentenz aus den Kreisen der italienischen Einigungsbewegung in der ersten Hälfte des 19. Jahrhunderts.

Viktor Emanuel II. von Sardinien – 1820 bis 1878

Rè galantuomo – König und Ehrenmann

gab Viktor Emanuel II. (ital. Vittorio Emanuele II), der König von Sardinien (1849–1861; 1861–1878 König von Italien), bei einer Volkszählung in Turin in der Spalte »Stand und Stellung« an. Er übernahm diesen Titel von seinem Minister d'Azeglio, der zu ihm gesagt haben soll: »Die Geschichte zählt so wenig Könige, die Ehrenmänner sind, dass es eine schöne Aufgabe wäre, jetzt die Reihe zu beginnen.« Der König fragte daraufhin: »Soll ich also dieser König-Ehrenmann sein?«

Camillo Benso di Cavour – 1810 bis 1861

Mit dem Belagerungszustand kann jeder Esel regieren.

Das stellte der große Staatsmann, der die Einigung Italiens in die Wege leitete, fest.

Die Zeit ist ein mächtiger Bundesgenosse

stellte Cavour in seinem *Brief an Matteucci* aus dem Dezember 1860 fest: »Die Zeit ist ein mächtiger Bundesgenosse für den, der auf Seiten der Vernunft und des Fortschritts ist.«

Libera chiesa in libero stato – Eine freie Kirche in einem freien Staat

stammt aus einer Rede vor der Abgeordnetenkammer in Turin im März 1861 des italienischen Nationalisten und Staatsmannes.

Francesco Crispi – 1819 bis 1901

Die Monarchie einigt uns, die Republik würde uns teilen

sagte Crispi vor dem italienischen Parlament am 1. Mai 1864.

Antonio Salandra – 1853 bis 1931

Sacro egoismo – Gesunder Egoismus

(Heiliger Egoismus)

ist ein Ausspruch, den der italienische Ministerpräsident im Ersten Weltkrieg tat, um seine Politik zu rechtfertigen.

Wir kennen aus dieser Zeit auch den »gesunden Volksegoismus« und den »gesunden Nationalegoismus«.

Benedetto Croce – 1866 bis 1952

Die Freiheit ohne soziale und wirtschaftliche Ordnung lässt sich nicht denken.

Das steht in *Die Geschichte als Gedanke und als Tat* (1936) des Philosophen, Historikers und Mitbegründers der Liberalen Partei Italiens (1943).

Nur in Freiheit kann menschliche Gemeinschaft gedeihen und Früchte tragen.

So lesen wir in der *Geschichte Europas im 19. Jahrhundert* des einflussreichen italienischen Politikers und Staatsmannes.

Curzio Malaparte – 1898 bis 1957

Die Schere im Kopf

geht zurück auf eine Äußerung des italienischen Journalisten und Schriftstellers Curzio Malaparte, der von 1928 bis 1931 Leiter der einflussreichen Tageszeitung *La Stampa* war: »Die gefährlichste Form der Zensur ist die Schere im Kopf.«

Amintore Fanfani – 1908 bis 1999

Eine Partei kann nicht nur aus Flügeln bestehen, sie muss auch einen Rumpf haben

sagte der ehemalige italienischen Ministerpräsident und Generalsekretär der christlich-demokratischen Partei bei dem Versuch, die Flügelkämpfe in seiner Partei zu beenden.

Wissenschaft

Geronimo Cardano – 1501 bis 1576

Man schreibt nicht mehr, man schreibt ab

ist uns eine bekannte Klage und in der Lebensbeschreibung des Mathematikers, Arztes und Naturforschers überliefert.

Galileo Galilei – 1564 bis 1642

Und sie bewegt sich doch! – Eppur si muove!

Im Jahr 1632 veröffentlichte der italienische Philosoph, Mathematiker und Physiker ein Werk, in dem er versuchte zu beweisen, dass die Sonne im Zentrum unseres Universums steht und sich die Erde um die Sonne bewegt. Damit schloss er sich den Vorstellungen des Kopernikus an.

Sein Buch wurde von der katholischen Kirche verboten, er selbst vor ein Inquisitionsgericht gestellt und mit dem Feuertod bedroht. Am 22. 6. 1633 schwor er seinem »Irrtum« ab.

Die obige Sentenz wird in den *Querelles littéraires* des Abbé Trailh aus dem Jahr 1761 zitiert, wurde aber von Galilei mit ziemlicher Sicherheit nie gesagt.

Francesco De Sanctis – 1817 bis 1883

Jede Wissenschaft hat ihre Zeit

steht in *Über die Wissenschaft und das Leben,* dem Hauptwerk des Politikers und Literaturhistorikers.

Kunst

Antonio Allegri, genannt Correggio – um 1489 bis 1534

Anch' io sono pittore - Auch ich bin Maler

soll der Maler Correggio vor dem Bild der heiligen Cäcilia von Raffael ausgerufen haben. Er betonte damit das überragende Können Raffaels.

Francesco De Sanctis – 1817 bis 1883

Die Kunst geht unter, und die Kritik taucht auf

finden wir in *Über die Wissenschaft und das Leben.*

Giovanni Segantini – 1858 bis 1899

Kunst ist das Fenster, durch das der Mensch seine höheren Fähigkeiten erkennt.

Diese Sentenz stammt aus den *Schriften und Briefen* des italienischen Malers Giovanni Segantini.

Giorgio de Chirico – 1888 bis 1978

Kunst ist keine intellektualistische Schwärmerei

wird in dem Sammelband *Wir Metaphysiker* als Sentenz des Malers und Bildhauers Giorgio de Chirico bezeichnet.

Federico Fellini – 1920 bis 1993

Der große Zampano

ist eine Figur aus Federico Fellinis Film *La strada* aus dem Jahr 1954. Es handelt sich dabei um einen großsprecherischen, herrisch auftretenden Jahrmarktsartisten.

La dolce vita - Das süße Leben

ist der Titel eines Films von Federico Fellini aus dem Jahr 1960. (→ Il dolce far niente, S. 552)

Sergio Leone – 1929 bis 1989

C'era una volta il West - Spiel mir das Lied vom Tod

ist der Titel eines Italo-Westerns aus dem Jahr 1968. Besonders die Filmmusik »Lied vom Tod« von Ennio Morricone wurde weltberühmt.

Bernardo Bertolucci – geb. 1941

Der letzte Tango

wird zitiert nach dem Titel eines Filmes von 1972 *Der letzte Tango von Paris (Ultimo tango a Parigi)*. Die Hauptrollen spielten Marlon Brando und Maria Schneider.

Gesellschaft und Zeitgeschehen

Silvio Berlusconi – geb. 1936

Das Fernsehen macht den Star

sagte der international umstrittene italienische Ministerpräsident und Medien-Magnat Silvio Berlusconi. Und er fügte entschieden hinzu: »... und nicht umgekehrt.«

Osteuropa

Literatur

Iwan Alexandrowitsch Gontscharow – 1812 bis 1891

Oblomov

ist der Inbegriff eines begabten, aber antriebslosen Menschen, der in eine lähmende Lethargie fällt und auf diese Weise seine Zukunft verspielt. Der Ausdruck geht zurück auf den Titel des gleichnamigen Romans (1859) von Iwan Alexandrowitsch Gontscharow. Während der Herrschaft der Sowjets sprach man von »Oblomovschtschina«, um die lähmenden Zustände zu kritisieren.

Iwan Turgenjew – 1818 bis 1883

Nihilismus

ist eine Haltung, die bestehende Überzeugungen, Werthaltungen, soziale und politische Systeme und die Möglichkeit allgemein gültiger Erkenntnis überhaupt verneint.

Der Begriff taucht bereits bei Augustinus (354–430) als Bezeichnung von Nichtgläubigen auf.

Friedrich Heinrich Jacobi (1743–1819) führte den Begriff in die Philosophie ein, um damit die idealistischen Positionen Johann Gottlieb Fichtes (1762–1814) zu kritisieren.

Doch erst der russische Schriftsteller Iwan Turgenjew machte den Begriff weithin bekannt. Er schrieb über den Helden seines Romans *Väter und Söhne* (1861), er sei ein »Nihilist«. Damit kennzeichnete er zugleich die russischen Revolutionäre, die sich als Anarchisten betrachteten und in der Folge selbst als »Nihilisten« bezeichneten.

Nikolaj Gawrilowitsch Tschernyschewski – 1828 bis 1889

Was tun?

Unter diesem Titel veröffentlichte der russische Schriftsteller Nikolaj Gawrilowitsch Tschernyschewski 1863 seine *Erzählungen von neuen Menschen*. Darauf spielte Wladimir Iljitsch Lenin an, als er 1902 im deutschen Exil seine Kampfschrift *Was tun? Brennende Fragen unserer Bewegung* verfasste.

Fjodor Michailowitsch Dostojewski – 1821 bis 1881

Schuld und Sühne
ist der Titel eines der großen Romane (1866) des russischen Schriftstellers Fjodor Michailowitsch Dostojewski. Dieser Roman erschien in der ersten Übersetzung 1866 unter dem Titel *Raskolnikow* und in einer aktuellen Übersetzung aus dem Jahr 1993 unter dem Titel *Verbrechen und Strafe* in Deutschland.

Leo Nikolajewitsch Tolstoi – 1828 bis 1910

Der lebende Leichnam
geht zurück auf ein Drama, das Leo Nikolajewitsch Tolstoi 1900 geschrieben hat.

Wie viel Erde braucht der Mensch
ist der Titel einer Erzählung (1886) von Leo Nikolajewitsch Tolstoi.

Krieg und Frieden
ist der Titel des sechsbändigen historischen und geschichtsphilosophischen Romans (1868/69), in dem Leo Nikolajewitsch Tolstoi das Schicksal dreier Familien während der Napoleonischen Kriege zu Beginn des 19. Jahrhunderts ausbreitet.

Henryk Sienkiewicz – 1846 bis 1916

Quo vadis? – Wohin gehst du?
ist der Titel eines Romans, den der polnische Schriftsteller Henryk Sienkiewicz 1895 veröffentlichte. Die Geschichte spielt zur Zeit der Christenverfolgungen Kaiser Neros (37–68) in Rom. Der Titel greift die Geschichte der Verleugnung Petrus' aus dem *Johannes-Evangelium* auf, wo es heißt: »Spricht Simon Petrus zu ihm: Herr, wo gehst du hin? ...«, und verbindet die Sequenz mit der Petrus-Legende, der zufolge Petrus aus Rom floh, um dem Märtyrertod zu entgehen, als ihm vor der Stadt Christus erschien und Petrus ihn fragte: »Domine, quo vadis? – Herr, wohin gehst du?« Als Jesus ihm antwortete, er kehre zurück, um sich noch einmal kreuzigen zu lassen, wendete sich Petrus um und kehrte in die Stadt zurück.
An der Stelle dieses Zusammentreffens an der Via Appia steht seit dem 16. Jahrhundert die Kapelle »Domine quo vadis«.

Der Roman des polnischen Autors wurde 1951 mit Peter Ustinov als Kaiser Nero verfilmt.

Jaroslav Hašek – 1883 bis 1923

Schwejk

ist die Titelfigur eines satirischen Romans (4 Bände, 1921–1923) des tschechischen Autors Jaroslav Hašek, in dem er Militär und Bürokratie der k. u. k. Monarchie aufs Korn nahm. Der »brave Soldat Schwejk«, wie er im Titel der deutschen Übersetzung genannt wird, ist der Inbegriff eines verschmitzten Zeitgenossen, der es mit einer Mischung aus gespielter und tatsächlicher Einfalt sowie einem gerüttelt Maß Bauernschläue und Phlegma versteht, den Widrigkeiten des Lebens zu trotzen.

Zwischen 1941 und 1944 schrieb Bertolt Brecht das Stück *Schwejk im Zweiten Weltkrieg.*

Ilja Grigorjewitsch Ehrenburg – 1891 bis 1967

Tauwetter

ist der Titel eines Romans (1954/56), in dem der sowjetische Schriftsteller Ilja Grigorjewitsch Ehrenburg den gesellschaftlichen und politischen Wandel in der Sowjetunion seit dem Tod Stalins 1953 thematisierte.

Der Begriff »Tauwetter« wurde zum Synonym der Politik Nikita Chruschtschows (1894–1971, 1953–1964 Erster Sekretär der KPdSU), die nach dem XX. Parteitag der KPdSU 1956 einsetzte und auch im Kulturleben der Sowjetunion eine vorsichtige Öffnung brachte, die das Erscheinen kritischer Stellungnahmen über die Stalinzeit ermöglichte (→ Seite 567 f., Glasnost und Perestrojka).

Stanislaw Jerzy Lec – 1909 bis 1966

Unfrisierte Gedanken

ist der Titel einer Sammlung satirischer Aphorismen, die der polnische Autor Stanislaw Jerzy Lec 1957 vorgelegt hat. Er wendet sich damit gegen selbstzufriedene Denkfaulheit.

Geschichte und Politik

Gregor Alexandrowitsch Potemkin – 1736 bis 1791

Potemkinsche Dörfer

ist sprichwörtlich geworden für vorgespielte Tatsachen, die den wahren Zustand einer Sache verhüllen. Namensgeber ist Fürst Gregor Alexandrowitsch Potemkin, der im Namen Kaiserin Katharinas II. (»die Große«, 1729–1796, reg. 1762–1796) die Krim erobert hatte und anlässlich des Besuches der Herrscherin auf der Halbinsel mit Hilfe rasch errichteter Dörfer einen falschen Eindruck von den tatsächlichen Verhältnissen vermittelte.

Tadeusz Andrzej Kościuszko – 1746 bis 1817

Finis Poloniae – Das Ende Polens

soll der polnische Feldherr Tadeusz Andrzej Kościuszko gesagt haben, als der letzte Widerstand gegen die zweite polnische Teilung gescheitert (1794) und er verwundet in russische Gefangenschaft geraten war. Kościuszko verwahrte sich indes scharf dagegen, ein solches Wort jemals gesagt zu haben.

Józef Wybicki – 1747 bis 1822

Noch ist Polen nicht verloren – Jeszcze Polska nie zginela

sind die Anfangsworte eines polnischen Marschliedes, das der Schriftsteller und Politiker Józef Wybicki für die polnischen Truppen schrieb, die unter General Dombrowski 1796 am Italienfeldzug Napoleons teilnahmen.

1926/27 und 1948 wurde das Lied zur offiziellen polnischen Nationalhymne erklärt:

Noch ist Polen nicht verloren,
Solange wir noch leben.
Was das Schwert uns tückisch raubte,
Wird das Schwert uns wiedergeben.
Marsch, marsch, Dombrowski,
Führe uns zum Streite!
Unter deinen Fahnen
Wir den Weg uns bahnen.

1833 verwendete Ludwig Uhland die Zeile in einem Gedicht über Tadeusz Kościuszko.

Wladimir Iljitsch Lenin – 1870 bis 1924

Alle Macht den Räten!

Das Schlagwort des kommunistischen Spartakusbundes während der deutschen Novemberrevolution von 1918 geht zurück auf Wladimir Iljitsch Lenins Aufruf »Alle Macht den Sowjets«, das zur Losung der Oktoberrevolution von 1917 wurde.

Die Wahrheit ist immer konkret

schrieb Wladimir Iljitsch Lenin in *Ein Schritt vorwärts, zwei Schritte zurück. Die Krise unserer Partei* (1904).

Vertrauen ist gut – Kontrolle ist besser.

Für dieses wohl bekannteste Wort Wladimir Iljitsch Lenins gibt es keinen Beleg in seinen Reden und Schriften; es ist hingegen überliefert, dass der Revolutionär häufig ein russisches Sprichwort im Mund führte, das diesen Inhalt wiedergibt: »Vertraue, aber prüfe nach.«

Michail Gorbatschow – geb. 1931

Das gemeinsame Haus Europa.

Dieses Bild stammt aus Michail Gorbatschows Buch *Perestroika und neues Denken für unser Land und die ganze Welt* (1987) und beschreibt die Verantwortung der europäischen Nationen für eine friedliche Zukunft Europas.

Wer zu spät kommt, den bestraft das Leben

sagte Michail Gorbatschow laut deutscher Übersetzung in seiner Rede zum 40. Jahrestag der Gründung der DDR am 7. Oktober 1989 anlässlich seines Besuchs in Berlin.
Im russischen Original indes heißt es: »Gefahren warten auf denjenigen, der nicht auf das Leben reagiert.«

Glasnost (Offenheit)

ist ein Schlüsselbegriff, den Michail Gorbatschow zur Kennzeichnung seiner Reformpolitik in den achtziger Jahren prägte. Demnach sollte eine unvoreingenommene öffentliche Diskussion über alle gesellschaftlichen, politischen und wirtschaftlichen Fragen Verbesserungen ermöglichen.

Perestroika (Umbau)
ist ebenfalls ein zentraler Begriff Michail Gorbatschows, der seine wirtschaftlichen Reformen kennzeichnete, die aufgrund der Stagnation in allen Bereichen des Wirtschaftslebens unausweichlich geworden waren.

Wissenschaft

Iwan Petrowitsch Pawlow – 1849 bis 1936

Pawlowscher Reflex
ist ein Begriff, der aus den Laborexperimenten des russischen Physiologen Iwan Petrowitsch Pawlow hervorging, der an Hunden die Unterscheidung von unbedingten und bedingten Reflexen erforschte und mit seinen Aussagen zur Konditionierung großen Einfluss auf die Lernpsychologie nahm.

Kunst

Sergej Michailowitsch Eisenstein – 1898 bis 1948

Panzerkreuzer Potemkin
nannte der russische Regisseur Sergej Michailowitsch Eisenstein seinen bahnbrechenden Film über die Meuterei auf einem Panzerkreuzer der zaristischen Marine im Jahr 1905.

Abkürzungsverzeichnis der Bibel-Bücher

Altes Testament

1. Mos.	Das erste Buch Mose – Genesis
2. Mos.	Das zweite Buch Mose – Exodus
3. Mos.	Das dritte Buch Mose – Levitikus
4. Mos.	Das vierte Buch Mose – Numeri
5. Mos.	Das fünfte Buch Mose – Deuteronomium
Jos.	Das Buch Josua
Richter	Das Buch der Richter
Rut(h)	Das Buch Rut(h)
1. Sam.	Das erste Buch Samuel
2. Sam.	Das zweite Buch Samuel
1. Kön.	Das erste Buch der Könige
2. Kön.	Das zweite Buch der Könige
1. Chron.	Das erste Buch der Chronik
2. Chron.	Das zweite Buch der Chronik
Esra	Das Buch Esra
Neh.	Das Buch Nehemia
Est(h)er	Das Buch Est(h)er
Hiob	Das Buch Hiob
Ps.	Der Psalter
Spr.	Die Sprüche Salomos – Sprichwörter
Pred.	Der Prediger Salomo – Kohelet
Hohes Lied	Das Hohe Lied Salomos
Jes.	Der Prophet Jesaja
Jer.	Der Prophet Jeremia
Klagel.	Die Klagelieder Jeremias
Hes.	Der Prophet Hesekiel – Ezechiel
Dan.	Der Prophet Daniel
Hos.	Der Prophet Hosea
Joel	Der Prophet Joel
Amos	Der Prophet Amos
Obadja	Der Prophet Obadja
Jona	Der Prophet Jona

Micha	Der Prophet Micha
Nahum	Der Prophet Nahum
Habak.	Der Prophet Habakuk
Zef.	Der Prophet Zefanja
Hagg.	Der Prophet Haggai
Sach.	Der Prophet Sacharja
Mal.	Der Prophet Maleachi

Apokryphen

Judit(h)	Das Buch Judit(h)
Weisheit	Die Weisheit Salomos
Tob.	Das Buch Tobias
Jes. Sir.	Das Buch Jesus Sirach
1. Makk.	Das erste Buch der Makkabäer
2. Makk.	Das zweite Buch der Makkabäer

Neues Testament

Matth.	Das Evangelium nach Matthäus
Mark.	Das Evangelium nach Markus
Luk.	Das Evangelium nach Lukas
Joh.	Das Evangelium nach Johannes
Apg.	Die Apostelgeschichte des Lukas
Röm.	Der Brief des Paulus an die Römer
1. Kor.	Der erste Brief des Paulus an die Korinther
2. Kor.	Der zweite Brief des Paulus an die Korinther
Gal.	Der Brief des Paulus an die Galater
Eph.	Der Brief des Paulus an die Epheser
Phil.	Der Brief des Paulus an die Philipper
Kol.	Der Brief des Paulus an die Kolosser
1. Thess.	Der erste Brief des Paulus an die Thessalonicher
2. Thess.	Der zweite Brief des Paulus an die Thessalonicher
1. Tim.	Der erste Brief des Paulus an Timotheus
2. Tim.	Der zweite Brief des Paulus an Timotheus
Titus	Der Brief des Paulus an Titus

Philem.	Der Brief des Paulus an Philemon
1. Petr.	Der erste Brief des Petrus
2. Petr.	Der zweite Brief des Petrus
1. Joh.	Der erste Brief des Johannes
2. Joh.	Der zweite Brief des Johannes
3. Joh.	Der dritte Brief des Johannes
Hebr.	Der Brief an die Hebräer
Jak.	Der Brief des Jakobus
Jud.	Der Brief des Judas
Apk.	Die Offenbarung des Johannes

Verzeichnis der zitierten Autoren

Verzeichnis der geflügelten Worte und Zitatanfänge